U0113796

浙 江 省 社 科 规 划 课 题 成 果

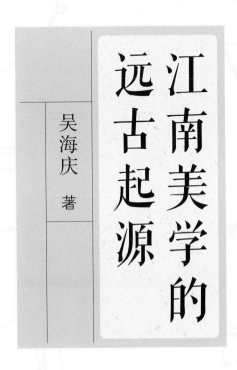

江南美学的远古起源

吴海庆 著

中国社会科学出版社

图书在版编目（CIP）数据

江南美学的远古起源／吴海庆著 . —北京：中国社会科学出版社，2023.2
ISBN 978 - 7 - 5227 - 1388 - 5

Ⅰ.①江…　Ⅱ.①吴…　Ⅲ.①新石器时代文化—文化遗址—出土文物—
中国　Ⅳ.①K878

中国国家版本馆 CIP 数据核字（2023）第 020008 号

出 版 人	赵剑英	
责任编辑	郭　鹏　胡安然	
责任校对	刘　俊	
责任印制	李寡寡	

出　　版	中国社会科学出版社	
社　　址	北京鼓楼西大街甲 158 号	
邮　　编	100720	
网　　址	http://www.csspw.cn	
发 行 部	010 - 84083685	
门 市 部	010 - 84029450	
经　　销	新华书店及其他书店	

印　　刷	北京君升印刷有限公司
装　　订	廊坊市广阳区广增装订厂
版　　次	2023 年 2 月第 1 版
印　　次	2023 年 2 月第 1 次印刷

开　　本	710×1000　1/16
印　　张	26
插　　页	2
字　　数	396 千字
定　　价	139.00 元

凡购买中国社会科学出版社图书，如有质量问题请与本社营销中心联系调换
电话：010 - 84083683

序

　　吴海庆教授的课题成果《江南美学的远古起源》书稿终于完成了，历经数年，查考了浩繁的古代文物与诸多古籍，再加以深入思考梳理成文几近 40 万字，可以说是开创之作。因为"江南美学"本身就是一个正在热议的学术论题，而其远古起源则要详考其文化基因，更是颇费周章。阅读了海庆的大作，其论述之宏阔，工作之细致，视野之新颖，文字之清丽，更加令我深深感动。这是一个颇具创新性的学术成果。

　　"江南美学的远古起源"这一研究课题具有极大的价值和意义。诚如海庆文中所言："中国传统审美文化是由多个地域审美文化汇聚交融而成的，江南审美文化是其中的翘楚之一。然而江南审美文化的原始基因与基本精神是什么？其形象体系是怎样的又是如何构建起来的？这是长期以来学术界一直进行研究和讨论的问题"；又说："江南美学同时也是一种建构中的当代美学，因为江南文化有其深厚的历史底蕴和顽强的生命力，是中国文化中具有优秀审美品质的文化，在这种文化基础上建构起来的审美精神与观念必然能够向当代世界发出强有力的声音"。这里涉及本课题的三个非常重要的基本价值：首先，对于"江南美学"的论述本身就具有学术前沿性，体现了当代生态美学的"地方"【place】这一重要内涵。生态美学以人与自然环境之关系为主要维度，特别关注人具体生存之"地方"即"家园"，其是否"在手"与"称手"等等，以及人在"家园"【地方】之中眼耳鼻舌身的具体感受。中国古代美学即以其绘声绘色之艺术形象表现了"地方"之可视可感之特色，所谓"昔我往矣，杨柳依依，今我来思，雨雪霏霏"，具体描述了远征将士之具体感官由称手到不称手的亲历过程。而本课题即以丰宏的文字与实例论述了江南特有的"湖光山色"与"星辰大海"，呈现了"稻耕之韵""光滑锋芒""有彩肌理""温润玉色""协调张力""纤秾彩绘""缠绵丝绸"等等身体感官"称手"或"不称手"的感受，使人有亲到江南之感。课题以具象的力量阐述了生态美学"江南"这一"地方"的丰富内涵，从而成为生态美学"地方"这一美学内涵的有力阐释。其次，本课题从"江南美学"这样一个特殊视角向世界发出了中国美学"强有力的声音"。新时代，中国美学走向世界已经是历史的需要，也是时代之必然。曾几何时，黑格尔等西方学者试图极力否认中国历史文化，包括美学与艺术的独特价值，将之视为不发达的"象征型艺术"，处于"前美学阶段"等等。这显然是一种完全立足"西方视角"的狭隘的歧见。本课题以"文化时空"、"原始序幕"与"审美文化"等理论三章与石器、玉器、陶器、骨器、木竹、身体、乐舞与丝绸等等实证七章，从理论与实践的结合上极为有力地论证了中国江南美学的理论深度与巨大的时空广度，成为彰显中国美学无比深厚丰富的有力铁证。这正是本课题的重要贡献之处。再次，本课题以文献的丰富与有力的论证从江南美学的独特视角阐述了中国美学久远而深广的"文化基因"。本课题遵循王国维等国学大家"以地下论证地上"的思路，充分利用了近百年特别是近年来出土文物的丰富资源论述了中国美学8000年前新石器时代以来的文化基因传承。本课题充分利用河姆渡文化、马家浜文化、崧泽文化、凌家滩文化、良渚文化与钱山漾文化的考古资料，论述了江南美学的远古起源，实际上也通过对这些江南新石器文化的历史性展现，与学术界对黄河流域之仰韶文化、龙山文化和裴李岗文化等新石器文化的美学研究一起，共同揭示了远古中国美学基因的主要来源。

本课题以充分的文献基础论证了江南美学与中国美学一体多样的基本特征。关于中国美学的基本特征，以及其与各个地方美学之间的关系，这是一个正在探讨并不断深化的论题，具有很大难度，更是众说纷纭，各抒己见。本课题以其丰宏的资料，从江南美学的独特视角展现并论证了远古时代中国美学与地方美学一体多样的历史存续关系和文化生态特征。所谓"一体"即中国美学以其"天人合一"、"阴阳相生"呈现一种特有的东方"生生之美"的形态。本课题记录了1985年发掘的凌家滩墓葬中出土的玉版与玉龟,其玉版图形中的四方与八方正与八卦图之四象和八卦吻合,也与周易系辞中的"易有太极,是生两仪,两仪生四象,四象生八卦"相对应,年代与红山文化之玉龟大致相当,说明中国远古文化之一体的特点。本课题所记"双鸟负阳"等图形也正是"天人合一"的一种象征。《吴越春秋》之"剑道"所谓"道有门户,亦有阴阳,开门闭户,阴衰阳胜"等等说明"阴阳相生"早已成为中国远古哲学与美学的共见。本课题反复论证的"良渚神徽"是江南美学多样性的独特呈现之一。"良渚神徽"是刻在良渚玉器上的标志性文化符号,1986年在浙江反山良渚文化12号墓出土的"玉琮王"上发现了其完整图案,引起学术界广泛关注,本课题多次提到并给予了独到阐释。本课题讲到:"'良渚神徽'是一种对江南地区原始生态关系的高度概括和象征性表达,人第一次以清晰的形象在这一生态关系中处于关键位置,表明良渚先民对自身的综合能力,特别是驾驭环境与万物的能力有了更多自信,因此,良渚神徽也称得上是良渚人创作的一个以人为本的命运共同体形象"。在这里,创造性的呈现了人、鸟与兽三位一体的命运共同体的远古象征含义,阐明了原始江南审美文化在江湖山海背景下人与万物共生的美学诉求。与此同时,本课题还分析了崧泽文化玉器呈现的鱼鸟共同体形象以及凌家滩文化玉器龙凤璜呈现的"龙凤呈祥",进一步说明了江南原始水乡文化的审美特色。本课题对江南新石器酒文化的研究也很值得重视,它在对米酒起源、酒器特点和饮酒方式综合描述和分析的基础上,概括出了江南原始稻作文化谋"中和"的生活审美诉求,既彰显了原始江南审美文化的地域特点,又实证了它与中国美学的本质联系。

总之,书稿《江南美学的远古起源》是一项具有重要创新价值的成果,体现了海庆的创新精神与探索精神,在中国美学的追源溯流研究方面具有独特的学术价值与意义。但中国美学的文化基因,包括江

江南美学的远古起源

南美学的远古起源是一个学术界正在探索的重大课题，本课题的工作应该说还处于初始阶段，我们今后的道路还很长，相信海庆一定会在现有基础上继续努力，做出更大成绩。以上是我阅读海庆这部书稿的粗浅认识，代为序言，仅供参考。

曾繁仁

2022 年 4 月 20 日

目　　录

绪论 江南美学的文化精神与地域特色

　　中国传统审美文化是由多种地域审美文化汇聚交融而成的，江南审美文化是其中的翘楚之一。然而，江南审美文化的原始基因与基本精神是什么？其形象体系是怎样的且又是如何建构起来的？这是长期以来学术界一直在进行深入研究和讨论的问题。有学者提出了"江南美学"这样一个具有中国特色和地域文化特色的美学概念，对于充实和丰富中国美学的内涵以及推进江南审美文化研究具有十分重要的意义，但是，"美学"毕竟是一个近代概念，用以指代一种系统的审美理论和艺术哲学，若将其简单地对接古代乃至史前时代人类的审美实践恐多有不妥。令人欣慰的是，一系列考古发掘和研究方面的重要进展和重大发现表明，江南审美文化虽然一直在发展变化，但从史前时代到今天，脉络清晰，源流分明，有自己独特的内涵和地域风格，由此从后世"美学"的角度和视野提炼出它的一以贯之的文化精神，并与"江南美学"形成良性互动和循环阐释就不是不可能的。要完成这个任务，最基础和最重要的工作之一是对于史前文化尤其是新石器时代的江南文化作全面、系统而深入的研究，寻绎新石器时代江南审美文化与后世审美文化的历史与逻辑联系。

　　近年，张法先生积极呼吁展开江南美学的理论建构工作，并就江南美学提出了一系列很有见地的观点。张法先生提出，"从东晋到清末，是江南美学的真正形成、演进、定型、达到辉煌高峰的阶段"①，把江南美学看作是一个属于中国封建时代巅峰期的美学史概念，认为

---

　　① 张法：《对江南美学研究三个方面的一些想法》，《河南师范大学学报》（哲学社会科学版）2010 年第 4 期。

江南美学代表的是一种完善的农业文明时代的美学。不过，从生态文明的大视野来看，本人认为江南美学同时也是一种建构中的当代美学，因为江南文化有其深厚的历史底蕴和顽强的生命力，是中国文化中具有优秀审美品质的文化，在这种文化基础上建构起来的审美精神与观念必然能够向当代世界美学发出强有力声音，因此，重建江南美学本质上就是让传统的江南审美文化精神复活于当代生态文明之中，成为建构当代生态美学的重要资源。

要厘清江南美学的概念、原理和精神，既需要总结、概括其巅峰期的实践经验和理论发明，也不可忽视它在萌芽期的存在情况。事实上，东晋之前的江南并非没有自己的美学，只是由于各种原因，特别是缺乏审美实践方面的记录和资料，缺乏足够的研究、描述和理论阐述，至今我们也未能将其完整地呈现出来。张法先生将东晋以前江南的审美文化精神与理念称之为"前江南美学"，意在表明江南审美文化在这一历史阶段发生了深刻的变化，形成了巨大的落差。不过，正如很早以前就有学者指出的那样，民族生活的源头就是民族审美意识的源头，那些从石器时代开始就曾经在江南人民生活中占据了主导地位的审美精神与意识不仅深刻地影响了石器时代江南人民的审美实践，而且还深深地扎根于江南人民的历史记忆中，积淀为一种属于江南人民也属于整个中华民族的原型审美意识和文化基因，成为激发后人审美情怀的强大而持久的内在精神动力，也是今天历史地认识江南审美文化与江南美学的原始本原和重要根据。

由于洪水进退与江湖消长深刻地影响甚至决定着新石器时代江南聚落社会的兴衰，所以洪水忧患、江湖宿命与安闲自在的山水家园意识在跨湖桥文化、河姆渡文化、马家浜文化和良渚文化中就已经生根发芽，以至于在后世的江南审美文化中依然到处可以感受到水的底蕴和水的气息。新石器时代的数次海侵和连续不断的滔天洪水对江南先民的生存构成了巨大威胁，不过，先民们在与海侵和洪水的斗争中也培育了应对水患的生存能力，因此能够辩证地看待洪水与人类生存的关系，在现实生活中认真地经营江湖纵横的世界，并在心灵世界中培育出独特的江湖乌托邦。在应对海侵和洪水方面，江南先民除了依靠那些在实践中积累起来的经验、智慧、方法和手段外，更依赖于周边山地和丘陵,山林中不乏威胁先民生命安全的蛇蝎猛兽,却也是先民必须以勇敢精神立足其上的一叶生命方舟。因此,江南先民的家园意识与山林密不可分,在经过长期的意识形态积淀后,那些适合先民生存和构建家园的山林最终被升华为先民心中的家国乌托邦。可以说,江湖乌托邦和山水乌托邦是贯穿江南人民世代生活的最重要的原型意识,也是"前江南美学"不可或缺的精神底蕴和审美范型。在后世,随着家国观念在大中华文化圈中的确立、巩固与扩展,基于江湖与山水乌托邦的家国观念和与之相匹配的审美形象体系遂成为江南审美文化的核心。

由于自身能力极为有限,江南原始先民为了应对一次又一次洪水袭击不得不求助于若有若无的神明,因此在江南原始文化中,那些被认为能够庇佑人类战胜洪水的神明受到了崇拜,不仅享受隆重祭祀,还被镌刻在各种器具上以享受礼拜和赞誉。在与江南这一独特自然环境的长期互动过程中,江南先民逐渐意识到人与自然的和谐关系是保证人类生活幸福的必要条件,因此他们把自己祭祀的最高神明描绘或塑造成一种象征自然与人类和谐关系的命运共同体形象。为了保证和提升来之不易的幸福生活的质量,江南先民充分利用本地的竹、木、土、石等自然资源营造房屋,制作各种生产工具、日常用具、神器和艺术作品,在此过程中培育出了精益求精的工匠精神。在努力经营诗意盎然的山水家园时,江南先民也非常重视身体装饰,因为他们本能地意识到,身体装饰绝不仅仅是让自己和他人获得一种舒适的视觉快感,而且关系到族类的繁衍兴旺,所以,在条件许可的情况下,先民对自己身体的各个部位都竭尽所能地进行装饰,并创造出了富丽璀璨的身体装饰文化。

为了更好地表达对世界的理解和体验,也为了方便聚落成员之间的交流和打造聚落社会的共同理念,江南先民创作了形象生动的纹饰,发明了复杂抽象的符号。这些纹饰、图画和符号无论是形式特点还是精神个性,都与其稻耕渔猎的生活内容存在直接或间接的联系,渔稻生活中的欢乐与辛苦是缔造江南原始审美文化的重要动因,而对于那些表现山水乡愁的纹饰、图画和符号的阅读和重温则成为江南先民卷中岁月的重要内容。

　　江南地区断续生成的不同时期的新石器文化既有较大差异，也有许多共性，概括地说，新石器时代的江南文化总体上并不是纯粹的海洋型文化，但也不是典型的大陆型文化，而是介于二者之间，或者说兼具海洋与大陆特征的山水文化和江湖文化。相应地，作为这种文化重要组成部分的审美文化也是综合了这两种文化的特性，其基本精神可以概括为：以江湖宿命和山水家园意识为本源，以命运共同体形象为主体，推重诗性智慧、工匠精神、绚烂装饰、生态和谐和虚灵意境的浪漫婉约的审美精神，这也是后世江南美学的基本精神。不过，这种审美精神并不是作为一种纯粹的观念存在的，而是弥漫于江湖、山水之上，包蕴于江南先民创造的石器、玉器、陶器、竹器、木器、丝绸、建筑和身体装饰等各种器具形式和与之相偕的艺术形象之中。

一　江湖宿命

　　关于长江三角洲地区和钱塘江口岸在远古时代的地理、水文与气候环境，地理科学和考古研究达成了一些基本共识，认为在距今 2 万年前，该地区气候极端寒冷，长期为冰川覆盖，虽然有少数野生动物留下的遗迹，但并不适合人类生存，只有浙江中西部的山区生存着少数原始聚落，可能是上山人的先祖。大约距今 9000 年前后，全球气温升高，冰川融化，海平面迅速上升，中国东部滨海地区海岸线开始快速地、大范围地向西部陆地推进，大片陆地变成大陆架，长江三角洲、杭嘉湖平原、宁绍平原皆为海水淹没，成为相对稳定的浅海、海湾和河口环境。在距今 7000 年前后，海水消退，长江三角洲、杭嘉湖平原、宁绍平原的大部分地区逐渐变为湿地和沼泽，不过，这种地理环境与气候并不是十分稳定的，海侵、海潮和洪水时有发生。即使如此，原先生活在浙江中西部山区的古人类还是不断地向这一地区迁居，并先后创造了辉煌的河姆渡文化、马家浜文化、崧泽文化、良渚文化和钱山漾文化等一系列不同而又存在承继关系的新石器时代聚落文化，其中每一次聚落文化的兴衰或更替几乎都与海侵、海潮或洪水肆虐有直接关系。当洪水退去，气候稳定时，先祖们便在湿地区域稻耕渔猎，繁衍生息，创建自己的家园和文化。当洪水来袭时，先民又不得不放弃自己创造的这一切，逃向周边山区。频发的洪水使这一地区的文明一次又一次被迫中断，洪水给这里的远古人类带来了怎样的心灵震撼，今天已无法做出具体细致的考证，但是，可以肯定，巨大的水灾在先民的意识与无意识中留下了深刻印记，并对后来江南文化精神的生成与变化产生了深远影响。

内涝和海潮给远古江南先民带来的主要是灾难和威胁，所以纵横交错的江河湖泊在江南先民眼中首先是一种生存、繁衍和谋求发展的障碍。管仲曾言："越之水浊重而洎，故其民愚疾而垢。"（《管子·水地》）管仲是中原人，对当时吴越地区的生存环境未必有亲身体验，但作为卓越的政治家，管仲的看法在当时是有一定代表性的，说明直到春秋时期，河湖、水沼依然被普遍看作不利于江南地区社会发展的因素。置身于水网之中为水所苦的水患意识在吴王阖闾、越王勾践的言语中也曾得到痛彻心扉的表达。阖闾接见谋士白喜时，说给白喜说的第一句话就是："寡人国僻远，东滨海。"（《吴越春秋·阖闾内传》）接下来阖闾又不屑地诘问白喜不远千里来到这样一个偏僻的泽国究竟想做什么，又能做成什么。越王勾践被夫差击败后，卧薪尝胆，图谋东山再起，但同样认为多山多水的环境很不利于越国走向富强。勾践在同谋士计倪谈话时说："吾欲伐吴，恐弗能取。山林幽冥，不知利害所在。西则迫江，东则薄海，水属苍天，下不知所止。交错相过，波涛浚流，沈而复起，因复相还。浩浩之水，朝夕既有时，动作若惊骇，声音若雷霆。波涛援而起，船失不能救，未知命之所维。念楼船之苦，涕泣不可止。"（《越绝计倪内经》）无穷无尽、无边无际的浩浩之水让勾践忧心忡忡，尤其是担心在与敌人交战的时候"独受天之殃"，所以勾践不得不接受范蠡和计倪的建议，把都城迁到"四达之地"，同时大兴水利，疏凿运河，筑堤挖塘。由此可见滨海环境和纵横交错的江湖给吴越先民带来的自卑感和精神上的压力。

缘于对浩浩之水的恐惧，那些能够帮助人们掌控洪水的人受到了吴越先民的崇拜，甚至被奉为神明。其中最著名的人物是大禹，江南先民在大禹的领导下取得过对水患的重大胜利，并由此开创了一个"凤凰栖于树，鸾鸟巢于侧，麒麟步于庭，百鸟佃于泽"（《越王无余外传》）的空前盛世，所以直到今天，大禹在江南地区依然被奉为至高神明之一。在当今吴郡仍有很多天后宫、天妃宫，宫中敬奉的是护佑舟楫的天后、天妃，在这些宫门的石坊上仍能见到诸如"神明在迩，各宜恭敬；官吏士民，在此下马"的字样，可以说，江南先民对治水神明的敬畏在整个大中华文化圈中是最突出的，江湖之忧早已深深地根植于江南先民的意识中，在后来漫长的历史发展过程中都不同程度地影响着人们的思想、行为，特别是文艺创作。

　　经年累月与江湖打交道的江南先民一方面以江湖为忧，另一方面也对生于斯长于斯的江湖具有根深蒂固的依赖心理，形成了极为强烈的江湖宿命意识。江南文化是在江南先民与江湖之水的博弈与妥协中成长和发展起来的，江湖已经成为江南文化须臾不可割离的自然基因，江湖承载着江南先民深刻的情感记忆，培育了江南先民纵横江湖的自由意志。江南先民的江湖意识主要体现在如下几个方面：第一，向往江湖的自由意识。当年越王勾践战败后和夫人一起到吴国为奴，勾践夫人在去吴国的船上看着鸟儿自由自在地飞翔，饿了便到江边啄食鱼虾，于是感慨万千，一边哭一边唱道："愿我身兮如鸟，身翱翔兮矫翼。"（《吴越春秋·勾践入臣外传》）勾践夫人在失去生活自由的时候，羡慕自由飞翔的鸢鸟固然是人之常情，但作为一个王后，她最看重的不是昔日宫廷的奢华生活，而是江湖上以鱼虾为食的鸢鸟的自由，这也从一个侧面反映了古越人向往江湖、热爱自由的天然情怀。第二，回归自然的江湖宿命意识。春秋时期，越国曾发生过大规模的入山炼丹事件，《吕氏春秋·贵生》载："越人三世杀其君。王子搜患之，逃乎丹穴。越国无君，求王子搜而不得，从之丹穴。"如果说王子搜抛弃荣华富贵入山炼丹是出于保命的无奈，那么其大批追随者集体隐居山中恐怕就不只是保命这么简单了，这其中还包含着吴越先民视江湖为家园的由来已久的江湖宿命观。后来，曾经辅助越王勾践称霸诸侯的范蠡，在功成名就之后，毅然离开王宫，"乘扁舟，出三江，入五湖，人莫知其所适。"（《吴越春秋·勾践伐吴外传》）范蠡归隐江湖，一方面是他熟谙"飞鸟尽，良弓藏"的历史定律，以免步伍子胥的后尘，另一方面也是缘于范蠡早年地位低贱，"饮食则甘天下之无味，居则安天下之贱位"（《越绝外传范伯》），江湖生活才是范蠡感觉最安稳的属于自己的生活。范蠡还是一个热衷于风水研究和实践的人，从风水学的角度他也对于自己的江湖宿命深信不疑。第三，捐尸江湖，期待新生。吴越人不仅骨子里认定自己此生命在江湖，而且将来生的幸福和期盼也寄托于江湖。曾为吴国称霸诸侯立下汗马功劳的伍子胥在得知吴王要处死自己的时候，对前来执行命令的冯同说，我死后，"捐我深江，则亦已矣！"伍子胥死后，被抛尸于大江口，其尸"发愤驰腾，气若奔马。威凌万物，归神大海。"（《越绝德序外传记》）后人传说伍子胥死后成为水仙，那汹涌澎湃的钱塘大潮便是伍子胥和文种共同驾驭的。这不仅使人推想，"良渚神徽"中神人身下的猛兽岂非就是水中蛟龙，"神徽"代表的不正是良渚人心向神往的能够战胜洪水和凌波江湖的神明吗！

　　到西汉时期，经过反复治理，吴越一带的自然环境开始显示出某种优势，如西汉会稽郡守马臻在前代修建的水利工程基础上，建成了古越地最著名的蓄淡拒咸工程鉴湖，使鉴湖地区成为富饶的鱼米之乡，这才有了后来李白赞美鉴湖的诗句："镜湖三百里，菡萏发荷花"（《子夜吴歌·夏歌》）。至南朝以后，江南真正成为一个世人眼中的江湖福地，唐人张若虚《春江花月夜》所塑造的江南形象也自然而然地成为中国文艺的第一江湖乌托邦。

二　渔稻之乐

　　河湖纵横的自然地理条件和温热多雨的气候，使江南地区的原始聚落不得不以舟楫作为重要交通工具，过一种稻耕渔猎的生活。跨湖桥文化遗存中已经发现多种制作精致的渔猎工具，如打磨过的石镞、带倒钩的骨鱼镖、木浆和梭形独木舟等。其中梭形独木舟距今约8000年，为中国最早最长的独木舟实物。跨湖桥与河姆渡文化木浆和现代江南水乡小船上用的木浆相似，有趣的是河姆渡人竟然把一只木浆柄的捏手雕成了一条鱼，马家浜人也别出心裁地将一只木浆柄的捏手雕成了一只鹰，劳动工具的制作俨然变成了艺术创作，由此可以想见，当时的先民并非终日为生计忧心匆匆，忙碌不堪，而是把辛苦的渔猎劳作同时当作享受生命快乐的过程。

　　独木舟和木浆的发现表明在新石器时代中期长江下游和杭州湾地

区的聚落先民已经有能力在近海开展渔猎活动，也证明原始江南文化是一种具有海洋成分的水乡文化。良渚人总体上延续了从跨湖桥文化时期就已经形成的稻耕渔猎的生产与生活方式，不过，由于工具制作技术的进步，人们的稻耕渔猎生活在良渚文化时期也发生了明显变化。比如良渚人使用肩平直、翼长柄短的木浆，用吃水量较大的木船代替了独木舟。良渚人还经过开挖人工水渠与疏浚自然河道建立了发达的水路交通，水上航运在湖沼地带发挥出巨大的带动经济发展的作用。可以说，江南地区在后世能够成为令人向往的鱼米水乡，良渚人的水利建设起到了至关重要的奠基作用。

　　跨湖桥文化遗址中曾发掘到一张由当时先民制作的狩猎用的桑木弓，以及与这种弓相匹配的分别由石、木、骨三种材料制成的不同类型的箭镞。这张弓是目前国内发现的生产年代最早的漆弓，与之相匹配的箭镞造型规整，制作精良，表明跨湖桥人在长期狩猎过程中积累了丰富的使用弓箭的经验和制作各种箭镞的技能。该跨湖桥漆弓还表明，跨湖桥人不仅熟练掌握了最大限度地发挥弓箭效能的方法，而且在弓的设计方面充分考虑到了木弓结构带给狩猎者的舒适感，以及弓的造型带给观赏者的视觉美感，所以该漆弓无论对于原始先民还对于现代人而言都不失为一件杰出的艺术作品。

　　关于世界稻作农业的起源问题学术界一直是有争议的，但都不否认长江中下游是稻作农业的重要起源地之一，肯定江南地区有着最悠久的稻耕历史。年复一年的稻耕生活使得田园稻香成为弥漫在江南原始生活中的浓醇气息，成为孕育其审美文化精神的重要物质基础。上山文化遗存中已经有了稻作农业存在的充分的证据，不过，稻作农业在整个上山聚落社会的经济成分中所占比重并不大。到马家浜文化时期，江南地区有了具备灌溉设施的稻田，显示当时的稻作农业无论生产规模还是生产水平都有了较大提升。良渚文化时期，大规模的以集群形式存在的水井使水稻种植获得了有力保障，稻作农业空前发达，能够为当时的农业聚落和城邑居民提供充足的粮食供给。不仅如此，稻米还是制作米酒的主要原料。崧泽人制造出了从酒的酿造到宴享的一整套陶质酒器，如崧泽文化鹰（枭）首陶壶、兽首陶壶和人像葫芦瓶等都是用来盛酒的堪称艺术杰作的陶器。崧泽人不仅不忌讳，甚至鼓励女性饮酒,这使得酒文化在崧泽聚落社会成为流行的大众文化。依据酿酒技术和器具制作不可能一蹴而就的常识来判断,在崧泽文化之前江南地区就应该具备了酿酒技术。事实上,在跨湖桥文化与河姆渡文化遗存中也发现了一些疑似酒器的陶器,如跨湖桥文化黑皮陶豆、陶盉,河姆渡文化异形陶鬶、陶盉等。从江南地区自古以来流行米酒的情况来判断,新石器时代的江南先民制作出来的酒很可能也是米酒,江南米酒是一种非常温和的酒,容易使饮用者达到似醉非醉的微醺状态,在这种微醺状态下人们既可充分享受对生命、对世事的高峰体验,又不至于烂醉如泥,成为行尸走肉。在跨湖桥文化的彩陶纹饰上出现过一种尚不清楚其表现意图的特殊纹饰,从形状上看是以不规则条带浓斑纹勾画出的一棵长在山间的歪斜古树和倾斜的山体,从立意上揣摩,古树与高山构成一种略显神秘的醉境,或许这便是跨湖桥人表达微醺体验的一种隐喻。总之,米酒文化是江南稻作文化的自然延伸,也是江南审美文化崛起的"发酵粉"。

三　技进乎艺

众多的江河湖山在远古时期作为不利于生存的自然条件也反过来造就了远古江南先民艰苦奋斗、逆境图强的优秀品质和精益求精的工匠精神,这种工匠精神在生产、生活与文化创造的各个方面都得到了闪光表现,是使技术升华为艺术,使普通劳动转化为自由劳动的重要的社会文化与精神条件。

河姆渡文化时期,江南先民制作的许多器具表现出了良好的审美品质和艺术气质,制作者的技术水平和制作态度也令人赞叹和钦佩。如河姆渡人制作的木筒,内外错磨光洁,外壁缠绕蓖藤,直到发掘出土时仍金黄闪光,绚丽夺目,造型做工均达上乘。良渚文化时期,先民力求精湛的工匠精神更是达到了无出其右的境界。如反山出土的良渚文化嵌玉漆杯,在制作好的木胎上先刷一层黑漆,再在上面画红色图案,最后在关键位置镶嵌玉片,不仅显示了制作者一流的制作技术,更反映了制作者对绚烂之极的审美形式的热爱和一丝不苟的创作态度。

  或许在旧石器时代原始人类就感觉到了圆形石器的魅力，只是目前尚没有足够的证据能够确定这一点。到江西仙人洞人制成"中国第一陶罐"时，则可以充满信心地说人类已经进入了"圆"的审美时代。后世的陶器都是以圆形为主的，球形陶器则是圆形陶器的一种极致。薛家岗文化陶球是新石器时代球形陶器的典范，图案设计复杂、美观，纹饰精致，标志着薛家岗先民对"圆"形的驾驭已经达到从内到外、由静至动、从视觉到听觉的全方位立体化审美境界。陶球这种娱乐产品的大量出现是制陶技术进步的结果，同时也是制陶技术进步刺激聚落社会追求公共娱乐和共享审美产品的结果。

  玉器是新石器时代江南聚落社会技术含量最高、审美品质最好的产品。早期的河姆渡文化时期，制玉技术水平不高，玉制品仍然十分粗糙。凌家滩文化时期，治玉技术有了质的飞跃，凌家滩人掌握了砣切割、打磨抛光、微型管钻、镂空、几何类工具的使用、凹槽和圆孔补接等多种治玉技术及其综合应用，创作出了玉人、玉耳珰、玉喇叭等众多高品质的玉器。良渚人将凌家滩人的治玉技术发扬光大，使之达到了当时足以傲视天下的"高精尖"水平。比如，良渚玉器上的"兽面纹"体现了当时最先进的纹饰技术，有的花纹中仅一毫米的宽度内，竟能刻上四五根细线，神工鬼斧，令人难以置信。事实上，新石器时代江南聚落社会的陶器、石器、玉器、木器和编织品等产品的制作均体现出了很高的技术水平，特别是到了中后期，许多制作技术在当时世界范围内都处于领先地位，这使得江南先民不必再为吃饭穿衣终日忙碌，可以拿出较多自由劳动时间来创作那些排除了纯粹功用考虑而立足于形式感和表达某种象征意义的审美产品。在今天的江南地区，东阳木雕和永康铁艺仍举世闻名，那种追求天时、地气、材美与工巧的工匠精神与远古时代江南先民集技术和艺术于一体的创作精神一脉相承。

  在技术上追求完善和进步的生产实践与审美实践中，江南先民培育了在困境中求突破和勇于争先、敢于争锋的精神。在河姆渡与马家浜文化时期，江南先民制作出了锋利的石斧、骨匕、骨鱼镖、箭镞等以锋芒取胜的多种器具，在这些锋芒毕露的器具上能够体会到一种勇于搏杀的无畏的精神气质。钺是从斧发展而来的砍砸器，后来演化为一种兵器。大约在马家浜文化时期，江南先民从长舌形石斧发展出了石钺和玉钺，一些经过装饰的钺被特制为象征武力或王权的礼器。其中特别值得一提的是马家浜石钺标本 M38：1-3，该石钺装饰了雕刻有侧面枭首的骨质钺帽和雕刻有枭正面形象的牙质镦，这类作品不仅以高超的雕刻工艺使枭的形象栩栩如生，而且以独特的形象表现了马家浜人崇拜枭雄的战斗精神。

薛家岗文化时期，先民们在曾经简陋粗糙的实用型石刀基础上研制出一种威风八面的薛家岗石刀。这种石刀上都有表达不同含义的钻孔，有些还刻画着施以朱绘的红花果形图案，薛家岗先民以石刀的血色刀锋镇恶驱邪，将精湛的制刀技术、巫觋信念与敢入战阵的精神进行了完美融合。后来，吴越人铸造出了举世闻名的龙泉剑，这既是一种偶然，也是江南先民工匠精神和战斗拼搏精神的必然收获。《吴越春秋》上载有越王勾践向越女问剑一事，勾践问何谓剑道？越女言："其道甚微而易，其意甚幽而深。道有门户，亦有阴阳。开门闭户，阴衰阳兴。凡手战之道，内实精神，外示安仪，见之似好妇，夺之似惧虎，布形候气，与神俱往，杳之若日，偏如腾兔，追形逐影，光若佛彷，呼吸往来，不及法禁，纵横逆顺，直复不闻。斯道者，一人当百，百人当万。"（《吴越春秋·勾践阴谋外传》）后来越国军士根据这位女子讲的剑道练就了"越女之剑"，并以之灭夫差，霸天下。当代作家金庸将这个素材进行演绎，写成了一部武侠小说《越女剑》。小说中的主人公越女阿青精湛的剑艺据《吴越春秋》的说法乃一神秘白猿所传，以此表明技进于艺的争锋剑道本质上也是自然之道。

四　夸饰仪容

通过对澳洲、北美和北欧等多个地区原始民族生活的考察，德国艺术史家格罗塞发现，装饰是人类最早最强烈的欲求之一。特别是人类对身体的装饰，其欲望之强烈程度可能仅次于对食物的需要。人类对身体装饰的需要不是肇始于文明时代，而是在原始的野蛮时代就表现了出来，至少，新石器时代中国江南地区的聚落社会已经进入了人体审美的自觉状态，江南先民对身体的装饰是普遍的，到新石器时代后期，人体装饰升级到了礼仪化层次，一种具有区域特色的原始的身体装饰文化蔚然崛起。

通过装饰甚至是局部改造来使自己的身体显得更有魅力或者更为强悍，以便对异性产生足够的吸引力或彰显自己在聚落社会中的地位是原始人类装饰身体的主要目的。新石器时代早期的江南聚落社会母系特征鲜明，女性掌握着主要社会财富，包括装饰品和制作装饰品的原材料，也有宽裕的时间和较多的工夫来装饰身体。多数情况下，女性会把自己打扮得楚楚动人，使身体的性别特征得以突出和彰显，因此女性给人一种比男性更注重装饰的印象。不过，这并不意味着男性就可以不在乎身体装饰，由于在人类历史上的大部分时间里男性都处于求爱者的地位，所以男性的身体装饰事实上更为必要和重要。男女身体存在天然差别，原始人的身体装饰一开始就肯定和顺应了这种差别。比如，玉锥只见于良渚文化男性墓葬中，是专门为男性设计制作的身体饰品，特别是雕刻有龙纹的玉锥，其作为男性饰品的特征就更为突出。玉璜是男女都可佩带的身体饰品，但是雕刻有蛙形图案的良渚文化玉璜仅只出现在女性墓葬中。玉镯也是男女都可佩带的身体饰品，但是如果上面雕刻上了龙纹就说明这种玉镯是专供男性佩戴的。

身体装饰不仅与人的性别有关，在很多情况下还是区分人的社会地位与身份的重要方式，而且这种现象越是接近文明时代就越是普遍。到了新石器时代晚期，江南地区聚落社会贫富分化现象已经非常严重，这在人身体装饰方面表现得尤其突出，以至于身体装饰成为判断个人与家族地位的重要依据。比如在凌家滩文化墓葬区，处于墓葬区中轴线靠前位置的 87M15 墓中随葬品不仅种类多、数量大，而且审美品质高，其中玉冠饰造型新颖别致，具有后世女性装饰品的婉约特征，种种迹象表明，墓主人生前为聚落中身份最为尊贵的女性。在良渚文化墓葬中，那些用高级玉料制成的鼠、兔、狗和鸟等玉挂饰通常也只见于贵族墓中，平民墓中只能见到陶质、骨质等制作相对粗糙的挂饰。

在巫风流行的江南地区，先民的身体装饰很多情况下都与巫术有关。比如，在一些凌家滩文化玉冠饰上雕刻有禽类羽毛图案，用以表达凌家滩人对神鸟的崇拜与敬仰之意，这意味着在实际生活中，凌家滩人也会把羽毛用作发饰或帽饰，以求吉祥。在良渚文化的一些小坠饰上常雕刻有简化神兽纹或龙纹，用以为佩带者祈愿祝福。在良渚文化冠状饰上更是经常出现"神徽"纹饰，它们与象牙梳组合插在高级巫师或聚落首领头上，既是一种豪华装饰，又庄严地宣示着神的尊严和荣耀。

原始人类对于自己的身体从头到脚都有装饰的动机和愿望，不过，到了贫富分化比较严重的新石器晚期，能够有条件将这种动机和愿望变成现实的就只有高级贵族了。凌家滩玉人使我们对那个时代贵族的身体装饰和形象特征有了一个直观的了解，从已经发掘到的几个玉人可以看出，当时的男性头上戴着方格形尖顶冠，冠后还有下垂的披饰，嘴部保留着经过修剪的胡须，耳朵上会装饰耳珰或耳环，胸前有项链和坠饰，腰部系有刻着花纹的腰带。只有脚上并未穿鞋子，让人略感意外。到良渚文化时期，贵族的身体装饰达到了极为奢华的程度，尤其是贵族女性，头上插着玉簪、玉梳背，耳朵上戴着玉坠，项上有玉串饰，胸前更是身体的重点装饰区域，会有各种小坠饰或玉串饰与玉璜的组合装饰，手臂、手腕上自然少不了玉镯，手指上则佩带玉戒指。雍容华贵的身体装饰最终发展为一种以装饰为核心的身体文化，然而，物极必反，过度的身体装饰反过来变成了束缚人身自由的枷锁，甚至还成为人类自由精神的桎梏。

五　敬慕神明

江南本土文化在历史上没有孕育出严格意义上的宗教，但是这并不代表江南本土文化没有属于自己的信仰，对人生幸福的珍重与期盼，对大自然的敬畏，对神灵的崇拜，始终是推动中国江南本土文化走向光辉灿烂的强大精神力量。只不过，从新石器时代起，江南本土文化就是一种原始自然主义和人道主义主导的文化，追求人生幸福是这种文化的起点，也是它的终点，各路神仙存在的意义都指向了为人类谋取现实利益和幸福生活这一点上。

在世界各个原始文化中太阳是最普遍地被崇拜的神，不过，受到地理环境和文化传统等因素的影响，各个原始民族崇拜太阳的方式和观念也存在着较大差别，这也是构成原始地域文化特色的重要方面。古埃及、古希腊都曾有用高大圆锥表示对太阳神崇拜的习俗，阿波罗、索尔分别是古希腊和古罗马人格化的太阳神。在我国新石器早期的江南聚落文化中，太阳崇拜即已现端倪。在跨湖桥文化的众多残陶片上都发现了太阳纹，有以圆圈加射线勾画的金光闪闪的太阳纹，有以点线组合成的耀眼的太阳纹，有冉冉升出海平面的鲜艳太阳的半身纹，有深入西山的放出余晖的落日纹，大凡人们曾经见到过的太阳的各种样态几乎都被跨湖桥先民以生动的陶纹勾画了出来。如果说这些太阳纹尚不足以证明太阳是跨湖桥人心中的神，那么河姆渡文化遗存中的双鸟负阳象牙雕和动物身上的太阳纹则无可争辩地表明河姆渡人建立起了自己的太阳神话，并把太阳奉为缔造世界的最高神明。之后的凌家滩人不仅通过在器物上刻划太阳纹来表达对太阳的崇拜，更是通过在玉版上刻划的八卦方位图建构了一个以太阳为万物之母的关于世界存在和运行规律的原始自然主义解释系统。

鸟是江南远古先民崇拜的另一个重要的自然神。在河姆渡文化中，鸟是太阳的守护者，托起太阳和侍奉太阳是它们的首要职责。河姆渡人创造和发展起来的鸟崇拜文化在它的继任者那里得到了传承和推广，其中马家浜文化牙质墩饰上的枭首、凌家滩文化玉雕神鹰等都属于这种情况。在良渚文化中，多种器具上都有鸟的纹饰形象，有的以众多的鸟纹饰勾画出一个幸福自由的"桃花源"，有的则以独特的诗性智慧构想出了鸟首蛇身的"鸟蛇"形象，等等，所有这些有关鸟的艺术形象本质上表现的都是江南先民对那种来去自如、神出鬼没能力的羡慕、敬畏和拥有的渴望。

各种奇异的或强悍的自然伟力都是新石器时代江南先民所欣赏和崇拜的，所以那些有着独特本领的或凶猛强悍、力大无穷的猛兽也被先民奉为神明。在崧泽文化陶壶底上出现的类似于蝎子或蜘蛛类的爬行动物纹饰代表的是一种令人生畏的阴暗势力，崧泽先民将象征这种势力的动物形象雕刻在陶器的隐蔽位置，以表达对这种神秘势力敬而远之的态度。凌家滩文化中的玉雕龙以奋飞的姿态象征自然界的清刚粹美之气，并借之表达向大自然吸取昂扬精神与无限力量的强烈愿望。良渚文化中的神兽纹有的独立出现，有的作为"良渚神徽"的组成部分出现，表示自然界野蛮的力量正在为人类所掌握和利用。钱山漾文化陶器上的神兽纹神态似人，形态似兽，装扮则类似于巫师，是一个亦人亦兽的神明，体现了钱山漾先民在解读人与自然对立统一关系问题时的想象力，也反映了钱山漾先民在化解人与自然矛盾时所选择的方法与道路。

新石器时代的江南聚落社会是一种十分重视文化传统的社会，在这样的社会文化氛围中，历代先祖都受到高度尊重，其中一些为聚落生存与发展做出较大贡献的先祖被奉为神明，后辈会在聚落墓葬区的最高处设置祭坛，以祭祀这些先祖的英灵。在江南先民心中，神圣的先祖不仅在过去时代为氏族赢得了生存与发展的机会，而且还会在当下与未来保佑自己和子孙后代兴旺发达。祖先被奉为神明并受到祭祀，在这一点上，江南文化与中原文化是共通的，然而在世界范围内却是独特的。新石器时代中后期的江南地区，出现一些规模较大且远离墓地的祭坛，与过去专门用于祭祀先祖的祭坛有很大不同。比如良渚文化中期的汇观山祭坛建于山顶之上，象征高上加高的通天之意，同时祭坛又修作方形，有隐喻"地方"之意，这显然是一种用于祭祀天地神的祭坛。在远古先民的心目中，因为有了天地神和先祖神的保佑才有了个人的幸福和聚落的昌盛，所以天地神和先祖神都应该永远受到后人的崇敬和祭祀。此外，受到江南先民祭祀的神明还有很多，如主宰一日三餐的灶神、主管粮食的谷神和稻神、主宰阴晴风雨的龙，还有各种人们想象出来的地方小神，等等，江南先民将自己的生存需要与自然生态相结合，创造了多种多样的神明，并根据神的本领和重要性，为他们建立了不同样式和等级的祭坛，但是，只要是神，无论大小，都为江南先民尊重和敬仰。

总之，新石器时代的江南聚落文化是一种神性十足、巫风流行的文化，形成这种社会文化特征的原因是多方面的，包括那些能够激发人的想象力的山川区隔的自然环境、频发的洪水、较为封闭和缺乏对外交流的文化发展条件，以及江南先民始终不曾放弃的对幸福生活的信念，等等，这些主客观因素和条件的汇聚一方面激发了江南先民的诗性智慧，另一方面也促使他们运用这种智慧创造出了众多供自己膜拜和使心灵得到慰藉的神明。

六　共生共荣

人类在这个世界上不可能也从来不是一种孤独的生命存在，原始人类已经意识到了这一点，所以创造了多种类型的共同体形象，以表达对自然界万物相依、共生共存关系的理解。这些原始的共同体形象有些初看上去十分怪诞，甚至不可思议，然而从当今生态文明的大视野来看，却不得不承认新石器时代江南先民对于自然界的生态关系有着天才的直觉判断力。

早在崧泽文化时期，先民就用玉石制作出了鱼鸟共同体形象，这是我们见到的人类在新石器时代塑造的最早也最杰出的命运共同体形象之一，揭示的是鸟以鱼为食，鱼以食鸟粪为生，鱼与鸟相依为命的自然关系，表现的是鱼与鸟共享生命欢乐的天趣。在凌家滩文化中，表现命运共同体观念的艺术形象也屡见不鲜。如以组合件出现的龙凤璜，一端似猪首龙，一端似雁形凤，表达了凌家滩先民对阴阳两性分合关系的辩证认知，也象征性地表现了凌家滩先民对合和美满人生的期待与祝愿。又如通过原始人擅长的"剖分表现法"[1] 塑造的猪和鹰的"联合动物"[2] 形象凌家滩玉雕，以奇特的组合创作了一种视觉艺术的"生命交响曲"。

良渚文化中的命运共同体形象比之前代表现出更深广的生态和谐诉求，其中最有代表性的是频繁出现的"鸟蛇"纹和"良渚神徽"。由鸟首与蛇身组合成的鸟首盘蛇纹或者说"鸟蛇"纹经常以多变和夸张的手法雕刻在陶豆把和陶鼎的盖纽、盖身、鼎身和鼎足上。这种主要由椭圆形螺旋线和绞索状纹组合而成的"鸟蛇"纹在各种纹饰中属于比较复杂的，大量刻划在陶器上在当时是一项费时、费力的手工劳动，但良渚人却乐此不疲，说明"鸟蛇"纹绝不是一个普通的装饰性图案，而是承载着的重要神话信息和文化内涵的国家图腾，虽

---

① ［法］莱维—斯特劳斯：《结构人类学》，谢维扬、俞宣孟译，上海译文出版社1989年版，第262页。

② 张光直、李光漠编：《李济考古学论文选集》，文物出版社1990年版，第743页。

然我们尚不清楚这个神话的具体内容，但是，从结构形态上看，它与北美印第安人"体内载鱼的蛇"① 这类神话所表现的吞并关系不同，反映的是良渚先民基于共生观念的生态链想象。最能体现良渚先民和谐共生观念的是"良渚神徽"。自"良渚神徽"面世以来，学术界给出了令人眼花缭乱的多种解读。据"琮王"上的纹饰图像来看，"良渚神徽"也确实需要从多个方面解读其意义：首先，从构成元素及功能上看，"琮王"和它上面的"神徽"表现的是充满智慧的神人、能自由飞翔的鸟、凶猛的野兽和具有无限繁衍能力的大地，还有一切生命和事件的发生都不可须臾脱离的时空，等等，因此可以说"琮王"象征的是良渚人心目中的世界图景，而"神徽"便是一个以人、禽、兽为主体的多元融合型命运共同体形象。其次，从构成元素的主次关系上看，"良渚神徽"是一种对江南地区生态关系的高度概括和象征性表达，人第一次以清晰的形象在这一生态关系整体中处于关键位置，表明良渚先民对自身的综合能力，特别是驾驭环境与万物的能力有了更多自信，因此，"良渚神徽"也称得上是良渚人创作的一个以人为本的命运共同体形象。"良渚神徽"标志着良渚先民突破了二元对立共构的思维模式，直观地意识到了世界的多元融合与协调发展关系，并在此基础上把神定义为一个人与自然万物的伟大同盟。

今天作为中华民族共同图腾的龙也起源于新石器时代的江南文化。凌家滩文化遗存中的玉龙是到目前为止所能够见到的年代最为久远的龙形象，它由食草动物的头和水中鱼类的身体联合而成。该玉龙双目圆睁，两角上翘，鳞光闪闪，首尾相连，不怒而威。类似的玉龙圆雕或刻划纹饰在良渚文化玉器上也时有出现，其中环形玉器是龙首纹的主要载体。后世的龙形象融入了越来越多的元素，比如鸟爪、虎须等，表明龙是一个不断接纳新文化和不断拓展变化的共同体形象。人们赋予龙的功能和意义越来越丰富，有正面的，也有负面的。在自然界，人们将龙奉为主管雷电的神，能带来风调雨顺年景的是祥龙，制造连年灾荒的则是恶龙。在封建时代，具有至高无上权力的皇帝被视为真龙天子，从积极的政治角度看，真龙天子是各种正义力量汇聚

---

① ［法］莱维—斯特劳斯：《结构人类学》，第290页。

与整合的化身。从经济关联性上看，龙体现的是农耕经济成为社会经济主体时人类对决定这种经济成败的自然伟力的想象。总之，祥龙在中国传统文化中代表的是遒劲、刚健的创新、奋斗精神，海纳百川的博大胸怀和骏爽意气，象征的是开放、包容、合作、共赢的命运共同体理念。可以说，从新石器时代起中华民族就开始打造的祥龙形象是由自然主义审美精神孕育而成的经典艺术形象与文化形象，是自然伟力和人文正气在中国本土审美文化中的艺术表现和赢得的荣耀。

七　化茧成蝶

人类审美的精神生活主要是通过音乐、舞蹈、图画和语言等艺术来展开和完成的，远古人类没有今天如此完善的艺术形式，然而，正如黑格尔所说的那样，"完善的艺术必然要从不完善的艺术发展出来"①。新石器时代的江南聚落文化中并不缺乏那些在后人看来不够完善的艺术，但是恰恰就是在这些原初的和原始的不完善艺术中表现出了强烈的追求更高级和更完善艺术的化茧成蝶的审美精神。

新石器时代的江南先民在管乐器制作方面要远远落后于中原地区，河南省贾湖遗址出土的一对7孔雌雄竖笛，形成时间距今约9000年，是迄今为止我国考古发现的最古老的乐器，无论制作技艺还是演奏效果均是新石器时代江南地区的管乐器无可比拟的。不过，江南先民也有自己对中国原始艺术的独特贡献。河姆渡遗址发掘出一件河姆渡文化骨哨被证明是用以发声的，这足以证明河姆渡人已经在运用简单乐器表现一定节奏的音声变化，并以之来辅助自己捕猎或舞蹈。在马家浜文化中，管乐器的存在有了较确定的物证。已经出土的几件马家浜带孔骨管均在上端有一钻孔，整体制作极为精致，适合作为骨哨吹奏。河姆渡文化遗存中的2件鸭蛋形陶器被认为是原始陶埙，使用有吹孔而无音孔的陶埙说明河姆渡人对音阶和调式的把握还远不够成熟，但是，以这种陶埙的声音来配合舞蹈是没有问题的。河姆渡木筒也很有特色，有学者认为是原始的"筒"，属于打击乐器。

---

① ［德］黑格尔：《美学》第3卷上册，商务印书馆1991年版，第133页。

江南地区自古以来盛产竹子和芦苇，丰富的竹苇资源为江南先民掌握苇编与竹编技术和编织出类型多样的相关产品提供了良好的自然条件。河姆渡文化后期，先民具备了细腻、娴熟的苇编与竹编技术，能够编制出细密均匀的苇席、竹席等产品。到良渚文化时期，苇编与竹编技术已经普及整个良渚古国，良渚先民发明了团簸、梅花眼、菱形花格、拧绳等复杂的编织技法，能够编织出席、篓、篮、箪、谷箩、刀篰、簸箕、护罩、蓬盖、门扉和篱笆等各种产品，大型的、小型的，花样之多令人瞠目。钱山漾遗址还发现了编织非常精致的钱山漾文化草帽外圈，显示了钱山漾先民精湛的草编技术。编织技术的成熟不仅使许多优秀的编织产品成为具有较高审美价值的艺术品，而且还极大地丰富了编织纹的样式，使先民能够从各式编织纹中升华出独特的人文精神。比如，中国结纹就是编织纹经过漫长的历史演变在凌家滩文化时期由凌家滩先民率先创作出来的，凌家滩中国结纹是对那种向四方扩散的自然活力的张扬，同时也显示了对团结同心的人道主义精神的肯定与褒奖。

纹饰是对人类视觉感受的简洁勾画，是视觉思维的形象表达，具有很强的观念性和心灵性。新石器早期江南文化器具上的纹饰现象主要发生在陶器上，纹饰类型有绳纹、刻划纹、折线纹、齿状纹、戳点纹、附加堆纹等。这些纹饰大多是制作陶器时留下的工具与技术痕迹，比如，上山文化陶器上的绳纹多数情况下只是用绳索固定泥胎时自然形成的痕迹而不是专门制作的纹饰，这种绳纹的形成不包含任何审美动机，因而是假纹饰。新石器文化中期，除了陶器外，江南地区的石器、骨器、玉器和木器上都出现了多样化的纹饰，在陶器上有刻划或拍印的勾连纹、瓦棱纹、凹弦纹、凸弦纹、剔刻纹、竖直压划纹、压划鳞斑纹、云雷纹等，也有雕刻的鸟纹、走兽纹等，镂孔、几何纹或凹于器表的纹饰日渐丰富，部分纹饰还出现向图画方向发展的趋势，审美动机明显，纹饰形式多有值得玩味之处。比如，河姆渡象牙盅上的蚕纹与各种材料的“蝶形器”之间就存在着一种“蛹—蝶”式的关联性，能够引发人们“化茧成蝶”的自然联想和对未来生活的美好期盼。到了新石器文化中后期，在江南文化陶器和玉器上出现了大量浮雕和透雕，显示雕刻技术有了巨大进步，所表现的内容和意蕴也要比前代丰富复杂得多。

　　无论是新石器时代江南地区的听觉艺术、视觉艺术还是表演艺术，目前所掌握的考古资料都还不足以将其完整地还原，但是，越来越多的出土文物表明，新石器时代的江南先民从来没有在这些方面停止创新的脚步和争取完善的努力，后世江南文化在声乐、歌舞和诗词等方面的辉煌成就都与江南先民化茧成蝶的审美追求有着不可分割的联系。

八　书卷文心

　　在新石器时代的绝大部分时间里，江南先民都没有可供书写和阅读的文字，从这个意义上说，当时的先民生活中既无书更无卷，然而，从江南先民刻划的纹饰和图画中可以看出，他们有十分强烈的求文得意的愿望和理想，为了实现这一破除蒙昧、开启文明的伟大理想，江南先民一步一个脚印地为建立起那种后来被称为文字的符号系统而不懈地努力着。

　　纹饰符号到文字符号的发展变化与人类阅读能力及阅读特点的变化大体上是同步的，新石器时代早期的人类阅读与儿童的阅读相似，都是从读图开始的，原始人在各种器具上刻划的纹饰符号中有相当一部分就是供聚落成员阅读的，因此不仅表达意义，可能还包含了发音，并由此具有叙事和抒情功能。文字的发明大部分起始于象形和会意的刻划符号并最终通过简化、转换和重组等方式改变或取代了原来的刻划符号。不过，人类书写和阅读的历史也表明，文字从来也没有完全取代包括刻划纹饰在内的广义上的图画和非文字符号，图画和非文字符号在人类的阅读行动中始终存在并发挥着相当重要的作用，在"图画（纹饰）——文字·图画——文字·图像"这一文化发展的历史进程中，文字中心主义曾一度主导了人们的文化史观，但随着电子图像时代的到来，文字中心主义主导的文化史观遭到越来越多的质疑。在研究新石器时代文化方面，反对和摒弃文字中心主义立场尤其重要和必要，因为只有如此方能有利于还原先民创造和运用纹饰符号的过程，更准确地解读那些纹饰符号的意义，使先民创造的那些看上去很稚拙的图画和纹饰享受应有的文化地位和美学荣誉。

　　新石器时代江南地区的刻划符最早见于江西仙人洞与吊桶环文化遗存，那些刻着长短横线和米字符的鹿角片称得上最原始的"记事本"，它们出现的时间距今大约20000—18000年，比农业和陶器产生的年代还要早很多，说明在农业和陶器产生之前，长江中游地区的原始先民就具备了记数和记事的本领和相应的阅读与思考能力。在崧泽文化陶器上发现一些兼具记号与装饰功能的纹饰，如"M"形和箭羽形的压划符既有表示器具归属关系的意义又具有对器具的装饰作用。崧泽文化陶器上最令人印象深刻的是刻在陶器上表示数字的短线，它们数量众多，形式齐全，可以形成对1—20甚至更大数字的准确表达，表明崧泽文化时期的江南先民至少已经创造出了20以内的全部数字符号。崧泽文化陶器上的有些符号已接近初级文字，如"🗡"与甲骨文中的"🗡"（束）非常相似。在良渚文化陶器上发现了数量巨大的刻划符和戳点符，如"X""五""T""木""个""王""田""口"如"🗡""🗡""🗡""🗡"等，目前尚无法了解这些符号的发音并确切掌握其原初意义，但从这些符号出现在陶器上的位置可以看出，它们所代表的意义在当时是被聚落成员广泛接受和普遍了解的。过去，在古文字研究领域流行一种观点，认为原始符号是否以连续形式出现是判断这些符号是否具有文字性质的主要标志。但是，通过对新石器时代纹饰符号的深入研究，深切地感受到，在文字发明之初以单个形式来记录语言才更切合实际，因此，将是否连续出现作为衡量原始符号是否文字的标准并不合适。正如幼儿总是从单一发音开始学习语言一样，"一词句"可能是原始人类主要的语言表达方式，而单独出现的表意符号才是文字诞生之初最主要的语言书写形式或者说话语记录形式。若事实果真如此，那么一些学者幻想在新石器时代器具上找到成组的有意义的符号的希望恐将成为泡影。

　　在文字系统形成之前，原始人类主要是靠刻划符号或图画来叙事、表意和抒情的。河姆渡文化时期，江南地区的文化遗存尚没有显示出任何文字出现的信息，但河姆渡器具上的刻划符号已经具有较强的叙事和表情达意功能。比如，在一个河姆渡文化陶盆上，由家禽与院落、鱼和水草组成的两个刻划纹画面，生动地再现了河姆渡人饲养家禽的日常生活场景，表达了河姆渡人对鱼戏水草景象的浓厚兴趣。在良渚文化晚期陶器上刻划的鱼鹰捕捉虾和鳖的场景，以及用围栏圈养家禽的场面，表明良渚先民用图画叙事的能力得到了较大提升，也反映了新石器后期江南文化中的叙事符号向抽象化发展的趋势。

在人类创造和发明了完善的文字系统后，用文字叙事和表情达意的能力突飞猛进，但是用图画叙事、抒情和表意的方式和手段也从来没有被完全摒弃。到了电子时代，图像叙事的能力在很多情况下甚至超过了文字，从辩证的否定规律和宏大的历史视野来审视人类的表达方式与表现能力，过分看重文字或文字中心主义的文化史观显然是十分狭隘的，也是不符合历史实际的。新石器时代江南先民用图画叙事、抒情和表意的悠久历史和丰富实践表明，人类早已步入了图画和符号的阅读时代，江南先民通过劳动将自己的本质力量对象化于自然界，又用图画和符号再现被人化了的自然界和人本身，并由此形成对自然界和人本身的原始解读，因此江南先民阅读自然与人生的卷中岁月应当从这些原始纹饰和图画的创作开始算起。

结　　语

江南美学是中国美学的重要组成部分，与一般意义上的美学相比绝非另起炉灶，但是，江南美学也的确是建立在富有个性的江南文化基础上的美学，因此深入研究和理解江南文化的精神与地域特色是掌握和阐明江南美学结构特点和丰富意蕴的必要条件。要做到这一点，就不能只关注和研究江南文化在文明时代的发展，还需要进一步研究它在远古和原始时代的演变情况，完成正本清源的基础工作。事实上，江南文化本来就是一个历史概念，它在历史中存在，在变化中生成，从来就不是一种固定不变的内容和形式，不变的只是那种生生不息的在传承中创新的文化精神。从宏大的历史视野来反思人与自然的生态关系，有必要使人们认识到江南美学中的"江南"作为一个审美范畴其核心与基础是江南地区的自然环境和人文生态在历史上的理想形态，就是说，"江南"并非一开始就是或总是一个审美范畴或艺术形象，而是在特定的历史阶段上，当江南地区的生态环境成为最适宜于人类生存的环境时，当江南地区的自然生态与人文生态的融合接近于人类生存的理想时，"江南"才成为一个美学范畴和一种审美理想。

　　研究发现，在新石器时代江南文化的发展中，有一种精神智慧如涓涓细流汇聚成江河，日渐澎湃和具有开拓力，那就是百折不挠的奋斗精神和卓越的诗性智慧。在新石器时代，江南地区人类的生存条件远不如北方的平原地区，然而这一不利的生存条件却有利于激发远古人类的斗志和诗性智慧。关于诗性智慧，维柯认为，"就是凭天神预兆来占卜的一种学问"①，认为诗性智慧本源于粗糙的玄学，并始终带有预见性、推测性、神圣性和为人类造福的功利性等玄学特征，因而，诗性智慧是一切原始民族都具有的带有神秘和神圣性的凡俗智慧。不过，由于各种原因，世界上不同地区的原始民族所具有的诗性智慧又各有特点，江南地区的洪水忧患和山川区隔的生存困境尤其激发了人们"凭天神预兆来占卜"的动机和在神明的引领下攻坚克难过上美好生活的奋斗精神，因此，在江南人民为自己设想和谋划的幸福愿景里，有春江花月夜的江南风光，有梨花融融的农家院落，还有为各路神仙留出的至高荣誉。"意境"这个美学范畴被宗白华先生誉为代表了"中国心灵的幽情壮采"②，是中国美学对世界美学的最重要的贡献。这里想说的是，"意境"也是江南美学的核心范畴，意境的极境在于江南山水所蕴含的灵动、浩渺、幽玄与神秘，在于千万年来江南先民在这片美丽土地上奋斗、创造和诗意栖居的醇美体验，还有那从远古时代刮来的时弱时强的巫觋流风。

---

① ［意］维柯：《新科学》，朱光潜译，人民文学出版社 1986 年版，第 153 页。
② 宗白华：《美学散步》，上海人民出版社 1981 年版，第 68 页。

第一章　新石器时代江南地区的
生态环境与文化时空

　　新石器时代的江南文化包括由上山、跨湖桥、河姆渡、马家浜、崧泽、凌家滩、薛家岗、北阴阳营、良渚、钱山漾、马桥等文化构成的太湖—钱塘江区系新石器文化，以城头山为中心的长江中游两湖区系新石器文化，以及湖南玉蟾岩、江西仙人洞和吊桶环新石器文化。目前所发现的最早的江南新石器文化是湖南玉蟾岩、江西仙人洞和吊桶环文化与浙江浦江上山文化。前者存在的时间大约距今23000—9000年，属于旧石器向新石器过渡的原始文化。不过，也有学者指出，"仙人洞上层蚌壳的碳14年代是公元前8920±240年，下层骨骼的碳14年代是公元前6875±240年"[1]，按这种说法，仙人洞文化存续的时间距今只有11000—9000年，属于新石器时代早期文化。湖南省澧县城头山地区的新石器文化是其后继者，存在时间大约距今9000—7700年。

　　在末次冰期结束前，由于海平面较低，长江下游地区超出现在海岸线的以东部分，虽然存在人类活动的可能，但是已无从考证，只有海岸线以西的内陆部分尚可觅得一些新石器文化的踪迹。本区沿海部分岛屿众多，海岸线漫长，内陆部分丘陵纵横，"丘陵地区坡缓谷宽，自然资源丰富，有利于史前人类的生存与发展。但因地形过于分割，彼此不相连续，又没有一个明显的中心，所以本区的史前文化也被分割成许多小区"[2]。在距今8000至6000年这段史前时期，钱塘江是一

---

① 严文明：《中国远古时代》，上海人民出版社2014年，第322页。
② 严文明：《中国远古时代》，第314—315页。

个重要分界线，南岸宁绍平原一带繁衍生活的是河姆渡先民，他们创造了灿烂的河姆渡文化，与之隔江相望的太湖平原兴起了马家浜文化。在杭嘉湖平原西侧则繁衍着跨湖桥文化，这三处考古文化几成鼎足之势。在距今 6000 年至 5000 年这大约一千年的时间里，在太湖平原崛起的崧泽文化取代了马家浜文化。大约与崧泽文化同时或稍后的时间里，在太湖平原以西的广大地区延续着凌家滩文化和薛家岗文化，这两种考古文化既带有城头山文化的遗风，又明显受到崧泽文化的影响。在距今 5300 年至 4300 年间，杭嘉湖平原上的良渚文化将新石器时代的江南文化推向了巅峰。在距今 4400 年至 3200 年这个时间段，也即中原地区的夏商周时期，长江下游地区的钱山漾文化和马桥文化完成了江南新石器文化的收官，同时也开启了江南文化的铜石并用时代。长江中下游地区的新石器文化历时 2 万年之久，是中华长江文明的重要始原。

第一节　新石器时代江南地区的沧海桑田

江南地区 2 万多年的沧桑变化表明，生态环境对远古人类生存的影响是决定性的，每一次生态环境的重大变化都足以导致一种聚落文化乃至一种文明的崛起或毁灭。每一次聚落文化或文明的崛起和毁灭都造就了一个埋藏于大地之中神秘的考古文化层。由于这些文化基本上是沿着一个河谷或环绕一个狭小平原发展起来的，所以彼此交往不多，也基本上不存在相互之间的战争威胁，但是，由于创造这些原始文化的聚落社会生产力水平低下，适应自然环境的能力十分有限，所以自然生态的改变往往成为他们生存的最大福利或严峻挑战，因而了解当时的生态环境也成为今天包括审美文化研究在内的所有相关研究的重点，能否成功地虚拟和重建当时的生态环境，或者说对当时原始人类生态环境还原的质量和真实性直接关系到所有研究结论的可靠性与准确性。然而，要实现基本正确的对新石器时代江南先民生态环境的还原，仅仅依靠考古学知识和出土文物是远远不够的，古生物学研究、古地质研究和古海洋气候研究等相关学科的跟进和参与都是必不可少的。

一 数次海侵与生态演化

在距今 2 万年前后，江南地区的原始人类进入了新石器时代。2
万年来，长江中游地区的自然环境相对稳定，下游地区的水文、气候
与生态变化则比较大。关于具体变化情况，学术界的看法和描述并不
相同。赵希涛等学者认为[①]，距今 20000—15000 年的晚玉木冰期，长
江下游地区最低海面大约为 - 150 米左右，陆地区域有生物活动。据
日本学者新野弘等人的考古调查，在钓鱼岛附近海平面 160 米以下的
阶地面上发现有红色粘土风化壳，在大陆架外缘男女列岛附近，发现
有纳玛象、原始牛等哺乳动物化石。距今 15000—6000 年，随着冰期
末冰后期初气候的迅速变暖，海平面以平均 16.7 毫米/年的上升速率
急剧回升。至 6000 年前上升到现在的海平面高度，在海面回升过程
中，曾有几次停顿或振荡，由此形成了几级明显的水下阶地。杨怀
仁、谢志仁认为[②]，2 万年来中国东部海面升降有较明显的 10 次波动
（全新世有 5 次），末次冰期结束后，海面迅速上升，大约在距今
7000—6500 年间海侵达到最大范围，海面接近现代。这些波动与气
温波动几乎完全一致，近两万年来我国东部的气温也至少经历了十次
波动，平均气温波动的总幅度约为 10—12℃，而各次波动中的温度
变幅从 2—3℃到 6—7℃不等，而且每次波动中还伴有次数甚多的次
级波动。郑洪波等学者认为[③]，在距今 18000 年前地球上的末次冰期
极盛期，中国东部沿海的长江三角洲、杭嘉湖、宁绍平原已经构成广
阔的陆地，但是由于气温太低，生态环境恶劣，人类生存的条件并不
充分，即使曾经有过人类的活动，其遗迹也被埋在数十米的沉积物之
下，难得见其踪迹。国外学者 Lambeck 等人在 2014 年总结了全球数

---

① 赵希涛、王绍鸿：《中国全新世海面变化及其与气候变迁和海岸演化的关系》，载
施雅风、孔昭宸主编《中国全新世大暖期气候与环境》，海洋出版社 1992 年版，第 111—
120 页。

② 杨怀仁、谢志仁：《中国东部 20000 年来的气候波动与海面升降运动》，《海洋与湖
沼》1984 年第 1 期。

③ 郑洪波等：《中国东部滨海平原新石器遗址的时空分布格局——海平面变化控制下
的地貌演化与人地关系》，《中国科学：地球科学》2018 年第 2 期。

以千计的海平面变化数据，并根据全球冰量变化模式推演绘制出了末次冰期极盛期以来的全球综合海平面变化曲线。该曲线显示，距今21000—18000年期间，海面大约上升10—15米，此后的1500年的时间里距今18000—16500年，海面基本保持不变。距今16500—7000年期间是末次冰消期以来海平面的主要上升期，上升幅度达120米。在距今14500—14000年的500年间所发生的冰融水事件加速了海平面上升，大约在7000年时，全球海平面接近于现今的高度。

古海洋气候学者虽然在对末次冰期的结束时间及期间的气候波动情况认识上有分歧，但也一致认为，距今9000—7000年间随着末次冰期的结束，全球气温升高，冰川融化，海平面迅速上升，在中国东部滨海地区，海岸线快速地、大范围地向西部陆地推进，大片陆地变成大陆架，长江三角洲、杭嘉湖平原、宁绍平原皆成为相对稳定的浅海、海湾和河口环境。杭嘉湖平原的西侧和宁绍盆地南侧濒临海洋的低山及岛屿为新石器人类提供了有限生存空间，远古人类在这里创造了跨湖桥文化。在此之前，浙江西部山区基本不受海侵影响，亚热带季风气候使这里树木茂盛，动植物繁多，适合古人类聚族而居，繁衍生息，在这样的生态环境中，上山先民创造了上山文化。在距今7000年之后，海水略有消退，海平面与现在接近，长江三角洲、杭嘉湖平原、宁绍平原成为湿地，后经长江、钱塘江携带泥沙的不断堆积，姚江河谷变为生态环境稳定的陆地，于是古人类大规模从浙江西部山区或高地迁居此，创造了辉煌的河姆渡文化。大约同时，在钱塘江北岸的杭嘉湖平原和环太湖地区，生态环境同样良好，所以古人类能在这一较大的区域内创造出具有连续性的马家浜文化、崧泽文化和良渚文化。

距今4500年前后，强风暴携带海水再次大举入侵，长江三角洲、杭嘉湖平原、宁绍平原虽未被淹没，但土地大面积碱化，聚落先民赖以为生的水稻生产无以为继，以良渚文化为代表的盛极一时的江南新石器文化走向末路，作为收官之作的钱山漾文化和马桥文化只是江南新石器文化的余晖，或许称之为当时中原地区夏商文化的边缘文化更为合适。

二 山川区隔的独立微生境

长江中下游地区的地形以丘陵、山地、平原、河流与湖沼为主，这种地形对人类生活与文化交流的影响是巨大的，直到今天，在浙江西部山区相邻各地的方言都差异很大，彼此之间听不懂对方方言均属正常现象。在新石器文化时期，聚落先民主要生活于河谷缓坡地带或山地中间的狭小平原地区，受阻于纵横交错的河流与湖泊，聚落之间在经济文化上的交流相比于今天要困难得多，彼此隔阂也更为严重。对于这种在河流、湖沼和丘陵、山地阻隔下的生存环境，有学者将其称为"独立微生境"①，这对于新石器时代早期和中期长江中下游地区的古人类生态环境来说可谓用词贴切、生动和形象的描述。

这种"独立微生境"客观上有利于长江中下游各个聚落文化独立发展和形成各自的特色。比如上山文化，目前发现的18处上山文化遗址分布于浙江省金华市（12处）、衢州市（3处）、绍兴市（1处）和台州市（2处）。徐怡婷、林舟、蒋乐平等考古学者通过对这18处遗址所处地理环境的分析，总结出了上山文化遗址分布的一些规律：

> 1）高程适中（40—100米左右），坡度缓和（基本在3°以内），地势平坦开阔，易进行房屋建造、发展农耕，在明显发育宽阔连续的大片阶地的盆地中腹部地区，会选择主河道阶地的边缘位置进行居住。2）靠近支流，远离干流，既可以便捷地获取水源，又可以避免洪水危害；河流所提供的鱼虾资源还可作为食物的补充。3）光照充足，雨水充沛。4）土壤适宜耕作，这一点与靠近河流也密切相关。5）后方山地侵蚀严重，地势和缓，植被资源丰富，便于古人类进入山林开展采集以及打猎活动。6）距离后方山地有一定距离，一定程度上可减少遭遇山体滑坡、泥石流的隐患。7）遗址整体距离当时的古海

---

① 刘锐：《宁绍—杭嘉湖地区末次冰消期以来的古气候环境演化与早期人类文明·摘要》，博士学位论文，南京大学，2017年，第1页。

岸线距离较远，生产生活免受海平面变化的波及。①

　　从上山文化遗址的分布特征和规律可以看出，新石器时代古人类生存对自然环境的高度依赖性，上山文化存续了2000多年②，集中在百余平方千米范围内的河谷丘陵地带③。在这一漫长的历史过程中，受自身生存能力的制约，上山先民不得不按这样的条件来寻找和选择自己的栖居地。比如衢江流域的5处遗址集中分布于"衢江在龙游境内的主河段的南岸，呈现出明显的沿着主河道二级阶地边缘线状分布的特征"④。7处遗址在武义江境内，其中6处位于"几条主要支流——熟溪（大公山遗址）、酥溪（庙山遗址、菴山遗址、长城里遗址、长田遗址）、华溪（太婆山遗址）两岸"⑤，只有湖西遗址1处位于武义江主河道南岸阶地上。这些遗址总体上还具有"湿润的雨源型山区性河流的特点"⑥，地处中亚热带，属亚热带季风气候，夏热冬温，四季分明，降水丰富，植被茂盛，丘陵和中低山地区广泛发育红壤和黄壤，适宜种植水稻，是浙江的聚宝盆。不过，真正完全具备上述特点的地理环境并不多，所以整个上山文化只能在少数狭小区域内得以存续和得到有限发展。

　　河姆渡文化是比上山文化更先进更发达的新石器文化，尽管所处地域丘陵较缓，平原面积稍大，但其存在的地理范围也只有百余平方千米，与上山文化存在的地域面积不相上下。主要遗址除余姚河姆渡遗址之外，还包括上虞牛头山、慈溪童家岙、妙山等；余姚鲻山、田螺山、鲞架山和下庄等；宁波慈湖、傅家山、小东门、八字桥、沙溪等；茅山董家跳、蜃蛟等；奉化茗山后、舟山白泉等60余处遗址。这些遗址虽然大多数都处于宁绍平原上，但就每一处遗址所处的微观

　　① 徐怡婷、林舟、蒋乐平：《上山文化遗址分布与地理环境的关系》，《南方文物》2016年第3期。

　　② 浙江省文物考古研究所等：《浙江浦江县上山遗址发掘简报》，《考古》2007年第9期。

　　③ 蒋乐平：《钱塘江史前文明史纲要》，《南方文物》2012年第2期。

　　④ 徐怡婷、林舟、蒋乐平：《上山文化遗址分布与地理环境的关系》。

　　⑤ 徐怡婷、林舟、蒋乐平：《上山文化遗址分布与地理环境的关系》。

　　⑥ 胡忠行、刘文庆：《金衢盆地自然环境演化基本特点与趋势》，《浙江师范大学学报（自然科学版）》1994年第3期。

地理环境而言，依然是丘陵山地与湖沼平原交界地带，往往背山临水或面向沼泽与江河，与上山文化的微地理环境十分相似。黄渭金认为①，河姆渡文化主要分布在宁绍平原、宁奉平原、象山港沿岸及舟山群岛上，该地理区域西北隔钱塘江和杭州湾，向东是一片浩瀚的大海，往南是崇山峻岭（四明山及浙闽丘陵），这是一个相对独立和封闭的地理空间，河姆渡先民就是牢牢地被捆绑在这一百多平方千米的滨海平原及岛屿上，使河姆渡文化向四周拓展和对外交往都极为困难。好在当时这一区域气候温暖，降雨充沛，植被茂盛，动物种类繁多，渔业资源丰富，种植水稻的条件良好，生态环境非常适合于人类繁衍生息。原杭州大学地理系的周子康、夏越炯、刘为纶等几位学者在吴维棠研究的基础上，对河姆渡人的生存环境进行了虚拟重建②，认为距今 7500—6000 年，河姆渡人生活的宁绍平原及相邻地区，气候与现在两广中南部、海南岛和台湾省的气候相仿，属亚热带或热带气候，年平均温度高于现在 4℃ 以上。植被包括蕈、苦储、钩栲、枫香、紫楠、细叶香桂、细叶青冈、赤皮槠、黄杞等 32 种乔木，江浙钩樟、牛筋树、山鸡椒、冬青、天仙果、金粟兰、柃、榛等 14 种下层灌木，褐叶星蕨、肉质伏石蕨、矩园石韦、金鸡脚、水龙骨、薏苡、龙胆等 27 种草本植物，羽裂海金沙、柳叶海金沙和狭叶海金沙等 3 种藤本植物。亚洲象、爪哇犀、苏门答腊犀、水鹿、红面猴等 60 多种动物栖息于当时森林茂密的四明山麓。植物学者孙湘君、杜乃秋和陈明洪，地理学者朱诚，考古学者林华东、吴建民、黄渭金等都著文表达了相近的看法。正因为有这样生态环境良好的热带和亚热带气候，河姆渡文化才能在这一区域独立存续 1500—2000 年，创造出新石器文化中早期的辉煌成就。

钱塘江与杭州湾北岸的太湖地区也是一个良好的"独立微生境"，"太湖流域西北为宁镇丘陵和茅山山脉，西南临宜溧山地，南靠天目山山地和钱塘江湾，北为长江，流域面积 36500 千米。全区地形低平

---

① 黄渭金：《试论河姆渡史前先民与自然环境的关系》，《华夏考古》2002 年第 1 期。

② 周子康、夏越炯、刘为纶、吴维棠等：《全新世温暖期河姆渡地区古植被和古气候的重建研究》，《地理科学》1994 年第 4 期。

坦荡，平原面积约占流域面积的六分之五，零星分布着高度为数十米至百余米的孤丘"①，太湖平原的水文和气候虽然在全新世受到数次海侵的影响，但是，现代沉积环境研究表明，全新世以来太湖平原一直是陆相环境，未出现过海水淹没整个太湖地区的高海面过程②。即使是在最大的海侵期，海水也仅到达上海的外岗一带，以后便逐渐向东退去。③ 这样，太湖平原就形成一个微环境相对"开放"，大环境相对封闭的碟形洼地，"太湖地区的水域面积比今日小，东太湖及其以东吴县、吴江、昆山和常熟一带的许多湖泊为一些小型洼地沼泽，现今的阳澄湖和澄湖等形成于宋代以后。太湖西北地区的一些湖泊如涌湖等，面积也比今天为小。此时宜溧山地和宁镇丘陵以及广大平原地区植被茂盛，主要为常绿—落叶阔叶混交林，山地区域还生长着大量竹类，气候温暖湿润，降水量也较今多，洪水作用主要发生在丘陵和山麓地带，广大平原区水流畅通，无大的洪涝灾害"④。太湖地区良好而又相对稳定的生态环境孕育了"马家浜文化—崧泽文化—良渚文化"等新石器时代的序列文化，虽然这些文化由于海侵和气温变化等原因也出现了中断并存在缺环，但总体上依然保持和延续着一种共同的"太湖"风格。

第二节　聚落文化的空间分布与历史变迁

公元前20000年到公元前1000年，是中国江南地区新石器文化诞生、发展与终结的历史时期，在这长达2万年的漫长时间里，地形、气候和水文是对江南地区各区系考古文化发展变化具有决定性影响的三大因素，因为地形相对稳定，变化不大，气候和水文对文化影响的重要性就显得十分突出。与水文相比，气候的稳定性又要高很

---

① 王富葆等：《太湖流域良渚文化时期的自然环境》，载徐湖平主编《东方文明之光》，海南国际新闻出版中心1996年版，第304页。

② 景存义：《太湖地区全新世以来古地理环境的演变》，《地理科学》1985年第3期。

③ 陈杰、吴建民：《太湖地区良渚文化时期的古环境》，载徐湖平主编《东方文明之光》，第308页。

④ 王富葆等：《太湖流域良渚文化时期的自然环境》，第304页。

多，因此绝大多数对新石器时代江南地区古生态环境的研究都着眼于当时的水文特征及变化情况，其中最为关键的就是发生在这一历史时期的数次海侵，海侵的发生和规模取决于全球气候变化，尤其是气温的高低，但是在局部地区又反过来影响和改变那里的气候，造成生态环境的较大变化，从而对远古人类的生存和远古文化类型的兴衰产生重大影响。我国长江三角洲、杭嘉湖平原、宁绍平原和太湖沿岸地区新石器文化的兴衰与更替都与海侵有紧密联系。

一 "满天星斗"与"众星拱月"式分布

在新石器时代早期，江南先民对于自然环境主要还是消极适应，就是寻求那些天然适合于人类生活的微环境栖息定居，一旦这种环境中发生了洪涝灾害，或有了其他一些较大变化，不再适合生存，先民唯一的选择就是迁居到另一处适合生存的微环境中，重建家园。因此，在新石器时代早期，江南地区原始聚落的分布与那些天然适合原始人类生存的微环境的分布基本一致，而这样的微环境在长江中下游地区一般都散布在山间河谷盆地或狭小平原，生存于这种微环境中的原始聚落数量众多而又分散，规模很小却都有自己的独特性，如同散布于夜空的繁星，故被考古学者形象地称为"满天星斗"[1]式布局。如已发现的 18 处上山文化遗址，其聚落群内普遍出现了居址、墓葬、环壕等遗迹，符合当时"初级村落"[2]的基本定义。每一个"初级村落"都按照原始人类栖居和生存的客观需要来选择微观环境，各个遗址之间并无明显的主次之分，不存在等级差别，同时它们还各自独立，自给自足，不存在从属关系。各个遗址之间的空间关系也大致反映了各个聚落间的空间关系，这些聚落在地理空间上的分布正如"满天星斗"般乱中有序。

新石器文化中期，活跃在太湖东部和东南部地区的是马家浜文化，已经发现的马家浜文化遗址有 50—60 处，包括桐乡罗家角、乌镇谭家湾、桐庐后山、余杭瓶窑吴家埠、良渚梅园里、萧山跨湖桥、

---

① 苏秉琦：《中国文明起源新探》，辽宁人民出版社 2009 年版，第 85 页。
② 蒋乐平：《上山遗址与村落形成探源原载》，《光明日报》2017 年 1 月 5 日第 13 版。

余姚鲞架山、宁波慈城小东门、奉化名山后、象山塔山、江苏金坛三星村、宜兴骆驼墩、绍兴杨汛桥寺前山等遗址，这些遗址表明马家浜文化存在的地理范围北至长江，南抵宁绍平原，东至大海，西与宁（南京）镇（江）丘陵山地相接①。在钱塘江南岸地区发展的河姆渡文化，如前所述，60余处遗址分布于宁绍平原、宁奉平原、象山港沿岸及舟山群岛上，这也大致就是河姆渡文化存在的地理范围。这是两处长江下游地区新石器时代中早期的代表性文化，结合其耜耕农业、食婴之风、"大房子"和"各自为炊"②等聚落社会生活特点，多数学者倾向于认为马家浜文化与河姆渡文化均处于母系社会向父系社会发展的过渡阶段，聚落内部父权制已经出现。公共墓地的存在说明聚落内部成员和家庭之间具有伦理上的等级差别，族长在处理家族事务中具有某种程度的威权。聚落与聚落会联结成原始村落，但是聚落与聚落之间依然是平等或平行的联系。与上山文化遗址的地理分布相比，这两个考古文化遗址的空间密度更高，每个聚落的规模也要大很多，如河姆渡文化鲻山遗址面积约5万平方米③，接近上山遗址面积的2倍，马家浜文化罗家角遗址面积约12万平方米④，是上山遗址面积的4倍。但是，就宏观地理位置关系及聚落规模、财富聚集诸情况来看，同样不存在明显的聚落差，聚落密度及其在地理空间上的分布依然可以用"满天星斗"来描述。

新石器早期江南地区小型聚落文化的共性不是由彼此的交往形成的，而是人类生存的共同需要和环境的相似性带来的必然结果。到了新石器时代中后期，人类控制和改变环境的能力有所提高，可以化解一些不利于生存的自然因素，从而能够在一个总体上适合人类生存的大环境中建立起多个有着统一文化背景的原始聚落。由于这些原始聚落间大多存在较为紧密的联系，聚落与聚落间又由于环境、人口、资源等原因在经济、文化等方面形成了一定程度的聚落差，于是在一些聚落相对集中的地区会出现多个普通聚落围绕一个中心聚落展开的

①　林华东：《浙江通史·史前卷》，浙江人民出版社2005年版，第40—41页。
②　汪宁生：《中国考古发现中的"大房子"》，《考古学报》1983年第3期。
③　林华东：《浙江通史·史前卷》，第112页。
④　林华东：《浙江通史·史前卷》，第54页。

"众星拱月"式的结构布局，直到后来中心聚落升级为"大型酋邦的首都"——"初城"① 这种原始城市。长江中游的城头山古城和钱塘江下游的良渚古城都属于典型的原始"初城"。良渚文化是中国长江下游地区和钱塘江流域新石器晚期文化的代表，已经发现的遗址有500 余处②，其空间分布规律与早、中期截然不同。这500 余处遗址"主要分布在太湖地区和钱塘江以北地区，在苏北海安县、南京宁镇地区、钱塘江以南的宁绍平原及舟山等地，也有零星发现。而余杭区的良渚、瓶窑、安溪等三个镇毗邻地区33.8 平方千米范围内，是一个密集的良渚遗址群，已发现遗址五十余处，被认为是良渚文化的中心地点"③。良渚文化中心点的出现表明，虽然良渚文化的影响范围已经超过之前长江中下游地区的各个考古文化，但是它本身的发展并不平衡，中心区的聚落文化规模和质量要远远高于非中心区，特别是良渚古城所在的区域俨然成为一个大型酋邦的宗教、政治、经济、军事和文化中心。在同一个聚落群中，各个聚落之间的地位也不尽相同，几乎每一个聚落群中都有一个聚落处于中心和领导地位。对于良渚文化聚落在地理空间上的这种结构布局，可以用"众星拱月"来形容。有学者将环太湖地区良渚文化划分为四个大的聚落群④：(1)太湖以南杭州余杭区的良渚—瓶窑聚落群或称良渚遗址群。良渚—瓶窑聚落群位于浙西山地丘陵和浙北杭嘉湖平原的接壤地带，其北、西、南三侧均是东天目山余脉的低山丘陵，俯视呈开口朝东的 U 形。聚落群内地势低洼，海拔 2—3 米，有突兀的低山散布其间，东苕溪从西南向东北贯穿，范围 33.8 平方千米。该区域内发现的各类良渚文化遗址数量达百余处，包括反山、瑶山、汇观山等贵族专用墓地，文家山、钵衣山、梅园里、庙前、吴家埠等中小型墓地，庙前、姚家墩、官庄等聚落群。其中莫角山遗址的良渚古城在良渚文化最繁荣时期可能是本聚落群乃至整个良渚文化区域的宗教、政治、经济、军事和文

---

① 薛凤旋：《中国城市文明史》，三联书店（香港）有限公司 2020 年版，第 48 页。
② 林华东：《浙江通史·史前卷》，第 238 页。
③ 余杭市政协文史资料委员会编：《文明的曙光——良渚文化》，浙江人民出版社 1996 年版，第 11 页。
④ 丁品：《良渚文化聚落群初论》，《史前研究》2004 年刊。

化中心，是沿太湖地区所有良渚文化聚落群所拱之"月亮"。(2)太湖东南的浙北嘉兴聚落群。聚落群范围包括海宁北部、桐乡东南、嘉兴南部、海盐西北及平湖的一部分，该区域地势低洼，河网密布，东临大海，平面略呈东北—西南走向的长条形，面积约 600 平方千米。聚落群内发掘的遗址有 200 余处，而经调查确定为良渚文化时期遗址的数量接近百处。规模较大的墓地或遗址有桐乡新地里、海盐龙潭港、周家浜、海宁荷叶地、佘墩庙、大坟墩、平湖邱墩、戴墓墩等。其中邱墩聚落是该聚落群的中心聚落。(3)太湖以东的苏南—沪西聚落群。该聚落群处在以吴江—苏州—昆山—青浦四点构成的不规则近方形地带，面积约 500 平方千米。该区域为散布有河流、湖泊的平原，夹杂数座突兀的低山。经调查或发掘的重要遗址、墓地或高台墓地有青浦福泉山、吴县草鞋山、张陵山、昆山赵陵山、少卿山、吴江龙南、苏州越城等。其中福泉山聚落是该聚落群的中心聚落。(4)太湖西北、长江以南的江阴—武进聚落群。地形上属于太湖西北平原，面积约 400 平方千米。包括城海墩、南山等聚落遗址及武进寺墩、江阴高城墩等良渚文化高土台高规格墓葬。武进寺墩聚落是该聚落群的中心和领导者，同时也是良渚古城衰落后沿太湖地区良渚文化聚落形成的一个新的经济和行政管制中心。

通过对数百处良渚文化聚落遗址的考察和研究发现，良渚文化聚落的空间布局和安排已经由"满天星斗"式转化为"众星拱月"式，地区级差和聚落间的级差都十分鲜明，表明一般情况下主要聚落的位置安排和建筑设计等事务是由聚落群中的领导者或聚落联盟的高层统治者代表聚落共同体来决定的，具有很强的计划性，这从一个方面说明良渚文化时期江南社会贫富分化加剧，阶级对立严重，国家形态的社会组织正在形成或已经初步形成。

二　同区系聚落文化的传承、变迁与叠压关系

生态环境的变化决定性地影响着聚落文化的兴衰和交替，但这并不是说人类自身总是在毫无建树地消极地适应环境变化，事实上，新石器时代江南地区聚落文化的交替出现从来都不是简单的替代，而是在传承中有发展，总体上呈现为文化水平和文明程度的逐步提升。这

表明江南先民适应和主动改善生态环境的能力在稳步提高，他们创造的原始文化本身也具备一定的韧性。在距今 7000 年时，长江三角洲地区因海平面趋于稳定，开始形成适合人类生存的生态环境，于是顽强的江南先民便在这一地区扎根居住，繁衍生息，创造了新石器时代两个既相互独立又相互影响的考古文化体系——宁绍平原文化体系和环太湖文化体系。环太湖文化体系的发展脉络大体是马家浜文化——崧泽文化——凌家滩文化、薛家岗文化——良渚文化——钱山漾文化——马桥文化。宁绍平原新石器文化的发展脉络大体为上山文化——跨湖桥文化——河姆渡文化。河姆渡文化的最终去向尚不太明确，但其主体并入崧泽文化的迹象要多一些。

1. 上山文化

上山新石器文化遗址位于浙江浦阳江上游和嵊州曹娥江上游的山间河谷盆地内，海拔约 50 米，地势相对平缓。"上山是盆地中的一座小山丘，相对高度一般在 3—5 米。发掘面积 600 余平方米，地层厚度约 1—60 厘米"[①]。上山文化形成于距今 10000—8500 年，这一时期全球温度迅速回暖，海平面持续上涨，东海陆架区快速向内陆推进，但海岸依然远离现今的浦阳江河口，上山遗址所在区域在当时基本不受海侵影响和海水威胁，这是上山文化得以在海侵之前形成并在海侵期间继续存在的重要原因。毛龙江等学者认为[②]，上山文化是生态环境演化的结果。在中更新世，上山地区先后形成了河流的二级阶地和网纹红土；晚更新世，粉尘堆积了厚约 1 米的下层黄土；全新世开始，气候转暖，上山遗址所处盆地形成良好生态环境：台地地势平坦，海拔高度为 50 米左右，亚热带季风气候，温暖（年均气温为 16.7℃）宜人，降雨充沛（年均降雨量 1513 毫米），阳光充足（年均日照时数 1746.3 小时），植物生长期长（年均无霜期 247 天）。在这样靠近河湖水源的河流阶地之上，上山先民在聚落社会组织形式下制作石器、陶器、狩猎、采集和种植水稻，创造了长江下游地区目前发现的最早的新石器文化。

---

① 刘锐：《宁绍—杭嘉湖地区末次冰消期以来的古气候环境演化与早期人类文明》，博士学位论文，南京大学，2017 年，第 82 页。
② 毛龙江等：《浙江上山遗址剖面记录中更新世以来的环境演变》，《地理学报》2008 年第 3 期。

2. 跨湖桥文化

跨湖桥文化因首个遗址发现于杭州萧山区城厢街道湘湖村的湘湖之滨而得名，西南约 3 千米为钱塘江、富春江与浦阳江三江的交汇处。遗址海拔约 4 米，处于山间盆地中，四周水网密集。主要遗址除了跨湖桥遗址外，还包括下孙遗址、嵊州小黄山遗址和浦江上山第二阶段遗址、龙游青碓遗址、荷花山遗址、义乌桥头遗址和仙居下汤遗址等共 8 处。存续时间在距今 8200—7000 年间，早于河姆渡文化约 1000 年。

对于跨湖桥文化与上山文化的关系，考古学界的认识是有分歧的。蒋乐平认为[①]，跨湖桥文化和上山文化的关系较为复杂，一方面在上山、小黄山、荷花山和青碓等遗址，跨湖桥文化遗存和上山文化遗存总是相伴而存，另一方面两者又总是出现在遗址的不同区域，同时两者又往往存在局部叠压关系。经过对存续年代及出土文物，特别是对出土陶器的分析，初步判断跨湖桥文化继承了上山文化，但也受到了长江中游彭头山文化、城背溪文化、皂市下层文化与淮河上游贾湖文化的影响。芮国耀、方向明、韩建业、刘晓庆等许多学者都表达了相近的看法。韩建业认为，新石器时代早期的长江中下游地区本属不同的文化系统，但是，至新石器文化中期，彼此发生了较充分的交流，先是在公元前 7000 年末期，长江中游洞庭湖地区的彭头山文化东向挺进长江下游的杭州湾以南地区，使得当地的上山文化发展成为跨湖桥文化，几百年之后的公元前 6000 年初期，处于兴盛期的跨湖桥文化又反过来西向影响洞庭湖地区，促成彭头山文化向皂市下层文化的转变。不仅如此，间接通过皂市下层文化的对外影响，跨湖桥文化因素还渗透到沅江、湘江和峡江地区。通过这样彼此双向交流融合后，长江中下游地区文化已经大同小异，总体构成一个"长江中下游文化系统"。[②] 地球和地理学者倾向于认为，跨湖桥文化时期和河姆渡文化早期的人类是在海洋气候主导的生态环境下以渔猎和采摘为

---

① 蒋乐平：《钱塘江流域的早期新石器时代及文化谱系研究》，《东南文化》2013 年第 6 期。

② 韩建业：《试论跨湖桥文化的来源和对外影响——兼论新石器时代中期长江中下游地区间的文化交流》，《东南文化》2010 年第 6 期。

主，同时也利用有限的土地种植水稻，食谱中海洋成分占有比例较大，因此跨湖桥文化和河姆渡文化都属于"海洋文化"。[①]

从总的发展趋势上看，比较确定的是，浙江境内新石器文化源头在山地，史前人类活动是由西往东拓展、由山地向平原过渡，这与海退成陆的过程基本一致。由此判断，在新石器早期，以彭头山为代表的长江中游原始聚落文化向长江下游扩展是新石器文化发展的主流，新石器中后期，由于长江下游原始聚落文化的发展超越了中游地区，所以形成了长江下游聚落文化向中游反馈的发展态势。

3. 河姆渡文化

河姆渡文化发生于钱塘江和杭州湾南岸的姚江—宁波平原（或称宁绍平原），于姚江河谷分布最为集中，除了河姆渡遗址外，田螺山遗址、童家岙遗址、安乐遗址、楣山遗址、朱山遗址等均有河姆渡文化发现。从时间上看，河姆渡文化与跨湖桥文化是前后衔接的关系，但二者的内在联系比较复杂。蒋乐平认为[②]，河姆渡文化继承了跨湖桥文化的许多因素，但又接受了来自淮河下游地区的新石器文化的影响。浙江地区的新石器考古学文化存在着上山文化—跨湖桥文化—河姆渡文化（马家浜文化）的历史逻辑，其文化差异和风格特征是传承及与区域外文化交流的结果。2020年宁波余姚市井头山遗址的发现使河姆渡文化的起源有了新说法，出土的样品经北京大学、日本东京大学、美国贝塔实验室、南京大学等多个实验室的碳十四测年，得出的结果都是距今8000年上下，最早的距今8300年左右。范雪春认为，"这里生活的先民应是中国沿海最早的渔民，创造的是中国东南沿海最早的海洋文化，并可能是西太平洋地区南岛语族文化的重要来源。"[③] 井头山遗址被许多专家认定为是河姆渡文化的"祖源"。

地理学上的更新世晚期和全新世早期是钱塘江下游平原的形成

---

① 郑洪波等：《中国东部滨海平原新石器遗址的时空分布格局——海平面变化控制下的地貌演化与人地关系》，《中国科学：地球科学》2018年第2期。

② 蒋乐平：《钱塘江流域的早期新石器时代及文化谱系研究》，《东南文化》2013年第6期。

③ 冯源、顾小立、郑梦雨：《"河姆渡之祖"与中国海洋文化基因》，《新华每日电讯》2020年6月19日第10版。

期，但是冰消期以来，在距今 12000—8000 年我国东南沿海地区遭受了第四纪以来最大规模的一次海侵，姚江—宁波平原变成一片浅海。该地区的傅家山遗址在距今 6915—6535 年期间由"浅海—潟湖"滩变为盐沼湿地，在距今 6535—6290 年间转变为淡水或低盐沼泽[①]。这就意味着在大约 700 年的时间里姚江—宁波平原的生态环境都是适合人类生存的，这正与河姆渡第一、二期文化存续的时间大致吻合。距今 6300 年左右，姚江—宁波平原发生了最大的区域性海侵事件——皇天畈海侵，这次时间长、范围大的海水入侵导致河姆渡先民赖以生存的滨海湿地生态系统发生了重大变化，人类生存资源极为短缺，河姆渡第二期文化至此中断，于是在河姆渡遗址中形成了第二与第三期文化层之间的海侵层。大约 300 年后，海水退去，姚江—宁波平原变为低盐的芦苇沼泽湿地，河姆渡文化第三期得以展开。期间发生局地水位上升和短暂海水入侵，特别是每年夏秋季节台风盛行，风暴潮会诱发和加强咸潮、钱塘江大潮、洪水等，从而使本就河网密布的姚江—宁波平原形成严重的洪涝灾害，迫使河姆渡人迁往周边丘陵山地谋生，这便形成了河姆渡文化第三、四期之间的断裂。[②]

　　浙江省地质局编制的《杭州、余姚、宁波水文地质普查报告》显示，在晚更新世，四明山北麓的地表水以大隐—慈城高地为分水岭，分东、西两路分别排向东海和杭州湾，西路分两支向北注入湖沼，其中一支流经河姆渡区域，形成了河姆渡区域适合人类稻耕渔猎的良好生态环境。但在距今 5000 年前后，杭州湾主体形成，杭州湾海岸线淤高、钱塘江河口堆积，平原上低洼处湖泊发育。四明山北麓和余姚平原地表水不能再向北顺利排泄，所以就沿昌化—普陀断裂带切割出一条排水通道——姚江，如此一来，河姆渡先民要到四明山中采集和狩猎就很不方便。再加上距今 4500 年前后，强风暴携带海水再次大举入侵，姚江—宁波平原土地大面积咸化，使河姆渡先民赖以为生的水稻生产无以为继，曾经发达的河姆渡文化也就此走向终结。

---

　　① 唐亮：《姚江—宁波平原中全新世海水入侵及古人类活动的快速响应》，博士学位论文，华东师范大学，2019 年，第 122 页。
　　② 唐亮：《姚江—宁波平原中全新世海水入侵及古人类活动的快速响应》，第 143 页。

距今 3000 年时，海水消退，姚江—宁波平原的气候变得持续干冷，但是，此时杭州湾北岸的良渚文化已经达到繁盛期，并向南强势延伸，使得曾经哺育了河姆渡文化的姚江河谷失去了让河姆渡文化重新崛起的机会，并不得不让位于一种发达得多的新石器晚期文化——良渚文化。

4. 马家浜文化

马家浜文化命名于 1959 年，是与河姆渡文化隔江相望的又一重要的江南新石器时代考古学文化，因其最初发掘遗址位于浙江嘉兴市区西南方向约 7 千米处的马家浜村而得名，存续时间距今 7000—6000 年，影响范围南达钱塘江北岸，北至江苏常州—张家港一线，西达太湖沿岸，东至上海崧泽，现已发掘马家浜、吴家浜、邱城、桐乡、广福村、草鞋山、绰墩、圩墩、彭祖墩等几十处遗址。

马家浜文化形成的时间略晚于河姆渡文化，从文化内涵上看，学术界普遍认为二者之间有部分承继关系，但也相互影响，属于两支平行发展的不同谱系的考古学文化。如吴汝祚认为，"河姆渡文化与马家浜文化在日常使用的陶器上，主要农业生产工具骨耜上和葬俗等方面都有明显的差异，两者不可能同属一个考古学文化，也不可能是同一个考古学文化的两个类型"[1]。对于两之间形成此种关系的过程和成因，王海明作了如下概括性描述：自从第四纪更新世以来，宁绍平原曾经历了星轮虫、假轮虫和卷转虫三次海侵。前两次海侵发生太早，与河姆渡文化关系不大。卷转虫海侵开始于全新世之初，至距今 6500 年左右海侵到达最高峰，钱塘江以南，今会稽四明山诸山麓冲积扇以北也成为一片浅海。钱塘江以北，太湖周围相当广的区域也被海水浸淹。河姆渡先民生存的宁绍平原的自然生态环境日益恶化，最后不得不离开家园向较高的四明山区迁移。分布于杭嘉湖地区的马家浜文化被迫"南征""北伐"和"西进"，其中"南征"的一支与迁徙中的河姆渡文化会合，融合成一体。海水退去后又回到了河姆渡故地，形成了河姆渡文化的第三期堆积。由于马家浜文化的涌入，河姆渡文化第三期融入了很多马家浜文化因素，河姆渡文化第二、三期间

---

[1] 吴汝祚：《试论河姆渡文化与马家浜文化的关系》，《南方文物》1996 年第 3 期。

的缺环正是这一情况的最好注脚。之后，由于受到皇天畈二次海侵的摧残，马家浜文化开始向崧泽文化过渡。[①]

5. 崧泽文化

崧泽文化的命名提出于 1979 年，在 1984 年成为考古学界的共识，因上海青浦崧泽发掘遗址而得名，是一种环太湖地区的新石器考古学文化。崧泽文化上承马家浜文化，下接良渚文化，绝对年代距今约 5900—5300 年。目前已发掘的崧泽文化遗址主要有"上海青浦崧泽、福泉山，松江汤庙村、姚家圈，青浦寺前；浙江桐乡普安桥，嘉兴南河浜、大坟，余杭吴家埠，湖州昆山，海宁达泽庙；江苏苏州草鞋山、越城、张陵山，武进乌墩，吴江龙南、同里，江阴南楼，常州新岗，张家港徐家湾、东山村，昆山赵陵山，无锡邱承墩等"[②]，此外，还有浙江海盐仙坛庙、长兴江家山等遗址。这些遗址的位置表明崧泽文化与马家浜文化、良渚文化发生的地域存在大面积重叠。

对于崧泽文化与马家浜文化的关系，考古学者的看法基本一致，认为崧泽文化虽然上承马家浜文化，但实际上已经发生了质的变化。如黄宣佩指出[③]，从墓葬结构及随葬品都可以看出，马家浜文化的社会组织与其他地区一样尚处于母系氏族阶段，但崧泽文化的社会组织已经进入到父系时期。李伯谦认为[④]，在苏秉琦所分的中国新石器时代六大文化区系中，最早开始出现社会重大转型，进入崇尚军权—王权的"古国"阶段的文化是崧泽文化。张敏认为[⑤]，马家浜文化与崧泽文化并存了一二百年，之后崧泽文化取代了马家浜文化，而不是马家浜文化发展演进为崧泽文化。崧泽文化兴起后曾经有过一个强势的西进与北扩过程，并由此打破了原先各考古学文化区相对平衡发展的格局，直接导致了江淮地区的龙虬庄文化、凌家滩文化和宁镇地区的北阴阳营文化的衰亡。

① 王海明：《河姆渡文化与马家浜文化关系简论》，《东南文化》1991 年第 6 期。
② 张敏：《崧泽文化三题》，《东南文化》2015 年第 1 期。
③ 黄宣佩：《崧泽文化对中国远古文明历史的贡献》，《上海博物馆集刊》2002 年刊。
④ 李伯谦：《回望东山村——崧泽文化最早进入"古国"阶段的代表性遗址》，《黄河·黄土·黄种人》2017 年第 10 期。
⑤ 张敏：《崧泽文化三题》，《东南文化》2015 年第 1 期。

6. 凌家滩文化

凌家滩文化是一种新石器晚期的原始文化，距今 5600—5300 年左右，存续时间与红山文化相当，但早于良渚文化。凌家滩文化遗址位于安徽省境内长江北岸、巢湖以东的巢湖市含山县铜闸镇西南部。经过三次发掘，共发现墓葬 44 座、祭坛 1 座、祭祀坑 3 个、积石圈 4 个，出土了大批高规格的玉器和陶器。

凌家滩遗址"头枕太湖山，脚抵裕溪河"①，是东西南北水陆交通枢纽，自古以来贸易繁荣。正是这一地理优势使凌家滩文化能够向东南跨过长江进入江南文化区域，吸收了崧泽文化的精华，向东与北阴阳营文化连接，相互促进，向西充分享受了屈家岭文化的成果，向北则与大汶口文化相呼应。凌家滩先民以积极交流和开放的姿态寻求发展，在巢湖地区创建了一个重要的区域文化中心。凌家滩文化无论在生产与制造技术的先进性方面，还是在文化内涵的丰富性方面，都是周边地区的新石器文化无可比拟的。从中华史前文明史来看，凌家滩文化是其中最为靓丽和气势恢宏的一段，即使是从世界史前文明发展史来看，它也是当之无愧的新石器文化的一颗耀眼的明星。

玉器是凌家滩文化最辉煌的一面，它卓越的技术、美学设计和丰富的文化内涵都对良渚玉文化产生了深远影响，有学者说"即使凌家滩不是良渚直接的源头，也应该是叔父辈"②。凌家滩玉器和随后的良渚玉器不仅共同展现了史前玉文化的辉煌，而且都绽露出人类文明时代到来的曙光。

7. 薛家岗文化

"薛家岗文化"是 1982 年由考古学者在《潜山薛家岗新石器时代遗址》报告中正式命名的一支新石器时代晚期的考古学文化，"其主体部分基本上是沿长江北岸分布在大别山东南麓的两翼，向南或可跨过长江，但也仅局限于沿江，最南不会超过鄱阳湖南岸一线"③，距今 5500—4800 年左右。薛家岗遗址位于长江中、下游文化交流的

① 安徽省文物考古研究所：《凌家滩——田野考古发掘报告之一》，文物出版社 2006 年版，第 4 页。

② 安徽省文物考古研究所：《凌家滩——田野考古发掘报告之一》，第 279 页。

③ 安徽省文物考古研究所：《潜山薛家岗》，文物出版社 2004 年版，第 424 页。

必经之路，也是淮河中游与长江中游、赣鄱地区文化交流的重要通道，因此在其发展过程中，一直与周边地区的文化保持着较多联系，特别是与东部太湖流域和宁镇地区的文化联系紧密。薛家岗遗址发掘的150座新石器时代墓中的随葬品以陶器为主，缺乏层次性和高端器物，判断薛家岗文化具有"兼收并蓄、车辙四方的亚文化系统的特色"①，或者说是一种混合型新石器原始聚落文化。

从宏观上看，薛家岗文化存在生业经济、手工业经济和贸易经济等三大类，生业经济并没有得到充分发展，比如稻作农业和渔猎经济都缺乏遗存，但手工业经济和贸易经济都有证据表明达到了较高水平。河姆渡文化、崧泽文化、凌家滩文化和良渚文化等基本上是以我为主，独立生存和发展，薛家岗文化则是一种具有过渡性特征的亚文化。一方面，薛家岗文化对于东边的长江下游各文化及西边的长江中游各文化兼收并蓄，在多种文化交汇中生成与发展，并逐步形成了自己有一定特色的审美品质，另一方面薛家岗文化重视商业经济和文化交流，努力生产和经营那些能为四方不同区域文化都乐于接受的产品，从而形成了其劳动产品特别是商业性产品通用、普适的特点。就目前出土的薛家岗文化遗存来看，它对周边文化的影响远不如凌家滩文化那么大。

8. 良渚文化

良渚文化1936年被发现于浙江余杭区的良渚镇，1959年被正式命名，属于长江下游环太湖流域的新石器晚期文化，存续时间距今约5900—4800年。

关于良渚文化的来源，学术界有不同看法。张敏认为②，良渚文化源于崧泽文化，因为良渚文化的许多文化因素和文化现象在崧泽文化时期都已初见端倪，甚至整个中华文明进程中出现的诸多文明因素皆滥觞于崧泽文化。李伯谦认为③，良渚文化对崧泽文化既有继承，也有重大变化，甚至可能已经发生了文明演进模式的重大转折。与崧

---

① 安徽省文物考古研究所：《潜山薛家岗》，第432页。
② 安徽省文物考古研究所：《潜山薛家岗》，第432页。
③ 李伯谦：《从崧泽到良渚——关于古代文明演进模式发生重大转折的再分析》，《考古学研究》2012年刊。

泽文化大体同时的诸考古学文化，包括江淮地区的薛家岗文化、北阴阳营文化，中原地区黄河流域的大汶口文化、仰韶文化，它们在文明演进过程中表现出来的是军权—王权治理模式，但是，良渚文化表现出来的是神权—军权—王权治理模式。从国家政权的性质上说，崧泽文化涵属的政权属于军权主导的酋邦古国，良渚文化涵属的政权则属于神权大于君权的"神王之国"。

关于良渚文化的衰落，学术界认为虽然有许多悬疑，但根本原因还是自然生态的改变。宋建指出①，距今 4000 多年前的一次海侵由南向北逐渐推进，最先受到海侵威胁的是良渚—瓶窑地区的良渚文明一级中心，故良渚—瓶窑遗址群首先出现了文明衰退的迹象。位置偏北、距离海岸线比较远的寺墩遗址则继续保持了繁荣景象。最后，随着海侵继续向北、向西推进，再加上遭遇异族入侵，良渚文化彻底消融于其他原始文化之中。

9. 钱山漾文化

钱山漾文化是 20 世纪 30 年代由慎微之首先在浙江湖州吴兴钱山漾发现的一种新石器晚期文化，典型遗址主要有浙江湖州钱山漾和上海松江广富林遗址。钱山漾文化发生的绝对年代距今大约 4400—4200 年，对应于中原的尧舜时期。

对于钱山漾文化的文脉，早期研究者认为它虽有一些特殊的文化面貌，但仍然是太湖地区以侧扁足陶鼎为代表的新石器文化，属于良渚文化的最晚阶段。如浙江省文物考古研究所、萧山区文物管理委员会编制的《杭州市萧山区茅草山遗址发掘报告》，以及陈明辉、刘斌合著的文章《关于"良渚文化晚期后段"的考古学思考》等即持此观点。后来研究者的观点可分为两种，一种认为钱山漾文化是一种独立的新文化。如宋建认为②，钱山漾文化与良渚文化存在确定的区域性差异，钱山漾遗址新的文化因素完整而系统，受原有传统文化的干扰最少。鱼鳍足鼎是钱山漾文化具有标识意义的器物，它们在钱山漾出现、在这个时期流行颇显突兀，只能说明钱山漾文化是一个新的定

---

① 宋建：《关于崧泽文化至良渚文化过渡阶段的几个问题》，《考古》2000 年第 11 期。
② 宋建：《"钱山漾文化"的提出与思考》，《中国文物报》，2015 年 2 月 13 日第 6 版。

居者。另一种观点认为，钱山漾文化是良渚文化的继承者，同时受到了同时期北方和中原文化的深刻影响，具有过渡性强和多元融合的特征。如许鹏飞认为①，钱山漾文化的典型文化因素由良渚文化内部的文化因素发展、演变而来，更确切说就是钱塘江以南地区的良渚文化由于海侵的原因返回了钱塘江以北的环太湖地区，与当地的良渚文化相融合，同时吸收了其他考古学文化因素而产生的一支新的考古学文化。曹峻认为②，就钱山漾文化自身内涵来说，最能体现这一文化的特征且数量最为庞大的鱼鳍形足陶鼎，其器腹的垂鼓形态和足面刻划直条纹，无不显示出与良渚文化一脉相承的关系。另一方面，钱山漾文化中也存在着一部分北方文化因素。正是从钱山漾文化开始，太湖地区在不断吸收、融合北方文化因素的基础上，经过广富林、马桥文化的持续发展而形成了越文化和吴越文明，最终融入多元一体的中华文明中。

总的来看，钱山漾文化作为良渚文化的后继者之一，已经无法重现良渚文化的辉煌，尤其是良渚玉器在钱山漾文化中几乎踪迹全无，但是，在石器、陶器制造方面，特别是常用器具的型制上，如石器中的刀、钺、犁、镞等，陶器中的鼓腹鼎、大口缸等，虽然有所变化，但依然可以清楚地看出是良渚文化的遗风，由此也可以确认钱山漾文化的江南"血统"。钱山漾文化也受到了北方龙山、大汶口等文化的强烈冲击，新石器时代的江南文化正在脱离其独立发展的轨道，失去过去作为神权、政治和经济文化中心的地位，进入以中原文化为中心的华夏文明时代。

10. 马桥文化

马桥文化是新石器与青铜器并用时代的文化，也可以说是由新石器向青铜器过渡的一种转折型原始文化。因为这种文化最早发现于上海马桥镇遗址而于 1982 年被命名为马桥文化。马桥文化存在的绝对时间距今 3900—3200 年，相当于中原地区的夏、商时代。

---

① 许鹏飞：《试论良渚文化的去向——从良渚文化末期遗存的面貌谈起》，《东南文化》2015 年第 5 期。
② 曹峻：《钱山漾文化因素初析》，《东南文化》2015 年第 5 期。

对于马桥文化的起源与性质，学术界颇有争议。焦天龙认为①，马桥文化是目前东南沿海地区已经发现的最早的青铜文化，是北方文化因素（如山东的岳石、河南的二里头等文化）、南方文化因素（如浙江江山肩头弄、闽北地区的葫芦山、斗米山等文化）与环太湖地区原有文化的混合变体。曹峻认为②，以石、陶器为主的马桥遗址出土文物表明，马桥文化受到了诸多外来文化因素的影响，但是这种影响是非常有限的。太湖地区自崧泽、良渚文化乃至此后的钱山漾、广富林文化以来，逐步形成的地域文化传统在马桥文化中大量延续并成为其主要内涵，从而也决定了马桥文化就是夏商时期太湖地区的土著文化。宋建认为③，相对于马家浜—崧泽—良渚文化系统而言，马桥文化是一种全新的文化。当然，这不是说马桥文化与良渚文化没有关系，实际上，马桥文化与良渚文化的分布区域基本重叠，都是以太湖地区为分布中心，绝大多数马桥文化遗存叠压在良渚文化遗存之上，可以肯定马桥居民就是良渚居民的后继者。但是，马桥文化的来源是多元的，早期的马桥文化主要接受的是良渚文化，中期受到浙南闽北地区江山"肩头弄类型"文化的影响很大，晚期则较多地接受了来自中原地区夏商文化和山东半岛岳石文化的影响。

人们对马桥文化认识上的分歧表明，在人类生活的重大转折时期，文化的发展一般都具有多元性和新文化的萌芽特征。马桥文化的表现尤其如此，多元性与融合性特征使人们对它的起源看不太清楚，而那些新时代即将到来的一些迹象的产生还让人们对它的类型、性质和进步性产生疑问。

---

① ［美］焦天龙：《论马桥文化的起源》，《南方文物》2010 年第 1 期。
② 曹峻：《马桥文化再认识》，《考古》2010 年第 11 期。
③ 宋建：《马桥文化的分区和类型》，《东南文化》1999 年第 6 期。

第二章　江南水乡审美的原始序幕

湖光山色和小桥、流水、人家编织的江南水乡画面正在远离现代生活，稻耕渔猎、种麻采桑的生活节律早已化作一首古典江南的挽歌，然而，在大约二万年前，人类刚刚走进新石器时代的时候，这一切还只是人类为之奋斗而又遥不可及的伟大梦想。而且，正是由于胸怀这样的梦想，新石器时代的江南先民才不辞劳苦，在遍布江河湖泊的江南大地上精心谋划，创造了仙人洞、城头山、河姆渡、马家浜、崧泽、凌家滩和良渚等生机盎然的原始文化，揭开了原始时代江南水乡审美的序幕。

第一节　泽国中的田园风光

人类的生产与生活方式与自然生态环境的变化息息相关，即使在今天，人类的哪怕是最简单的生存也无法逃脱自然之手，更何况生活于新石器时代的江南聚落先民。人类常常被称为自然之子，道理正在于此。

在长达两万年的新石器时代，江南地区的自然生态，包括气候、地貌、水文、土壤、植物和动物等各方面的状况及整体条件都曾经发生过多次重大变化。以距今约11000—9000年的末次冰期的结束为界，此后的绝大部分时间里，江南地区呈现出来的都是一幅亚热带泽国的田园风光。这主要是因为江南地区的生态环境从那时起便一直保持着相对稳定的适宜于人类生存的优良状态，江南先民有充分的时间和条件创造出发达的原始聚落文化并将其发展为一种独特的东方文明。关于聚落，严文明的表述是："人类社会发展到一定历史阶段的产物，是人类居住和进行各种活动的场所，也是人类生产劳动的场所。"① 依照所掌握的各地区原始聚落的基本情况来看，在不同史前阶段和不同地区，原始聚落间虽然存在很大差别，但也具有一种共性，即都是集生产劳动与日常生活于一体的家族性生存方式和生活场所。原始聚落是新石器时代江南先民主要的生存方式与生活场所。新石器时代的江南先民走出山林，于河沼、平原和山麓聚族而居，过上了采集、渔猎和稻作农业相结合的生活，特别是农业，"农业一兴起，文明即生根"②，农业的发明掀起了人类历史上的第一波文明浪潮，不仅使人类摆脱了完全依靠采集和狩猎的完全被动的生存状态，有了更稳定可靠的衣食来源，而且从根本上改变了原始人类的生产方式和思维方式。进入农业文明的原始人类对土地的依赖感日益增强，相应地，领土观念和评价、欣赏领土的情感也变得丰富复杂起来，耕种土地的原始人类不仅甘愿为争夺土地而战斗流血，也会为在自己领土上的辛勤劳作和取得的丰硕成果而欢欣鼓舞。不过，由于新石器时代的江南先民经常要面临海潮和洪水的威胁，所以他们与土地和环境的情感关系与中原地区的先民相比要复杂和矛盾得多。

一　湖光山色

新石器时代的长江下游和杭州湾地区，除了东边的大海，区域内大部分是河流、湖泊和丘陵，那么，在现代人眼中美丽的湖光山色在原始聚落先民眼中又是怎样的呢？问题的答案取决于当时聚落先民与这种湖山环境的关系。一般来说，舒适的自然环境不仅会使人生活上感到满足，而且还会激发人们美好的环境想象，从而对环境产生强烈的依恋之情，并在这种想象与依恋的助推下将人与环境的依存关系升华为一种审美关系。在末次冰期之后的大部分时间里，江南地区气候温润、植物丰茂、水资源充沛，平原上能长出水稻，山林中会长出野果和野菜，河流、沼泽与湖泊中盛产各种鱼虾，先民可以很方便地获得食物，过上衣食无忧的生活。海侵对于原始聚落先民来说，既是励

① 李力：《"史前城址与聚落考古学术研究会"综述》，《文物》1996 年第 11 期。
② ［美］阿尔文·托夫勒：《第三次浪潮》，中信出版社 2006 年版，第 13 页。

志的灾难，也是自然的赐福，因为每次海浸之后土壤会变得更加肥沃，有利于耕种。在这种总体上适合于人类栖居的生态环境中，先民对一切自然所赐都充满感恩之心。有学者指出，河姆渡遗址早期出土器物上的涡纹可能不是太阳纹而是对沼泽环境中水涡的形象描摹，"在河姆渡文化早期，对沼泽的膜拜是非常虔诚的，这也就是涡纹不仅成为重要的装饰纹样，而且在整体图案中常居中心位置的原因"[①]。太阳和水都是大自然馈赠人类的厚礼，因此很有可能江南先民以涡纹同时表达对太阳与水的热爱与崇敬，就此而言，不管上述判断是不是准确，都可以肯定，对于每日依山傍水的江南先民来说，山和水都曾经在他们眼中有过极美的时刻，而且随着生产能力和驾驭自然环境能力的增强，先民对湖光山色的想象、喜爱和依恋只会日益强烈、持久而深刻。

二　逐水而居

江南地区河湖纵横，主要适宜人类生活居住的地方多在河谷或湖泊边缘地带，事实上，新石器早期已进入半农耕状态的江南先民也大多是在这样的地带建立起相应的生活与生产设施，因而才有了众多今天为人们所看到的逐水而居的聚落遗址。

跨湖桥遗址的周边环境可概括为依山面水，不过，就具体地形关系而言却是依山而不紧靠山，所临之水多为山间湖沼，随季节和年景变化较大。河姆渡人逐水而居的情况在新石器时代江南聚落选址与建造方面具有典型性，作为河姆渡聚落存在标志的遗存是两次发掘所发现的"排桩"，这些"排桩"是"干栏式建筑的基础部分"[②]，其位置正好是处于一座小山的东面，"在建筑遗迹的东北面，当时是一片湖沼"[③]。对于这些"排桩"的具体作用和功能，劳伯敏作了这样的描述："这三排基本平行的桩木，是同一栋建筑的遗物，它的北面紧濒着一个大的湖沼。这座建筑物由于坐落在湖沼的边缘，地面松软、

---

① 蒋卫东：《涡纹·湖沼崇拜·鸟形器》，载浙江省文物局等编《河姆渡文化研究》，杭州大学出版社 1998 年版，第 239 页。

② 牟永抗：《河姆渡干栏式建筑的思考和探索》，《史前研究》2006 年刊。

③ 浙江省文管会等：《河姆渡遗址第一期发掘报告》，《考古学报》1978 年第 1 期。

潮湿而泥泞，甚至经常积水，必须抬高居住面，上述三排略呈东西走向且基本平等的桩木，是这座建筑物的基础部分。至于第一排桩北面的那些比较稀疏的零星小桩木，当年的位置就在湖沼边缘的浅水中，其作用是在它的顶端与建筑物之间搁置木板，当作水面上的跳板，以便于人们去湖沼里汲水和洗涤，停泊并上下舟筏。"[1] 总体上看，这些"排桩"显示的是一个由干栏式房屋、码头和生活设施组成的依山傍水的小型聚落。有学者认为，这些"排桩"也可能是房屋外围的防护设施的一部分，因为河姆渡人不可能长久生活在世外桃源中，除了要面临来自猛兽的袭击外，河姆渡人还要防范来自其他部落的威胁。但是，作为一种较小的社会集团部落，河姆渡人缺少营建大规模防御工程的能力，所以只能以干栏建筑外围的木桩形成有限的事实防卫，并强化领土观念，因此这些木桩是人类历史上最早的防御工程的萌芽，与后来的城墙、院墙具有类似的意义[2]。这种说法有一定道理，但也有需要商榷之处。首先，这些木桩从形式上看并不具备防护功能，即使是象征性的防护功能都不具备。其次，河姆渡人没有建造大规模的防护设施主要原因不是缺少相应的社会力量和号召力，而是根本没有必要。因为，防御工程规模的大小取决于聚落面临的外部侵略威胁的大小，而外部侵略威胁的大小又与聚落剩余财富的多少有直接关系，冒着巨大风险去抢劫一个没有多少剩余财产的聚落是不划算的，对于勉强能维持温饱的河姆渡人来说，抢劫或被抢劫都没有意义，修建大型防御工对河姆渡人来说纯属劳民伤财。实际上，河姆渡人最大的生存威胁和最可靠的生存保障都来自于自然界，即自然界能否提供风调雨顺的气候条件和丰富的天然食物。

末次冰期以后的江南地区大部分时间里比现在都要温暖湿润，低山和丘陵地区到处生长着亚热带常绿落叶阔叶林，古树参天，荫翳蔽日。河湖地带则是广阔的水域，或者是芦苇茂密、杂草丛生的沼泽。以稻作、狩猎、渔捞、采集、养殖等为主要生产与生活内容的聚落先民把河谷和平原地带当作比较理想的栖息和定居地。目前尚无法完全

---

① 劳伯敏：《河姆渡干栏式建筑遗迹初探》，《南方文物》1995 年第 1 期。

② 潘欣信：《河姆渡聚落建筑浅析》，《南方文物》1999 年第 2 期。

还原新石器时代江南先民住宅与聚落的样态，但已经可以大致模拟出先民竹木成荫的庭院与聚落布局。首先，在聚落周边有茂密的树木。在河姆渡遗址出土的植物果实，除了稻谷外还有橡子、菱角、南酸枣、芡实、薏仁、槐树子等。出土的树叶经鉴定有紫楠、牛筋树、钩栲、青冈栎、金粟兰、赤皮青冈、蕈树、苦槠、细叶香桂、山鸡椒、天仙果等①。这些果实和树叶或为采集或为自然遗落，表明生长这些果实和树叶的树木大量分布在河姆渡人生活的周边地带，是河姆渡乡土风情的重要组成部分。其次，随处可见的河谷、湖泊和沼泽使逐水而居成为河姆渡人可能和必然的选择。河姆渡第一期发掘的建筑遗迹"适在山水之间"②正印证了这一点。再次，聚落的主体建筑是防水防潮的泥墙草顶的干栏式建筑。多水、亲水又防水，新石器时代的江南先民总是与水处在这样一种对立统一的关系中。

三　地穴与干栏屋

家庭是新石器时代江南聚落社会的基本单元，作为家庭外部标识的房屋主要有两类，一类是干栏式，一类是地穴式。干栏式房屋的建造程序一般是"先在地面上打下数排木桩作为房屋的基础，然后在排桩上架梁，以承托地板，再于其上立柱、架梁、盖顶，建成高于地面的架空建筑"③。干栏式房屋与配套的干栏式禽舍等统称干栏式建筑，在我国南方其他新石器文化中也多有发现，如广西顶蛳山文化遗址即发掘到距今10000—6000年的干栏式建筑遗迹，但是河姆渡干栏式建筑的发现所具有的意义是无可比拟的。第一，河姆渡的考古发现真正揭开了远古干栏式建筑的真相。考古学者牟永抗指出，干栏式建筑作为一种很有文化特色的建筑在先秦时期曾经广泛流行于长江及其以南地区，在河姆渡遗址发掘以前也有不少发现，但是，"除了五十年代在吴兴钱山漾遗址能隐约看到局部的平面分布外，它们的整体布局和

---

① 周子康、夏越炯、刘为纶、吴维棠等：《全新世温暖期河姆渡地区古植被和古气候的重建研究》，《地理科学》1994年第4期。

② 浙江省文物管理委员会：《河姆渡遗址第一期发掘报告》，《考古学报》1978年第1期。

③ 魏华：《略论新石器时代我国的干栏式建筑》，《文物世界》2013年第2期。

单体结构基本上都不清楚"①，河姆渡文化的干栏式建筑不仅使后人看到了远古干栏建筑的基本面貌，而且显示了当时这种技术的发展程度。干栏式建筑的关键技术是丫杈式捆扎和榫卯结构，牟永抗认为，河姆渡时期的干栏式建筑同时存在着"丫杈式捆扎，半榫半卯和完整榫卯"② 三种技术，河姆渡成熟的榫卯技术表明，"木结构技术已经有了相当久长的发展历史"③。第二，河姆渡干栏式建筑是迄今已知的最早的"干栏式"木构建筑，在中国建筑史上具有始原性，而且在世界建筑史上，中国古典建筑木结构技术之所以能够做出突出贡献，原因之一"正是因为有着像河姆渡遗址所看到的这样久远和深厚的历史渊源"④，所以河姆渡干栏式建筑具有重要的建筑史意义。第三，河姆渡干栏式建筑从一个方面展现了长江文明不同于黄河文明的特殊性——巢居起源的文明。在河姆渡第一次发掘时，"在 T16—T27 这 300 平方米范围内清理出成片有序的干栏式建筑遗迹"⑤，这些遗迹表明河姆渡干栏式建筑是以排桩为基础的，排桩之上有地梁，地梁之上以榫卯技术布列木板作为干栏式建筑的居住面，居住面之上立柱、架梁、盖顶。河姆渡干栏式建筑被认为是从"原始巢居直接继承和发展"⑥ 来的。黄河流域的原始人类居住方式经历的是一个穴居——半穴居——地面建筑的发展过程，河姆渡文化的干栏式建筑表明，长江流域及以南地区原始人类的居住方式经历的是一个巢居——半巢居（干栏式建筑）——地面建筑的发展过程。

良渚文化是河姆渡文化的重要继承者，但若从建筑来看二者之间似乎没有太多相似之处，良渚文化房屋以地穴式为主。如吴江龙南遗址的房屋有平地建造、半地穴式和浅地穴式三种，半地穴式房屋"用粗树杆交叉搭成南北两面坡、东西垂直的框架，架上扎树杆、竹及芦

---

① 牟永抗：《河姆渡干栏式建筑的思考和探索》，《史前研究》2006 年刊。
② 牟永抗：《河姆渡干栏式建筑的思考和探索》，《史前研究》2006 年刊。
③ 浙江省文管会等：《河姆渡遗址第一期发掘报告》，《考古学报》1978 年第 1 期。
④ 杨鸿勋：《建筑考古学论文集》，文物出版社 1987 年版，第 51 页。
⑤ 牟永抗：《河姆渡干栏式建筑的思考和探索》。
⑥ 浙江省文管会等：《河姆渡遗址第一期发掘报告》。

苇，抹上掺糠和草的黄泥，做成棚架式屋顶"①，居住面多用黄土面筑成，穴内一般还会有窖穴和睡坑，睡坑上放置蒲草编织的草席。平地建造的房屋，从龙南遗址的情况来看，据其形貌和用材特征可称为"泥墙草顶"。从村落的地理位置和布局上看，则是"房屋临河而筑，隔河相望，房前设防护墙，房后有井和垃圾坑。村间有陶片、红烧土块铺垫的小道。河边埠头供人取水和洗刷，这是一幅江南水乡村落的画面，与中原的半坡、姜寨村落以濠沟为外围的布局截然不同"②。良渚文化遗址中的这些房屋建筑遗存传递出丰富的原始聚落社会的生活与文化信息。第一，长江下游地区的原始聚落相对封闭，对外交流不多，基本上不存在外族入侵的安全威胁。第二，良渚聚落社会属于父系性质的聚落社会，"父系社会制度巩固，人们过着稳固的一夫一妻制生活"③。第三，与中原地区的新石器文化相比，江南地区聚落社会中的族群关系更加紧密，房屋之间紧凑的结构关系正是聚落中密切的族群关系的反映。在今天的一些江南农村仍然遗留有如百间屋之类的建筑，而有的小城镇则保留着完整的世家大院，这都与新石器时代的江南聚落建筑存在建筑理念上的承继性，也可以说这些后世建筑依然保持了原始时代的建筑遗风。

在良渚文化遗址所发掘的房屋遗存虽然只有平地建造、半地穴式和浅地穴式三种，但这并不能说明干栏式建筑在这一文化中就销声匿迹了，在浙江海盐仙坛庙遗址出土的良渚文化陶器上曾发现刻有干栏式建筑的图案，这是目前年代最早的完整地展现干栏式建筑的艺术创作。④ 干栏式建筑既然作为一种艺术形象出现在了陶器纹饰上，说明这种类型的建筑不仅存在，而且受到当时人们的喜爱。所以，虽然目前在良渚文化遗址中还没有发现干栏式建筑的实际遗存，但通过这种陶器纹饰可以断定，在良渚文化时期，长江下游地区供人类居住的主要建筑中干栏式房屋仍占有一席之地，至于先民们会选择哪一种居住形式，这主要取决于当时具体的地理环境和建筑习俗，就建筑技术而

---

① 朱薇君：《浅论良渚文化的建筑》，《南方文物》2000 年第 1 期。
② 朱薇君：《浅论良渚文化的建筑》，《南方文物》2000 年第 1 期。
③ 朱薇君：《浅论良渚文化的建筑》。
④ 王依依、王宁运：《仙坛庙干栏式建筑图案试析》，《东方博物》2005 年第 3 期。

论，无论选择哪一种都不存在实际建筑的困难和障碍。

第二节　气韵生动的稻耕渔猎

决定人类生活方式的终极原因是生产力和生产方式，所以各个时代各个民族的生产方式与生活方式总是纠缠在一起，在遥远的新石器时代早期更时如此。由于没有明确的社会分工和专业化生产，生产与生活之间就更难划出清晰的界线。稻耕渔猎是新石器时代江南聚落先民的基本生产方式，同时也是他们生活的主要内容，江南先民在稻耕渔猎的生产和劳作中生活，虽然十分辛苦，收获也不是十分可靠，但这样的生活单纯、安闲而自由，在某些方面也不失精致和韵味，更重要的是在鸢飞鱼跃的自然生态中培育起来的随顺自然、因时而动的心态，使他们的生活中并不缺乏气韵生动、其乐融融的美好时光。

一　渔舟唱晚

河湖纵横的地理条件使江南地区的原始先民选择以舟楫、渔叉和渔网等作为主要工具进行捕鱼作业，并与一定规模的稻耕农业相结合，以满足家庭日常生活的基本需求，如此一来便自然而然地造就了一种水乡生活方式和水乡审美文化。新石器时代江南先民生活的景象或正如在河姆渡文化遗址重建的生态环境一样：泥墙草顶的干栏式房屋依次排列，四周绿树环绕，静静的姚江从聚落旁边流过，江面上几叶小舟，舟沿上站立着鱼鹰，天空中飞舞着雨燕，岸边零星生长着一些芦苇，远处散布着几个成年人在辛勤地耕耘自家的稻田，偶尔能看到几个在田间玩耍的孩童。

跨湖桥文化遗存中发现多种做工精致的渔猎工具，如跨湖桥骨鱼镖标本 T0411⑥A：5 带倒刺，表明跨湖桥人积累了一些用骨鱼镖刺获鱼的经验。这种带倒刺骨鱼镖在河姆渡文化遗存中数量更多，如河姆渡骨鱼镖标本 T242④：305，"剖兽骨的一半制成，扁平，前部较宽，有前锋，一侧有倒刺，长 8.6 厘米"[①]。在捕鱼这个生产链中除

---

① 劳伯敏：《河姆渡干栏式建筑遗迹初探》，《南方文物》1995 年第 1 期。

了鱼镖还少不了舟和楫，2002年浙江省文物考古研究所等单位在对跨湖桥遗址进行第三期考古发掘时，发现了一条梭形独木舟遗骸，"舟体和前端头部基本保存较好，唯舟体后端已残缺，残存长度560厘米、残宽53厘米；舟体厚度3—4厘米，船舱深仅存15厘米，距今年代为8000—7000多年前，堪称中国最早而又最长的独木舟实物，弥足珍贵"①（图2-1）。独木舟的发现进一步证实了当时聚落先民的水上渔猎生活，从独木舟较大的体积和承受风浪的性能来看，新石器时代早期长江下游和杭州湾地区的先民已经有能力在近海开展渔猎活动，这就使得原始江南聚落文化不只是有鲜明的水乡特色，而且包含一定的"海洋成分"。

图2-1 独木舟 采自《跨湖桥》图三三

木桨是人们划船时必备的工具，跨湖桥文化中既然出现了独木舟，发现相适配的木桨就是顺理成章的事情了。跨湖桥遗址共出土了5件木桨，通长105厘米左右，分桨板和桨柄两部分，桨板的宽度与长度要小于后世的桨板。其中木桨标本T0512⑥A：35"桨部宽扁，一面略平，另一面弧凸；柄部下小上大，表面多棱凸，未经修整。残长61.6、最宽13.2厘米"②。在河姆渡遗址出土的众多遗物中共发现了八支木桨，其中木桨标本T243④：234"木质坚硬，木色赫红，分桨翼和桨柄二部分；桨翼平面呈长圆形，基本完整，长51厘米，宽12.2厘米，厚2.1厘米。桨柄已经残断，粗细可容手握。从桨翼至桨柄总的残长为63厘米。它的外形像一片树叶，和现在江南水乡农村小船上用的木划桨基本相似，区别比较明显的是这把木桨的桨翼是

① 林华东：《浙江通史·史前卷》，第88页。
② 浙江省文物考古研究所、萧山博物馆：《跨湖桥》，文物出版社2004年版，第213页。

由整块木料制成的，和桨翼相重合的桨柄上，还刻划着竖横斜线组合的几何形图案，显得庄重古朴，不仅实用，而且称得上是一件精美的工艺品"[①]。河姆渡遗址并未发现舟船实物，但是，按先有船后有桨的实践逻辑，再结合跨湖桥文化已经存在独木舟的事实判断，河姆渡先民使用船只作为水上交通工具和捕鱼的生产工具已是不争的事实。大约相同时期，长江中游的城头山遗址也发现了木舲和木质船桨，其中木桨标本T6451⑰：15"系用整块木料加工制成，呈长柳叶形。一面可见细线条状木纹，断面呈梭形。柄端呈盈顶形，柄部长18、厚2.7厘米，断面呈椭圆形。柄侧面可见勒痕，疑为捆扎在桨桩上使用留下的痕迹。柄整体打磨极为光洁，与桨叶长度比为1：3.75"[②]。此外，城头山遗址还发现了"数以十计长4—5米的圆木，其中有的圆木上每隔50厘米左右有用刀砍的痕迹，不排除是木排的组成部分"[③]。这种木桨桨叶与河姆渡木桨桨叶长度相当，但桨柄只有其三分之一的长度，应是专为木排配制的。城头山遗址所在的澧县平原是洞庭湖西部现存面积较大的一块平原，坐落于武陵山余脉与洞庭湖盆地之间的过渡地带，北依涔水，南靠澧水，平原地表平坦开阔，水道交错，新石器时期是良好的渔猎环境。城头山先民与长江下游同时期的聚落先民的生活方式颇多相似之处，不同的是城头山先民更多地依靠木排或竹排而非独木舟来捕鱼和进行交通运输。

　　跨湖桥文化的渔猎生活方式一直延续到了良渚文化。到目前为止，在良渚文化遗址中尚未发掘到舟船实物，但发现了10件木桨。这些木桨的体积比河姆渡木桨大了许多，如钱山漾遗址出土的良渚文化木桨"以青岗木制成，翼呈长条形，长96.5，宽19厘米，稍有曲度。凸起的一面正中有脊，自脊向两边斜杀。柄长87厘米，已经腐朽"[④]。卞家山遗址出土的木桨标本T411：37（图2-2）系一件最为

---

① 劳伯敏：《河姆渡干栏式建筑遗迹初探》，《南方文物》1995年第1期。
② 湖南省文物考古研究所：《澧县城头山——新石器时代遗址发掘报告》，文物出版社2007年版，第486页。
③ 湖南省文物考古研究所：《澧县城头山——新石器时代遗址发掘报告》，第120页。
④ 浙江省文物管理委员会：《吴兴钱山漾遗址第一、第二次发掘报告》，《考古学报》1960年第2期。

完整的良渚文化青冈材木桨，"桨叶宽扁方头，两翼及头部双面削薄。把手截面呈圆形，把端修成圆形。桨叶与把手长度接近。通长150、叶长73、叶宽12.5、厚4厘米"①。相较于河姆渡文化木桨，良渚文化木桨肩平直，翼长柄短，使用时更费力。木桨这种造型和尺寸方面的变化不是制作技术上的倒退，而是现实要求不同，它表明良渚人使用这种木桨不是用来划独木舟，而是划更大的船，这些船主要是用作运载工具而不是用于捕鱼，所以需要宽大的桨叶来增加吃水量，提高划水效力。如果有多个船工同时以这样的木桨协作划水，则可以驱动较大的舟船。良渚文化遗址中未能发现舟船，这恰恰反映了良渚人造船技术的提高，因为良渚人造的船较大，基本上不再使用独木舟，而用木板制成的大小不等的木船更容易破损和腐朽，作为整体遗存到今天的可能性微乎其微。这也说明良渚文化时期长江下游地区水路交通十分发达，水上航运是当时最重要的交通方式之一，尤其在湖沼地带舟船作为交通工具的作用无可替代。比如，在修建良渚古城的过程中，由于周边地区都是水网沼泽，巨量的建筑材料和后勤供给只能依靠水上舟船来运输。

图2-2　木桨　采自《卞家山》下册彩版二六八

跨湖桥文化遗址发掘到了一张制作精致的跨湖桥文化大弓，出土时已断成三截，"残长121厘米。用桑木边材削制而成。中段截面为扁圆状，疑为抓手的位置，宽3.2厘米、厚2.2厘米。两侧的弓身均捆扎一层树皮，用以加固，最宽处约3.3厘米、厚2.2厘米。在弓的一端（另一端残缺）有一凹槽，用于系扎弓弦。弓身涂有一层暗红色的树脂，经检测为漆，这一发现把中国漆的历史提前了1000多年。

---

① 浙江省文物考古研究所：《卞家山——良渚遗址群考古报告之六》上册，文物出版社2014年版，第319页。

此弓是目前国内发现最早的漆弓，被国内外学者称为 '中华第一号弓'"①。同时发掘到的还有与这种弓相匹配的多种箭镞，这些箭镞分别由石、木、骨三种材料制成，"在形制上，木镞与石、骨制成的镞差异明显，木镞均是圆形，石镞、骨镞均为扁状"②。如跨湖桥木箭镞标本 T0512④：10，"造型规整，制作精。锋部呈锥形尖出，尖头略残。铤部分段，略呈圆锥体，有斜向擦痕"③，由于木材容易腐朽，木镞在各个史前遗址中都极少发现，因此能在新石器早期的跨湖桥文化中有此收获显得非常珍贵。跨湖桥人能根据不同材料性能设计制作出不同形状的箭镞，表明他们在长期的狩猎过程中积累了丰富的使用弓箭的经验和拥有制作各种箭镞的技能。在弓箭制作上，跨湖桥先民不仅熟练掌握了最大限度地发挥其效能的方法，而且制作的弓箭都相当精致，这一方面体现了跨湖桥人对狩猎活动的重视，另一方面也体现了跨湖桥人对制作狩猎工具的热情和他们制作这些工具时所持的审美态度。

通过那些精致而实用的木桨、坚固的独木舟和整齐的木筏，以及为捕鱼而专门制作的骨鱼镖等工具，不难想象当时的先民怎样拿着鱼镖和捕捞工具，划着木桨，驾着木舟去河、湖和沼泽中捕获鱼、鳖，采集菱藕；由那些威武的弓箭不难想象先民当时怎样组织起来潜伏于山林中围捕鹿、野牛、野猪、山鸡等猎物。年轻力壮的先民渔猎归来，系好船筏，便会与守在聚落中的老人孩子一起用亲手制作的陶釜蒸煮食物，享受大自然的赐予和自己辛勤劳动的成果。谁能否认，貌似蒙昧无知的先民不会为这种生活的快乐和满足而在落日的余晖里载歌载舞或引吭高歌。

二 稻耕之韵

如果说地形、气候和水文等自然条件决定着一个地区原始农业的特点，那么原始农业结构和生产方式也将决定该地区原始审美文化的

---

① 施加农：《跨湖桥文化》，文物出版社 2018 年版，第 148 页。
② 施加农：《跨湖桥文化》，第 148 页
③ 施加农：《跨湖桥文化》，第 148 页。

兴衰和特色，因为人类的审美实践总是与其基本生产实践紧密联系在一起，从生产工具的制作、生产过程的展开到生产成果的享用与保存，都会激发起劳动者对娴熟劳动技能和丰富劳动成果的积极肯定和热情赞美，以及对大自然不吝馈赠的无限感激，这些都会直接或间接地影响到人们的审美方式、审美追求和审美理想。正如美国文化学者阿尔文指出的那样，"在第一次浪潮出现之前，大多数人生活在经常迁徙的小团体中，以游牧、渔猎、放牧为生。大约在一万年前的某一时刻，农业革命开始了，它缓慢地越过整个世界，形成了村庄、部落、耕地，以及新生活方式"①。中国长江流域是稻作农业的重要起源地，稻作农业一经在江南地区扎根，江南史前审美文化就注定将与稻作农业一起成长，田园稻香必将浸入江南史前审美文化的最核心部分，并在此后数千年的历史变迁中相偕而行，相互滋养。

考古学家认为，稻作农业的诞生和发展需要具备一些基本条件："一是该地区必须具备适宜野生稻广泛生长的古生态环境；二是该地区必须发现了最古老的栽培稻并同时发现有最古老的野生祖先种；三是该地区必须有从事连续性生产的相关证据；四是该地区必须生活着相对庞大的部族群体。"② 根据这些条件，考古学界就世界稻作农业的起源提出了多种观点，主要有长江下游说、长江中游说、长江上游说、云贵高原说、淮河流域说、华南地区说等，后来依据持续不断的考古发掘中找到的新证据，大家的看法逐渐统一于长江中游说和长江下游说。

（1）长江下游说。此说认为，长江下游的太湖流域、宁绍平原是中国稻作农业的起源区，并由此向外传播，但并不否认长江中游也可能是另一个起源区。此说最先由周拾禄于1948年提出，后来闵宗殿、严文明、杨式挺、王海明等多位学者都支持这种观点，其主要依据是，"20世纪70年代，在浙江省余姚市的河姆渡遗址第四文化层发现了公元前5000年—公元前4500年的稻谷遗存，数量巨大，同时发现有许多稻田使用的骨耜等农具，有的陶器上刻画着成束稻穗的图

---

① ［美］阿尔文·托夫勒：《第三次浪潮》，第6页。
② 孙声如：《关于稻作农业起源研究的断想》，《农业考古》1998年第1期。

画，有的陶釜内底部遗留有大米饭的锅巴，说明那时已经用大米作为主食了。"① 虽然河姆渡遗址至今没有发掘到古稻田遗址，但河姆渡遗址、鲻山遗址出土的稻作资料已经可以较完整地展示河姆渡稻作农业的面貌了：宽阔平整的稻田中木耜、骨耜配套使用，成熟的水稻则用骨镰收割。王海明认为，成套稻作家具的存在表明在河姆渡文化时期遗址周围一定有古稻田，只是埋藏太深（距地表深4—5米），发掘不易。② 张锴生认为，杭州湾太湖地区的稻作农业并非独立起源，因为"河姆渡、罗家角、草鞋山等距今七千年左右的重要稻作文化遗址在发现大量稻作遗存的同时，还伴随出土了许多农业工具，如骨耜、石斧、石刀、石铲等，当时的稻作农业已经脱离了初始阶段，进入较先进的'耙耕农业'。这些文化遗址多处于平原沼泽地区，属于稻作农业的二级传播地"。③ 但另一些考古学者并不这么看，1993 年中日学者合作对出自河姆渡的 81 粒稻谷进行了研究，发现 70 粒可断定为栽培稻，4 粒为普通野生稻。这说明在公元前 5000—4500 年左右的河姆渡文化时期，在浙江北部不但有比较发达的栽培稻，也有普通野生稻生长。这种野生稻当然是更早时期就存在的野生稻的自然延续而不大可能是从外地引进的。这就是说，在河姆渡文化以前的江浙地区，先民完全有条件在当地直接驯化野生稻，从而开始稻作农业的过程。即使到了稻作农业十分发达的宋代，野生稻依然在江浙一带延续着它的存在。《宋书·符瑞志》载：宋文帝元嘉二十三年，吴郡嘉兴盐宰县"野稻自生三十许种"。《南史·梁本纪》载：南朝梁中大通三年秋，"吴兴生野稻，饥者赖焉"。《四库全书》载：唐开元十九年，"扬州奏：穞生稻二百一十五顷，再熟稻一千八百顷，其粒并与常稻无异"。严文明认为，考虑到河姆渡文化本身具有鲜明的特色，不像是从长江中游传播到下游的产物，所以当前在长江中游已然发现更早的稻谷遗存而且极有可能是稻作农业的起源地的情况下，也不宜把长江下游及其附近排除在稻作起源地区之外。④ 进入 21 世纪，浙江

---

① 单先进等：《澧县城头山屈家岭文化城址调查与试掘》，《文物》1993 年第 12 期。
② 王海明：《中国稻作农业起源的研究与考古发掘》，《农业考古》1998 年第 1 期。
③ 张锴生：《中国最早的稻作与稻作农业起源中心（续）》，《中原文物》2000 年第 3 期。
④ 严文明：《我国稻作起源研究的新进展》，《考古》1997 年第 9 期。

省文物考古研究所发现了上山遗址并对其进行了多期发掘，发掘领队蒋乐平认为，上山文化最早形成了稻作遗址的密集分布群落，表明钱塘江流域是长江中下游地区稻作文明的先进区域，是农业起源"中国中心"或"长江中下游中心"的典型代表。① 上山文化遗址周围的狩猎、采集资源十分丰富，可狩猎的动物有野生牛、野猪和鹿等，在钱塘江及其大小支流里，还有各种各样的鱼类。植物资源方面则有多种坚果和块茎类可供采集，野生稻也是重要的一种。上山人用木棍、石球等工具进行狩猎和采集活动，并用石磨盘加工坚果和淀粉类块茎食物，狗、猪等动物可能已被驯养。在上山文化时期，稻作农业在当时经济中的比重不会太大，但作为新兴的经济模式，代表了历史的发展方向。吴卫认为，浙江境内的新石器时代稻作农业早在距今 10000 年左右的上山文化时期就已萌生，并在此后的跨湖桥文化、河姆渡文化时期得以传续和发展。② 另外，中日合作开展的"草鞋山古稻田研究"野外项目也发现了距今 6000 年的马家浜文化古稻田及相应的"水沟""水口""蓄水井"等灌溉设施③，这次对史前古稻田的揭示、确认也是稻作农业起源于长江下游地区的直接的和很有说服力的证据。

（2）长江中游说。此说认为，距今约 9000—8300 年（质谱法测得）的位于长江中游湖南省北部的澧县城头山遗址的水稻遗存是中国稻作农业的最早证据，也是现阶段世界上最早的稻作资料之一。澧县八十挡遗址新出土了数以万计的距今 8000—7000 年前的古栽培稻（米）粒，这是世界上成批量发现的最古老的栽培稻。④ 此外，湖南道县玉蟾岩遗址发现了距今 10000 年的稻作遗存⑤，江西万年仙人洞更发现了距今 14000 年的水稻植物蛋白石⑥。如果说长江下游的河姆

---

① 蒋乐平：《中国早期新石器时代的三类型与两阶段——兼论上山文化在稻作农业起源中的位置》，《南方文物》2016 年第 3 期。

② 吴卫：《新石器时代稻作农业在中国东南沿海传播路径的新思考》，《农业考古》2018 年第 4 期。

③ 《草鞋山遗址发现史前稻田遗迹》，《中国文物报》1995 年 6 月 18 日。

④ 裴安平：《澧县八十遗址古栽培稻的粒形多样性研究》，《作物学报》2002 年第 1 期。

⑤ 袁家荣：《玉蟾岩获水稻起源重要新物证》，《中国文物报》1996 年 3 月 3 日。

⑥ 刘诗中：《江西仙人洞和吊桶环发掘获重要进展》，《中国文物报》1996 年 1 月 28 日。

渡文化的稻作农业已经相当发达，超越了稻作农业起源阶段的特征，那么洞庭湖畔的城头山遗址的稻作农业则远不如河姆渡稻作农业发达，更接近稻作农业的起始阶段。此外，在城头山文化遗址揭露出的叠压在大溪文化早期古城墙之下的水稻田，年代至少在 6500 年之前，"田土中包含的稻茎、稻叶、稻的根须，显微镜下观察到的大量的稻壳、稻叶和测试出的稻的植物硅质体，与耕作配套的水塘、水沟等水利设施，无不确证了水稻田遗迹的可信"①。向安强、王象坤、卫斯、张绪球、阎孝玉、匡达人、笪浩波、刘志一等都是稻作农业起源长江中游说的支持者。笪浩波指出，长江中游的两湖平原、鄱阳湖平原以及长江下游平原是最理想的水稻种植区，这里有肥沃的土壤、密布的水网和适宜的气候，极利于稻作农业的发展。但由于当时人类的生计中狩猎和捕捞仍占有较大比重，而且平原上容易有水患不利居住和耕种稻田，对于生产能力还比较低下，应对自然灾害的能力还较弱的先民来说，平原区还不太适合他们生存。所以，原始先民最先选择的居住地是近平原的湖滨岗地，这里介于平原与山地之间，地势较高，不易遭水淹，周边有较开阔的冲积平原，中间又有河流穿过，耕种、狩猎、捕捞三种生计方式都可兼顾。因此，人类最初选择这里来发展稻作农业。② 刘志一认为，洞庭湖畔是世界稻作农业最早发祥地，得出这一结论，"不仅仅是因为它出土的稻作遗存时代最早，而且还有划刻形式的古文字（古夷文）、建筑结构、陶器形制、墓葬形式、祭祀灰坑、原始巫术、历史传说与文献记载等等，都比现有已经发掘出来的稻作农业文化遗址原始古老，并且可以找到它们与彭头山遗址和洞庭湖地区的传承关系"③。总之，认为稻作农业起源于长江中游的洞庭湖畔，是考古学者综合各方面考古研究成果得出的结论。

集群式的水井在新石器时代江南原始聚落的出现是稻作农业进一步成熟和稳定发展的重要标志之一。从河姆渡文化水井遗址来看，"当时建造水井的方法，是在原有的水坑中部，先打入四排桩木，组

---

① 《1997 年全国十大考古新发现评选揭晓：四，澧县城头山大溪文化城墙及汤家岗文化水稻田》，《中国文物报》1998 年 2 月 18 日。

② 笪浩波：《长江中游史前稻作农业的发展》，《农业考古》2014 年第 1 期。

③ 刘志一：《关于稻作农业起源问题的通讯》，《农业考古》1994 年第 3 期。

成一个方形的桩木墙，然后将排桩内的泥土挖去，为了防止排桩向里倾倒，再在排桩之内顶套一个方木框。排桩之上的十六根长圆木，很可能是构成井口井架或为了加固井口而设置的构件"①，另外，这口水井上还可能有简单的井亭。该水井的建筑结构和用材量表明它对于所属聚落来说算得上一个十分重要的公共设施，这也从一个方面说明河姆渡文化聚落的水井数量还比较少，其功能仍局限于向本聚落民众提供生活用水。到良渚文化时期情况就大不一样了。朱薇君指出，良渚文化水井的功能主要有两个，"一是补充人们生活用水的不足；二是农田的水利灌溉"②。良渚文化聚落一般选择在水源边，这类聚落遗址中发现的水井只是孤立存在，主要是为居民提供饮水，而良渚文化时期曾经是农田现今为湖底区域的古井则以集群形式存在，说明集群形式的古井是为灌溉农田服务的。《越绝书·吴地传》载："摇城者（即澄湖）吴王子居焉，后越主摇居之。稻田三百顷，在邑东南，肥饶水绝。"大面积的稻田没有良好的水井一类灌溉设施是不可能保障其"肥饶"的，因此可以肯定，以大批水井灌溉农田在长江下游地区具有悠久的历史，这也是这一地区的人民从远古时代开始就从事稻作农业的有力证据。除了河姆渡水井外，一般灌溉用水井的结构都比较简单，本身没有什么审美价值，但是，水井不仅方便了原始人类的日常用水，还使得当时的稻作农业获得了重要保障，这无疑会极大地增强原始人类生存能力和自信，并使整个聚落拥有审美实践所必需的闲暇时光和剩余精力成为可能。

考古成就已经充分证明，长江中下游是世界稻作农业的起源地之一，也是我国稻作农业发展的中心地区之一。严文明认为，虽然也可能还有其他的稻作农业起源中心，比如印度和东南亚，但是，即使日后通过考古发现证实这些中心是存在的，就其对后来稻作农业影响的深度和广度来说，也远远比不上长江中下游这个中心。③ 这样一个考古学结论具有重要美学意义，它在一定程度上解释了田园审美风格在

---

①　浙江省文物管理委员会、浙江省博物馆：《河姆渡遗址第一期发掘报告》，《考古学报》1978 年第 1 期。

②　朱薇君：《浅论良渚文化的建筑》，《南方文物》2000 年第 1 期。

③　严文明：《我国稻作起源研究的新进展》，《考古》1997 年第 9 期。

中国审美文化史上占据重要地位且历史久远的原因。可以说，经过漫长的新石器时代，田园稻香已经在长江中下游地区的人民生存中凝练为一种稳定的集体审美意识或者说原型审美意识，并在后来的文艺创作中被一而再地再现和重构，成为各种艺术意境的重要本源。如屈原在极度失意的人生状态下仍不忘为自己敬慕的神人献上稻作农业的精美果实——椒米饭，"巫咸将夕降兮，怀椒糈而要之"（《离骚》）。对于稻作农业的核心作物水稻，人们总是胸怀敬慕，不吝赞美之词，"稻花花中王，桑花花中后。余花毕嫔妃，以色媚左右"（宋舒岳祥《稻花桑花》）。对于稻作农业的劳作场面，宋代著名诗人范成大曾经满怀激情地作了这样的描绘："新筑场泥镜面平，家家打稻趁霜晴。笑歌声里轻雷动，一夜连枷响到明。"（《四时田园杂兴十二绝》）与新石器时代木耜、骨镰、石斧等为工具的"耙耕"相比，宋代的稻作农业显然已经取得巨大进步，但是数千年来人们在类似的劳动实践场景下收获的感受却依然如故，正如唐人刘驾《江村》一诗所云："江水灌稻田，饥年稻亦熟。舟中爱桑麻，日午因成宿。"这样的种稻采桑生活已是"相承几十代"，所以它们随时都可能在后人的心灵中激起美的涟漪，或激荡成诗。

三　微醺之境

　　酒对于所有创造了酒文化的民族而言都既是饮食上的丰富也是精神上的增进。在具有悠久酿酒历史的中国，酒既是一种饮品，又可营造良好的饮食氛围，是使饮食升华为美食的重要元素，同时，在相当长的历史时期，酒还关涉社交礼仪和诗、乐、舞等文艺创造，在远古时代的重大祭祀活动中，酒更是扮演着不可或缺的重要角色。然而，酒是以什么方式起源于何时何地，又是如何从一种单纯的饮品走向文化中心，成为十分重要的审美素材和审美催化剂的？对于这个问题，学术界的认识分歧很大，争论也颇热烈。

　　在古文献中，关于酒的起源有两种比较有影响的说法。一是晋人江统《酒诰》所云："酒之所兴，肇自上皇"，以为酒作技术是由传说中的伏羲氏、燧人氏、神农氏"三皇"所发明。二是西汉刘安主撰的《淮南子·说林训》所载："清酤之美，始于耒耜"。这两种说法并不矛盾，皆认为酒起源于农业兴起的初始年代。折中的看法认为酒起源于夏禹时代，如《战国策·鲁共公择言》载："昔者，帝女令仪狄作酒而美，进之禹，禹饮而甘之，遂疏仪狄，绝旨酒"。古文献中关于酒起源的观点主要依据于传说，时间比较模糊，且不同说法所认定的时间之间差别太大，只可作为参考。

　　大部分现代学者认为，中国最早的酒是由粮食发酵制成的谷物酒。关于谷物酒的起源，20 世纪 60 年代有学者从考古角度提出，谷物酒的酿造发生于新石器时代的中原地区。如李仰松认为①，中国的谷物酒起源于仰韶文化时期，主要根据有两个，一是从考古发掘的各种陶器来看，仰韶文化的陶器有各种式样的小口尖底瓶、平底瓶、小口壶等，相比于水器，这些陶器更适合用作酒器。另外，在一些仰韶文化小口尖底瓶的外壁下半部涂有草泥土痕迹，是其作为酿酒器的一种重要痕迹。二是酒器在远古时代几乎是不可缺少的随葬品，周代墓葬中以鼎、鬲、盆、豆、壶、尊、瓿等体现了这一葬俗，而仰韶文化的随葬陶器已多有夹砂罐、瓶、壶类和钵、碗类等，这些都是仰韶文化时期先民已经重视饮酒生活和把酒器作为礼器和祭器的证据。但是，方扬认为李仰松的观点是不成立的。首先，用粮食酿酒的前提，不仅要有粮食存在，而且必须有经常的和较多的剩余粮食，这就非有较为发达的农业不可。显然，不是在龙山文化时期，而是到了龙山文化时期才具备这个条件。其次，只有在龙山文化晚期遗址中才发现了尊、罍、盉、鬶和高足杯等确定无疑的酒器，虽然从理论上说，酒应该先于酒器而出现，但可以断言不会早得很远。② 从争论的局外人来看，李仰松提供的论据并不十分可靠，缺乏足够的说服力，但方扬将酒的起源与酒的规模化生产混为一谈也不足取。

　　20 世纪 80 年代以后，考古发掘有了较大进展，人们研究酒作起源的视野更为广阔。阎钢、徐鸿着重从自然科学的角度阐述了自己的看法③，认为在人类出现很久以前，当地球上出现谷物的时候，自然

---

　　①　李仰松：《对我国酿酒起源的探讨》，《考古》1962 年第 1 期。
　　②　方扬：《我国酿酒当始于龙山文化》，《考古》1964 年第 2 期。
　　③　阎钢、徐鸿：《酒的起源新探》，《山东大学学报（哲学社会科学版）》2000 年第 3 期。

界就可能"酿"出了谷物酒。以后人类接触这种自然形成的谷物酒多了便逐渐摸索出了人工酿制谷物酒的方法，果酒和谷物酒的起源大致相同。但是，有一定规模的酿酒是陶器发明以后的事，人类发明陶器大约在一万年以前，从那以后，人类才开始以一定规模生产果酒和谷物酒。果酒酿制发达于七千年前的美索不达米亚平原，而谷物酒则发达于中国。不过，他们没有说明谷物酒的酿造技术具体起源于什么时代。

21 世纪以来，长江中下游地区的考古工作取得了重大进展，学术界普遍认识到远古时代的长江文明也是中华文明的主要起源，在这一共识基础上，有学者提出中国酿酒技术的起源可能是多元的，新石器时代的江南聚落社会就孕育了中国最早的稻谷酿酒技术。如张小帆认为[①]，中国的酿酒技术起源于长江下游的崧泽文化。首先，距今 5900—5300 年的崧泽人创造了一整套陶质酒器，酒器包括酿造、贮藏和宴享等不同阶段的用器。崧泽文化的陶质酒器基本涵盖了从酿造到宴享的全过程。如与馐、馏有关的陶器主要有甗；与淘洗酿酒原料、拌曲、搅拌、冷却有关的陶器有盆、匜；与发酵有关的陶质酒器有尊（又称大口缸）；与滤酒相关的陶质酒器有勺和滤酒器；与贮存或搬运有关的陶质酒器有罐、瓮；与温酒有关的陶质酒器主要有鬶；与调酒、注酒有关的陶质酒器有盉；与盛酒、陈酒、献酒有关的陶质酒器有壶；与献酒、陈酒、酹酒、饮酒有关的陶质酒器有杯；与特殊礼仪或特殊祭祀有关的陶质酒器有异形酒器，等等，崧泽文化中的陶质酒器可谓应有尽有。其次，崧泽文化中的许多陶器同时也是十分重要的礼器，其中鼎、豆、壶代表了祭祀礼仪最重要的三个要素，即稻粱、肴馐和酒醴，而"酒醴之器"则是崧泽文化新出现的礼器，也是崧泽文化最具代表性的礼器。这就是说，崧泽文化不仅已经具备了一套系统的酿酒技术，而且通过完备的陶质酒器将酒文化带进了太湖流域礼制和礼仪文化的中心。

张小帆的立论虽有瑕疵，但也促使人们相信在崧泽文化之前酿酒技术已经诞生，并且形成了与之相配的酒文化，道理很简单，酿酒技

---

① 张小帆：《崧泽文化陶质酒器初探》，《考古》2017 年第 12 期。

术不可能一开始就如此成熟和完备，在技术和文化更新极为缓慢的新石器时代，酿酒技术和关于酒的文化礼仪必有一个漫长的发展过程。事实上，通过对崧泽文化之前的长江下游新石器文化的研究，也确实发现了一些酿酒技术和酒文化存在的有力证据。

跨湖桥先民已经能够将水和植物、稻米等混合通过发酵技术制作出美酒了。跨湖桥先民酿酒的材料主要是果实、稻米、草药等，酿酒过程中使用的工具有鼎、甑、甗、罐、鹿角、竹篾编织物等，还有专门用于酿酒的场地——橡子贮藏坑（65×50×70厘米，窖口有木架，具备原料储存、发酵、封存等功能，窖底有木板，用于支撑陶器）。黑皮陶豆、盉等可用于盛酒，也是祭祀时的礼器。可以说，酒、酒器和与酒有关的礼仪已经构成了跨湖桥先民的一种独特文化景观。在河姆渡一期文化发掘中也发现了少量盛酒的容器陶盉与陶鬶。河姆渡异形鬶虽未见完整器，但陶鬶把手标本 T35②：222 和鬶裆标本 T37：223① 已足以证明陶鬶这种酒器的存在。

正是有了跨湖桥文化与河姆渡文化陶质酒器的良好基础，崧泽文化陶质酒器才能在功用方面实现系统化，同时在造型方面多有创新。崧泽文化陶质酒器绝大部分是做工和造型俱佳的常规型酒器，为后世酒器创立了基本范型，同时，崧泽文化陶质酒器中也有相当数量造型特异的作品，展现了崧泽先民在陶酒器设计与制作方面卓越的想象力、技术手法和积极的审美态度。如嘉兴博物馆珍藏的崧泽文化鸟形陶注酒器（图2-3），"折腹，三足，中腹以上作鸟形，前端为鸟颈，头上昂，张喙；后端有一上翘的短粗流，喙与腹部相通。使用时可将酒从短粗流注入，手执鸟的长颈或腹，从鸟喙中将酒注入饮酒器。"②从整体形态、神态和背部复杂的纹饰来看，作者创作目的明确，就是要把该注酒器制作成一只野山鸡模样。又如嘉兴南河浜遗址出土的崧泽文化鹰（枭）首陶壶标本 M15：2（图2-4，1），"直口，微束颈，鼓腹，大平底。颈部堆塑、刻划出一个鹰首形象，勾喙，环眼，

① 浙江省文物管理委员会、浙江省博物馆：《河姆渡遗址第一期发掘报告》，《考古学报》1978 年第 1 期。

② 张小帆：《崧泽文化陶质酒器初探》，《考古》2017 年第 12 期。

长耳"①。该陶壶从形态、神态上看像一只枭，所以称枭首壶更确切一些。嘉兴南河浜遗址出土的崧泽文化兽首陶壶标本 M59：22② （图2-4,2）塑造的一只狐狸形象，狐狸的精明个性表现得十分到位。

图 2-3　鸟形陶注酒器　采自《考古》2017 年第 12 期第 77 页

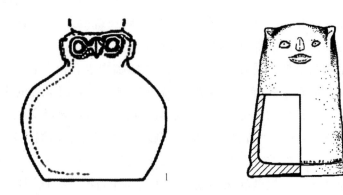

图 2-4　鹰首陶壶和兽首陶壶　采自《考古》2017 年第 12 期第 78 页

嘉兴大坟遗址出土的崧泽文化人像葫芦瓶（也称人首陶壶）造型罕见（图 2-5），"三节葫芦形，上小下大，顶部塑一人头像，斜上方开椭圆形口，圈足上有 8 个十字形缺口，分为 4 组，这是崧泽文化

---

① 刘斌等：《浙江嘉兴南河浜遗址发掘简报》，《文物》2005 年第 6 期。
② 张小帆：《崧泽文化陶质酒器初探》，《考古》2017 年第 12 期。

陶器特有的装饰。人头像的造型为小头长颈，脑后有一竖向小孔，可能用以插戴冠帽。脸面方正，两眼为圆凹窝形，眼的两侧刻短线表示眼角。鼻隆起呈三角形，两侧有鼻翼，鼻孔仅有一个，为锥戳的凹窝。嘴为横向的长凹窝。头颅两侧各有隆起的扁状耳，耳上有小穿孔，可能为佩戴耳环用。后脑有外凸微上翘的发髻，髻端有一竖向小孔，可能为插戴发饰所用。颈下正中也有一小孔，也可能是安放佩饰所用。从塑像的整体造型看，可能为一象征母性的陶偶"[1]。该人首陶壶把酒与女性形象结合在一起传递出崧泽人十分重要的观念——饮酒不仅可以增强人的体质，还能激发人的生殖欲望。在这种观念支配下，崧泽文化时期的太湖流域，包括女性在内的所有成年人都是被允许饮酒的，女性饮酒甚至可能是一种被崧泽社会充分肯定和鼓励的行为。

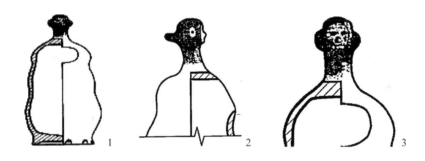

图 2-5　人首陶壶　采自《考古》2017 年第 12 期第 78 页

此外，常州新岗遗址出土的崧泽文化猪形壶标本 M39：5[2]（图 2-6，1）造型生动，猪身缠绕彩带和花结纹饰，显然是婚宴上使用的酒器。长兴江家山遗址出土的崧泽文化鸭形陶壶标本 M225：3[3]（图 2-6，2）既无明显的鸭头，也无具体的鸭尾，却有鸭子的憨态，可谓离形得似。嘉兴南河浜遗址出土的崧泽文化塔形壶标本 M29：8

① 陆耀华：《浙江嘉兴大坟遗址的清理》，《文物》1991 年第 7 期。
② 陆耀华：《浙江嘉兴大坟遗址的清理》。
③ 陆耀华：《浙江嘉兴大坟遗址的清理》。

（图2－6，3）形如佛塔，寓意深奥。诸如此类的酒器造型之复杂、做工之精致、耗费之巨大无不表明酒在崧泽文化中具有特殊地位和意义，酒不仅是崧泽先民普遍接受的饮品，是大众文化的重要组成部分，更是在高层次文化生活中发挥着不可替代的作用，大凡那种形而上的神秘意义都要借助于酒来渲染和表现。

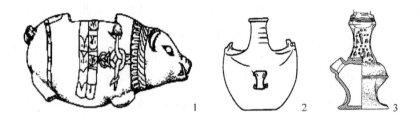

图2－6　陶壶　采自《考古》2017年第12期第78页、第77页

作为崧泽文化的主要继承者，良渚文化酒器的制作从器形设计到做工手法都更加规范。如良渚陶盉标本H2：44（图2－7），"小口，短颈，扁球腹，肩腹部附一半环状把手，三柱足。器身上部为泥质灰黑陶，胎质匀薄，器圈底部分及足为夹砂黑陶"①，圈底和足与器身采用不同的质料，这是考虑到器身与足在硬度和功能上的不同要求，盉足与圈底用夹砂可加强硬度，而泥质更适合于保持酒的温度。又如良渚袋足鬶标本T0304⑧：9②（图2－8），系夹细砂红陶，袋足肥胖，明显借鉴了河姆渡异型鬶的造型。这种陶鬶可以在底部加热，使用方便且稳定，看上去富于力感，丰满大方。良渚文化酒器的造型在后世较为常见，显示了它的影响力，但是与崧泽文化酒器相比，在造型上明显失去了标新立异的热情与活力。

① 浙江省文物考古研究所：《庙前——良渚遗址群考古报告之四》，文物出版社2005年版，第113页。

② 浙江省文物考古研究所：《良渚古城综合研究报告》，文物出版社2019年版，第118页。

图2-7　陶盉　采自《庙前》图版四六

图2-8　袋足鬶　采自《良渚古城综合研究报告》图6-11

　　崧泽文化将陶质酒器造型与飞禽、走兽及人的形象相结合的仿生风格，传递出丰富的酒文化信息。第一，崧泽文化陶质酒器的制作水平已经大幅提升，崧泽文化与周边聚落文化有了较充分的交流。与之前的河姆渡、马家浜文化陶器相比，崧泽陶酒器不仅造型要丰富得多，而且制作技术难度也要大得多。虽然河姆渡文化和马家浜文化中也出现过一些动物陶塑或在陶器上刻划了动物纹饰，但是，像崧泽陶酒器这样赋予酒器整体一种生命形式的情况尚未见到，而在大约同时期的北方大汶口文化遗存中却出现了大量动物造型的陶器，比如高邮龙虬庄遗址[1]出土的大汶口文化猪形陶质酒器，这可能意味着在当

─────────

① 龙虬庄遗址考古队：《龙虬庄——江淮东部新石器时代遗址发掘报告》，科学出版社1999年版，第289页。

时已经出现了范围较广且有相当深度的南北文化交流。第二，酒文化已经走进崧泽文化的中心，是崧泽先民进行巫术活动和完成祭祀礼仪的要素，先民在不同的祭祀或巫术活动中会使用不同造型的酒礼器。比如，有关围猎的巫术活动可能会使用鹰（枭）首或兽首陶壶，而有关家禽饲养的巫术活动可能会使用鸭形和猪形壶，而祭祀祖先则会用到塔形壶。第三，饮酒是崧泽先民寻求生命高峰体验和理解生命、生存意义的重要途径和方式。在崧泽先民眼中，人可以通过饮酒而充满活力和精神振奋，并可籍此彻悟生命与生存的意义，所以饮酒不仅是一种个人的生活享受，而且也是整个族类与祖先、与天地万物分享快乐的方式。事实上，这种从饮酒行为中表现出来的自然主义享乐态度可以追溯到跨湖桥文化。在跨湖桥文化彩陶标本 T0411⑧A：116 上有一幅表现醉态的纹饰（图 2-9），陶纹中有细线勾勒的卷云纹，还有"不规则的条带浓斑痕，似为软笔饱蘸之漏滴"①。由于所存部分不全，对于该纹饰所表现的内容难以做出确切判断。从造型上看，可能是讲述一个人饮酒后过桥和登山的故事，山似越走越高，桥则若有若无。不过，若将该图案的主角视为一棵枝叶凋零的枯树依然在顽强地展示自己的存在也未为不可。

图 2-9　彩陶纹饰　采自《跨湖桥》图八〇

饮酒与普通饮食有一个很大区别，就是在很多情况下饮酒也是一

---

① 浙江省文物考古研究所、萧山博物馆：《跨湖桥——浦阳江流域考古报告之一》，文物出版社 2004 年版，第 107 页。

种很容易使人陷入放纵状态的娱乐活动，如果不予以节制就可能给自己和他人造成伤害。北宋理学家邵雍诗《喜饮吟》云："尧夫喜饮酒，饮酒喜全真。不喜成酩酊，只喜成微醺。微醺景何似，襟怀如初春"。邵雍将"微醺"比作初春之景，认为这分别是人生与自然最美好的状态。或许基于类似的考虑，跨湖桥先民首先艺术地表达了饮酒节制的意识。在跨湖桥文化陶罐标本 T0410⑤A：24 的"肩部对称双耳的正面各有一个'田'字形符号"① （图 2－10）与两边的"八"字纹组合搭配，恰如西周酒器召卣盖上寓意节制美饮的刻划符号"🐚"。若将其与彩陶标本 T0411⑧A：116 上的纹饰图案结合起来看，就可以进一步确定彩陶标本 T0411⑧A：116 上纹饰图案所表达的意义，即一方面通过描绘那种微熏的酒后状态传达先民对生命、对人生和世界的高峰体验，另一方面也对人们的渴饮与爱欲本能发出警示，告诫人们一定要节欲，否则身体就会堕入深渊，生命之树就会干枯。

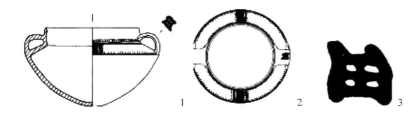

图 2－10　"田"字形符号　采自《跨湖桥》图八一

在跨湖桥遗址还出土了一个疑似草药罐的遗物，内有一捆紧密粘连的植物茎枝，中间不夹泥巴，与底腹接触面清爽，应是丢弃的煎药。草药罐的存在表明跨湖桥先民已经初步掌握了用草药熬制浓汤来治病和养生的技术。此外，还发掘出一些跨湖桥文化钉形骨器和木器，头部尖而不锐，尾部呈规整的平面，平常用于束发，特殊情况下则可用作针灸工具，与茶药搭配使用，或配导引之术来体疗。跨湖桥

---

① 浙江省文物考古研究所、萧山博物馆：《跨湖桥——浦阳江流域考古报告之一》，第 327 页。

先民建立的包含药疗、体疗和针疗的养生和保健体系蕴含有扶正祛邪思想，与其在酒文化中表现出来的求中和的实践精神和审美态度是一致的。

在后世人们发明制造了越来越多的装饰精美、形制多样的杯、尊、觯、瓠等饮酒器具，从形式方面强化了饮酒的审美特性，但要使饮酒活动具有更纯粹的审美品质，还需要赋予其丰富的精神内涵，这种精神性必须通过用量上的节制和使用方式上的仪式化来体现。《大戴礼记·曾子事父母》云："执觞、瓠、杯、豆而不醉，和歌而不哀。"① 曾子饮酒要备齐酒具，这是重视饮酒形式，"不醉"是懂得节制，绝不放纵，总之，曾子饮酒饮出的是一种风度和优雅。《诗·鲁颂·有駜》云："振振鹭，鹭于下，鼓咽咽，醉言舞。"这里所谓"醉"并非烂醉如泥，失去理智，而恰恰是通过适量饮酒才能达到的能更好地感受和理解舞蹈节奏与姿态的精神振奋的状态。所以，无论"醉"与"不醉"，皆言饮酒都应适可而止。原苏联人类学家柯斯文在对世界多个原始民族生活进行了深入研究后指出："原始人并不惯于喝得酩酊大醉，这是值得我们称道的一点"②。在整个大中华文化圈内，这一点尤其值得称道，可以毫不夸张地说，在新石器时代的江南聚落社会，原始先民已经为后世培育了有节制、求中和的和审美的酒文化基因。

---

① 张小帆：《崧泽文化陶质酒器初探》，《考古》2017 年第 12 期。
② ［苏］柯斯文：《原始文化史纲》，张锡彤译，人民出版社 1955 年版，第 114 页。

第三章　王城中的威仪与时尚

　　公元前 7000 年至 6000 年之间，在长江中游的城头山上崭露出一幅峥嵘的"初城"景象。美国哥伦比亚大学历史学教授范德·米洛普（Marc Van De Mieroop）提出，所谓"初城"就是在文明之前出现的"一种近似城市的过渡性大型聚落"①，它虽然还没有进入真正的文明，但是为城市文明的形成提供了必要条件，文字与国家都是由这种"初城"所孕育的。由于"初城"的主人是聚落盟主、酋长或国王，所以称之为王城也无不可。公元前 3300 年前后，"初城"在江南地区发展到了它在新石器时代的巅峰，即在长江下游和杭州湾地区出现的良渚"王城"。良渚"王城"孕育了不同于水乡文化的审美意识，确立了人类审美实践的新维度，一方面在等级制和崇高观念的激发与驱动下，整个聚落社会或王国追求大型祭祀活动高度仪式化、城邑核心建筑高大化和贵族墓葬奢侈化，另一方面由于商业贸易、专业分工和文化交流的发展，聚落社会或王国的日常生活重视审美时尚，文化表达上寻求使用共通符号和统一规范的神礼器。这种建立在"初城"或王城文化基础上的由贵族生活理念导引的审美动向并非完全独立，没有也不可能彻底脱离水乡文化大背景，但是它所表现出来的独特性也是绝不可忽视的，因为它对于后世中国审美文化的发展具有多方面的原型意义。

---

　　① 薛凤旋：《中国城市文明史》，三联书店（香港）有限公司 2020 年版，第 9 页。

第一节 威仪与奢华

从新石器时代早期的仙人洞文化、上山文化到晚期的良渚文化，江南聚落社会的生产力不断发展，与之相应，贫富分化、聚落级差和阶级对立现象也日益明显，奴隶、平民、贵族和首领之间的生活条件、生存质量差距越拉越大，这也导致各个聚落阶层之间对待生活的态度、对事物的看法明显不同。在审美问题上，贵族和聚落首领等社会上层集团逐渐建立了一套使聚落重大公共活动——特别是被认为关系聚落盛衰兴亡的祭祀活动——程序化和仪式化的制度，并将此作为巩固和强化贵族既得利益与特权的手段。为了增强这些程序和仪式的神圣性和庄严感，贵族集团一般会在自己的统治区内选择最好的位置筑起高大的祭坛，有的还会在祭坛附近设置一些房屋类辅助设施。随着时间的推移和经济实力的增强，本来作为辅助设施的房屋被修建成了高大的殿宇，并为巫师和首领所专享。再进一步，这些殿宇发展为能够彰显贵族和首领权威和荣耀的建筑群，即原始'初城'，城头山古城和良渚古城可能都是按照这样的方式建立和发展起来的。贵族、巫师和首领不仅在世时享受特权、富贵和荣耀，在死后也谋求在另一个世界里继续享有特权、富贵和荣耀，因此他们会不惜重金为自己或前辈置办众多珍贵的玉器和精致的陶器作为随葬品。一些玉器和陶器上雕刻有图腾或神像，表明它们是重要的神礼器，用以为自己和聚落共同体祈求神明庇佑。由此，在新石器时代中后期的江南聚落社会，主要是在城邑中确立了一种重仪式、慕荣华、恋奢侈的贵族审美动向，并对后世审美文化产生了多方面深刻而重大的影响。

一 祭坛威仪

祭坛指的是由人工在高地或山顶以挖沟填筑的方式做成的专门用于祭祀用的"回"字形、圆形或椭圆形土台，也称祭台。良渚文化遗址发现的祭坛比较多，考古学者认为，"由于这一遗迹形态规则，结构奇特，而且没有房屋类的地面以上建筑遗迹，以及与以玉器为主要随葬品的良渚文化大墓结合在一起，因此，很自然地被推测为是巫觋们举行祭祀活动的场所。'祭坛'一名便由此而被学术界所接受。"① 事实上，远在良渚文化之前的城头山城址就发现了类似的祭坛，且有野外和城中两种。城头山城址内发现了 3 座祭台遗迹，其中最大、堆积最丰富的是位于城东古稻田附近的祭台 1，② 属大溪文化早期遗迹，由黄色纯净土筑造，南北长径约 16 米，东西短径约 15 米，面积超过 200 平方米，最高处 0.8 米。三座祭台都位于城的边缘处，由于城头山东部和南部都有稻田遗迹，3 座祭台可能都用于祭祀稻神。在祭台 1 上的数个祭坑中放置有大块砾石，尤其是在祭台西北—东南最高脊梁分布着三个距离几乎相等的平底圆形浅坑。这三个圆坑直径都在一米左右，其中圆坑 H011 "正中置一长径近 30 厘米的椭圆卵石"，圆坑 H346 和 H345 中心各放置一砾石。不仅是祭台，随葬品中也出现过砾石，如大溪文化二期墓葬 M679 中就有椭圆砾石。这种砾石 "或许就是后来'祖'的象征物"③。再加上祭台 1 后来被用作城头山的 "高级墓地"，因而判断该祭台同时也是用来祭祀祖先的。若果真如此，那就说明城头山先民祭祀祖先与太阳的仪式经常是合而为一的。祭台 1 后来被用作墓地而不再用作专门的祭坛，其祭坛功能被城中祭坛 F88 和 F87 替代。F87 位于城头山最高处，是在祭坛上筑造的建筑，代表了当时的最高建筑水平。该建筑平面形状接近于正方形，并借由南面的开口形成开放式的房屋结构，从四周的柱洞推测该建筑外还设置了环绕式的对称回廊，高耸的廊柱为整体建筑增添了几分威严，显示了其作为祭坛建筑的非凡之处。F88 和 F87 这类祭坛建筑的出现，标志着部分祭祀仪式已经由城外缘转到了城中心，由露天转到了室内。这说明当时的祭祀对象相较于过去更多，祭祀范围更广，部分祭祀活动在室内与室外举行没有区别，另一方面也说明贵族阶层甚至整个 "初城" 的平民在祭祀方面都有了方便、体面、优雅的实际需要。同时，室内祭祀还可以更清楚地确定祭祀者与被祭祀

① 浙江省文物考古研究所：《良渚古城综合研究报告》，文物出版社 2019 年版，第 336 页。

② 湖南省文物考古研究所、国际日本文化研究中心：《澧县城头山：中日合作澧阳平原环境考古与有关综合研究》，文物出版社 2007 年版，第　页。

③ 湖南省文物考古研究所：《澧县城头山——新石器时代遗址发掘报告》，第 275 页。

者之间的关系，使祭祀活动更具针对性。

在城头山文化中，祭祀活动已经具有了很强的仪式化特征，这可以从如下几个方面得到证实：第一，祭台的结构相似，为圆形或椭圆形；第二，祭坛主体祭台的基材都使用黄色或灰黄土色纯净土；第三，祭台周围有深度1米以上的圆形和长方形祭坑；第四，从祭坑中堆积的草木灰、陶器、红烧土块、大块砾石、兽骨等可以看出，火祭是主要祭祀形式；第五，红色在祭祀时是主色调。祭祀场所呈现的这些一致性表明当时的祭祀活动绝非随意为之，而是按照固定的程序和方式进行的，这些固定的程序和方式都被赋予了特殊内涵和意义，即后世所谓仪式。认定红色在城头山文化早期祭祀仪式中是主色调的主要依据有四点：1. 大溪文化时期，祭祀器具以红陶为主；2. 红烧土大量出现在祭坑中；3. 大溪文化墓葬 M678 的坑底分布着零星的朱砂，为红殓葬的典型形式；4. 城头山祭坛举行过用鹿类和牛类动物的血涂在稻种上或把稻种浸在血中的稻作血祭仪式①。城头山先民当初之所以把红色定为祭祀仪式的主色调，是因为红色是血的颜色，而血又是生命的象征，按照"交感巫术"②原理推论，崇敬血色应是对生命神圣性的肯定。城头山先民把红烧土颗粒夹入墓葬填土，把红烧土堆积于祭坑，乃至把红陶作为主要的祭祀陶器，都源于它们的颜色与血色相近。祭祀场所、建筑、用具、色彩和方式的固定与统一，使祭祀活动成为一种明确的仪式，为在其他社会生活领域建立和推行"礼"创造了条件。到屈家岭文化和良渚文化时期，祭器改为黑陶为主。这一方面是因为制陶技术的进步为祭祀活动提供了新的物质条件，另一方面是因为威权制度的建立和审美上神秘主义的兴起为选择黑陶作为祭器提供了精神支持。黑陶在流行初期是技术与品质的象征，所以被优先供应贵族，因此城头山和良渚贵族选择相对稀少的黑陶作为祭礼器可能还有更深层的原因，即维持祭礼器的纯一性、稀有性和神圣性。

---

① 湖南省文物考古研究所、国际日本文化研究中心：《澧县城头山：中日合作澧阳平原环境考古与有关综合研究》，文物出版社 2007 年版，第 10 页。

② ［英］弗雷泽：《金枝》，耿丽编译，重庆出版社 2017 年版，第 10 页。

　　在良渚这个"神王之国"，祭祀活动无处不在，祭坛也是从小到大、从低到高形式多样。不同类型的祭坛祭祀的神灵也不同，有主宰一日三餐的灶神，有主管阴晴风雨的天神，有决定土地肥瘠的地神，还有先民想象出来的各种地方小神，先民根据神的本领大小和重要性，为其建立了不同样式和等级的祭坛，但只要是神，都会受到先民的尊重和礼拜，享有高于人的权威。民以食为天，所以灶神是要祭祀的，这种祭祀比较简单，一般是坑埋动物，即在室外的灶台附近挖一个祭祀坑，上面建一个祭祀棚。在龙南遗址有保存较为完整的良渚文化早期的房址88F1，房外窖穴88H20两侧"均葬有一整猪，两猪头向相逆，都朝着88H20"①，在食物并不富余的时代，用一头整猪来祭祀灶神可谓不惜代价。祭祀祖先的活动要正式和复杂得多，特别是贵族祭祖，要在高大的祭坛上举行隆重仪式，如瑶山良渚文化祭坛面积约400平方米，最里面一重是一座边长六七米略呈方形的红土台，边壁方向与磁针方向基本一致，在红土台四周是深0.65—0.85米、宽1.7—2.1米不等的围沟，围沟外西、北、南三面分别为宽5.7米、3.1米、4米的黄褐色斑土筑成的土台，台面上铺有砾石，部分边缘砌有石塝。在部分石塝护坡中发现了夹砂陶缸残片、鱼鳍形鼎足及泥质灰陶片等遗物，说明先民在祭祀活动中经常使用陶器。但整个祭坛土台均未见夯筑迹象，说明祭坛是依山势挖削和堆砌而成，用工量并不太大，"这个略呈长方形的祭坛与墓地遗迹依瑶山自然山体西北坡而建，遗迹的大部分区域为漫坡台形，在堆筑过程中加砌不同走向、不同长短的石坎。遗迹的中心则位于最高位置的东北部，即1987年发掘的部分，十余座墓葬组成的一处贵族墓地也位于此"②。祭坛与墓地相邻表明这处祭坛主要是用来祭祀聚落先祖的，而祭坛的位置、规模和维护则反映了当时祭祖活动的规模、仪式性质及其在先民心中的地位。

　　最为盛大的祭祀是对天地神的祭祀，这种祭祀活动的举行需要规

---

　　① 钱公麟等：《江苏吴江龙南新石器时代村落遗址第一、二次发掘简报》，《文物》1990年第7期。

　　② 浙江省文物考古研究所：《余杭瑶山遗址1996—1998年发掘的主要收获》，《文物》2001年第12期。

模更大、品质更高的祭坛。良渚文化中期建造的汇观山祭坛就属于这种类型的大型祭坛。该祭坛由一个完整的山体构成，祭坛的主体形式为长方形覆斗式，东西两端呈阶梯状结构，在祭坛主体四周有统一标高的第三级台面，低于祭坛顶部约 2.2 米，总面积超过 1000 平方米。为了使祭坛整体平整美观，采用了凿削、堆筑、夯筑等多种建筑手段，"在坛顶平面，未见有柱洞等表明地面建筑存在的迹象，除墓葬、灰土围沟等地面遗迹外，也没有发现一般的生活堆积和遗存。从这些迹象分析，汇观山祭坛应是一处没有棚顶设施的台状地面式建筑，应是与良渚文化玉器所体现的宗教巫术相适应的一种祭祀场所。"① 祭坛东西阶梯上有排水沟，第三级台面南侧有开阔的公共活动场地，汇观山北侧可能有通往山巅祭坛的台阶通道，由此推测，"汇观山祭坛在修筑时，不仅考虑了祭坛顶部主体的布局，对整座山也进行了规划和设计"②。祭坛地点选择在山顶之上，这高上加高含有通天之意，而祭坛作方形和后世的"地方"观念不无关联。汇观山祭坛作为礼拜天地和聚落最高神灵的功能还可以从如下一些情况得到进一步确认。首先，祭坛的最初建筑设计中并没有墓葬的位置，因为在祭坛的各个地层，除了第一层有地表土和宋代窑床堆积外，其他各层均为颜色较纯的填充土。其次，汇观山发掘的四座墓葬都是在祭坛建成使用多年后才有的，其中 M1、M2 两座墓时间最早，"总体上未打破祭坛的格局，且埋葬深度较深"③，虽然不排除在祭坛仍在使用时即已埋入的可能性，但是从两座墓的随葬品可以看出，墓主人地位相当高，或许就是这个祭坛的设计者或在此祭坛主持祭拜活动的聚落首领和高级巫师，能被葬在祭坛旁边是聚落乃至王国给予墓主人的一种莫大荣耀。M4 明显破坏了祭坛原先的构筑设计，但此墓修建时该祭坛的祭祀功能已经废弃，被规定为显贵的专用墓地。这说明良渚文化大型祭坛通常是和墓地分开的，它们的主要功能并非是祭祖，而是用来由聚落首领或高级巫师来主持重大祭祀仪式的，祭祀的对象为天地神或关

---

① 刘斌等：《浙江余杭汇观山良渚文化祭坛与墓地发掘简报》，《文物》1997 年第 7 期。

② 浙江省文物考古研究所：《良渚文化汇观山遗址第二次发掘简报》，《文物》2001 年第 12 期。

③ 刘斌等：《浙江余杭汇观山良渚文化祭坛与墓地发掘简报》。

系整个聚落信仰的共同体神，祭祀礼仪具有聚落、酋邦乃至国家公祭性质。

汇观山祭坛并不是良渚文化最大的祭坛，如昆山赵陵祭坛就远大于汇观山祭坛，东西长 60 余米，南北宽约 50 米，总面积不少于 3000 平方米。① 这些巨大的祭坛要么建于山顶，要么建于高台，虽然规模大小有一定差别，但性质相似。在这样的祭坛上举行的祭祀活动，尽管今天已无法完全复原和再现，但是有几点是可以肯定的，一是参与的人数众多，否则就不需要这么大的面积。二是所举行的活动是严格按照等级礼仪进行的。建筑物的形式一定与应用的实际需要相联系，如果仅仅是众多人的随意的聚集，只需要一个平坦的大广场就够了，不需要把祭坛建在山上，且建成阶梯式的多重土台。三是所举行的活动一定与聚落重大利益有关。从当时的建筑能力考虑，这种祭坛属于高标准建筑，工程量巨大，要消耗掉大量物质财富，必须倾整个聚落或酋邦之力才能完成，因此受益者理应是聚落或酋邦全体。在那个以聚落为基础的酋邦时代，涉及聚落或酋邦根本利益的事情，首先是来自大自然的挑战，连绵阴雨、洪水、泥石流、干旱、虫害等，先民应对自然挑战的能力和手段都极为有限，于是不得不求助于各路神仙，因此就需要礼拜太阳、鸟和神兽等。为了显示真诚，这种祭拜活动必须有神圣和盛大的场面，先是由巫师和首领率领聚落民众以隆重形式（如配以乐队、舞蹈等）将象征神权的玉琮等神器从专门存放的殿宇护送至祭台，祭拜活动在特定的时辰开始，首领、巫师和主持人站立于祭台最高层，巫师手持象征族权和王权的玉钺等神礼器一边跳舞一边念着咒语，在祭台的中心位置摆放着刻有神徽的玉琮等神器，其他人按地位和辈分依次排列，并根据主持人的口令鞠躬或叩首。因为祭台为露天场所，所以在完成祭拜活动后，巫师和首领还会率众人把神器护送回通常存放贵重祭礼器的殿宇。

宋建在《良渚——神权主导的复合型古国》② 一文中通过对良渚

---

① 江苏省赵陵山考古队：《江苏昆山赵陵山遗址第一、二次发掘简报》，《东方文明之光——良渚文化发现 60 周年纪念文集》，海南国际新闻出版中心 1996 年版，第 20 页。

② 宋建：《良渚——神权主导的复合型古国》，《东南文化》2017 年第 1 期。

古城及周边聚落墓葬用玉规范的分析，认为良渚古国是以神权为主导的复合型古国，神权的巩固和强大保证了良渚古国的整体集中性与同一性，同样神权的衰落也导致了良渚古国的分裂与调零。从贵族墓葬中的用钺情况来看，"前期权贵使用玉钺每人不超过 1 件，即使如反山 M12 和 M20 那样的至尊地位的墓主，也没有突破。无论在'良渚'还是在其他地点几乎没有例外，这显然已成规范。后期不少权贵用钺超过 1 件，福泉山的一些权贵用钺甚至多达 5 件或 6 件，用钺的规范显然不再严格。用钺规范从严格执行到变通随意，显示后期'良渚'的管控能力不断削弱甚至缺失，相反那些第一层级聚落的独立性却在持续增强，甚至可能完全脱离了'良渚'的掌控。玉钺是崇尚武力的象征，后期用钺数量的变化指向权力结构的变化，可以认为后期军权的分量在良渚权力系统中大为增强，世俗权力得到提升，同时也暗示了战争频度的增加"①。良渚贵族墓葬的用玉情况还表明，良渚社会的礼仪规范主要是按照礼拜神灵的仪式建立起来的，在良渚文化前期，维系这一套礼仪的力量是神的权威，到了良渚文化后期，随着神权的衰落和军权、王权的崛起，这种带有神秘性的礼仪逐步被带有强制性的规范化礼仪所取代，但强制性礼仪规范的实施程度又因军权和王权的强弱而不同。有学者指出，"良渚文化中期以降环太湖各地聚落在礼制意义上的统合，已经达到一个前所未有的水平，而玉器的分配与利用正是这种礼制统合的呈现形式和现实途径。中期各遗址出土玉器的数量差基本上对应着各遗址人工构筑物的尺度差，因此，聚落级差的背后至少隐含了一个序列化的礼制系统，而位于这一系统轴心的正是莫角山遗址"②。礼仪制度根本上是权力角逐、经济特征和意识形态的反映，良渚文化鼎盛时期，聚落间礼仪体系的趋同是以莫角山为中心的政治、经济和文化影响力迅速扩张的结果，也是随着生产力的提高聚落间政治、经济和意识形态联系加强的重要标志。

　　由于原始人类自身力量相对弱小，所以各种非人的力量就显得非常强大。在旧石器时代，人类像其他动物一样缺乏自我意识，精神生

---

① 宋建：《良渚——神权主导的复合型古国》，《东南文化》2017 年第 1 期。
② 刘恒武、王力军：《良渚文化的聚落级差及城市萌芽》，《东南文化》2007 年第 3 期。

活十分贫乏，在各种异己力量面前主要是凭借自然本能消极应对。到了新石器时代，随着生产技术的进步，自我保障能力增强，先民的自我意识开始觉醒，在人与非人之间有了更清晰的界限，能够以更积极的态度适应和改造自然界，其中就包括与代表各种异己力量的神之间达成妥协，以祭祀和礼拜的方式谋求神的帮助。因此，包括祭祀在内的各种礼仪活动从一个重要方面反映了先民自我意识觉醒的程度和与各种异己力量相妥协的策略水平，是先民想象力提升和精神生活丰富的表现。从政治关系来看，社会活动礼仪化有利于维护神权、王权和贵族特权。就文化发展而言，由祭祀活动演变而来的礼仪文化正体现了聚落先民与天、地、神密切合作的精神和对生活的积极谋划态度。

二　墓中奢华

在崧泽文化晚期，江南地区各个聚落间在神权、治权和经济实力等方面出现了明显的"聚落级差"，即"聚落之间规模及发展水平的差异"①。聚落级差的外部标志主要体现在祭坛规模的大小上，聚落墓葬中随葬品的配置则更具体地反映了聚落级差的内涵。有学者对良渚文化分布的大约 50 平方千米范围内人工构筑的祭坛状况进行了这样的概括：

莫角山有巨型夯土台基，瑶山、反山、汇观山等有高规格祭坛墓地，姚家墩土台群等有复合型人工土台遗址。嘉兴—海宁地区有大坟、新地里、佘墩庙、达泽庙、姚家等高台墓地。苏州—上海地区有良渚文化早期延续下来的福泉山、赵陵山、少卿山等遗址。常州—常熟地区有高城墩高台墓地。余杭地区以莫角山巨型台基为中心的人工构筑物集群，在礼制设施和高规格墓葬的数量与尺度上远远超越了其他良渚文化遗址或遗址群，莫角山及其周边构筑物集群对应的巨大社会实体或社会实体组合，位于良渚文化中期环太湖全域聚落规模序列的顶点。福泉山、赵陵山、少卿山等大型高土台遗址则构成第二个梯次，而小规模土台遗址或平地遗址所代表的聚落属于第三个梯次。②

① 刘恒武、王力军：《良渚文化的聚落级差及城市萌芽》，《东南文化》2007 年第 3 期。
② 刘恒武、王力军：《良渚文化的聚落级差及城市萌芽》，《东南文化》2007 年第 3 期。

　　良渚文化祭坛和墓葬的情况揭示了如下一些重要问题：第一，祭坛和墓葬的聚落等级差别是聚落级差的反映，同时也反映了聚落内部成员或家族之间等级分化的现实。从祭坛规模、墓葬规格和出土玉琮数量等方面可以看出，莫角山城区是整个良渚文化鼎盛期的中心区域，这里居住着聚落首领或国王、权贵和高级巫师，他们通过神权来控制和影响整个太湖区域的聚落经济和文化发展模式。到良渚文化后期，"全域最大的礼制中心由莫角山及其周边转移到了以寺墩为中心的区域"①，由于受到来自内部和外部的政治、经济和军事等诸多领域的挑战，神权逐渐衰落，良渚这个"神王之国"也不可避免地走向末路。

　　通过对平民与贵族墓葬品的规格、质量和数量的比较可以发现，在良渚文化存续期间，由聚落级差和聚落内部贫富差别导致的两极分化现象越来越严重，整个贵族阶层追慕虚荣和奢华的现象普遍存在，并成就了当时良渚古国的审美时尚。良渚文化早期的墓位、棺椁、随葬品的品种、规格等都受到了比较严格的等级限制，其设置和要求基本上与主人的身份、地位和性别等保持一致。到了良渚文化后期，聚落墓葬出现了许多打破规范的情况，原因较为复杂，但这并没有从根本上改变墓葬的等级化状况。墓葬等级化主要是为了显示和突出作为权贵的墓主人生前的地位和荣耀，同时这也是维护良渚文化以神权为主导的国家体制的一种重要方式和手段。从审美角度看，等级化墓葬表明良渚先民的审美观念是与等级制度和等级意识难以分割的，或者说墓葬等级化反映的是等级化的审美行为与审美意识。

　　良渚文化墓葬在大小与形式结构上并没有太大差别，一般为竖穴土坑墓，墓壁较直，墓坑南北走向，长度在 2.5 米左右，宽多不超过 0.8 米，深 0.5 米上下，排列有序。如瑶山遗址发掘的 11 座良渚文化墓葬，"集中分布于祭坛的南半部，分为东西向南北两列"②，墓与墓之间相距较近，最近的间隔仅 25 厘米，墓列的分布范围和祭坛的面积具有一致性。随葬品一般放置于棺内，但也有例外。如汇观山遗址发掘的良渚贵族墓，"其中 M4 有回字形的双重板灰痕迹，证明有一棺一

① 刘恒武、王力军：《良渚文化的聚落级差及城市萌芽》。
② 芮国耀：《余杭瑶山良渚文化祭坛遗址发掘简报》，《文物》1988 年第 1 期。

椁的葬具，并且在北端棺外椁内随葬了一组陶器，此种葬制为目前所仅见"①，一棺一椁的棺木结构从一个方面反映了墓主人生前的尊荣和较高的社会地位。当然，也不是所有墓葬品都与墓主人的社会地位有关。比如，汇观山遗址发掘的良渚文化墓 M4 棺外椁内随葬的一组陶器就与墓主人身份地位无关，而只是反映了器物与死者的一种特殊关系，因为"在有些社会中，死者的物品与其本人密切相伴，以至于别人拿了就会带来厄运，因此必须和死者埋在一起，而非让死者在未来使用"②，所以，棺外椁内随葬陶器事件可能只是代表了一种对于死者生前所用之物的特殊处理方式。有考古学者认为，M4 墓主人生前是祭师或巫觋，"祭坛是巫觋们表现'神'的存在和神权的专用场所，而祭坛的主事者（祭师或巫觋）则是神的代言人，是神权的执行者"③，祭师或巫觋的主要任务是主持祭天礼地的仪式，他们死后一般会被埋葬在祭坛边缘并接受后人的祭祀。也就是说，这些墓中的祭师或巫觋之间是代继关系。这种解释虽不无道理，但也存在漏洞。因为这个墓葬群是以红土台为核心的，最靠近甚至打破红土台的墓不仅是同列诸墓中最大或较大的，而且随葬品也是最丰富和品级最高的。具体来说，在南列 7 个墓中，M12 居中，随葬品为数最多，玉琮 7 件，琢有兽面纹的琮式管达 38 件以上，其他随葬玉器无论数量和质量也都是非相邻大墓。如果墓主人之间果真只是神权的继承关系，那么他们的葬品不应该随代差而有较大的差别，即使有差别也应该会出现后代优于前代的情况，这与墓主人生前聚落的政治、经济状况有直接关系，而实际墓葬之间的关系更接近于家族成员之间的尊卑关系，由此判断所有墓主人都属于一个家族中有明确辈分关系的主要成员，居中的 M12 的主人在家族中辈分和地位最高，分列两旁的可能是他的子孙。也就是说，这是一个巫觋世家、酋长或"神王"家族的墓葬群。

　　反山墓地的情况与汇观山相似，"墓葬格局和结构，显示了一定的等级规范，随葬品的丰厚精美，琮、璧、钺等玉制礼仪用器所象征的墓

① 刘斌等：《浙江余杭汇观山良渚文化祭坛与墓地发掘简报》，《文物》1997 年第 7 期。
② ［英］科林·伦福儒、保罗·巴恩：《考古学：理论、方法与实践》，陈淳译，上海古籍出版社 2015 年，第 387 页。
③ 刘斌等：《浙江余杭汇观山良渚文化祭坛与墓地发掘简报》。

主人拥有神权、财富和军事统率权，尤其足以说明墓地的主人是一批部族的显贵。他们已经成为凌驾于部族一般成员之上的特殊阶层，或为巫觋，或为军事酋长。其中 M12、M14、M16、M17、M20 的墓主人更可能是身兼酋长、巫师的人物"①。事实上，反山墓地的考古结论虽不排除墓主人皆为贵族成员和巫师，但更倾向于证明各墓主人之间的关系是家族成员之间的关系，其中随葬品最丰富的墓主人不仅生前在家族中地位最高，而且可能集族长、酋长、巫师或"神王"于一身。

反山、汇观山墓地的随葬品在墓中的摆放整齐而有规律，其中陶器均放置于脚端，玉器中的三叉形器、冠状器、锥形器及部分管、珠饰品多见于南端头部附近，玉琮、玉钺多放置在腰腹部。这种器具摆放方式说明，在良渚人眼中，陶器属于生活用具，档次较低，因而放在脚端。三叉形器、冠状器等玉器属于高级头部装饰品，故置于靠近头部位置。管、珠等玉饰品是用于装饰项部的，自然佩带或放置于墓主人项部位置，而玉琮、玉钺和锥形器是神礼器，所以都被放置在前胸及腰部位置，以示尊重。这种随葬品位置的安排总体上看是依据这些物品在实际使用中的作用、功能与品级而进行的，既然墓葬品的摆放位置都如此讲究，那么墓地的位置也绝不可能是无序和随意的，从前面已经说明的墓葬安排情况基本可以断定，权贵阶层墓葬的位置安排不仅在空间上有居高临下、靠山向阳的风水理念渗透其中，而且充分考虑到了几代人去世后的序列安排。

第二，墓葬差异化也在很大程度上体现了性别之间的社会地位差异以及聚落社会在审美上对不同性别的差异化态度和要求。在良渚文化时期，祭师或巫师是否不分性别皆可担任，这仍然是一个疑问。从良渚文化墓葬的常例来看，三叉形饰和与之搭配的成组锥形饰、玉琮、玉钺是男性墓的随葬品，而纺轮、玉璜和玉圆牌饰是女性墓的随葬品，据此判断，山北列 5 墓属于女性墓。墓葬情况表明，良渚人十分重视身体装饰，良渚贵族用于身体装饰的器物均是由比较珍贵的玉料制作而成。在此前其他新石器文化中常见的玉饰，如璜、镯、玦、锥、坠、环、戒指、管、珠等，在良渚文化玉器中几乎都可以找到。

---

① 王明达：《浙江余杭反山良渚墓地发掘简报》，《文物》1988 年第 1 期。

其中玉璜"是从马家浜文化晚期即开始出现的一种玉器，在崧泽文化中是一种表示贵族女性身份的主要装饰品。良渚文化的玉璜，一般为制作规范的半璧形，虽然仍然是只有女性贵族才佩戴的一种装饰品，但许多玉璜上也雕刻有神徽图案，表明这一玉器也统一纳入了以神徽崇拜为核心的玉礼器系统之中"①。如庙前遗址出土的扁平半璧形玉璜标本 M30：1②（图 3 - 1），翠绿色夹白斑，品质不高，做工也不够精良，虽然也是供女性贵族佩带的，但该区域的聚落或酋邦在良渚古国中的地位并不高，因而随葬玉器的品质也较差。

图 3 - 1　半璧形玉璜　采自《庙前》图版二二

在良渚文化中，玉锥是供男性装饰身体的玉饰，同时也是由男性掌控的玉礼器，"锥形器是良渚大墓中较多见之玉器，其横截面有方、圆两种，以素面者居多，少数琢有神徽图案。截面为方者，其图案布列一般如琮形，呈四面式，中间有隔槽，这显然也是受了琮的影响。截面为圆者，其上的纹饰则一般为两面式。无论长短方圆，其上端均做成尖状，下端一般做成短榫状，并往往有细小的横孔。从所有施纹者考察，均以尖端朝上为正"③。在良渚墓中，玉锥有的成束放于死者的头部，尖端朝上，如反山遗址出土的良渚文化锥形器束标本

---

①　浙江省文物考古研究所：《良渚古城综合研究报告》，文物出版社 2019 年版，第 38 页。
②　浙江省文物考古研究所：《庙前——良渚遗址群考古报告之四》，第 69 页。
③　浙江省文物考古研究所：《良渚古城综合研究报告》，第 38 页。

M20：73（图3-2），由一件方锥和数件圆锥组成，方锥上施纹，推测墓主人为男性聚落或尊邦首领。有的锥形器单独置于墓主人腰侧，尖端朝向墓主人头部。如卞家山遗址出土的良渚文化玉锥标本M27：2和M27：11（图3-3）皆为灰绿色软玉制成，其中玉锥标本M27：11"中鼓两头细。尾部磨扁钻孔，制作精良"[1]，推测为某种手持杆状物前端的镶嵌物。从玉锥随葬的情况判断，玉锥不是普通装饰品，而是具有某种尚不能确定的隐喻或象征意义，是具有较高地位或特殊身份的男性佩戴的标志性器物。

图3-2　锥形器束　采自《良渚古城综合研究报告》图2-17

图3-3　玉锥　采自《卞家山》彩版六〇

良渚人无论男女都有戴镯的习惯，但是，男女戴镯的方式略有不同。后头山遗址发掘的良渚文化墓M1的墓主人为男性，随葬的两件

---

[1]　浙江省文物考古研究所：《卞家山——良渚遗址群考古报告之六》上册，第74页。

玉镯出土时均位于墓主人右手腕附近。同一遗址发掘的良渚文化墓M18的墓主人为女性，随葬的玉镯标本 M18：11 位于墓主人左手腕附近。瑶山遗址发掘的良渚文化 11 号墓，从随葬品玉冠饰上刻兽面纹及玉璜、玉圆牌串饰上皆雕刻龙纹等情况判断，墓主人是男性，随葬品中有 9 件玉镯，其中 4 件整齐地呈南北向叠压在右手臂位置。该墓中的玉镯标本 M11：68 比较特殊，"宽环带状，内壁平直，外壁琢一周平行的斜向凸棱，为绞丝纹"①（图 3 - 4），此种纹饰在良渚文化镯形器上就目前所知是唯一的。另外，在此墓主人左手臂位置也发现1 件玉镯，属于罕见的例外。后头山遗址发掘的良渚文化 7 号墓，从随葬品玉钺冠饰形状及玉牌饰上的神蛙纹判断，墓主人系女性，随葬的 12 件玉镯大部分出土时都位于左手臂位置。依据上述墓葬情况判断，良渚社会存在着执行比较严格的男右女左的玉镯佩戴规范。

图 3 - 4　玉镯　采自《瑶山》彩图 493

　　玉管多是作为串挂饰的基本配件出现的，串挂饰的玉管数量比较确定，一般由 22 粒组成一个玉管项链。有时候玉管项链与玉璜搭配作饰，更显奢华。庙前遗址发掘出的玉管与瑶山情况相似，玉管玉色多样，长度不一，最长的 6.4 厘米，最短的只有 1 厘米多一点，"截

---

　　①　浙江省文物考古研究所：《瑶山——良渚遗址群考古报告之一》，文物出版社 2003年版，第 158 页。

面有圆形、圆角方形、三角形、椭圆形、梯形等多种"①，在墓中一般分布在墓主人头部、胸部附近，入葬时应是佩带于墓主人颈部，后散落而成发掘时状态。玉珠的个体比玉管要小，直径在 1.5 厘米左右，大不过 2 厘米，小不下 0.5 厘米，玉色也呈多样，形状"有球形、半球形或不规则泡形珠、腰鼓形珠、管状珠"② 等，在墓中大多位于墓主人头部至肩部附近，推测为项链类身体饰品，与玉管串一样入葬时成串佩戴于墓主人颈部。但是，有些极为珍贵的玉珠更有可能被用作独立挂饰。如瑶山遗址出土的良渚文化半球形绿松石珠标本 M11：19 和 M11：221③（图 3 - 5），平面部分采用微型管钻技术钻孔，这种管钻隧孔并不适合制串却方便单独悬挂。

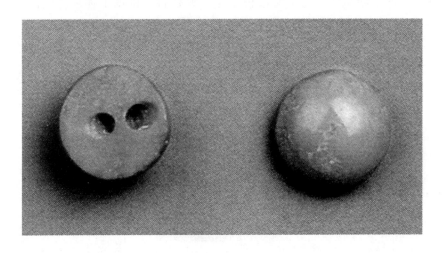

图 3 - 5　半球形绿松石　采自《瑶山》彩图 537

良渚文化玉戒指为手指饰品，卞家山遗址出土 1 件戒指形端饰标本 T4：29（图 3 - 6）系灰黑色软玉，"环形，一面磨平、孔径较大，一面圆弧、孔径较小，孔壁斜直。直径 2.8、高 0.9 厘米"④，从其形

---

① 浙江省文物考古研究所：《庙前——良渚遗址群考古报告之四》，第 72 页。
② 浙江省文物考古研究所：《庙前——良渚遗址群考古报告之四》，第 73 页。
③ 浙江省文物考古研究所：《瑶山——良渚遗址群考古报告之一》，第 95 页。
④ 浙江省文物考古研究所：《卞家山——良渚遗址群考古报告之六》上册，第 309 页。

状和大小看，正适合佩戴于手指，推测其与现代戒指性质相同。

图 3-6　玉戒指　采自《卞家山》彩版二五六

　　玉挂饰除了成串的玉管、玉珠外，还有许多独立的小型玉器。这些玉器形状多样，皆出土于墓主头部或颈部附近，是墓主人悬挂于颈部的饰品。

　　墓葬象征着另一个世界，一个隐秘的未知的甚至令人恐惧的世界，在江南先民的意识里，它几乎又是一个完全按照人间世的原则运行的冥界，对于那个远在天边又近在咫尺的冥界，江南先民构想出了至高无上的主宰者、享乐者和受苦受难者。那些曾经在现世中位高权重和享有尊严的人，被认为死后注定将是阴曹地府里的统治者或享乐者，因而权贵们往往在世时就为自己选好墓葬的位置，准备好所有自己认为在冥界依然要享用的物品，以保证自己能够在冥界延续尊贵和奢侈的生活。但是，对于现世的穷苦人而言，墓葬让人感到压抑和阴森恐怖，因为它代表贫穷与痛苦的延续。

三　王城气象

　　城邑文明崛起的首要标志是城的创建，最原始的城并不具有多少商业功能，其设计建造的主要目的是突出王权、神权和满足权贵的奢侈生活，因此是更纯粹的王者之城。原始王城一般由宫殿、贵族住所、平民居住区、作坊、祭坛、王陵等建筑组成。建筑规模与形式上的差别用以区分拥有者或使用者的等级与地位，权贵阶层因为拥有或可以专享那些高级建筑而获得一种荣耀，那些高大的土木建筑也因为权贵的专享而增添了几分神秘和威严。原始时代的王城因为建筑的宏大形式与特权相结合往往能够营造出一种底蕴十足或强有力的审美氛围——王城气象。这种王城气象如果能够与聚落社会的公共道德、共同利益相融合，则可以激起民众内心的崇高情感。到目前为止，在江南地区发现的这种新石器时代的王城有两座，一座是位于长江中游的城头山古城，一座是位于长江下游的良渚古城。这两座古城的发现具有巨大的审美文化史意义，传递出的审美文化信息十分丰富。

第一，两座古城都是浸透了崇高意蕴的王者之城。城头山古城略呈圆形，东西南北各设一个城门，门与门之间有道路相连，唯有南门与陆地接通，另外三个门外皆为护城河，当时应有吊桥与城外相通。城内面积约 8 万平方米，总占地面积近 15 万平方米。城头山古城的建设并非一蹴而就，约在 6500 年前的汤家岗文化早期，城头山先民即开始在遗址附近挖掘壕沟、筑造城墙。经过四次不同时期的大规模建造，城址范围不断向外延伸、城墙规模不断扩大，城址逐渐呈现为对称规则的圆形。历经 2000 余年，城头山最终由一个简单的环壕聚落中心逐步发展成为规模空前的王者之城。

城头山遗址规模较大，《澧县城头山——新石器时代遗址发掘报告》将城墙分为西南城墙、南城墙、东城墙和北城墙，并定点勘测了城墙及壕沟。勘测数据表明，四次筑城活动中以第三次和第四次即屈家岭文化时期的建设规模最大，不但加高加宽了城墙，还以宽阔的护城河取代了壕沟，加强了城头山的防卫，极大地扩张了城头山古城的版图。日本学者高桥学和河角龙典对屈家岭文化时期挖掘壕沟和建筑城墙所需劳力进行过大致估算：以南门探沟数值估算，需要总劳力约 47 万人次，按每天 200 个成人劳动计算，需要 6 到 7 年的时间；按照东北的探沟数值计算，需要总劳力约 20 万人次，同样按每日 200 个成人劳动推算，需要 2 至 3 年时间。[①] 由此可以看出：（1）城头山城

---

① 湖南省文物考古研究所、国际日本文化研究中心：《澧县城头山：中日合作澧阳平原环境考古与有关综合研究》，第 30 页。

墙筑造和护城河挖掘的工程量极为庞大，不仅需要大量的人力和物力，还需要相当长的工期。（2）在工具落后资源匮乏的新石器时期，要完成这么一项艰巨工程，必然需要集中大量劳动力并进行高效的组织分配，且这些劳动力对组织者高度服从。在城头山一期城墙的第1层筑土和第2层筑土之间发现一墓葬 M706，墓中无随葬品，墓主人骨架保存完整，葬式为仰身直肢葬，身高 1.75 米左右，属成年男性。判断墓主人为城墙奠基时的牺牲①，若果真如此，就说明当时的公权力不仅可以支配城头山王国或酋邦内各个聚落的全部劳动资源，而且拥有对平民身体乃至生命的支配权。（3）大量人力和物力被安排到王城建设中意味着很大一部分人无法进行日常耕作、日常生活器具的制作等劳动。这说明至少在屈家岭文化时期，以城头山为中心的聚落群或酋邦内部形成了初步的或相对的产业分工，且已经积累了相当丰富的社会财富，足以确保王城建设者的日常供给。此外，根据日本学者对城头山遗址周边微地形的分析，城头山遗址附近还存在着其他圆形平面的微高地，疑似与城头山遗址有关。②将此与筑造城墙的庞大工程量相结合，推测城头山王城周边还分布着相当数量的其他原始聚落，它们与城头山中心聚落一起组成了一个强大的聚落联盟或酋邦，城头山聚落的首领是整个聚落联盟或酋邦的盟主或者王，正是这样一个盟主或王控制的权力中心组织建造了城头山这样的王者之城。

城头山古城建成 1000 余年后，在钱塘江流域出现了一座更为宏伟的王城——良渚古城。良渚人最了不起之处除了创造了辉煌的良渚玉器外就是创建了良渚古城。从城市发展水平上看，良渚古城仍然属于原始"初城"，从城市功能上看，良渚古城是原始聚落的权力中心，与城头山古城一样是王者之城。良渚古城规模之大、结构之复杂和品质之卓越都是城头山古城难以比拟的，享有"中华第一城"③的

---

① 湖南省文物考古研究所：《澧县城头山——新石器时代遗址发掘报告》，文物出版社 2007 年版，第 290 页。

② 湖南省文物考古研究所、国际日本文化研究中心：《澧县城头山：中日合作澧阳平原环境考古与有关综合研究》，第 25—27 页。

③ 刘斌、王宁远：《2006—2013 年良渚古城考古的主要收获》，《东南文化》2014 年第 2 期。

美誉。从良渚古城设计、营建、组织指挥、劳动力投入等各个方面体现出来的水平不难看出，它绝不可能是松散的聚落联盟能够完成的。从设计角度看，设计者必须具备详细完善的整体营建思路和设计规划，比如"古城城墙充分利用自然地势夯筑而成。在城墙设计选址时，有意将凤山和雉山两座自然石山作为城墙的西南角和东北角；北城墙西端也利用了原来的黄泥山作为墙体的一部分，进行裁弯取直"①，这种设计意味着设计者相信营建整个王城的各个项目所涉及的复杂的有时甚至是十分激烈的利益冲突问题都可以通过强大的威权力量来解决，而这样的威权力量只能是专制性的王权或神权。宫殿、祭坛乃至城墙的设计还竭力体现首领和贵族的威严，宫殿、祭坛都选择在山顶，山顶上又筑台，目的是使建筑本身具有居高临下的气势，使用者能获得高高在上的心理优势，平民则只能仰视之，并由此产生敬畏心理。城墙很高大，从现存遗迹较完整的西城墙葡萄贩段发掘情况来看，"良渚文化层以下至生土高约 2.3 米。该段城墙壕沟宽约 45、深约 1.5 米"②，该处城墙高度在 2.3 米左右，墙外是深约 1.5 米，宽约 45 米的护城河，高大的城墙与宽阔的护城河把首领、贵族与平民远远地隔离开来，不仅起到安全保护作用，而且强化了统治集团的神秘感和权威性。关于良渚古城的文化性质，有学者认为它仅仅达到了酋邦文明的水平，尚未进入国家文明阶段。如戴尔俭说："良渚文化尚处于文明前夜，在当时造就了一个称权东南、泽被四方的良渚酋邦。"③ 也有学者认为，良渚古城代表的是最早的国家文明。如张学海指出，当聚落群形成金字塔形的层级结构时，就基本完成了向国家的转变，特别是当聚落的这种金字塔形层级结构已具有明显的"都邑聚"性质时，无疑已经是国家。都、邑、聚是一种三级垂直管理体系，其中"都"即部落中心就是或最终转变为国家都城，良渚古城就属于这样的都城。④ 从营建、组织指挥和劳动力投入角度看，

① 刘斌、王宁远：《2006—2013 年良渚古城考古的主要收获》。
② 浙江省文物考古研究所：《杭州市余杭区良渚古城遗址 2006—2007 年的发掘》，《考古》2008 年第 7 期。
③ 戴尔俭：《从聚落中心到良渚酋邦》，《东南文化》1997 年第 3 期。
④ 张学海：《聚落群再研究——兼说中国有无酋邦时期》，《华夏考古》2006 年第 2 期。

在当时条件下，只有高效的国家权力才能担负这一使命，据此判断，良渚古城是介于酋邦与国家之间的文明而非纯粹酋邦文明的标志。相应地，在巨大的台筑广场上所举行的各种大型礼仪活动也多接近国家仪式性质。

良渚古城除了具有原始城市的各种实用功能外，作为一种"景观"，还具有划时代的社会和美学意义，"景观及其纪念性建筑不只被视为社会结构的反映，也体现了人类在世界位置的新观念，并催生出新的社会秩序"①。从美学角度看，良渚古城强有力地表现了良渚先民的崇高情感。崇高感并不是人类的天然情感，它是在一定历史发展阶段上在特定社会经济与文化条件下才得以产生的。按康德的说法，崇高感产生的外部根源是对象巨大的形式，但其内在根源却在于人类特殊的"精神情调"或者说"心意能力"②。从这个角度说，良渚古城反映了良渚先民精神生活的丰富和充盈。黑格尔在论及崇高型艺术时指出，那些涉及神的崇高的创造物，"只是为着显示神的智慧、慈善和正直"③。良渚古城作为"神王之国"的都城，其建筑形式和规模也必然要表现对神的崇敬。不过，从物种中心主义立场出发，也不应该反对这样一种观点，即"神、社会、文化是早已存在的人性中的物种需求和潜力的产物、答案和体现"④，就是说，人类这个物种在其情感活动领域本来就为崇高感保留了一席之地，而神的肖像、高大的建筑、祭坛和城墙等创造物都是这种潜在的崇高感转化为现实的崇高感的条件。如此看来，良渚古城也是良渚先民有关崇高的"心意能力"得到极大增强的表现。

第二，当时的土木建筑技术已经达到较高水平，先民拥有越来越强的能力使重要建筑具备卓越的艺术品质。城头山遗址发现了大量新石器时代的房屋遗迹，"多为平地起建，极少见地穴或半地穴房屋"⑤，其中 F87 为当时城内最"豪华"的建筑，融合了当时筑

---

① ［英］科林·伦福儒、保罗·巴恩：《考古学：理论、方法与实践》，第 376 页。
② ［德］康德：《判断力批判》上册，宗白华译，商务印书馆 1996 年版，第 89—90 页。
③ ［德］黑格尔：《美学》第二卷，朱光潜译，商务印书馆 1991 年版，第 93 页。
④ ［美］埃伦·迪萨纳亚克：《审美的人》，户晓辉译，商务印书馆 2004 年版，第 25 页。
⑤ 湖南省文物考古研究所：《澧县城头山——新石器时代遗址发掘报告》，第 168 页。

造者丰富的巧思，展现了城头山先民先进的建筑技术。首先，各类建筑材料能够灵活运用。F87 台基高 50 厘米，是在纯净黄土的堆积上挖掘基槽起建，具有一定代表性。澧阳平原河道交错，容易发生水灾，台基式建筑在发生并不严重的水涝时能起到一定的防护作用。F87 内部置有红烧土筑造的土台，在城中还发现有专门烧制红烧土的陶窑，说明红烧土在城头山城的建设中应用广泛，用量可观，在城头山的房屋台基、祭台筑造、路面铺设以及田埂堆砌等方面都可以见到它的存在。经过高温烧制的红烧土不仅具有防潮、防滑的实用功能，其艳丽的颜色也丰富了城头山先民对住宅环境的视觉感受。此外，在 F87 南墙台状遗构发掘中还发现了方格状的细槽痕迹，可能是当时的建筑者在台状遗构上面架设了圆形建筑材料，并铺设了木地板。[①] 总之，土木材料的灵活运用，不仅创造了安全和舒适的实用价值，还在视觉审美上发挥了积极作用。其次，通过得宜的空间规划实现了各建筑之间的功能联系，展现出一种包含了层次、等级、秩序和对称性的建筑美。建筑 F23 和 F57 与 F87 之间隔着两条水沟和一条红烧土路面，构成基本对称的空间结构。F23由东西相连的两间房构成，内置四座方形排灶；F57 位于 F23 南面，为多个房间构成的建筑群，通过一条由隔墙构成的通道连通各个房间。从建筑形式和建筑内的遗物来看，F57 为生活居室，F23 为公共活动场所。从空间关系来看，F57 位于 F23 南面，距离较近且开口位置相对便于出入，而 F87 通过北面的红烧土路与 F23 相连，也方便出入，三座建筑由此形成了一个空间紧凑、功能相连的建筑整体。值得一提的是，F23、F57 和 F87 之下还发现了一座更早时期的大型房屋遗址 F88，房址位置集中且结构较同时期其他建筑都更为复杂，推测具有公共职能。建造于 F88 之上的三座房址分散了F88 的多个职能，让不同的建筑结构承担不同的房屋功能，这不是对 F88 的一种简单改进，而是初步具备了建筑群思维和建筑技巧。

良渚古城的营建无论是构思设计，还是具体建筑技术都达到了当

---

① 湖南省文物考古研究所、国际日本文化研究中心：《澧县城头山：中日合作澧阳平原环境考古与有关综合研究》，第 168 页。

时的先进水平。从设计方面说，古城各种建筑位置的安排，特别是宫殿位置的选择及其与王陵、贵族墓葬之间的建筑搭配关系，都需要有整体性的建筑群设计意识，而这一切与后来王者居中的都城建筑理念相一致显然也不是巧合。从具体建筑技术方面看，在大莫角山、小莫角山、乌龟山区域内有呈"品"字形分布的三座约三万平方米的夯土基址，这些基址都有每层最厚处达50厘米的13层夯土层，在夯土基址上有众多打破夯土基址的大型柱坑，这不仅表明当时的夯筑技术已经十分成熟，而且建筑者对工程质量要求非常严格。良渚古城墙的堆筑需要大量泥土，挖掘和运输这些泥土工程量特别巨大。为解决材料和运输问题，良渚人发明了一种独特的制作"草裹泥"或"草包泥"的技术，"草包泥一般长40、宽10、厚10厘米，重4—5公斤，内部为取自沼泽地的淤泥，外部则以茅草或荻草包裹而成，具有便于运输和堆筑的优点"①。良渚古城周边多是水沼地带，有了"草包泥"技术就可以就近取材，用木船将制作好的"草包泥"直接运送工地或工地附近。'草包泥'技术的发明不仅方便了运输，减少了工作量，还可使大量劳动力在不同的区域同时工作，极大地提高劳动效率。可以说，"草包泥"技术对于建成宏伟的良渚古城发挥了巨大作用，每一个"草包泥"都是良渚古城美的细胞。

良渚古城的出现是生产力水平空前提高，社会财富相当丰富，社会等级制度达到强化的历史发展大势的体现。由于生产力的发展和社会财富的积聚，原始聚落社会开始出现贫富分化，这既包括"聚落级差"的出现，也包括聚落内部成员分化为贵族和平民，"环太湖地区的聚落级差始自崧泽文化晚期，其扩大化过程在良渚文化中期达到顶点"②，这正是良渚古城产生的基本政治与经济条件。反过来，类似于良渚古城的越来越多的"初城"的建立，使得聚落社会内部成员之间的贫富贵贱差别得到进一步确认，并促进了高贵与卑贱观念的产生。从社会审美心理看，往往是雄伟壮丽的住宅与高贵的地位相伴，简陋破旧的住所与卑贱的身份相随，建筑作为聚落

---

① 刘斌、王宁远：《2006—2013年良渚古城考古的主要收获》。
② 刘斌、王宁远：《2006—2013年良渚古城考古的主要收获》。

级差的外在现实必然深刻地影响聚落社会的精神信念向着尊崇权贵和神的方向发展。

第三，兴旺的生业和手工业作坊是王城的重要组成部分，它开创了新的基于技术的工业文明与审美实践领域。制陶是城头山城的"支柱产业"，城头山遗址已发现10座新石器时代的陶窑遗迹，有9座属于大溪文化遗迹，1座为屈家岭文化遗迹。这些陶窑结构完善，内部配有火膛、窑室、烟道、退灰坑等。在陶窑周围还发现多个和陶窑有密切联系的灰坑和灰沟：有的灰坑是烧制陶器时用以取土、贮水；有的灰沟是专门用来取土的坑道或出灰沟。① 可以看出，城头山陶窑在内部结构和外在设施配备上均已比较完善，也显示当时制陶工作内部分工精细明确。这些陶窑多集中分布于城中，构成了相对独立的制陶区，表明制陶产业在当时已形成完整的产业链。除了制陶业，城头山城还有木工业、纺织业、石材业等手工业，各种手工产业互为助力，促进了彼此的发展。如陶纺轮的大量制作促进了纺织业，而石材业的发达则为提高木器制作效率、制作品质和开发新的样式提供了优质工具。相应地，每一个领域的技术进步也为其产品拥有更高的审美品质奠定了基础。

第四，王和巫师是王城的最高统治者，整个古城都弥漫着王权与神权的威严。在城头山遗址处处可以感受到来自威权的力量。从区域划分看，城头山遗址发现的几座陶窑不但位置相近并且配套设施齐全，城头山每个时期的墓葬、房址的位置都有规划的痕迹，这种规划能力与权力显然不属于平民。从祭祀活动看，祭祀场所从稻田到东部祭台再到城中宫殿F87，祭祀场所的面积虽逐渐缩小，但参与祭祀人员的地位越来越高，少数权贵享有特殊祭祀权的情况十分清楚。从墓葬位置和随葬品多少也可以看出，城头山内部的权力分化巨大，财富分配严重不均。那么是什么让城头山的城邑文化可以在这种强烈的不平等中持续稳定地发展千年之久呢？主要原因有如下几点：（1）王城为先民生命和财富提供了安全保障。城头山城

———————

① 湖南省文物考古研究所：《澧县城头山——新石器时代遗址发掘报告》，第257—258页。

墙和护城河的建设保障了城头山先民的个人生命安全，使得城头山居民能在很大程度上免受洪水、猛兽和外敌的袭扰。城市空间按职能进行区域规划提升了城头山先民的日常生活水平，如陶窑区的规划和设立有助于提高陶器的生产水平和生产效率，增加陶窑区平民的收入。（2）王城守护了城头山居民共同的信仰。各种形式数量众多的祭坛表明祭祀是城头山居民生活的重要内容，而主持建造这些祭坛的正是城头山城的权力中心，这个权力中心通过广泛的祭祀活动来维护聚落共同的信仰，把聚落民众团结起来，位于权力中心的人物通常都会成为具有持久影响力的聚落民众的精神领袖。（3）大众化审美在一定程度上调和了财富不平均造成的社会对立。城头山遗址发现了一种类似于玉环的石环。如大溪文化石环标本 M851：1 呈黄白玉色，"体较大。宽直边，长方形截面。外径 12.5、内径 6.6、厚 1.25 厘米。"① 从大小来看，该石环并不适于佩戴，是模仿玉环制作而成，用作随葬品。玉器在城头山城属于珍稀品，只有权力最大或者身份最高的人才能有机会拥有，所以城头山遗址出土的玉器随葬品都是在一些贵族墓中发现的。那些用石头制作的"赝品"是地位较低的穷人的饰品，也用作随葬品，它们在一定程度上满足了平民的审美需要，维护了聚落成员的心理平衡。

中国封建时代的皇帝皆称天子，意为皇权天赐，目的是向天下百姓表明皇权的神圣性与合法性，所以，尽管皇帝的权力主要是靠政治、经济和军事等手段谋取并维持的，但是他们从来也不愿丢掉君权神授的幌子，说明自古以来神在民众的心中就是"服务于他的世界的主宰"②，有了神这块招牌王权仿佛获得了更充分的了合法性。君主专制的封建时代尚且如此，在以聚落联盟为主要统治方式的新石器时代，要使盟主、酋长或王的权力赢得民众的认可，使之与神合为一体就显得尤其重要，特别是在良渚这样巫风盛极的国度。在良渚古城中，有土方达二万多立方米的反山"王陵"，在城外，有福泉山、瑶山、汇观山、赵陵山等巨大且随葬品极其丰富的贵族

---

① 湖南省文物考古研究所：《澧县城头山——新石器时代遗址发掘报告》，第 485 页。
② ［德］黑格尔：《美学》第二卷，朱光潜译，商务印书馆 1991 年版，第 92 页。

墓地，墓地旁还有人工堆筑的"高台土冢"——祭坛，良渚人将大量的人力、物力花费在这些祭祀神的"工程"上面，并不是因为他们过于富裕，而是因为贵族阶层需要借之巩固和提升民众对神的信仰，通过神来确立和扩大贵族阶层的特权，这与"良渚神徽"在良渚文化中几乎无处不在皆出于同样原因。

英国著名考古学家柴尔德（V. G. Childe）曾经在其《城市革命》（《The urban of revolution》）一文中列举了早期城市的 10 项标准，[①] 按这些标准来衡量，不仅城头山古城，即使是良渚古城也算不上完全意义上的城市。城头山和良渚文化在文字的发明和金属工具制造术两个方面，至少就目前的考古收获来看都不够条件，不过，发达的石器和陶器制作业可以在一定程度上弥补金属工具的欠缺，多样化的符号也可以承担文字的部分功能，再加上城头山与良渚古城也有几个重要方面与柴尔德的城市概念相符合，所以，如果一定要用这一理论尺度来衡量这两座古城的话，称其为"萌芽状态的城市"[②] 或者原始"初城"是比较恰当的。总的来看，这两座古城都具有从原始聚落中心向封建王城过渡的性质，昭示的是"文明前的文明"或黎明时刻的文明，虽然看不清其细节，却已轮廓初现，一种不同于稻作农业文明的城市文明景象正通过这两座"初城"显露出其峥嵘姿态。

第二节　规范与时尚

城头山和良渚两座古城中都居住着相当数量的非农业人口，他们大多是从事玉器、陶器和木器等器具制作的专业工匠。大批专业工匠的存在说明城市的崛起带动了社会劳动的专业分工和分工的精细化。专业化社会分工一方面极大地提升了产品的工艺水平，另一方面也逐步确立了行业标准，这行业标准在很多情况下自然而然地转化为民众对待器具的审美标准，从而确立了特定地域内民众在多种器具造型或形式上的审美规范。

---

① Childe. V. G. , "The urban of revolution", *Town Planning Review*, 21 - 1, 1950.

② 刘恒武、王力军：《良渚文化的聚落级差及城市萌芽》，《东南文化》2007 年第 3 期。

城头山遗址发现的数座陶窑显示其陶器制作能力已完全超出城头山居民对陶器的日常需求，因此烧制出来的大量陶器应该是送往外界用以物物交换的。澧阳平原并不产玉，在城头山遗址出土的玉器也很稀少，城头山先民获得这些珍稀玉器的主要渠道只能是用城中生产器物与邻近能够生产玉器的聚落进行交换。同样，良渚古城作坊中生产的玉器数量也远远大于良渚人的实际需求，其中也必然有相当大一部分用于对外交换。在越来越多的物物交换基础上，这两座古城与周边区域，甚至与中原、北方、南方、西南等较远地区的聚落文化形成了广泛的经济与文化交流，至少是建立了一种上层社会交流网络。经济交流的一般原则是互通有无，而文化交流一般遵循求同存异的原则，二者都会直接或间接地影响到聚落审美文化的特点和走向。具体来说主要表现在两个方面：一是巩固和扩大不同文化区域间的共同审美趣味，从而发展出跨地域和跨文化的审美时尚；二是推动审美实践向着符号化和抽象化方面发展。抽象符号具有更大的包容性和兼容性，在审美实践中融入大量的被普遍认同的抽象符号有利于增进处于不同文化背景下的先民相互理解和交流理解和交流，并从整体上提高原始人类的符号构造能力。

一　创建规范

城市崛起及其强大的综合影响力给原始人类审美实践带来的重大变化之一是在多个审美领域和多种器具审美方面产生了规范效应。城头山城的主要手工业是陶器制作，由于技术进步和民众生活需求的改变，陶器的颜色、造型也变得丰富起来。以陶豆为例，大溪文化时期的陶豆盘宽而深，到大溪文化后期，陶豆圈足开始出现镂空装饰。到了屈家岭文化时期，豆盘则普遍变浅，圈足增高，饰镂空图形。如屈家岭文化高鼓形座折沿双腹盆形豆标本 M707：1[①]（图 3 - 7，1），与大溪文化陶豆相比，盘小而圈足大，圈足上分层环绕多个长方形、圆形和三角形等形状各异的几何形镂空装饰。又如屈家岭文化泥质黑陶

---

① 刘勇：《城头山出土文物图片选集》，四川民族出版社 2019 年版，第 119 页。

壶标本 M632 : 24[①]（图 3 - 7，2），圈足饰多个圆形镂空纹饰，与大溪文化时期的陶壶相比，圈足更高而口更小。可以看出，大溪文化时期，陶器器型设计注重实用，在保证结构稳定的基础上力求获得最多最直接的使用功能，但是，屈家岭文化时期，陶器设计则倾向于突出其形式外观，为此宁可牺牲器具的部分实用功能。

图 3 - 7　陶豆　采自《城头山出土文物图片选集》第 119、130 页

城头山陶器的颜色也经历了一些历史性的变化：汤家岗文化时期，陶器以红褐色为主，"多数器表颜色斑驳不一，有的是多种颜色共处一器，表明当时陶器的烧制火候并不均匀"[②]；大溪文化早期，陶器以夹炭和夹砂红陶及泥质黑陶为主，且随葬品和祭祀用陶器也多为红陶，后期泥质黑陶和灰陶的比例逐渐上升，"多数器表涂抹一层薄陶衣，烧制时经氧化而成红色。有的因氧化不充分，致使器表颜色斑驳不一"[③]；至屈家岭文化时期，陶器颜色种类明显增多，有黑、灰、褐、红、橙色等几种，以黑、灰色为主，绝大多黑陶为墓葬所出的明器，灰陶多为日常使用器具；石家河文化时期以灰陶数量最多。从尚红到尚黑，转折出现在大溪文化中后期。这一时期，城头山地区出现了一定比例的由人为渗碳工艺制作的外红内黑陶。有学者通过模拟实验的方式对大溪文化陶器的渗碳工艺进行了系列探究，认为渗碳

① 刘勇：《城头山出土文物图片选集》，第 130 页。
② 湖南省文物考古研究所：《澧县城头山——新石器时代遗址发掘报告》，第 338 页。
③ 湖南省文物考古研究所：《澧县城头山——新石器时代遗址发掘报告》，第 354 页。

是通过让窑中的浓烟渗入烧制中的陶器来改变陶器性状的一种工艺，主要技术手段是在一定的温度范围内让碳粒逐渐渗入陶胎的空隙中。借助渗碳工艺，可以得出全身皆黑、外红内黑、上红下黑和数条黑道等共四种色相的陶器。渗碳工艺不仅可以改变陶器的颜色，还可以使器壁坚固、使液体不易渗透。① 综合来看，屈家岭文化时期黑陶流行的原因主要有三：一是轮制技术的发展，使得陶器变得更薄更均匀，因而更容易实现渗碳；二是渗碳技术的普及和提高使得黑陶可以大量制作；三是黑陶因其质量远高于红褐陶使得城头山先民对陶器颜色的偏爱从红色转向了黑色。

城头山彩陶的图案设计和色彩搭配在相当长的时间里都表现为比较稳定的简洁风格。如大溪文化泥质红陶瓶标本 M871：14（图 3 - 8），"器表饰红陶衣，绘黑彩。彩绘图案以条带、圆圈、圆点、网格、折曲等为基本构图纹样"②，简洁大气。又如大溪文化泥质橙黄陶彩绘单耳杯标本 M680：5（图 3 - 9），"口及腹饰宽带及网状黑彩，耳面涂黑彩"③，纹样和色彩虽多有变化却不显拥挤。总体上看，城头山彩陶主要是依靠颜色的简单变化来营造自然而然的视觉效果，而不是通过色彩样式的复杂组合刻意寻求刺激性的视觉体验。

图 3 - 8　陶瓶　采自《城头山出土文物图片选集》第 27 页

---

① 李文杰、黄素英：《浅说大溪文化陶器的渗碳工艺》，《江汉考古》1985 年第 4 期。
② 湖南省文物考古研究所：《澧县城头山——新石器时代遗址发掘报告》，第 388 页。
③ 湖南省文物考古研究所：《澧县城头山——新石器时代遗址发掘报告》，第 432 页。

图 3 - 9　单耳陶杯　采自《澧县城头山》彩版第 45 页

城头山陶器的主要器型在大溪文化时期已经基本形成规范，不过，其后的陶器造型在细节上还是表现出明显的由拙稚、厚实向轻灵、挺秀变化的趋势。陶器的纹饰则呈现出由平面刻画向立体雕镂方向的转变，表现出城头山先民将陶器的色彩与造型、功能与形式进一步融合的努力。影响城头山陶器色彩和造型规范及其变化的原因是多方面的，除了上面已经提到的制造技术进步、人类追求新颖和变化的审美本性等原因外，还有一个重要原因是城头山生业日益精细的社会分工。马克思指出，社会分工将造成这样的现实："精神活动和物质活动、享乐和劳动、生产和消费，落在了各种不同的个人头上"[1]。对于城头山城来说，社会分工产生的那种精神活动、享乐和消费特权无疑是属于贵族的，因为贵族占有充足的器具产品而有条件提出超出器具实用功能的装饰和造型方面的新的审美要求，并且有能力和权力将这种要求付诸设计和生产，而一旦这种新型产品出现，就可能在很大范围内和相当长的时间里成为一种审美时尚或规范。

玉器方面，由于城头山周边并不产玉，城头山城的玉器主要来自于贸易，所以对古城的审美实践影响不大。但是，对于良渚古城来说情况就完全不同了，良渚古城玉作坊中制作出来的玉器无论数量还是质量都达到了当时中国江南地区乃至整个环太平洋地区的最高水平，开创了玉器审美实践的良渚时代。良渚古城拥有当时世界上最大规模的玉器作坊群，会聚了区域内技术水平最高的治玉工匠，专业化工匠制度使良渚古城的玉器制作从形式到品质都足以成为那个时期所有玉

---

[1]　《马克思、恩格斯论艺术》第 1 卷，人民文学出版社 1960 年版，第 210 页。

器类型的范本。良渚玉器在主要聚落间虽有一些差异，但总体上看，从基本形制到纹饰符号都建立起了自己的规范。琮、钺、冠形器、三叉形器、璧、镯、瑗、环、锥形器、珠、管（含琮式管）、横、坠、玦、钺瑁、镦、榫头状端饰等玉器的形制在良渚文化范围内都大同小异，一些重要玉礼器，如琮、钺、三叉形器和锥形器在造型上的有限改变主要体现为工匠手工制作特点的个性化和原材料特点客观上要求的差异化，以及良渚文化不同时期玉器制作不可避免的时代差。

良渚文化中最重要的大型玉礼器是玉琮，在反山和瑶山遗址出土的玉琮属于良渚文化第一、二期，单节、双节或多节玉琮[1]三种类型皆有发现，这两期的玉琮上皆有纹饰，纹饰图案的主题包括神人兽面纹、兽面纹、鸟纹、神人纹、简化兽面纹以及各种组合纹，等等。刻纹图案的填充方式主要有直线、束线、曲线、螺旋线和弧边三角形及其各种组合。到了良渚文化第四期，多节素面玉琮的数量明显增多。玉冠形器是良渚文化时期环太湖地区西南部流行于贵族阶层的玉饰品，因为形状像良渚神徽神人头顶上的冠而得名。由于玉冠形器原本是作为象牙梳的把手出现的，所以又称玉梳背。从神徽图像头顶上的帽饰形状来判断，整个玉梳应该是插于巫师头发上的一种神器，玉冠形器只是该类神器的一个配件，但后来也经常以一种独立的神礼器形式出现。玉冠形器基本型是倒梯形，在这种倒梯形基础上又衍生出了侧弧边形、冠顶中部凹形（又分为圆弧状、弓状）、冠顶中部凸形等形状，在这些造型中还存在着冠身上有无镂孔和有无纹饰的差别。如瑶山遗址出土的良渚文化玉冠形器标本 M11：86[2]（图 3-10），体型偏长，正面刻有复杂的兽面纹，榫部和冠身区分明显，形制上隐约可见马家浜冠形器的影子，表明该玉冠形器依然承担着玉梳背的功能。良渚文化第三、四期出土的玉冠形器数量渐少，玉质渐差，冠上部皆没有了镂孔，这种细部特征上的变化与良渚文化逐渐衰落的趋势基本吻合。

---

[1] 良渚文化玉琮可分为有纹饰与无纹饰两类，按节或层可分为单节、双节和多节三种，有纹饰的琮以一个完整纹饰单元为一节或一层，无纹饰的琮以宽大的圜形凹槽为界进行分节或分层。多节玉琮在《良渚遗址群发掘报告》中皆被称为玉琮式管。

[2] 浙江省文物考古研究所：《瑶山——良渚遗址群考古报告之一》，文物出版社 2003年版，第 156 页。

图 3 – 10　玉冠形器　采自《瑶山》第 297 页

　　良渚文化鼎盛时期，不仅玉礼器的形制是规范的，玉礼器的使用也是按照一定的规范进行的。一般情况下，只有地位较高的聚落首领、贵族或国王才拥有并使用玉琮，使用者的级别越高，玉琮的重量和体积越大，纹饰也更复杂精致。同样是权贵，男女之间玉器的使用也有差别，一般来说，男性不用玉璜，女性不用玉钺。这种区分与巫觋观念有关，另外，考虑到玉钺与兵器的历史关联性，玉璜与雌性生殖力的关联性，可以认为良渚先民已经具有了明确的两性分工意识以及与此有关的阳刚阴柔的审美意识。

　　在所有玉器中，玉璧的形状自始至终都是变化最小的，玉璧的大小、重量、色泽和造型虽有差别，但差别不大，除了极少数玉璧上有刻符（如少卿山遗址出土的两件良渚文化刻符玉璧）外，绝大多数都是素面。玉璧是良渚玉器中数量最多的一种，主要集中于高等级墓葬中，其中反山良渚文化墓 M23、M14、M20 和寺墩良渚文化墓 M3 中的玉璧总量几乎占到良渚文化玉璧出土总量的一半。玉璧大量集中出现于墓葬中，说明它已经不只是一种玉礼器或装饰品，因为庞大的随葬数量不符合一般礼器和装饰品的配置常规，所以推测在良渚文化时期玉璧还承担着类似于货币的职能，同时还用来象征财富，随葬庞大数量的玉璧既表示墓主人生前十分富有，也用于祈愿墓主人来世过上丰衣足食的富裕生活。

　　良渚玉器的规范化运作情况表明，良渚古城的建立大大促进了太湖区系聚落文化的一体化进程，在良渚王城的控制和影响下，太湖区系的聚落文化形成了大体一致的宗教信仰、政治体制、生活模式和文化符号。良渚文化时期太湖区域的社会政治情况大体如下：（一）良渚社会的基层单位是聚族而居的聚落，血缘关系是确立聚落成员关系的关键因素，其中辈分高且能力强者为聚落首领，首领的位置将依据血缘上的亲疏关系和个人能力的大小选择并传递给下一代继承人。首领对聚落内部多种重大事务如祭祀、劳动分工、财产分配、婚姻以及对外关系等具有决策权和决定权。（二）多个空间上接近或相邻的聚落形成聚落群，聚落与聚落间的基本关系是聚落联盟。聚落间因为安全、资源、生产与经营等方面的共同利益而结盟，同时，由于各聚落在人口、资源等方面的差异和多寡造成了聚落间的不平等，其中拥有更多人口和更丰富的聚落在聚落联盟中居于主导地位，其首领通常就是聚落联盟的盟主，可以部分控制或支配其他聚落的财富和资源。（三）聚落联盟的进一步联合形成了"盟邦"，其中最强大的聚落首领将通过一定的"民主"程序成为更高一级的盟主或大王。聚落联盟中的各个聚落虽然客观上存在着聚落级差，但高级聚落与低级聚落间在政治上是平等的，因为既然是联盟就表明彼此的结合是自愿的，因而高级聚落对低级聚落的影响和控制主要是通过经济、文化等"软实力"而形成，并不能依靠军事和制度上的"硬实力"形成绝对支配，每个聚落或聚落联盟都可能在一段时间内由于自身良好的发展而成为事实上的中心聚落或聚落霸主。因此，良渚古城在当时是一个盟主主持下的宗教、政治、经济和文化中心，而不是一个王朝治下的国都，良渚古国只是初步具有了国家性质，是准国家而不是真正意义上的国家，这就是为什么良渚古城只有"王城气象"而不会如二里头古城遗址那样能够呈现出一种恢宏的"王朝气象"[①]。

　　良渚古城的王城性质和盟主地位使良渚审美文化带上了"民主"色彩，一方面良渚王城的审美文化作为一种强势文化为太湖区系的各聚落审美文化提供了规范，另一方面这种规范的主要作用方式是示范而不是强制推行，对其他聚落审美文化保持了高度的包容性，所以在良渚文化时期，整个太湖地区的各个聚落文化间始终保持着虽不突出却客观存在的差异性。

　　王城建设带动起来的局部的专业化生产与日益扩大的政治经济影响

---

　　① 中国社会科学院考古研究所二里头工作队：《河南偃师二里头遗址中心区的考古新发现》，《考古》2005 年第 7 期。

力相结合，在促进器具造型设计规范化的同时也推动了器具纹饰形式的符号化进程。在良渚文化陶器与玉器的纹饰图案中有相当一部分已经具有了普遍的符号意义，并且这种符号意义还在向着神巫性和世俗性两个不同的维度不断拓展。由于陶器的基本用途在于日常生活方面，因此良渚文化陶器上面的纹饰符号主要用于记录和叙述自然生态与日常生活方面的事实或表现相关意义。比如，多数情况下，良渚陶器上的鸟纹都是以写实手法表现强大的繁衍生殖能力与和谐的生态关系。与之相关的蛇身鸟首纹或者说'鸟蛇'纹则看上去有些虚幻，似在表现某种神秘意义，不过，也不排除它是良渚人的一种基于生活经验的推定：蛇与鸟都有华丽的身躯，而且蛇经常置身于鸟巢之中，所以它们很可能是同类。由于良渚人生活经验与自然想象的独特性，使得"鸟蛇"这种纹饰图案在新石器时代世界各民族纹饰中成为独一无二的。

相比之下，玉器上的纹饰则要抽象得多，它们往往用以表现良渚先民对彼岸世界的神奇想象和对形而上意义的思考。在良渚文化纹饰中，一种不容忽视的现象是，经常出现在陶器上的一些纹饰，如鸟蛇纹、日月纹等在玉器上从未看到过，而玉器上的神人纹、神兽纹和神徽在陶器上也几乎绝迹。这应该不是巧合，而是良渚人分别为陶器和玉器制定了各自的"规范"，这种"规范"的存在表明良渚人不仅在使用上，而且在精神上为玉器和陶器这两种器具划出了一条无形的界线。这种界线不仅存在于陶器和玉器这两种质料完全不同的器具之间，而且通常还会存在于质料相同但形式不同的器具之间。比如，袋足陶鬶在良渚文化中到目前为止还从未发现于墓葬之中，说明良渚先民禁止或禁忌将其作为随葬品，虽然尚不知其中原因，但一种禁止或禁忌的原则显然就清楚地摆在那里。这也表明，文化上的规范与禁忌是一对孪生兄弟，规范越多，禁忌就越繁，规范越明确，禁忌就越严苛。

二 引领时尚

在原始时代，虽然相似的生活方式很有可能使不同聚落的人们生成共同的审美意识与习惯，并推动他们创造出相似的审美产品，但是除了少数巧合外，相对封闭的聚落间很难做到审美产品所有形式甚至少数形式的完全一致或吻合，只有在广泛的文化交流中才能在一个广大的区域内出现流行性审美产品，而城市的出现正是实现这种文化交流并创造出审美时尚的关键因素。此外，审美时尚与审美规范密切相关，大多数情况下审美时尚与规范之间很难划出一条清晰的界线，影响力强大而持久的审美时尚通常会转化为审美规范，审美规范也必然在一定程度上反映着某个时期的审美时尚，而被称之为审美时尚的东西一般来说即使与审美规范不完全一致，也不至于与之形成明显的对立。

　　良渚古城的玉器不仅为当时太湖地区的玉器制作提供了规范，而且还引领着这一广大地区的玉器审美时尚。拿玉器的质料和颜色来说，良渚文化鼎盛期，高等级墓葬中出土的重要玉器多为高品质的透闪石鸡骨白玉，次一级的墓葬中出土的玉器则玉质较差，颜色也比较杂，说明当时玉器的流行色为鸡骨白，而深色和杂色玉则被认为档次较低。反山遗址良渚文化墓 M12[①] 为地位最高的良渚神王之墓，出土的玉器中便有多件顶级玉器，其中"玉琮王"标本 M12：98、玉柱形器标本 M12：87 皆用纯色鸡骨白玉制成。位于大墓 M12 北排左侧的良渚文化墓 M23[②] 为地位较次的良渚王妃之墓，随葬的玉器虽然数量也不少，但主要玉器质料都不是太好，其中三件玉琮分别为白斑墨绿色、浅墨绿色和南瓜黄，没有一件纯鸡骨白玉。M23 出土的 54 件玉璧中有 41 件为墨绿色—绿色—淡绿色，其他为南瓜黄或浅黄色，只有少数几件小型玉器为较纯的鸡骨白玉。良渚玉器上的纹饰同样反映了王城生活引领审美时尚的现实。以玉器上的龙首纹为例，龙首纹是良渚玉器上多见的一种纹样，反山、瑶山的玉镯、玉璜、玉管和带盖玉柱形器上面多雕琢有龙首纹。龙首纹之所以能够在良渚文化玉器上流行，有两个方面的原因，一是它与良渚本土文化中的神兽纹非常接近，具有本土文化的原型支持，二是良渚古城的崛起使良渚文化实现了与黄河流域新石器文化的广泛交流，流行于中原新石器文化的龙纹对良渚文化玉器纹饰产生了较大影响，以至于龙首纹成为良渚文化玉器上的流行纹饰。也就是说，如果没有良渚王城的崛起和在它的主导下形成的广泛而深刻的南北文化交流，龙首纹在良渚玉器上流行的现象可能就不会发生。

---

①　浙江省文物考古研究所：《良渚古城综合研究报告》，文物出版社 2019 年版，第 76 页。
②　浙江省文物考古研究所：《良渚古城综合研究报告》，第 76 页。

良渚玉器在相当程度上掩抑了良渚陶器的光辉，事实上，良渚古城的陶器制作也非常专业，达到了历史最高水平，在太湖地区乃至大中华文化圈内都有不小的影响力。良渚陶器有泥质灰陶、夹砂灰黑陶、泥质灰胎黑皮陶和夹砂红褐陶等，其中以黑衣陶数量最多。黑色是良渚文化陶器的流行色，"除了已普遍运用高超的轮旋成型的方法以外，对一些精制的陶器表面还经过打磨，入窑烧制采用还原和渗碳的方法，因此良渚黑陶乌黑光亮，外表类似金属器皿，造型美观，品种丰富多彩"①，尤其是到了良渚文化晚期，泥质灰胎黑衣陶成为良渚文化陶器的标志性产品。施昕更早在1938年就指出："黑陶期所制的陶器，它的应用方面，不能认为是日常生活所需，惟当时的崇尚黑色，亦有相当的意义存在。黑而有光的薄膜，是经涂饰打磨而成，如果是日常用具的话，很容易损坏，所以用以祭礼及殉葬者，以黑色表示宗教及迷信的意味，较为合理，所以论到色泽，是人为有意义的涂饰"②。良渚陶器流行黑色至少与三个方面的因素有关：一是上面提到的渗碳法制陶技术的发明，这是黑陶流行的技术基础和前提。二是良渚文化的神巫性质。良渚文化作为一种典型的神巫文化要求人们认真对待神秘的冥界和来世，而黑色不仅在感觉上而且在精神上最容易激发人们对黑暗、死亡、罪恶、恐惧和阴谋的联想。当然，黑色的意义也不完全是消极的，"在下则有地母的黑暗的子宫。她虽然在象征意义上与天相对，但在价值上却并不是对立的。因为地母的自然内含不光包括死尸和鬼魅，也包括新生命的潜在可能性及助力"③。黑色所象征的黑暗与太阳所代表的光明，在世界上的许多宗教中，是整个世界的不可分离的、相互补充的组成部分。比如，在中国后来的太极图说中，黑色的阴鱼所代表的不仅是阴、雌、黑暗、死亡和未知，同时也代表着光明的对偶，是向光明、生命、知识、善和美转化所不可缺少的元素和条件。对于良渚人来说，在祭祀中使用黑色陶器还有祝愿死者再生的意

---

① 孙维昌、奚吉平：《上海出土的良渚文化陶器珍品鉴赏》，《收藏家》2008年第1期。

② 施昕更：《良渚—杭县第二区黑陶文化遗址初步报告》，载余杭市政协交史资料委员会《文明的曙光——良渚文化》，浙江人民出版社1996年版，第340页。

③ ［美］P. E. 威尔赖特：《隐喻和真实》，载叶舒宪编《神话——原型批评》，陕西师范大学出版社1987年版，第224页。

思。三是良渚古城的创建。对于习惯了泥墙草顶的良渚先民来说，拔地而起的高大祭台、宫殿和秩序井然的作坊区是神圣的、崇高的，巍巍王城甚至会激起良渚人对天堂的想象，在这种情况下，作为王城最高统治者的巫师和神王也会刻意利用黑色器具的视觉效果来进一步刺激人们对彼岸世界和神的想象，从而提升巫师阶层在民众心中的神秘感与神圣性，这与城头山文化后期流行黑陶的原因有相似之处。

良渚黑陶的流行还得到了陶器造型演变与创新的配合。良渚文化陶器中有颈器具普遍由短粗颈向细长颈的演化就是一个很重要的案例。比如，属于良渚文化晚期的好川文化第二期的袋足鬶即开始由粗颈向细高颈演变，"第五期的颈部最为细高"[1]，其中好川文化墓 M8 出土的弦纹双鼻壶颈部明显伸长，圈足抬高，整体形态也呈瘦长态。细长的颈部与乌黑的颜色相搭配，在祭祀场合能给人带来那种祭祀活动所需要的庄严肃穆感。福泉山遗址出土的良渚文化陶罐标本 M101：2（图3-11）的造型给人印象尤其深刻，"器表乌黑光亮，盖上饰三周凸棱，并有一小孔，圈足上饰谷粒形和弧边三角形组合镂孔。盖上高柄顶面及柄的上部满涂硃红彩，盖的下部施宽带形硃红彩两周，器腹中部及圈足底边也各施一周宽带形硃红彩"[2]，这种造型在实际生活中很难见出它的具体用途，然而，细长的颈项高高矗立，配以黑亮的身体，有一种直指苍天的气魄，似乎在显现"神的智慧、慈善和正直"[3]。

仿生是良渚文化器具制作方面表现出来另一种时尚。仿生性器具造型并非肇始于良渚文化，自河姆渡文化、马家浜文化、崧泽文化以来江南地区新石器文化陶器制作始终保持着这一传统，但是，将仿生制作扩展至各种器具造型，使之成为一种审美风尚则应归功于良渚文化。如福泉山遗址出土的良渚文化黑陶椭圆形豆，豆柄仿竹形，此外，"上海青浦福泉山出土的黑陶鸟形盖，整器似一只伫立的企鹅；

---

① 宋建：《中国东部地区的三种陶器与良渚文化的年代》，《上海博物馆集刊》2005年刊。

② 上海市文物管理委员会：《福泉山——新石器时代遗址发掘报告》，文物出版社2000年版，第119页。

③ ［德］黑格尔：《美学》第二卷，第93页。

浙江桐乡新地里出土的实足陶盉其造型如同站立的青蛙；龙潭港出土的灰陶杯则模仿鸭的造型"[1]。与玉器的三维立体仿生造型追求形神兼备有所不同，陶器的三维立体仿生造型务求神似而不拘形同，这可能是因为绝大多数陶器必须充分考虑造型的实用性，不能为了追求形似而过多地牺牲器具的实用功能。如福泉山鸟首型陶匜标本 M74：158（图3-12，1）、企鹅形陶盉标本 M101：1（图3-12，2）等，其造型与所模仿对象的实际模样相差甚大，但皆得鸟与企鹅之神且不损害器具的使用功能。

图 3-11　陶罐　采自《福泉山》图版四三

图 3-12　鸟与企鹅形陶匜和陶盉　采自《福泉山》图版四○

良渚文化大型陶器的形制不仅流行于太湖地区，而且对北方大汶

---

① 吕晓南：《好川文化陶器与良渚文化陶器的比较研究》，《中国陶瓷》2010 年第 3 期。

口文化、龙山文化的陶器也产生了重要影响，其中花厅遗址出土的大汶口文化陶器和海岱遗址出土的龙山文化陶器中的袋足鬶、大口尊、双鼻壶等可能"皆来自良渚文化地区"①。这里简单将两个不同文化区系的陶鬶和双鼻壶做一个对比，从中可约略窥见两者之间的影响与被影响关系。茅庵里遗址出土的良渚文化陶鬶标本 Tl⑤B：3（图 3 - 13），"夹细砂红陶，外有黑炱。袋足较肥，流前倾，把上翘，把手两侧饰按窝堆纹。高 20.2 厘米"②。龙山文化陶鬶标本 M203：33（图 3 - 14），"夹砂红陶，施加的白陶衣部分已经脱落。鸟喙状高仰流，流根部两侧各有一颗乳丁，口微侈，平沿，方唇，略束颈，无腹，三袋状足，足尖为锥状实心。把手上接颈部，两侧各有一颗乳丁，下接一袋状足上。高 32.97、口径 14.11、壁厚 0.51 厘米。颈上部有两道凹弦纹，袋足根部外侧各有两道凸弦纹，弦纹消失于袋足裆部"③。两者相较，后者无论造型还是纹饰都更为精致，从使用方面看，后者把手更为结实，位置安排也更为合理，所以，如果两者之间确实存在联系，那么后者理应看作前者的升级。双鼻陶壶的情况也大致如此。庙前遗址出土的良渚文化双鼻壶标本 G3①：8（图 3 - 15），"器表局部渗碳不匀而成灰色，黑色部分显得十分的光泽，腹壁不鼓，腹下还刮削成折样，内底留有逆时针螺旋制作痕，而外底有顺时针螺旋制作痕"④。龙山文化陶壶标本采：18（图 3 - 16），"泥质灰陶，局部黑灰色。侈口，尖唇，高束颈，颈下接外斜的阶梯形肩，肩部附加一对桥形耳，其中一个残失，肩下接向下的弧腹，下腹内收成平底，底略出沿"⑤。前者显得质朴、敦实，后者较小的圈足、透脱的双鼻、颈下部和腹部平行的凹弦纹、细长的颈和磨光的肩等，看上去轻灵、秀气，无论是造型设计还是制作工艺都比前者表现出更优良的品质。

---

① 徐安武等：《新沂县花厅遗址出土古陶器产地的 INAA 研究》，《核技术》1997 年第 12 期。

② 浙江省文物考古研究所：《庙前——良渚遗址群考古报告之四》，第 349 页。

③ 中国社会科学院考古研究所等：《临朐西朱封——山东龙山文化墓葬的发掘与研究》，文物出版社 2018 年版，第 204 页。

④ 浙江省文物考古研究所：《庙前——良渚遗址群考古报告之四》，第 201 页。

⑤ 中国社会科学院考古研究所等：《临朐西朱封——山东龙山文化墓葬的发掘与研究》，第 237 页。

图3－13　陶鬶　采自《庙前》　　　　图3－14　陶鬶　采自《临朐西朱封》
　　　图版一〇二　　　　　　　　　　　　　图版五五

图3－15　陶壶　采自《庙前》　　　　图3－16　陶壶　采自《临朐西朱封》
　　　图版六〇　　　　　　　　　　　　　图版七九

　　上述对比并不能得出确切结论，大汶口文化和龙山文化的这两种陶器可能是直接从当时太湖地区流通过来，也可能是良渚文化制作这两种陶器的技术传入大汶口文化和龙山文化后被进行改进和升级后的成果。不过，鉴于当时交通和运输条件的限制，以及到目前为止尚没有发现两个文化区系间经济交流的充分证据，不能排除这几种陶器造型上的相似性纯属偶然巧合。苏联学者列·谢·瓦西里耶夫曾经指出："由于劳动生产实践，世界上一切人类群体都有能力进行适应自身社会条件和自然环境的发明创造，而在相同或相似的条件下，不同的社会集团就可能产生类似的文化因素。"① 况且，这些造型上有相似性的陶器也的确存在着明显的差异，特别是大汶口文化和龙山文化双鼻壶上的双鼻皆位于壶的中腹部分，而良渚文化双鼻壶的双鼻皆位于壶的口沿上，只有在一些良渚文化陶罐上才见到双鼻位于中腹的现象。再者，良渚文化袋足鬶的扁卷把手与龙山文化袋足鬶的扁圆把手呈现的风格也差异较大。综合来看，大汶口文化和龙山文化陶器受到良渚文化陶器影响的概率要远胜于偶合的概率，但最终结论还需要进一步的考古发现来证明。

从实践上看，良渚文化陶器上的纹饰图案存在着由简单向复杂、从具象向抽象演化的逻辑。良渚文化陶豆把上的纹饰在所有陶器纹饰中最为丰富多样，通过对这些陶豆把上纹饰图案的观察研究，可以比较清晰地看出其纹饰图案的抽象化过程。第一，良渚陶豆把上的水波纹之间存在着由简单向复杂的变化。如良渚陶豆把标本 T412：90（图 3-17，1）上的纹饰皆为单一的横向水波纹，良渚陶豆把标本 G1②：41（图 3-17，2）上的纹饰皆为横向凹弦线隔开的单一的纵向水波纹，良渚陶豆把标本 Gl②：43（图 3-17，3）上的纹饰皆为横向凹弦线隔开的变形网状水波纹。良渚陶豆把标本 Gl②：88（图 3-17，4）上的纹饰为"在水波地纹上间隔装饰漩涡纹，扁圆的

图 3-17　陶豆残片标本　采自《卞家山》上册
图 9-119、9-119、9-120、9-123

---

① ［苏联］列·谢·瓦西里耶夫：《中国文明的起源问题》，郝镇华、张书生等译，文物出版社 1989 年版。

器身肩部还刻有一周抽象的鸟纹"[1]。这些不同类型的水波纹虽然出现在同一时期的良渚文化陶豆把上，除了装饰作用外，可能还有对陶豆盛水或盛酒的标示功能，但就这些不同类型水波纹的生成过程而言必有先后之分，简单的纹饰发明在先，复杂的纹饰生成于后。

第二，良渚陶豆把上的动物纹饰也存在由具象向抽象演变的趋势。如良渚陶豆把标本 G1②：69（图 3 – 18，1）上的纹饰图案为鸟首纹布设于横向水波地纹间。良渚陶豆把标本 Gl②：51（图 3 – 18，2）上的纹饰"则将鸟首纹错落地布设在纵向的水波地纹之中"[2]。良渚陶豆把标本 Gl②：6（图 3 – 18，3）上的纹饰"以平行线纹和砖砌纹交互分布为地纹，丰满流畅的鸟首蛇身纹因边缘留白显得更加醒目"[3]，与前两者相比，该陶豆把的地纹更为复杂，鸟首蛇身的"鸟蛇"纹则要比单纯的鸟纹抽象玄幻和难以索解，所包含的神巫意味也浓厚得多。

图 3 – 18　陶豆残片标本　采自《卞家山》上册图 9 – 119、9 – 123、9 – 123

第三，在良渚文化其他类型陶器上的纹饰表现出相似的变化规律与趋势。如在卞家山遗址出土的良渚文化早期的陶片标本 G2②：179（图 3 – 19）上的刻划纹饰，线条刚硬，稚拙中透着灵性，作者采用以形传神的现实型创作方法塑造了一条鱼的生动形象。但在福泉山遗址出土的良渚文化晚期的陶盆标本 T34④：1 上刻划的鱼纹就十分抽象，"口沿上凸出四个山字型扁耳，耳上刻划三条鱼纹"[4]（图 3 – 20，1；图 3 – 20，2）。凭直观感觉，这些鱼纹看起来也像蝌蚪纹。该陶

---

[1]　浙江省文物考古研究所：《卞家山——良渚遗址群考古报告之六》上册，第 349 页。
[2]　浙江省文物考古研究所：《卞家山——良渚遗址群考古报告之六》上册，第 349 页。
[3]　浙江省文物考古研究所：《卞家山——良渚遗址群考古报告之六》上册，第 349 页。
[4]　上海市文物管理委员会：《福泉山——新石器时代遗址发掘报告》，第 119 页。

盆底部还刻划着鱼纹、四角星与旋涡纹的组合图案（图3－20，3），旋涡纹似表示河中湍急的水流，鱼纹或蝌蚪纹代表在河中游动的鱼群或一群小蝌蚪。不过，这基本上是依据纹饰图样作出的一种推测，纹饰本身的创作意图和所传达的观念其实并不十分清晰。

图3－19　刻划鱼纹　采自《卞家山》下册图版二八四

图3－20　刻划鱼纹　采自《福泉山》第122页

从上述纹饰变化可以得出两点结论：一是良渚文化陶器纹饰有由具象向抽象转化的趋势，与之一致的是陶器的纹饰图画也由塑造单一的动物形象向展现复杂的生态关系转化。这表明陶器纹饰的设计者和创作者不再满足于刻划单一的自然事物的形象，并通过这种形象来展现自己的模仿技能和表现简单的快乐，而是希望通过对形象的抽象以及对它们的组合来再现一种复杂的场景或情景，从而表现他们丰富的生活意趣、韵味和复杂的情感体验。客观上，良渚古城的陶器工匠也具备精湛的纹饰技术和能力，足以支持实现上述目的和意图。二是良渚文化陶器纹饰与玉器上的纹饰一样显示良渚王城的贵族在审美上偏爱繁缛风格，这与权贵们在生活上追求奢华的风尚是一致的，二者之间可谓风气互长。生活上追求奢华，审美上偏爱繁缛，一方面显示了良渚王城在政治经济上的发达与繁荣，另一方面也预示着良渚古国行将衰亡，正所谓物极必反。如季札在评论《诗经·郑风》时所言："美哉！其细已甚，民弗堪也，是其先亡乎！"（《左传·襄公二十九年》）良渚古国的最终湮没应与郑国的灭亡有相似的因由。

第四章　石器：造型艺术的始原

　　在宇宙的主宰将生命的种子撒向地球以后，原始初民即开始了与万物相偕的共生之旅。在险象丛生的自然环境里，弱小的原始民族不得不依靠部族集体的力量来抵御猛兽和极端天气的侵害，还有那各种无法预知的危机。不过，看似冷漠无情的大自然也表现出一种大爱，她以丰富的资源给原始初民提供了多样化的生存机遇或保障。原始初民发现，弯腰就能捡到的山上的石头，茂密丛林中旁逸斜出的树枝，动物尸体腐烂后留下的骨头，甚至是脚下的泥土，都是可以利用的生存条件和生活资源。石头，只要将它们稍加打制加工就会变成锋利的石刀、石斧或称手的石锤，能够用来砍伐树木，挖掘植物，猎杀动物，石器带来的各种便利让原始初民意识到自己不仅可以用它改善生活条件，甚至可以用它创造一个新世界。初民对石头的关注度越来越高，并不断开发石头的新用途，终于石器成为初民在长达300万年的时间里最重要的生活和生产工具，人类也因此开创了一个伟大的石器时代。

　　石器的制作积聚智慧也开启智慧，积累技术也创新技术，当先民在打制石器的漫长劳动过程中学会磨制石器的时候，人类便由旧石器时代跨入了新石器时代。新石器时代不仅仅是石器制作技术的大发展，更重要的是石器开发还促进了初民对木头、骨头和泥土等器具制作材料的利用，他们举一反三，触类旁通，通过对木头的砍削挖凿制造出了木器，通过对骨头的镌刻磨削制造出了骨器，通过对泥土的采挖塑型和烧制创造出了陶器，先民制作器具的材料越来越多，制作器具的技术越来越娴熟，"人的本质力量得到新的证明，人的本质得到新的充实"①，而这一切的发生都以石器的发明和创新为前提。石器是一切器具之母，这不仅表现在器具功能上，在器具审美上也是如此。初民在制造石器时对石材质地、形态、色彩的考量，对器具形式的选择和改进，每个细节上的进步和完善都不仅提高了他们制造器具的能力，也增强了他们对形式的感知能力和创造能力。这意味着，从最简单的打制石器开始，人类就不再只是与自然打交道，而是也在与自己打交道了，他们的许多行为开始带上了对那个作为"人的本质力量"象征的"自我"的爱与恨、崇敬与恐惧、失望与希望，开始对作为"人的本质力量"重要体现的器具做出美与丑的判断。因此，石器是人类最早制造的工具，也是人类审美意识的最早载体，从这个意义上说，石器是人类发明造型艺术和实现器具审美的伟大始原。

第一节　打制与磨制

考古学界通常把旧石器时代打制石器工具的产业称为"石片石器工业"，考古学家王幼平认为，到晚更新世较晚阶段，"解剖学意义上的现代人与石片石器遗存一起首先在华北北部出现"②，之后南迁至中国南方地区。从考古学证据来看，在我国江南地区，江西仙人洞文化与浙江上山文化的"石片石器工业"已经相当发达，并出现了相当数量的磨制石器，从而可以确定这两支考古学文化都属于新石器文化，也就是说，中国长江中下游地区的先民在距今一万年前后步入了新石器时代。石器磨制技术的出现和广泛应用，使石器从单纯的"锋芒毕露"的功能性产品升级为兼具"光滑舒适"的审美产品，这种"光滑舒适"虽然丝毫没有减少石头的硬度，但无论是手感还是观感，都让人觉得石头变得"柔软"起来了，所以，从审美角度讲，与打制石器相比，磨制石器拥有了一种刚柔并济的美。

---

① 马克思：《1844 年经济学哲学手稿》，人民出版社 2014 年版，第 117 页。
② 王幼平：《华北晚更新世的石片石器》，《人类学学报》2019 年第 4 期。

一　打制的"锋芒"

最初的原始石器产品包括"石片石器和砾石石器"两大类，"石片石器为轻型石器，包括刮削器（直刃、凸刃、凹刃、锯齿刃、盘状）、使用石片（直刃、凸刃、凹刃、锯齿刃），以及少量的钻器、镰形器、刀"①，相对来说，石片石器能够更准确地反映新石器时代江南聚落社会的审美意识和审美创造能力，因为石片石器的制作需要较多的加工，更多地融入了人的主体意识。砾石石器为重型石器，"包括砍砸器、石球，石锤"②，相比较而言，砾石石器更多地依赖于自然材质自身的重量、硬度和形状等特性，因而审美价值要小于石片石器。

打制石器的主要功能取决于通过砍砸打击制造出来的形状与"锋刃"。仙人洞和吊桶环文化遗址出土的打制石器共 35 件，从器形上看，可分为砍砸器、刮削器、盘状器和石核等四类，"一般打制简单，仅打出刃部即行使用，很少第二步加工修整，也多不成型"③。这些打制石器中的绝大部分只是为完成砍砸或刮削等单一任务而制作，一旦任务完成这些石器往往就被弃之不用了，因此制作者不会在这些石器的制作上下很大功夫，当然也就谈不上有多少审美价值了。但是，也不可完全用今天的标准和眼光来界定这些打制石器的审美价值，仙人洞人在完成这些打制石器之初，或者在完成的过程中，一定会对自己需要的石器的刃部进行审视或琢磨，当这些石器的锋刃基本或完全适合工作需要的时候，他们才会满意，这时，这些打制石器的锋芒带来的满足感事实上已经十分接近通常所说的美感了，因为这满足感是对自己劳动过程和劳动能力的一种肯定性情感反应。如仙人洞人制造的岩片标本 T1③：4④ 和燧石标本 T1③：5⑤，依照石头的自然形状和

---

① 浙江省文物考古研究所、浦江博物馆：《浦江上山：浦阳江流域考古报告之三》，文物出版社 2016 年版，第 117—118 页。

② 浙江省文物考古研究所、浦江博物馆：《浦江上山：浦阳江流域考古报告之三》，第 118 页。

③ 郭远谓、李家和：《江西万年大源仙人洞洞穴遗址试掘》，《考古学报》1963 年第 1 期。

④ 郭远谓、李家和：《江西万年大源仙人洞洞穴遗址试掘》。

⑤ 郭远谓、李家和：《江西万年大源仙人洞洞穴遗址试掘》。

纹理形成了明显的打击点，石头的放射线和波浪纹与其打击点相协调，有利于石器充分发挥刮削或砍砸功能，显示仙人洞人在制作时进行了精心设计，并综合考虑了石头质料的硬度、自然形状与纹理。对于仙人洞人而言，只有那些锋芒毕露和打击点突出的石器才是'合格'的，因而才可能是美的。相反，那些缺少锋芒和打击点，不方便使用的石器意味着制作的失败，因而在仙人洞人眼中就是不'合格'和不能让人满意的，甚至是丑陋的。遗址发掘的情况也表明，不少石器只是对自然的石块作了最简单的处理，一两次使用后即被丢弃，这是仙人洞人认为它们不值得保存和珍惜的证明。

　　进入新石器时代后，磨制石器越来越多，纯粹的打制石器日见减少，但打制依然是石器制作不可或缺的重要程序和手段。比如河姆渡遗址第一期第4文化层发掘到的62件石斧，"大部分保留着打、琢遗痕：两侧则多经凿琢平整，未加磨制"[1]。其中河姆渡石斧标本T211（4B）：269（图4-1，1），"斧顶经锤击呈球面形"[2]，刃部只有打制痕迹而未经磨制，但亦锋利。一部分石斧以打琢为主，只有刃部才见精细磨制。其中河姆渡石斧标本T244（4B）：196[3]（图4-1，2），周边均经磨制，加工规整，弧刃锋利。

图4-1　石斧　采自《河姆渡》上册第72页

① 浙江省文物管理委员会、浙江省博物馆：《河姆渡遗址第一期发掘报告》，《考古学报》1978年第1期。

② 浙江省文物管理委员会、浙江省博物馆：《河姆渡遗址第一期发掘报告》，《考古学报》1978年第1期。

③ 浙江省文物考古研究所：《河姆渡——新石器时代遗址考古发掘报告》上册，第71页。

总之，娴熟的打制技术给石器带来的主要变化是突出了石头的锐利锋芒，这种锋芒在后世文化中通常被当作那种无坚不摧的阳刚力量的象征。以打制为主的石器虽然粗糙简陋，但正是在这种粗糙简陋的石器上，原始先民享受到了劳动带来的收益，并在长期打制石器的过程中认识到了刚强、坚韧品格的意义。

二　磨制的"光滑"

与现代人较多地依赖概念和逻辑进行推理思维不同，原始人对事物的认识和评判基本上不会超出有机生命的界限，主要凭借感官来获得经验、感觉和意识，他们对待自己所创造器具的态度往往随着感官经验的变化而改变，并根据感官经验来改善器具制作，因此，当打制石器发展到较高水平的时候，在更多的功能和更舒适的触感等现实需要推动下，原始人类发明并逐步完善了石器的磨制技术，尽管完成这一历史性的技术进步可能花费了几万年时间，但这依然也是值得的，也是了不起的。

中国江南地区最早的磨制石器首见于江西仙人洞和吊桶环文化遗址，该遗址出土的 32 件磨制或半磨制石器的器形有锥形器、梭形器、石凿、穿孔石器和砺石等 5 种，大部分磨制都比较粗糙。上山文化遗存中磨制石器数量仍然不多，磨制也不精细，"主要为石锛、石斧及其残件，另有少量石凿、穿孔器，以及较多的砺石"[1]，这也是新石器时代早期石器的共同特征。不过，与打制石器相比，即使是从这粗糙的磨制上也能看出仙人洞人在劳动过程中表现出了更大的耐心、更多的细致和更明确的目的性。

仙人洞人磨制的一些锥形石器已经具有了一定程度的光滑感，如仙人洞锥形石器标本 T3③：9，"全身磨制较细"[2]，仙人洞锥形石器标本 T3③：13[3] 顶部浑圆，非常适宜于手工操作，锥尖可以在一些较大物体上穿孔或起刺穿作用。为了能够让使用者充分发力和获得舒适

---

① 浙江省文物考古研究所、浦江博物馆：《浦江上山：浦阳江流域考古报告之三》，第 141 页。

② 郭远谓、李家和：《江西万年大源仙人洞洞穴遗址试掘》，《考古学报》1963 年第 1 期。

③ 郭远谓、李家和：《江西万年大源仙人洞洞穴遗址试掘》。

的手感，这两件锥形石器的制作者在打制定型后均又进行了认真磨制。由于切割和处理原材料的能力极为有限，所以仙人洞人在制作石器时尽可能利用石材的自然形状。比如，有的石材呈细长条状，仙人洞人就顺其自然，将两端磨尖，制成双尖型石锥，其中仙人洞锥形石器标本 T3③：12 即两端尖细，通体磨制，"一面扁平，中间微凹，一面隆起，剖面呈半椭圆形"①，该锥形器适易于用手握住中间双向捣击物体，同时又不容易损伤皮肤。

　　在仙人洞遗址发掘的 6 件穿孔石器中，有一件"系用扁圆碟石制成。此器通体光圆，均为原砾石面，没有打击或磨制痕迹，仅在中间对钻一孔。"② 这件石器之所以完全没有打磨，原因是它已经足够光滑了，说明仙人洞人打磨石器的主要目的是使石器变得光滑和锋利，光滑或锋利也是一切磨制劳动的最重要目的。当初该穿孔器的制作者应是被这块天然砾石的圆饼形状所吸引，于是就用石锥或石钻在中间钻了孔，这样圆饼石就可用作口径与其直径大小相当的容器的器盖，也可用作起平衡作用和增强重力与旋转力的纺轮。有些石器对光滑性要求很高，如石凿，不管体型大小，也无论是在新石器时代早期还是中晚期，大部分都被通体磨光。在上山文化的少量磨制石器中，石凿是磨制最精的，如上山文化石凿标本 H196：5（图 4-2），"单面刃大石凿，刃大尾小，刃部锋利。弧底平背，通体精磨"③。河姆渡石凿的情况也大致如此，"一般磨制精细，棱角清晰，刃锋锐利"④，这些石凿有的可能是雕刻刀。如河姆渡石凿标本 T242（4A）：264，"通体磨光，两面斜磨成刃"⑤。又如河姆渡石凿标本 T213（4B）：117（图 4-3），"体形较厚，起刃处外凸后向上急收成圆柱形状"⑥。这两件石凿与后世雕刻刀

---

① 郭远谓、李家和：《江西万年大源仙人洞洞穴遗址试掘》，《考古学报》1963 年第 1 期。

② 郭远谓、李家和：《江西万年大源仙人洞洞穴遗址试掘》。

③ 浙江省文物考古研究所、浦江博物馆：《浦江上山：浦阳江流域考古报告之三》，第 143 页。

④ 浙江省文物管理委员会、浙江省博物馆：《河姆渡遗址第一期发掘报告》，《考古学报》1978 年第 1 期。

⑤ 浙江省文物考古研究所：《河姆渡——新石器时代遗址考古发掘报告》上册，第 77 页。

⑥ 浙江省文物考古研究所：《河姆渡——新石器时代遗址考古发掘报告》上册，第 77 页。

已十分相近，像这样类似于雕刻刀的石凿在实际应用过程中不方便打击，必须充分发挥手部力量，所以对手持部位的光滑性与舒适感有较高要求。

图4-2　石凿　采自《浦江上山》
第143页

图4-3　石凿　采自《河姆渡》
下册彩版二三

在磨制石器时代，砺石的作用可能要比我们想象的还要重要，因为几乎所有精致的器物都要靠磨制才能制作出来，由此可以想见一块规整光洁的砺石会给使用者带来怎样的喜悦和满足。砺石分规则型和不规则型，有快速制成的砺石，为权宜用具，也有精制而成的砺石，很明显是长期使用的磨制工具。如上山文化砺石标本H385：2，"磨制十分光滑，棱角分明。表面肉眼可见线状划痕。虽是残块，原件应为规则的长方体"[①]，该砺石适用于磨制骨器和石器的锋刃，制作时是下了一番功夫的，因此不可能是临时一用的应急之作，而是为经常性磨制劳动准备的专门用具。

磨制石器的出现和改进是人类文明的一次重大飞跃，从此以后，

---

① 浙江省文物考古研究所、浦江博物馆：《浦江上山：浦阳江流域考古报告之三》，第145页。

原始人类便可以较为自由地通过磨制劳动来享受各种器具的舒适"光滑"与锋利了。可以肯定，对于新石器时代的江南先民而言，"光滑"已经成为他们日常生活和劳动过程中对大部分器具的基本要求，也是他们评判器具优劣美丑的重要标准。对于一些特殊的石器，如石凿，"光滑"甚至是必要条件和基本标准。先进的技术并不等于难以掌握的技术，与石器打制技术相比，石器的磨制技术就是一种虽然先进却更容易掌握和运用的技术，原始人运用磨制技术能够更自由地实现劳动目的和意图，因而运用磨制技术生产出来的劳动产品就包含了更多的自由劳动，并因此折射出更加夺目的美的光辉。

第二节　比例、肌理与色彩

在石器制作过程中，先民首先是从实用角度认识到了石头的肌理、色彩以及长、宽、高三维结构的比例关系所具有的效能和价值，在石器的类型基本固定后，某一类型的石器对石头肌理、硬度、色彩以及三维比例的要求也就大致确定下来，并成为聚落社会衡量和评价此类石器的通行标准，达到甚至高于一般标准的石器产品在先民的眼中就是优质的，是美的，反之就是劣质的，是废品，是丑陋的。可以说，原始人类在劳动过程中形成的对石器肌理、硬度、色彩和三维比例关系的认识是人类全部审美实践的重要起点之一。

一　黄金分割

统计显示，从早期到晚期，上山文化的石片石器在长宽比例上90%以上接近0.618的黄金分割比（图4－4，1），这即使不是在明确意图或意识支配下的制作，也决不仅仅是巧合，而是上山人审美直觉和审美创造能力的体现，是漫长的石器时代上山人在反复制作石器的劳动过程中培养出来的关于石器形式的集体意识或无意识的体现。但是，如图所示（图4－4，2），这些石片石器在宽厚比上绝大多数并不符合黄金分割比。这种现象说明，一方面上山人控制石片石器三维结构的技术能力有限，"从石片台面的长宽构成的线性关系来看，当时的石片生产者没有能力将石片的厚度控制在一定标准之内"①。另一方面，相对于宽厚比，上山人对石片石器恰当的长宽比有更迫切的需要，恰当的长宽比不仅更适合于使用，也对人的视知觉有直接而持久的影响。因此，上山人把主要精力花费在对石器长宽比的控制上，是其技术能力、使用需求与视知觉思维特点综合作用的结果。

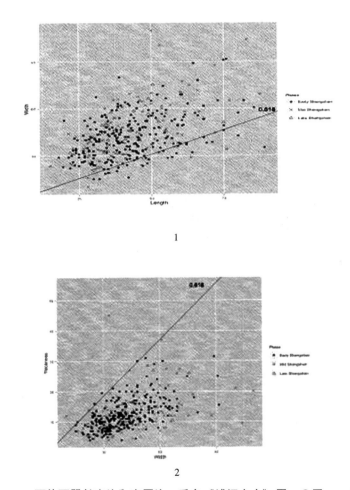

图4-4　石片石器长宽比和宽厚比　采自《浦江上山》图一〇四、一〇五

① 浙江省文物考古研究所、浦江博物馆：《浦江上山：浦阳江流域考古报告之三》，第130页。

比如，上山文化镰形石器标本 T3 东扩⑥：6（图4-5，1），"扁薄片状，刃部经交互打片修理。一侧刃微凹，一侧刃微凸残长178、宽85—125、厚9毫米"①。上山文化石刀标本 T1709⑤：6（图4-5，2），"长条形，凝灰质粉砂岩，弧背直刃。长92、宽40、厚96毫米，重46克；器身周缘均经过修整。一端弧较为圆滑，可能是手持面；一端为刃部，破损较为严重。刃长76毫米，刃角35°"②。若取中间值计算，这两件石器的长宽比均接近于黄金分割比。对于当时以锤击法为主的石片石器工业来说，这两个刮削器能制作成这样已经算得上精致、美观了，属于当时刮削器中的精品，尤其是这把石刀，使用时间长，使用频率高，表明它是上山人很喜爱的切割工具。

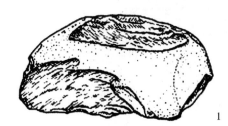

图4-5　镰形石器和石刀　采自《浦江上山》图一二〇

上山人对石器长宽比例的制作与控制技术在后来各个阶段的江南新石器文化中都得到了传承、推广和完善。如瑶山遗址7号墓出土的三件良渚文化石钺，其中石钺标本 M7：76（图4-6）平面略呈长方形，弧刃略宽于顶端，"高17.9、宽11.8—13"③，其中间宽度与高度之比约等于0.69，另外两件的长宽比值皆在0.7左右。

---

① 浙江省文物考古研究所、浦江博物馆：《浦江上山：浦阳江流域考古报告之三》，第126页。
② 浙江省文物考古研究所、浦江博物馆：《浦江上山：浦阳江流域考古报告之三》，第126页。
③ 浙江省文物考古研究所：《瑶山——良渚遗址群考古报告之一》，第105页。

图 4 – 6　石钺　采自《瑶山》第 260 页

由于不同器具要满足不同的实际需要，所以只有那些以简单长方形呈现自身的器具才追求这种长宽比，比如，除了石钺外，良渚玉冠饰的长宽比也多接近于这个数值。这表明新石器时代的江南先民对器具的长宽比已经有了良好的感觉能力，而且能够在器具制作实践中根据实际需要灵活地运用和调整器具的二维比例关系。

二　有彩肌理

对于新石器时代的聚落先民来说，把自然界随处可见的石头加工成称手的器具一般需要两个步骤，即选材和打磨。自然界中石头的品种虽多，但选到合适耐用的石料也并非易事。有些石材硬度高，稳定性好，但是按当时的条件可塑性很小，制作成工具或器具的难度太大。有些石材硬度合适，但是稳定性差，容易受气温、湿度等因素影响，虽加工容易，但使用寿命过短，加工价值不大。这就要求选材时根据制作工具或器具的需要对石材的大小、硬度、肌理和色彩等方面进行综合考察，从而选出那些形状、大小、硬度、稳定性等各个方面都符合需要的石材，收到事半功倍的制作效果。

石头的品质与其色彩、纹理之间存在着有规律的联系。比如，浅蓝色的花岗岩硬度一般都比较高，色泽越纯净石材的整体结构也越稳定，这种石材若用于制作石斧、石锛、石凿、石刀等要求坚硬和锋利的工具就比较合适，但是，由于花岗岩的硬度太高且体型巨大，不利于加工，所以在发掘到的新石器时代石器中一般只有石碾、石锤等重型石器才使用花岗岩，而石斧、石锛、石凿、石刀等器具多使用浅灰色或浅黄色的板岩制作。如薛家岗石锛标本 M108：1 即为"浅灰色粉砂质板岩"①。板岩在硬度上虽比不上花岗岩，但也可以满足基本需要，最重要的是制作时要省力得多。薛家岗石刀作为礼仪性器具，在硬度上没有很高的要求，所以绝大多数都选择了硬度较小的砂质板岩。

对石头色彩的研究不仅提高了江南先民对石材特性的辨识力，而且培育了先民对石材色彩的美感。河姆渡先民在制作石器时表现出来的色彩感可以充分证明这一点。比如，河姆渡石斧标本 T235（4A）：128②呈橄榄灰绿色，河姆渡石斧标本 T211（3B）：15③呈米灰色，河姆渡石凿标本 T216（2B）：12④呈暗沉低调的沙黄色，这些石器均色泽纯净，表面线条流畅，打磨光滑，给人以恍然若玉之感。这表明河姆渡人在为制作这些石器选材时有意识地选取了那些纯色的石材。选择纯一色的石料可能是河姆渡人制作砍削类石器时选材的基本原则，原因是单一色石料更容易判断其硬度和韧性。不过，这也不是绝对的，有些河姆渡砍削类石器的材质就是异色搭配。如河姆渡穿孔石斧标本 T18（1）：3⑤（图 4-7），以土灰色为基调，掺杂石灰色、铂灰色和黑色的天然花纹。敢于选择这种斑杂色石料精制成石斧，表明制作者对石料色彩、纹路与石头硬度关系的判断十分精准，有把握将这块结构成分复杂的石料制成一把功能与形式协调良好的石斧。

---

① 安徽省文物考古研究所：《潜山薛家岗》，文物出版社 2004 年版，第 237 页。
② 河姆渡遗址博物馆：《河姆渡文化精粹》，文物出版社 2002 年版，第 25 页。
③ 河姆渡遗址博物馆：《河姆渡文化精粹》，第 25 页。
④ 河姆渡遗址博物馆：《河姆渡文化精粹》，第 28 页。
⑤ 河姆渡遗址博物馆：《河姆渡文化精粹》，第 26 页。

图 4 - 7　穿孔石斧　采自《河姆渡文化精粹》第 26 页

原始人对石料进行加工，常见的方法之一是加热，加热处理过的硅质岩更容易进行打制加工。在大量的加热事件之后，江南先民发现加热还会改变石头的颜色。未经过处理的石头大多数是黄色、褐色、浅褐色或者灰白色，但是在加热之后，一些岩石会变成粉红色或者大红色，这是因为这些岩石中含有一定量的铁元素，铁元素被氧化生成氧化铁或者四氧化三铁即呈现为红色。如果岩石中并没有铁元素一般就不会出现这种变化，岩石会保持它原本的颜色。石头的这种物理与化学特性刺激着先民的感官，在一定程度上也激发了先民在石器制作时对石材色彩的兴趣。

较之色彩感，肌理感是更具精神内涵的形式感。任何来自大自然的材料都有它的天然肌理，石材也是。不同种类的石材一般都有不同的肌理，这些肌理本是自然造化，但是一旦它们被人类欣赏和接受就具有了形式价值，在人们制作特定石器时经常被当作重要的形式元素。原始人类最早感受到的肌理之美或许正来自于石头。比如，河姆渡石斧标本 T224（图 4 - 8）在浅绿底色上分嵌着土色细条形纹理，好像是垂挂整齐的流苏窗帘；河姆渡石凿标本 T216（2B）：11①

① 河姆渡遗址博物馆：《河姆渡文化精粹》，第 28 页。

（图4-9）在铁灰底色上布满了咖喱色的细条竖形纹路，好像是女孩经过精心梳理的刘海；良渚石锛标本T2②A：1[①]上的纵向纹理在刃段处似中断又延续，如同一处二级瀑布（图4-10）。在几乎所有江南

图4-8　石斧　采自《中国河姆渡文化》第129页

图4-9　石凿　采自《河姆渡文》化精粹第28页

图4-10　石锛　采自《庙前》图版一〇八

---

① 浙江省文物考古研究所：《庙前——良渚遗址群考古报告之四》，第354页。

地区的新石器砍削类石器上都没有看到石料的纹理与用力方向是垂直的，因此有理由认为制作者在制作这类石器时刻意将石料的纵向纹理与器具的用力方向调整或控制为一致。从实用角度看，这有利于保持器具的稳定性与坚固性，但也明显包含有形式观感上的考虑，这样安排可以使石料的纵向纹理与器具大致的长方形造型相协调，使其长方形的长边与石头的纹理平行，既可凸显石料天然的肌埋特征，也可以让使用者通过石器的纵向纹理感觉到一种顺向相应的力感。

有些石器上存在天然的斑点和花纹，可以看出这也是制作者有意识的选择与设计。如前文提到的河姆渡穿孔石斧标本 T18（1）：3 上有天然的云雾状花纹，像是水滴把墨色晕开，也像雨水落在池塘水面上形成的小水坑。河姆渡石刀标本 T242（2B）：18[1] 上布满了灰白色的小型马赛克纹，像夜空中的满天星。河姆渡石纺轮标本 T231（3B）：33[2] 上的氧化红边缘掺杂着玉白色斑点，大小不一，如同刻意点缀的梨花一般。可以说，大自然赋予了石头以色彩、纹路和肌理，新石器时代的江南先民领悟了大自然的旨意，并欣然与大自然合作，通过相对成熟的石材打磨技术完成了一件又一件石头艺术杰作。

第三节　器用懿而形采彪

旧石器时代的石器多是在石料天然形状上简单打制而成，一件石器的功能和类别通常由三个要素决定，"一个是刃部、尖端等直接作用要素，另一个是大小、重量等间接作用要素，还有一个是为装柄、保护手等必要的补充要素"[3]。依据这三个要素进行分类，旧石器时代早期的石器种类主要有刮削器、尖状器、砍砸器等，形体普遍较小。旧石器时代中期以后器型丰富了一些，如北京人制作的石器"主

---

① 河姆渡遗址博物馆：《河姆渡文化精粹》，第 29 页。
② 河姆渡遗址博物馆：《河姆渡文化精粹》，第 31 页。
③ 张之恒等：《中国旧石器时代考古》，南京大学出版社 2003 年版，第 49 页。

要类别有刮削器、尖状器、砍斫器、端刮器、雕刻器和石球，以刮削器数量最多，尖状器次之"①，之后又出现了少量雕刻器。进入新石器时代以后，石器的类型和功能增加了许多，江南地区的石器类型主要有作为生产工具的犁、耜、锤、锛、斧、凿等，作为狩猎工具的弓、镞、矛等，作为生活工具的刀、磨石、双肩器等，作为礼器的钺、多孔刀等，作为装饰品的坠、蝶形器、鸟形饰等。事实上，原始人类对待自己制作出每一件石器不仅仅只有功利的眼光，而是同时具有审美的眼光，特别是当他们发明了雕刻用的石刀以后，更是制作出了无数精美的石头艺术作品。总之，原始人的审美意识是随着制作石器技术与水平的提高而逐渐增强的，到了新石器时代后期，先民制作的大多数石器在注重功效的同时也十分讲究形采，因而能够较多地传递远古人类审美实践的信息。

一 石刀家族：用实追虚

石刀是石器时代广泛应用于生产和生活的石器类型，即使对于原始人而言石刀也只是一种非常普通和实用的器具，只要喜欢，几乎每个人都可以获得一把石刀。然而，在所有的石器中，石刀又是造型最为丰富的。特别是薛家岗人制作的有孔石刀，使石刀从最务实的用具一跃而成为重要的神礼器。

相对精致的磨制石刀最早见于河姆渡文化第三期，共出土3件，"均为扁平长条形，转角圆钝，对钻孔，双面平刃，精磨"②，可惜皆残，其中河姆渡石刀标本T35（2）:8（图4-11）残存部分较多，可看出其作为刀具的大致形状。新石器早期的石刀类型单一，制作粗糙。到了新石器中晚期，江南先民制作的石刀类型就十分丰富了，有带柄的、无柄的，有直刃的、斜刃的，有日常使用的，也有专门供祭祀仪式上使用的，可谓应有尽有，且大部分制作精良，表明当时石刀的应用非常广泛。

---

① 苏秉琦：《中国远古时代》，上海人民出版社2014年版，第11页。
② 浙江省文物考古研究所：《河姆渡——新石器时代遗址考古发掘报告》上册，第319页。

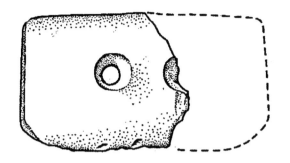

图 4 – 11　石刀　采自《河姆渡》上册图四一四

　　江南先民日常生活中使用的石刀一般为有柄石刀。在卞家山遗址发现的 16 件良渚文化石刀皆为有柄石刀，有的是斜柄、直刃，如石刀标本 T412：88，"长斜把，尾部有一圆形穿孔。双面直刃，尖残"[1]（图 4 – 12，1）。石刀标本 T311C：71 "双面长直刃，刃部有崩疤"[2]（图 4 – 12，2）。这种石刀看上去非常普通，但是在当时条件下要把一块石头制成这样一把石刀也不是每个人都能做到的，只有具备一定专业技术的石匠才能够批量制作出来。

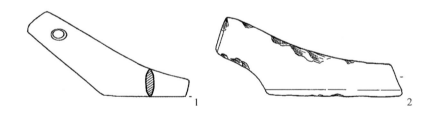

图 4 – 12　石刀　采自《卞家山》图 9 – 69

　　有的良渚石刀是斜柄、弧刃，如石刀标本台 Ⅱ ①：6 "短小，方头，弧刃"[3]（图 4 – 13，1）。石刀标本台 I②：35 "凸弧刃，凹弧

---

① 浙江省文物考古研究所：《卞家山——良渚遗址群考古报告之六》上册，第 294 页。
② 浙江省文物考古研究所：《卞家山——良渚遗址群考古报告之六》上册，第 294 页。
③ 浙江省文物考古研究所：《卞家山——良渚遗址群考古报告之六》上册，第 294 页。

背"① （图 4 - 13，2）。石刀标本 Gl②：22 "灰黑厚直背，斜宽把，微弧刃，尖头"② （图 4 - 13，3），刀身近似三角形。这些良渚文化斜柄石刀与后来马桥文化的斜柄石刀形状相似，但要比后者精致得多，这从一个侧面说明良渚石匠具有更高的专业水准。良渚石刀还有直柄、直刃的，如石刀标本 T6②：7，"长方形把手，把端有一圆形穿孔。双面直刃，刀身残半"③ （图 4 - 13，4），该直柄石刀与今天的厨刀形状已十分接近。

图 4 - 13　石刀　采自《卞家山》图 9 - 69

上述石刀用材不一，有灰色泥岩、灰绿色辉绿岩、黑灰色硅质岩等，但形制风格一致，制作精良，除了良渚石刀标本台 I②：35 刃部及背部未打磨外，其余皆经过精心磨制。与薛家岗多孔无柄石刀硕大的形体相比，良渚石刀显得体型小巧，长度一般在 6—12 厘米之间。其中卞家山出土的良渚文化石刀标本台 II①：6 长度只有 6.5 厘米，较长的良渚石刀标本 T3⑩C：7 也只有 11.7 厘米，从形状和大小来看，这些石刀只适宜于日常生活中的各种切割活动，不适合用于剧烈或猛力砍削。

薛家岗文化带孔石刀制作精良，颇具特色。这种石刀上的孔从 1—13 不等，绝大多数为奇数，只有少数四孔石刀。薛家岗多孔石刀并非薛家岗人独创，而是受宁镇和太湖地区文化石刀影响的产物，"宁镇地区早一时期曾在北阴阳营二期 M131 出土过 2 件七孔石刀，金坛三星村也出土了 2 件七孔石刀和少量三孔石刀，这几件多孔石刀虽然数量较少，年代和形制上也与薛家岗四期有差异，但应是薛家岗

---

① 浙江省文物考古研究所：《卞家山——良渚遗址群考古报告之六》上册，第 294 页。
② 浙江省文物考古研究所：《卞家山——良渚遗址群考古报告之六》上册，第 294 页。
③ 浙江省文物考古研究所：《卞家山——良渚遗址群考古报告之六》上册，第 296 页。

多孔石刀的早期源头"①。曾经盛极一时的薛家岗石刀家族具有如下
一些特点：第一，从形态上看，磨制精细，平面一般呈梯形，厚度
0.5—1 厘米，宽度 10 厘米上下，变化不大，但石刀的长度不一，孔
数与石刀刃长大致成正比例关系。如薛家岗单孔石刀标本 M54：6②
最宽处 11 厘米，刃长 12.4 厘米，最厚 0.7 厘米（图 4 - 14，1），孔
最少，刃长最短。薛家岗十三孔石刀标本 M44：11③刃长 50.9 厘米、
两端宽分别为 11.6 和 9、最厚 0.6 厘米（图 4 - 14，2），孔最多，刃
长最长，但厚度和宽度与单孔石刀几乎没有差别。

图 4 - 14　带孔石刀　采自《潜山薛家岗》图版六三、彩版一四

　　第二，从功用上看，薛家岗石刀是为祭祀或礼仪活动制作的神礼
器，其孔数和纹饰都具有巫觋含义。在薛家岗文化石刀中发现的唯一
一件偶数孔石刀是四孔石刀标本 M49：7，"窄端孔边距与宽端孔边距
相差较大，足可容再钻 1 孔"④（图 4 - 15），也就是说这是一件计划
中的五孔石刀，因为特殊原因而没有完成。结合其他薛家岗石刀孔数
皆为奇数的事实，可以肯定，在薛家岗人心目中奇数是表示吉祥的神
圣数字或巫术数字，而偶数在一些情况下是不适宜的数字。有些薛家
岗石刀上刻划有精致的红花果形图案，并被施以朱绘，选材也比较考
究，一般为纯净青灰色砂质板岩、灰黄色粉砂质板岩或土黄色粉砂质
板岩，磨制精细却很少有被用来切割的痕迹。这些特征表明，薛家岗
多孔石刀是一种神礼器，日常状态下也可能被放置于家室的特殊位
置，用作镇恶驱邪的神器。

---

① 安徽省文物考古研究所：《潜山薛家岗》，第 428 页。
② 安徽省文物考古研究所：《潜山薛家岗》，第 156 页。
③ 安徽省文物考古研究所：《潜山薛家岗》，第 134 页。
④ 安徽省文物考古研究所：《潜山薛家岗》，第 148 页。

图 4 - 15　四孔石刀　采自《潜山薛家岗》图版五七

　　第三，薛家岗石刀在墓中摆放的位置和方向皆具有巫觋含义。在后世的中国传统文化墓葬中，随葬品在墓中的放置并不是任意的，需要按照习俗规定有次序地进行摆放，每一种摆放方式都有特别寓意或表达某种巫觋观念。事实表明，这些后世的习俗中有一些在新石器时代的江南聚落文化中就已经存在了。在薛家岗文化墓中，随葬品的放置就显示了较为严格的习俗规定。如薛家岗文化墓 M40，"14 件石器密集重叠成六层堆放在一起，6 号、16 号两件九孔石刀分左右对称放置，刃部相对，4 号三孔石刀在 6 号西南端，刃部朝内，三件石刀的长轴指向均为东北—西南向；与此相似，西南端的石钺也分为两排左右对称放置，刃部朝内相对分别为东南和西北方向；中部压于 6 号石刀之下的 14、15 号石钺呈重叠状放置，刃部朝向东南"①，石刀、石钺以东北—西南向为轴，刃部朝东南或西北方向。在薛家岗文化墓 M1 中，石刀、石钺的放置方式与 M40 基本相同，鉴于石钺、石刀与石斧都曾经是杀戮战伐的兵器，所以其刃部指向可能表示敌人所处的方向或安全威胁所在的方向。

　　薛家岗文化石刀对周边文化的影响明显要比其他器物大一些，其主要原因有两个，一是薛家岗地区拥有制作这种石刀所需要的各种板岩，二是薛家岗先民拥有制作各种多孔石刀的先进技术。江西九江大王岭出土的新石器时代三孔石刀与薛家岗文化石刀基本相同②，但其他器具如陶器就鲜有相似之处，推测这种三孔石刀是通过与薛家岗先

①　安徽省文物考古研究所：《潜山薛家岗》，第 121 页。
②　安徽省文物考古研究所：《潜山薛家岗》，第 431 页。

民贸易得来的。在钱山漾文化遗址也出土了许多石刀，有单孔、双孔或多孔的，也有无孔的，虽然形态上有所差异，但可以看出受到了薛家岗石刀一定程度的影响。不过，在钱山漾文化中，石刀主要是日常生活中使用的切割工具，到目前为止还没有见到作为神礼器的钱山漾文化石刀。这表明薛家岗石刀在传播过程中发生了变异，由于各种原因，其神巫性和礼仪性质基本上都消失了。

朱绘图案是薛家岗石刀上一种不能忽视的现象，一方面它使这些硕大的石刀看上去很像一把带血的战刀，另一方面它还显示了薛家岗先民特殊的自然崇拜或信仰。比如，薛家岗九孔石刀标本M58：3，"器表两面孔的周围均绘图案一致的红色花果形图案，已脱落，但印痕仍清晰可见"[①] （图4－16，1）。在薛家岗石钺标本M58：8上也出现了这种朱绘图案，"在两面的双孔周围仍可见绘有一致的红花果形图案，在孔壁上也仍有红彩"[②] （图4－16，2）。这两件石器上的红花果形图案十分相似，是同一设计方案下的两种变化，由于这两种石器明显属于神礼器，判断这种红花果形图案是本地区聚落的重要图腾。

图4－16 石刀和石钺 采自《潜山薛家岗》图一五八

后来的良渚文化石刀、钱山漾文化石刀和马桥文化石刀等，在形状和大小上都与薛家岗文化石刀差异很大，而且从后来多个考古文化石刀锯齿状的刃部可以看出，这些石刀都是被多次使用过的，属于日常生活

---

① 安徽省文物考古研究所：《潜山薛家岗》，第163页。
② 安徽省文物考古研究所：《潜山薛家岗》，第166页。

用具，不像薛家岗文化多孔石刀那样是非实用型的，享有很高的文化地位和荣誉。薛家岗石刀尽管很有特色，具有一定的审美价值和神巫意义，在薛家岗文化器具中属于影响相对较大的，但是依然不得不说薛家岗石刀对周边文化的影响十分有限。这首先是由薛家岗文化在江南地区的影响力决定的，同时，凌家滩文化和良渚文化时期玉器崛起，具有强大政治和文化影响力的高端产品不可能再由石器来承担，薛家岗文化石刀因此不可避免地还未走进江南新石器文化的中心就被过早地淘汰了。

二 犁斧锛镞：群星璀璨

在石器这个大家族中，犁、斧、锛、镞等对于原始人类来说都是广义上的生产工具，从审美品质上看，自然不可与石钺、薛家岗石刀等神礼器相比，更难以与那些石雕和专门的石质装饰品相提并论，但这并不是说它们就毫无审美价值，因为这些石器上同样凝聚着先民的辛勤劳动，体现了先民创造的智慧，可以说，每一种劳动工具中的佼佼者都曾因印证先民积极的本质力量而放射出美的光辉，包括各种生产工具在内的石器家族也曾经是群星闪耀。

石犁在新石器时代的江南地区是一种重要的稻作生产工具，在良渚文化之前，石犁还很少见，在良渚文化中石犁数量渐多，造型也趋于统一和规范，表明良渚文化时期江南聚落社会的稻作农业无论是规模还是技术水平都有了较大提高。石犁以满足犁田需要为制作宗旨，不太注重观感，所以磨制、琢制一般都较粗糙，但是由于它承担着掘开土层的繁重任务，所以在结构形式方面要求设计合理，既牢固稳定又尖锐有力，因此好的石犁必然会产生力学上的美感。如良渚石犁标本 T101②：2，"平面呈等腰三角形，两腰边起单面斜刃，器身扁平，上有三个对钻圆孔。可能是三件装组合石犁之犁首部分"[1]（图 4 - 17，1）。又如良渚文化石犁标本 T0508①：60 也"为组合石犁的部分"[2]（图 4 - 17，3），大致呈梯形，前窄后宽，前部略残，若补足残缺部分，则接近三角形，与石犁标本 T101②：2 造型相似。这种造型的石犁适合于前

---

[1] 浙江省文物考古研究所：《庙前——良渚遗址群考古报告之四》，第 118 页。
[2] 浙江省文物考古研究所：《庙前——良渚遗址群考古报告之四》，第 298 页。

后两人一拉一推配合使用，与现代犁头接近，说明良渚人继承并丰富了先祖运用石犁耕种稻田的经验，对于三角形犁头在犁耕稻田时发挥功能的状态了然于心，对于各种犁头的运作特点和规律掌控充分。

1　　　　　　　　　　　　　　　　　　　2

图 4 - 17　石犁　采自《庙前》图版四九、八九

　　钱山漾文化时期的石犁继承了良渚文化石犁的形制，仍然以三角形组合石犁为主。如钱山漾石犁标本 T0802⑦B：6（图 4 - 18），犁首呈等腰三角形，"两侧边起单面刃。犁身中部有一双面琢制圆孔。器形较小。也有可能是组合石犁之犁首组件"①。良渚文化和钱山漾文化石犁如此偏爱三角形绝不是偶然现象，说明通过制作和使用实践，先民对三角形石犁特性的认识已经相当深刻。另外，通过三角形犁头

图 4 - 18　石犁　采自《钱山漾》彩版二〇

---

　　①　浙江省文物考古研究所、湖州市博物馆：《钱山漾第三、四次发掘报告》上册，文物出版社 2014 年版，第 109 页。

与其他组件的复杂组合也可以看出，江南先民为了适应本地的水田环境和提高生产效率，一直在努力研究和探索改进石犁这种生产工具的设计和制作方法，并在新石器文化晚期达到了史前最高水平。

　　石斧在新石器时代江南地区的石器生产工具中占比最大，河姆渡石斧在石质生产工具中的占比竟高达 80% 以上。河姆渡石斧一般体形较小，平面多呈长方形或梯形，"器身没有明显的棱线，正背两面一般仅略加修磨，大部分保留着打、琢遗痕；两侧则多经凿琢平整，未加磨制。两面刃大多不对称，刃部磨制精细、锐利，有使用痕迹"[1]。相较于后来的良渚文化石斧，河姆渡文化石斧普遍刃部较宽，顶部稍窄，刃宽多为 5—8 厘米左右。如河姆渡石斧标本 T2④：26（图 4-19），"两面基本平直，长 8、顶宽 4、刃宽 7.8 厘米"[2]。良渚文化石斧一般呈长条形，刃宽往往只有 3 厘米左右。如良渚石斧标本 T25③B：4（图 4-20），"倒梯形，弧背，厚实。长 14.8、刃宽 2、厚 4.4 厘米"[3]，刃宽接近石凿。造成这种石斧变化的主要原因是河

图 4-19　石斧　采自《中国河姆渡文化》　　图 4-20　石斧　采自《卞家山》
第 86 页　　　　　　　　　　　　　　　彩版二三八

---

　　① 浙江省文物管理委员会、浙江省博物馆：《河姆渡遗址第一期发掘报告》，《考古学报》1978 年第 1 期。
　　② 浙江省文物管理委员会、浙江省博物馆：《河姆渡遗址第一期发掘报告》。
　　③ 浙江省文物考古研究所：《卞家山——良渚遗址群考古报告之六》上册，第 290 页。

姆渡人还没有将石斧、石刀和石凿明确区分开来，部分石斧需要承担石刀的切割功能，这就要求石斧保持较大的刃宽，而良渚人则已经完全将切割功能分配给了各种石刀，石斧的任务就是砍伐，显然，对于无柄石斧来说，较窄的刃部砍伐时更称手，砍伐效率也更高。

在良渚文化中有一种石器形状怪异，上部是一个柱状把手，中间主体部分如同人的肩膀一样两边大致对称，底部是凸弧刃，适合于砍砸、切割和掘土，整体结构虽然不算复杂，但在原始制作条件下制作起来并不容易。考古学者将其体型小者视为"耘田器"，如良渚文化耘田器标本 T4⑩：8，"凹弧背，中部榫状鼓凸。两翼上翘，弧刃。宽 7.4、厚 0.5、把长 1.7 厘米"[1]（图 4 - 21，1）。这种小型石器适合单手使用，主要功能是通过刨挖使稻田中的土壤变得蓬松，以利于插秧。体型大的被考古学者称为"破土器"，如良渚文化破土器标本 T26③B：1，"两面弧刃。背中间有凸榫，残。宽 21.5、高 13.5、厚 1.3 厘米"[2]（图 4 - 21，2）。这种石器体型较大，应是在凸榫部捆绑木柄或将凸榫插入木柄凹槽中，双手抡起掘土，在不适合使用石犁的小块稻田里还可以代替石犁发挥作用。

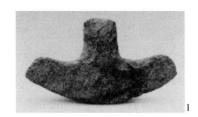

图 4 - 21　耘田器和破土器　采自《卞家山》彩版二四七、二四九

也有学者根据形状特点将这两种石器统称为"双肩石器"。在钱山漾文化中，这种石器的"双肩"多不太对称，而且刃部崩缺较为严重。如钱山漾双肩石器标本 H206①：3，"单面凸弧刃，刃部崩缺

①　浙江省文物考古研究所：《卞家山——良渚遗址群考古报告之六》上册，第 299 页。
②　浙江省文物考古研究所：《卞家山——良渚遗址群考古报告之六》上册，第 302 页。

严重。双肩宽窄不一"① （图4－22，1）。又如钱山漾文化双肩石器标本T04④A：22，"肩宽窄不一。刃部严重崩缺。"② （图4－22，2）从几件双肩石器刃部崩缺的情况来看，这种石器是被当作砍砸器来使用的，着力点主要集中于中部，功能接近于石斧，而且配有木柄。总之，这种造型独特的石器应是一种兼具石斧与石犁功能的过渡型生产工具，称之为耘田器、破土器、双肩石器甚至石斧皆无不可，可以说，这是江南先民在石器制作上将形式平衡与力量运用完美结合的又一重要成果。

图4－22　双肩石器　采自《钱山漾》彩版一〇四

石锛是人类最早发明和使用的石器之一，既适用于挖土、挖泥、耘田和种植，也可用于砍竹伐木，用途广泛。在上山文化遗存中已经多见石锛，只是形制比较简单。从石材的选择上看上山人对石锛的制作和运用尚缺乏足够的知识和经验。如上山石锛标本T1508⑧：7③ （图4－23）刃大尾小，石材是质松易碎易风化的泥岩，很不耐用，但还是进行了通体磨制，说明制作者对这种石材的特性还不太了解。到马家浜文化时期，大多数石锛都选择了质地坚硬且不易风化的流纹

① 浙江省文物考古研究所、湖州市博物馆：《钱山漾——第三、四次发掘报告》上册，文物出版社2014年版，第405页。

② 浙江省文物考古研究所、湖州市博物馆：《钱山漾——第三、四次发掘报告》上册，第405页。

③ 浙江省文物考古研究所、浦江博物馆：《浦江上山：浦阳江流域考古报告之三》，第141页。

岩，造型也丰富起来。基本形状为长条形和长方形，长方形石锛又有大小之别，大者一般为 10 × 5 厘米，"刃部形态有平刃和斜刃之分，可能与安柄方式、功能或使用的个人喜好有关"①。马家浜时期的常形石锛依据背面变化主要分为四型，即背面呈弧形隆起、背面呈屋脊状隆起、背面大致平直和上下两个斜直面交界处起脊型。几乎每件马家浜石锛都是通体磨制，无论单面刃还是双面刃，刃部都十分锋利。如马家浜石锛标本 T2（四上）：3，"梯形、弧面、偏刃、通体磨光，尚有琢痕"②（图 4 - 24），体型小巧，刃部锋利。

图 4 - 23　石锛　采自《浦江上山》第 141 页

　　凌家滩人制作了新石器时代江南地区最长和最宽的石锛，"最长的石锛 87M6：47 长 42.6、宽 10.8 厘米，最宽的石锛 87M6：62 长 31.2、宽 16.6 厘米"③（图 4 - 25，1；图 4 - 25，2）。不管是最长的还是最宽的，这两件石锛皆磨制精美，器体单薄，若实际使用，用力稍大就很容易折断，所以这两件被誉为"锛王"④ 的巨型石锛不可能是日常使用的，应是祭祀用的神礼器，"精致的巨型石锛代表的是一种气势、一种

　　①　浙江省文物考古研究所：《庙前——良渚遗址群考古报告之四》，第 293 页。

　　②　嘉兴市文化局：《马家浜文化》，浙江摄影出版社 2004 年版，第 84 页。

　　③　安徽省文物考古研究所：《凌家滩——田野考古发掘报告之一》，文物出版社 2006年版，第 276 页。

　　④　安徽省文物考古研究所：《凌家滩——田野考古发掘报告之一》，第 82 页。

威严和墓主的权力地位"[1]，两个"锛王"被作为随葬品放置于同一墓中，表明墓主人生前可能是聚落联盟农业生产方面的最高主管。

图 4-24　石锛　采自《马家浜文化》第 84 页

图 4-25　巨型石锛　采自《凌家滩》彩版五四、五六

　　良渚文化时期的石锛保持了马家浜石锛的部分特点，但大部分石锛的造型发生了明显变化，其中最突出的就是有段石锛成为石锛造型的主流，尤其是小型石锛，基本上都是有段的。如良渚小型石锛标本 T3②B：1[2]（图 4-26，1）和 Gl：10[3]（图 4-26，2）皆有段。大

①　安徽省文物考古研究所：《凌家滩——田野考古发掘报告之一》，第 274 页。

②　浙江省文物考古研究所：《庙前——良渚遗址群考古报告之四》，文物出版社 2005 年版，第 323 页。

③　浙江省文物考古研究所：《庙前——良渚遗址群考古报告之四》，第 323 页。

型石锛中有段的也不在少数，如良渚大型石锛标本 T4⑤B：12① （图
4－26，3） 和 T2⑤B：5② （图 4－26，4） 都是磨制精细的有段石锛。
有段石锛取代无段或常形石锛是一种趋势，表明人们越来越倾向于为
石锛安装木柄，以提高石锛的工作效力。

图 4－26　石锛　采自《庙前》图版九四、九四、一〇七、一〇七

镞是弓箭这种组合式狩猎工具中的利刃，消耗量巨大，在江南地
区可能起源于跨湖桥文化。河姆渡人主要使用骨镞狩猎，所以河姆渡
文化遗址出土的骨镞数量较大，仅第四文化层就发掘出 1000 多件，主
要类型有斜铤镞、圆铤镞和柳叶形镞三种。有少量类似于石镞的石器，
但考古学者将其定义成了石凿。石镞的大量使用始于良渚文化时期，
形状与河姆渡骨镞相似。如良渚石镞标本 T204 Gl①：3③ （图 4－27，
1） 为柳叶形，截面呈菱形。良渚石镞标本 M25：4 （图 4－27，2） 为
扁圆铤，"有双翼，中脊不明显"④。良渚石镞标本 H3①：457 （图 4－
27，3） 截面呈三角形，"铤部残留捆扎痕迹"⑤。良渚石镞在造型风格
上与河姆渡骨镞的相似性显示了两种文化的亲缘关系。

①　浙江省文物考古研究所：《庙前——良渚遗址群考古报告之四》，第 354 页。
②　浙江省文物考古研究所：《庙前——良渚遗址群考古报告之四》，第 354 页。
③　浙江省文物考古研究所：《庙前——良渚遗址群考古报告之四》，第 67 页。
④　浙江省文物考古研究所：《庙前——良渚遗址群考古报告之四》，第 67 页。
⑤　浙江省文物考古研究所：《庙前——良渚遗址群考古报告之四》，第 240 页。

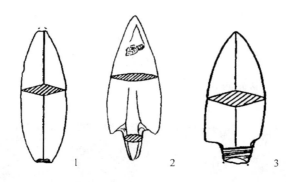

图4-27　石镞　采自《庙前》图六三六三、一七九

钱山漾文化时期，先民将自己制作石镞的经验与外来文化石镞造型相结合，设计制造了异常丰富的石镞样式。钱山漾石镞依据镞身特点可分为柳叶形、桂叶形、柱条形、菱形、尖锥形等五种样式，从镞尖形状上看则可分为尖锥状和三棱形两种，其中三棱形前锋居多。如钱山漾石镞标本T0603⑥C：8（图4-28），"三棱形前锋，圆柱状镞身，圆锥状铤"[1]。考古学者认为，"其中三棱形前锋、圆柱状镞身、尖锥状铤的石镞是太湖地区新石器时代晚期新出现的一种石镞器形，最具时代特征"[2]。三棱形前锋可以更容易刺穿猎物的身体，这是聚落先民在长期狩猎实践中总结出来的经验。为了保证石镞的锋利，它们大多被进行了精心磨制，直到今天，虽然在地下埋藏了数千年，一旦出土，仍有一种咄咄逼人的威力与锋芒。

在大约同一史前时期的中原地区，石镞制作的总体水平略高于江南地区。不过，在石镞造型方面与江南地区差别不大。如郑州牛砦龙山文化石镞中的一式镞身横断面近似等腰三角形，铤为不规则的圆形[3]。山东临朐西朱封龙山文化遗址出土的石镞也具有同样特点，如

---

① 浙江省文物考古研究所、湖州市博物馆：《钱山漾——第三、四次发掘报告》上册，第172页。

② 浙江省文物考古研究所、湖州市博物馆：《钱山漾——第三、四次发掘报告》上册，第109页。

③ 河南省文化局文物工作队：《郑州牛砦龙山文化遗址发掘报告》，《考古学报》1958年第4期。

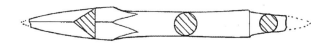

图4-28 石镞 采自《钱山漾》上册图4-2-25

龙山文化石镞标本M203：11（图4-29），"镞身平面呈狭长腰的等腰三角形，横截面呈棱形，两面起脊，两侧锋先向外弧凸，至尖部时内收成尖锋，有铤，铤身近似三角形，与镞身分界明显"[1]。可以说，三棱形前锋、等腰三角形镞身和镞身中间起脊是新石器时代中原与江南两种文化石镞的共同特征，略有不同的是，江南新石器文化石镞多比较小巧，而中原新石器文化石镞体型稍大。这种石镞体型上的差别与先民面对的猎物不同有关，也与其狩猎时所处的环境不同有关。江南先民在山林中以捕猎中小型动物为主，石镞体积稍小使用起来灵活方便，中原先民以捕猎平原上的中型动物为主，石镞体积稍大使用起来有更大的杀伤力。总体上看，两个地区石镞造型上的相似性有两种文化相互影响的因素，但主要还是取决于人类在原始时代遵循相同的狩猎原理，在这相同的狩猎原理作用下人们不仅制作了相同或相似的狩猎工具，而且培育了相似的对器具形式的审美兴趣。

图4-29 石镞 采自《临朐西朱封》上册第172页

---

① 中国社会科学院考古研究所等：《临朐西朱封——山东龙山文化墓葬的发掘与研究》，第195页。

新石器时代江南先民制造的生产与狩猎工具，除了犁、斧、镞、锛等石器外，还有其它一些发挥过重要作用的石器，如石凿、石锤等，它们在造型和制作工艺上都有独特个性，从不同侧面反映了江南先民的聪明智慧与创造力，透露出一种原始的古朴和典雅，具有不可忽视的审美价值。

三 礼器装饰：形采之元

用石头制作的礼器和装饰品因为其形式价值和意义远远超过了它的实用性而具有了更为纯粹的审美品质。有些石器只是在某个史前阶段短暂地获得过神礼器的身份，如前面论及的薛家岗石刀，有些石器是从实用工具演变成了神礼器，并且长期扮演着神礼器的角色，只是后来在材质上被替换成了玉和青铜，如石钺后来被玉钺和青铜钺所取代。以石头为材料的装饰品样式绝大部分都在后世延续了其初创形式，如璧、玦、璜、管等装饰品的最初产品都是用石头制作的，因此可以说石器是造型艺术的始原，石头饰品则是装饰艺术的始原，是人类谋求高尚与优雅生存的一个重要起点。

石钺是从石斧发展而来的一种石器，其初始功能类似于石斧，主要用于砍伐，后来演化为一种兵器，之后，一些石钺被特制为象征武力或王权的神礼器。《书·顾命》云："钺、铖同兵类，脱胎斧。大者钺、小者铖。一人冕执钺，一人冠执铖。"石钺被当作重要神礼器的历史极为久远，至少可以追溯到马家浜文化时期。如马家浜双孔石钺标本 M2：1（图 4 - 30），平面呈长舌形，"磨制较精，表面光滑，中部微鼓至周边减量，上端有两个穿孔。"[①] 马家浜石钺从长舌形石斧脱胎而来，二者在形状上有太多的相似性，但是刃部区别明显，马家浜石斧刃部一般都很锋利，因为石斧要应用于作战或日常生活中的砍伐活动，锋利的刃部是必需的，而对于作为神礼器的石钺来说并不需要利刃，甚至可以说利刃是不适合于石钺的，因此，除了一些被当作石斧一样使用的石钺外，通常情况下马家浜石钺与石斧的差别从刃部一看便知。

---

① 嘉兴市文化局：《马家浜文化》，第 43 页。

图 4 - 30　石钺　采自《马家浜文化》第 40 页

　　凌家滩文化石钺也以舌形为主，占到出土石钺比例的 80％，且多数为弧边弧刃或直边弧刃，未见到正面直刃型的。舌形钺又可细分为正扁方舌形、长舌形、舌形等。如凌家滩石钺标本 87T1208⑤：12 即呈正扁方舌形，由于磨制精细，灰白泛黄的表面"光亮照人"① （图 4 - 31，1），是这种类型石钺中的佼佼者。凌家滩石钺标本 87M2：18 "灰黄色泛白斑点。表面磨制光滑"② （图 4 - 31，2），是舌形石钺中的精品。凌家滩石钺标本 87T1207②：8③ （图 4 - 31，3），浅黄色，在长舌形石钺中有代表性。

　　在凌家滩石钺中有一些"风"字形、长方形或接近长方形的石钺，但并不多见。如凌家滩石钺标本 87M4：56 - 2④ （图 4 - 32，1）青灰色，表面琢磨光滑，接近长方形，刃部略有弧度。与之形状相似的是凌家滩石钺标本 87T1110③：13⑤ （图 4 - 32，2），灰白泛青，表面光滑，近似长方形，刃部弧度较大。凌家滩石钺标本 87M6：22 呈"风"字形，表面琢磨光滑规整，"三边两面刃，正面弧刃，两边

---

① 安徽省文物考古研究所：《凌家滩——田野考古发掘报告之一》，第 28 页。
② 安徽省文物考古研究所：《凌家滩——田野考古发掘报告之一》，第 45 页。
③ 安徽省文物考古研究所：《凌家滩——田野考古发掘报告之一》，第 28 页。
④ 安徽省文物考古研究所：《凌家滩——田野考古发掘报告之一》，第 66 页。
⑤ 安徽省文物考古研究所：《凌家滩——田野考古发掘报告之一》，第 28 页。

斜直刃，刃口锋利，刃边有磨擦痕"① （图4-32，3），这个"风"字形石钺做工精细，形制规范，此种造型的石钺形成于凌家滩文化早期，极为罕见，是后来"风"字形钺的祖形。

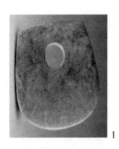  

图4-31　石钺　采自《凌家滩》彩版九、一八

图4-32　石钺　采自《凌家滩》彩版四一、九、四九

凌家滩石钺在造型上创新不多，三边两面刃是凌家滩石钺区别于其他文化石钺的突出特征和重要标志。由于高度发达的治玉技术的滋养，带动了石器制作水平的提高，所以凌家滩石钺的做工品质总体上明显高于过去时代。

虽然凌家滩文化遗存中已经出现了梯形和"风"字形石钺，但是，作为一种造型风格，"风"字形和梯形石钺到薛家岗文化第三期时才开始流行。如薛家岗石钺标本M26：4，"器体扁平，平面呈'风'字形，

———————

① 安徽省文物考古研究所：《凌家滩——田野考古发掘报告之一》，第75页。

磨制稍粗。顶端磨平。两侧面均磨成似刃一样薄。斜刃弧凸"①（图4-33，1），该石钺略晚于凌家滩"风"字形石钺，亦称得上"风"字形钺的祖形。薛家岗石钺标本M40：15平面呈也呈"风"字形，磨制精细，器表抛光亮泽，略有不同的是，"顶端中间弧凸，两角略低呈肩状。两侧微内弧"②（图4-33，2），在其管钻孔周围原绘有红色花纹，由于花纹大部分已脱落，无法判断纹饰式样。薛家岗石钺标本M44：7是一个非常标准的"风"字形石钺，"器表一面绘红色花果形花纹，大都脱落，但器表留有花纹印迹，清晰可见；另一面仅存少部分花纹印迹仍可见"③（图4-33，3）。薛家岗石钺标本M58：8（图4-33，4）上双面上都留有红彩红花果形图案，非常清晰。薛家岗石钺上的这种红花果形图案与前文提及的薛家岗九孔石刀标本M58：3上的图案相似，出于同一设计。在薛家岗石刀、石钺这些神礼器上频繁出现红花果形图案，足以说明薛家岗文化存在植物崇拜的习俗。

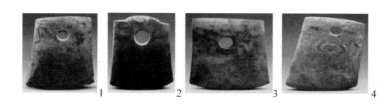

图4-33 石钺 采自《潜山薛家岗》图版二五；彩版一六、一七、一八

　　良渚文化时期，玉器成为各种神礼器的主流，石器作为礼器的机会越来越少，规格越来越低，但即使这样，良渚石钺的制作技术水准并没有降低。这主要是因为石器和玉器制作采用了相同的技术，玉器制作技术的提高自然会相应地促进石器制作技术的完善，同时，良渚社会经济的发达与繁荣也为石钺的生产增添了消费动力。薛家岗与凌家滩文化时期的"风"字形石钺在良渚石钺中依然可以看到，如良

---

① 安徽省文物考古研究所：《潜山薛家岗》，第100页。
② 安徽省文物考古研究所：《潜山薛家岗》，第126页。
③ 安徽省文物考古研究所：《潜山薛家岗》，第134页。

渚石钺标本M6:11① (图4-34,1) 近似"风"字形。良渚石钺标本 M34:11"近方形,器身较厚,弧刃未开锋"② (图4-34,2),该两型良渚石钺可以看作是薛家岗和凌家滩"风"字形石钺的演变。良渚石钺标本 M34:14 (图4-34,3) "弧刃,直边"③,明显带有马家浜舌形石钺的影子。从形状上可以看出,马家浜石钺、薛家岗石钺和凌家滩石钺都对良渚石钺产生了明显的影响,或者说这三个考古文化的石钺形式在良渚文化石钺上依然在显示自己的风采。

图4-34 石钺 采自《卞家山》彩版二五、七○

良渚人在石钺的造型设计上也形成了自己的特色,但是,由于主要神礼器都被玉器替代了,所以曾经重要的神礼器石钺重新回到了自己作为实用工具的本位,其标志就是石钺的锋刃被打开了。如良渚石钺标本 M15:2, "长方形,制作精良,表面有光泽。直边,微弧刃"④ (图4-35,1),长方形、直边弧刃是良渚石钺的一种基本造型,简单实用。长方形、直刃的良渚石钺也占据相当比例,如良渚石钺标本 M1:4⑤ (图4-35,2) 和石钺标本 M28:5⑥ (图4-35,3) 皆为刃部微弧、锋利、制作规整的长方形石钺。

---

① 浙江省文物考古研究所:《卞家山——良渚遗址群考古报告之六》上册,第44页。
② 浙江省文物考古研究所:《卞家山——良渚遗址群考古报告之六》上册,第85页。
③ 浙江省文物考古研究所:《卞家山——良渚遗址群考古报告之六》上册,第85页。
④ 浙江省文物考古研究所:《卞家山——良渚遗址群考古报告之六》上册,第55页。
⑤ 浙江省文物考古研究所:《卞家山——良渚遗址群考古报告之六》上册,第35页。
⑥ 浙江省文物考古研究所:《卞家山——良渚遗址群考古报告之六》上册,第75页。

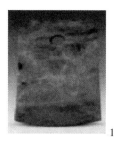  

图 4 - 35 石钺 采自《卞家山》彩版三八、一七、六一

有些良渚石钺造型在其他文化中是没有见到过的，是良渚人在石钺造型上的创新。如良渚石钺标本 M5：5（图 4 - 36，1），"直边微弧刃，两边及刃部双面削尖"①。又如良渚石钺标本 M57：2，"梯形，弧刃直边，双面钻孔，背部不平整并缺一角。刃缘和边缘两面削尖"②（图 4 - 36，2）。再如良渚微型石钺标本 T311D：82，"梯形，个体微小。直刃，刃部及两边双面磨薄"③（图 4 - 36，3），小巧玲珑，精致可爱。可以看出，"刃缘和边缘两面削尖"的梯形造型是良渚石钺的独特形制，而长方形则代表了石钺未来发展的基本态势。

图 4 - 36 石钺 采自《卞家山》彩版二三、二四六、一〇〇

① 浙江省文物考古研究所：《卞家山——良渚遗址群考古报告之六》上册，第 42 页。
② 浙江省文物考古研究所：《卞家山——良渚遗址群考古报告之六》上册，第 110 页。
③ 浙江省文物考古研究所：《卞家山——良渚遗址群考古报告之六》上册，第 297 页。

在新石器时代早期的江南地区，石料装饰品与玉器饰品具有同等地位，原因是当时先民对于玉与石的区分尚不明确，在先民眼中，那些色彩鲜艳、质地细腻的石头未必就比后人眼中的美玉差，所以，先民会努力把自己认为好看的石材制成精致的饰品，美化自己的生活，这种情况在河姆渡文化中表现得十分突出。在河姆渡四个文化层均发掘出了石质或萤石质的玦、管、珠、丸和蝶形器等装饰品。如河姆渡石玦标本 T216（4B）：151 "不甚圆"[1]（图 4-37，1）和石玦标本 T223（3A）：20[2]（图 4-37，2），河姆渡石管标本 T234（4B）：299[3]（图 4-37，3）和河姆渡石璜标本 T18（4）：62[4]（图 4-37，4）等，皆为萤石质或石英质，虽然从后世眼光来看做工显得有些粗糙，但是，相对于河姆渡人的技术条件来说，它们都堪称当之无愧的艺术精品。

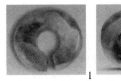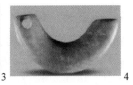

1　　　　　2　　　　　3　　　　　4

图 4-37　石玦、石管和石璜　采自《河姆渡》彩版二四、五一

"蝶形器"是体现了河姆渡独特文化精神的重要装饰品，有石质、木质、骨质和陶质等多种材质的造型，石质蝶形器与同时期的木质、骨质和陶质 "蝶形器" 相比制作最为精致。其中河姆渡石质蝶形器标本 T21④：43 "周缘经二次磨制，正面有雕刻花纹"[5]。河姆渡石器

---

① 浙江省文物考古研究所：《河姆渡——新石器时代遗址考古发掘报告》上册，第 78 页。
② 浙江省文物考古研究所：《河姆渡——新石器时代遗址考古发掘报告》上册，第 262 页。
③ 浙江省文物考古研究所：《河姆渡——新石器时代遗址考古发掘报告》上册，第 262 页。
④ 浙江省文物考古研究所：《河姆渡——新石器时代遗址考古发掘报告》上册，第 78 页。
⑤ 浙江省文物管理委员会、浙江省博物馆：《河姆渡遗址第一期发掘报告》，《考古学报》1978 年第 1 期。

装饰品中最精致的当属鸟形饰标本 T234（2B）：13（图 4 - 38），
"灰白色石料磨制而成，全器呈展翅飞鸟形，一翼残损，正面微弧，
钻有 3 个未透小圆孔，完好一翼上方阴刻圆圈纹 2 周，背面有纵向突
脊 2 条，并在其上作圆孔 2 个"①，该鸟形饰的功能可能与其它材质的
鸟形饰或蝶形器一样，但就艺术品质而言则远非其它鸟形饰或蝶形器
可比。

图 4 - 38　石鸟形饰　采自《河姆渡》彩版六四

　　至新石器时代中后期，随着玉、石界限日渐分明，高等级的石质
装饰品越来越少见，大部分石质装饰品都是某种器具的配件。比如凌
家滩石环标本 98 M29：65，"表面琢磨光滑"②，从大小和形状判断，
并非身体饰品，而是用于装饰某种器具。在凌家滩遗址地层堆积出土
的遗物中，有一件琢磨减地纹饰石器标本 98T0706③：01，是新石器
时代中期以后难得一见的集功能性与装饰性于一体的石器，"角砾岩，
灰黄泛红斑纹。表面润亮。器正面用减地法琢磨凸出圆圈，圆中心凸
磨小圆。大圆外斜面阴刻几何纹"③（图 4 - 39）。从大小及形状判断，
可能是某种祭器上的器盖。
　　总的来说，石器在新石器时代江南地区的聚落社会中无论是作为

①　刘军、姚仲源：《中国河姆渡文化》，浙江人民出版社 1993 年版，第 38 页。
②　安徽省文物考古研究所：《凌家滩——田野考古发掘报告之一》，第 256 页。
③　安徽省文物考古研究所：《凌家滩——田野考古发掘报告之一》，第 28 页。

日常生活器具、生产工具，还是作为装饰品，都曾扮演过重要角色。但是，随着器具制作材料种类的增多，石器在整个社会生活中的重要性呈现出加速下降趋势，陶器、木器和骨器等在日常用具方面大量取代了石器。玉器的崛起更是让石器黯然失色，高档神礼器和艺术作品多为玉器，石器装饰品则沦为低层次的大众用品，但是，石器在造型艺术和人体装饰方面的开创性贡献，对促进人类文明进步所起的巨大作用却是不应被忽视的。

图 4-39　减地纹饰石器　采自《凌家滩》彩版九

第五章　玉器：温婉灵秀、神人合和

　　在江南地区，玉器的出现到目前为止最早可以追溯到跨湖桥文化时期的三件云母质玉璜，此后数千年，制作玉器的技术越来越先进，制作的玉器数量越来越多，人们对玉器的情感越积越深，到良渚文化时期终于出现了一次玉器生产与消费的大爆发，创造了辉煌的良渚玉器。石器、陶器和玉器并称为史前人类三大器物，其中石器和陶器在原始聚落社会中主要是生产工具和日常用具，陶器也大量用作祭祀礼器或随葬品，但二者较少被当作装饰品，玉器却不同，它极少被用作生产工具或日常用具，绝大多数情况下都是神礼器、装饰品或高级随葬品。到了文明时代，玉器在宗教、巫术、伦理、装饰和礼仪等多个层面上都被赋予了特殊的象征意义。古人云："古者君臣佩玉，尊卑有序，绶者，所以贯佩相承受也。"（《隋书·礼仪志》下）事实上，玉器在史前时代就在装饰人的身体、彰显人的社会地位方面发挥着重要作用。以玉比德也是自古至今一直沿袭下来的一种文化传统，所以玉石被制作成镯、佩、玦、坠等最贴近身体的装饰品，享有灵与肉的双重尊荣。然而，还有非常重要的一点，即在新石器时代的江南文化中，部分玉器还被尊为最神圣的神礼器，用以表现和和美美的神人关系，玉琮、玉冠饰和大型玉璧等都是其中的佼佼者。由此，玉器还在各种器具中获得了最高最稳定的审美价值。玉器的审美价值本质上是人文建构的结果，但是，不可否认玉的自然品质带给人的温婉灵秀感觉是这种人文建构的物质基础，可以说，没有玉石独特的自然品质玉器就不可能从史前时代起就承载那么丰厚的审美文化意义。

第一节 温婉灵秀之玉

原始先民对玉石的喜爱表现在各种具体的玉器上，好的玉器增强了先民对玉石喜爱的程度，但玉器显然不是先民喜欢玉石的根本原因，先民也制作了多种与玉器造型相同的石器、骨器和陶器，但是这些器具并没有享受到同类玉器的荣誉和地位，所以先民喜欢玉石的根本原因在于玉石的天然品质。那么，先民是怎样发现玉并深深地爱上它的呢？这恐怕是一个永远也无法考证的问题，不过，从人类的实践逻辑上看，先民应该是在石器的制作过程中逐步形成并发展了对玉石的美感。新石器时代早期的仙人洞和吊桶环文化以及上山文化中都只有石器而没有玉器，跨湖桥文化中仅发现极少的几件品质较差的玉璜，后来考古文化中高品质的玉器越来越多，但即使这样，玉器和石器的界限也并非总是明晰的，比如在马家浜文化、崧泽文化和良渚文化中，许多玉器和石器的造型、做工都没有差别。许慎《说文解字》云："玉，石之美者。"许慎对玉的这一解读很有影响力和代表性，表明在中国古人眼中玉与石只有外观形式上的差别而无自然本质的不同，玉其实也是一种石头，是好看的石头。"石头"因为其好看而被从石头中分离出来称之为玉。那么，玉不同于普通石头的最关键的形式特征是什么呢？这说起来很简单，也很直观。玉石给人的最直接感受是温婉润泽、透脱灵秀。大自然将它的温婉和灵秀凝聚于玉石之中，通过玉石传递给人的眼睛，浸入人的心灵，引动人的视觉思维，激发人的浪漫想象，所以玉石实际上传递的是来自大自然的温暖、智慧与活力。新石器时代的江南先民们根据玉石的特点和自己的需要制作出各种形式的玉器，将来自大自然的温暖、智慧与活力进一步明确、固定和彰显出来，并同时增益人们对玉石的理解和感受。因此，可以说，新石器时代的江南先民是玉石自然审美品质的发现者，也是这种审美品质的发扬光大者。

一 玉色温润

玉与一般石头的根本差别或唯一不同就在于其天然的或者说天生

的温润气质，无论哪一种玉石都拥有这种气质，因此也可以说温润是玉石的家族气质。从物理性质上说，玉并不比别的石头温度高，但是它的色泽却能产生一种直抵人心灵深处的温暖、柔顺、亲和的舒适感，这舒适感因此被喻之为温润。温润是玉的第一生命，是玉之为美的根本原因。不同的玉石所呈现出来的温润色泽也存在天然差异，这种差异在新石器时代就被江南先民发现了，先民在制作玉器时充分利用这些差异，将色泽差异与不同造型相结合，从而使玉器家族绚丽多姿，大放异彩。

与发现的三件跨湖桥文化玉璜相比，河姆渡文化玉器无论在种类还是数量上都有了大幅增加，但是总体品质依然较差。《河姆渡遗址第一期发掘报告》对河姆渡玉器是这样描述的："玉质很差，萤石质地疏松。一般制作粗糙。器形有璜、玦、管、珠、饼、丸。"[1] 从总体出土情况来看，河姆渡玉器有两个特点：一是玉、石混用为普遍现象，表明河姆渡人对玉的自然属性与品质的认知还十分肤浅，甚至缺乏关于玉的基本观念。二是玉器材质较差，玉石皆来自河姆渡之南的萤石矿区，说明当时河姆渡人制作玉器是就地取材，与外界交往和交流不多。萤石也是一种玉石，虽然硬度较低，但多有鲜润颜色，或者是晶莹透明，所以萤石又有软水晶、七彩宝石、彩虹宝石和梦幻石等美称。在人类尚无法制造出不同色彩颜料的史前时代，萤石的色彩和透明性无疑会牢牢地吸引住河姆渡人爱美和好奇的目光，于是河姆渡人便把这些好看的石头加工造型，制成了装饰品。河姆渡玉器虽然玉质差、形制粗，但是它们与跨湖桥文化的三件玉璜一样在人类审美文化史上具有为天下先的创始意义。

河姆渡玉器大多颜色暗沉，造型也显得呆板，但有几件玉玦的透光性较好且没有杂质。如河姆渡玉玦标本 M17：2[2]（图 5-1，1），浅奶黄色，莹润有黄泽，通体柔滑，柔滑中带有一点弹性，像少女的肌肤，让人觉得似有温度，有水分，有灵感。又如河姆渡玉玦标本

---

① 浙江省文物管理委员会：《河姆渡遗址第一期发掘报告》，《考古学报》1978 年第 1 期。
② 河姆渡遗址博物馆：《河姆渡文化精粹》，文物出版社 2002 年版，第 37 页。

M10：2[1]（图5-1，2）通体剔透，几乎没有杂质，梨花白的色泽，滋润如雪。系用细粒致密岩石经过磨蚀而成，表面滑润，通体晶莹剔透，莹然可爱，十分吸引人。

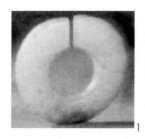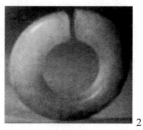

图5-1　玉玦　采自《河姆渡文化精粹》第37页

河姆渡文化玉器以纯色为主，极少夹杂天然花纹，由于玉有一定的透明感，故而纯色更鲜润，灵动有光泽，较之复合色彩自有其独特魅力。在玉、石混用的时代，河姆渡先民正在慢慢揭开玉石之美的神秘面纱。至崧泽文化时期，先民终于跨越玉、石混用阶段，发展起纯正的玉文化。玉文化真正建立的重要标志之一是崧泽文化玉器的质料普遍采用了玉髓，[2] 这表明崧泽人对玉的质料有了具体标准，并据之建立了明确的玉器概念。在整个中国玉文化史上，崧泽人可能最早认识到了玉髓的自然美质，并自觉地将其作为制作玉器的专门材料。

凌家滩地区是新石器时代中国玉器的一个生产制造中心，不仅玉器的制作技术高，而且玉石的品质也很好。地质考古学者指出，"凌家滩出土古玉器中较精美的玉器都是透闪石玉，如玉龙、玉冠饰、玉人、玉喇叭等，数量较多，特征是均呈鸡骨白色。蛇纹石玉质的古玉器不多，主要是玉璧和玉镯。"[3] 玉龙、玉冠饰、玉人、玉喇叭等都

---

① 河姆渡遗址博物馆：《河姆渡文化精粹》，第37页。

② 玉髓是石英的一种或变种，与玛瑙属于同种矿物，一般来说，有条带状构造的隐晶质石英就是玛瑙，颜色均一的就是玉髓。玉髓颜色以透明至白色较普遍，但红、绿、蓝、紫等颜色的玉髓也不少见。

③ 安徽省文物考古研究所：《凌家滩——田野考古发掘报告之一》，第321页。

属于高等级玉器，皆用鸡骨白透闪石制成，表明凌家滩先民对玉石进行了等级划分，鸡骨白透闪石被列为是最高品质的玉。这种质料的玉器大量出现在凌家滩玉器中还说明凌家滩地区在当时有一定数量的鸡骨白透闪石矿。凌家滩遗址出土的碎玉料标本98M18：5-1（图5-2，1）和标本98M18：5-2[①]（图5-3，2）皆为鸡骨白透闪石，[②]这也从一个方面说明这种品质的玉器不是来自其他文化区域，是由本地玉器作坊生产制造的。在交通尚不发达的时代，如果没有充分的当地原材料供应，这些玉器作坊就无法进行持续的生产制造，所以这些数量不菲的残料的存在也是断定凌家滩地区曾经有鸡骨白透闪石矿的重要证据。地质考古学者认为，在安徽省宿松、太湖、望江、潜山到枞阳、庐江、巢湖、肥东有一条地质断裂带，这里广泛分布着透闪石矿，完全可以为凌家滩人提供足够的透闪石玉和蛇纹石玉料。

图5-2　碎玉料　采自《凌家滩》彩版一六一

在所发现的玉器残料中，蛇纹石玉数量也不少。如凌家滩玉石标本FD-SHB-2（图5-3，1）为"浅黄绿色含方解石蛇纹石玉：块状构造，隐晶质结构，半透明，蜡状光泽，似贝壳状断口"[③]。又如凌家滩玉石标本FD-SHB-4（图5-3，2），属于"浅绿色细粒蛇

---

① 安徽省文物考古研究所：《凌家滩——田野考古发掘报告之一》，第205页。

② 透闪石玉又叫软玉，由透闪石矿物组成。从自然界的生成途径上其质料被分为山料、子料和山流水料。产自山上的原生透山石玉料称为山料，产自河床的透山石玉称为子料，原生矿经风化崩落，并由山洪搬运至山半腰、山脚或河床上游的透山石玉料称为山流水料。相对而言，子料由于在流水作用下生成浸染皮，避免了风化和氧化，质料最好。

③ 安徽省文物考古研究所：《凌家滩——田野考古发掘报告之一》，第313页。

纹石大理岩和绿色隐晶质蛇纹石玉"① 紧密共生形态。这些玉石可能均采自合肥市肥东县桥头集镇双山双白采石场，尽管现在找不到与古玉器玉质完全相同的玉石，但这并不能否定凌家滩玉器的玉料采自本地，原因是经过 5300 多年，地质条件有所变化，更有可能的是珍贵的鸡骨白透闪石和蛇纹石玉料本来就不是太多，因为其价值得到公认，所以在古代就已经被采掘殆尽。

图 5-3　碎玉料　采自《凌家滩》彩版二三二

凌家滩人虽然有了明确的玉概念，但是对玉与石在应用方面的区分还远远没有达到像今天这样严格的程度。考古学者指出，"古人的用玉观与现在有一致的，即将自然界分布稀少、细腻、温润、美丽的石头作为珍品，琢制成精美的礼玉、饰玉等；也有与现在不同的，如喜欢五颜六色的花斑状的石头，这些石头分布较多、块体也较大，故用来制作石钺、石斧等工具和仪仗器"②。出于对彩色的喜爱，凌家滩人在制作一部分礼器，如钺、斧、铲等工具型玉礼器时选取了火山碎屑岩质的材料，这种材料只是石头而非玉，但是凌家滩人依然将其制作成了重要礼器。在马家浜文化时期已经有了制作石钺的传统，但那毕竟尚处于玉、石混用的时代，与凌家滩人有意为之完全不同。如凌家滩石钺标本 87M12：24，"表面琢磨光滑。器表略有腐蚀，有琢打的小点。平面凤尾形。顶部略弧。上部饰两面对钻孔"③（图 5-4）。该石钺与一般凌家

① 安徽省文物考古研究所：《凌家滩——田野考古发掘报告之一》，第 313 页。
② 安徽省文物考古研究所：《凌家滩——田野考古发掘报告之一》，第 322 页。
③ 安徽省文物考古研究所：《凌家滩——田野考古发掘报告之一》，第 126 页。

滩玉钺造型没有区别，在使用上应该也是同等对待的，这表明石头色彩在凌家滩先民眼中具有较高审美价值，并享有尊贵地位。

图 5 - 4　石钺　采自《凌家滩》彩版九六

　　良渚人对神礼器的质料很是讲究，辨识玉质的能力更是远超前代，但是一些有色彩魅力的石料同样被制成了重要神礼器。如良渚文化石钺标本 M9：8，"青黑色泥岩。制作精细"[1]（图 5 - 5，1）。又如良渚文化石钺标本 M17：6，"浅灰色粉砂质泥岩，制作精，抛光好"[2]（图 5 - 5，2）。这两件钺虽然用的是石料，但是石料颜色很特殊，特别是石钺标本 M9：8 的青黑色与当时陶器的流行黑色相近，所以颇受良渚先民青睐，被精心磨制和抛光，制成了上等神礼器。

1　　　　　　　　　　　　　　　　2

图 5 - 5　石钺　采自《文家山》彩版四二、六一

---

　　① 浙江省文物考古研究所：《文家山——良渚遗址群考古报告之五》，文物出版社 2003 年版，第 43 页。

　　② 浙江省文物考古研究所：《文家山——良渚遗址群考古报告之五》，第 58 页。

　　松石是一种自色宝石，其化学名称为全水化的铜铝磷酸盐。关于松石有许多古老传说，《尚书·禹贡》有青州出"铅松怪石"之说。东晋医学家葛洪《抱朴子》有石芝为木化石之说，石芝即今天所谓松石。李时珍《本草纲目·金石部》云："贵州普定分司署内有假山，山间有树，树干枝条皆石，而中有叶如榴，袅袅茂翠，开花似桂，微黄。嘉靖丁巳，金事焦希程赋诗纪之，以比康干断松化石之事，而不知其名。时珍按图及抱朴子之说，此乃石桂芝也。"浙江《永康县志》载，唐建中六年八月十五日，著名道士马自然自桐霍山回永康城外延真观，指着庭前古松曰："此松已三千年矣，不能化龙，当化为石。"言毕，顿时风雷大作，古松震作数段，皆成石。清王喆山《松化石》诗云："前身夭矫似龙形，一作云根唤不醒。应有仙人来指汝，化为灵物上青冥。"古代"指松化石"和"降龙木"的典故就出于此。元代吴师道在《吴礼部诗话》中也有"婺山金华有松石"的记载。据上述文献判断，浙江是中国松石文化的重要发源地之一。缘于种种传说，松石又被称为松花石、松化石、木化石、木变石、神木石、降龙石、康干石、绿宝石、绿松石等。英国著名汉学家李约瑟指出："古植物学的创始，确实应归功于中国人，因为中国人早在公元3世纪就已知道了松树的石化现象了。"[①] 事实上，在距今5000多年前的凌家滩文化时期松石已经被凌家滩人当作宝石对待，虽然在凌家滩遗址尚没有发现松石质料的产品，但是发掘到了被切割过的绿松石片。如凌家滩绿松石片标本87M1：15（图5-6），"一面绿色，一面黑色。近似长方形。左右两边各有硬压切割痕迹，痕迹规整"[②]。相应的绿松石产品应该也会有，只是暂时还没有发掘出来而已。

　　良渚文化玉器的玉料种类复杂多样，除了上面提到过的鸡骨白透闪石、方解石蛇纹石、蛇纹石大理岩、隐晶质蛇纹石和绿松石外，在良渚玉器中还发现了占比很大的闪玉、滑石蛇纹石和叶蜡石质料的玉器。经地质考古学者鉴定，"文家山墓葬出土的玉器中闪玉占

---

　　① ［英］李约瑟：《中华科学文明史》，柯林－罗南改编，上海交通大学科技史系译，上海人民出版社2002年版，第296页。
　　② 安徽省文物考古研究所：《凌家滩——田野考古发掘报告之一》，第39页。

图5-6　绿松石片　采自《凌家滩》彩版一四

54%，滑石—蛇纹石系列的'南瓜黄'约占35%，叶蜡石约占10%，另有个别系粉砂岩"[1]。闪玉化学构成上属于钙和镁的矽酸盐，是颜色变化最为丰富的玉。纯净细腻白如羊脂者为白玉，随着铁和镁成分的增高，颜色会逐渐加深为青白玉和青玉。如果三价铁增多，则色调会偏黄。白玉和青玉的局部，若沁入褐铁矿，则会形成褐玉，若为石墨沁入，则依浓度形成灰玉与墨玉。

　　良渚高等级的玉器，特别是最重要的神礼器，均使用品质优良的白玉或青白玉。如良渚冠形器标本M9:6（图5-7，1）为"玉色青白"[2]的青白玉。平面刻有简化神兽纹的良渚玉琮标本M2:23[3]（图5-7，2）和刻卷云纹的良渚匕形器标本M12:2837[4]（图5-7，3）都属于高品质的白玉作品。此外，瑶山遗址发掘出土的成套良渚文化玉钺标本M7:32、玉钺冠饰标本M7:31和钺端饰标本M7:33皆由品质优良的青白玉制成。

① 浙江省文物考古研究所：《文家山——良渚遗址群考古报告之五》，第70页。
② 浙江省文物考古研究所：《瑶山——良渚遗址群考古报告之一》，第115页。
③ 浙江省文物考古研究所：《瑶山——良渚遗址群考古报告之一》，第44页。
④ 浙江省文物考古研究所：《瑶山——良渚遗址群考古报告之一》，第187页。

图 5 - 7　良渚高等级玉器　采自《瑶山》彩图 312、44、615

　　文家山遗址出土的良渚文化玉器的主要制作材料是闪玉。如文家山玉锥形饰标本 M1 : 51（图 5 - 8，1）即为磨制光亮的"浅黄绿色闪玉"[1]。有相当数量的玉镯、玉管、玉珠等玉饰由滑石—蛇纹石类的南瓜黄闪玉料制成，如文家山玉镯标本 M1 : 32 即为南瓜黄玉[2]（图 5 - 8，2）。在良渚玉器中叶蜡石质料的产品数量比较大，如文家山玉管标本 M7 : 2（图 5 - 8，3）和隧孔珠标本 M7 : 3（图 5 - 8，4）皆为"肉黄色叶蜡石"[3]。现在一般认为叶蜡石不是玉，但由于其色泽亮丽，对良渚先民有相当大的吸引力，同时浙江青田是我国叶蜡石的主要产地之一，取材方便，所以良渚先民大量使用叶蜡石制作装饰品。从饰品的类型和制作的精致程度看，叶蜡石在良渚人那里虽不是高档玉，但也被归入了玉家族。

图 5 - 8　闪玉制品　采自《文家山》彩版一二、三八

---

① 浙江省文物考古研究所：《文家山——良渚遗址群考古报告之五》，第 26 页。
② 浙江省文物考古研究所：《文家山——良渚遗址群考古报告之五》，第 20 页。
③ 浙江省文物考古研究所：《文家山——良渚遗址群考古报告之五》，第 38 页。

综合来看，在新石器时代的江南地区，先民对玉料的认知、选择和使用经历了一个巨大的变化过程。从上山文化、跨湖桥文化一直到河姆渡文化，江南先民基本上是玉、石混用，或者说是玉石不分，主要从色泽上判断玉石的审美价值，并将其制成相应的装饰品。到凌家滩文化时期，先民对玉、石有了较明确的区分，他们以本地产的透闪石作为主要原料制作了数量可观的各种玉器，主要用于祭祀、礼仪、各种装饰和墓葬。良渚文化时期，无论是治玉技术还是对玉料的鉴赏水平都达到了空前提高，良渚先民在制作玉器时一方面就地取材，另一方面也利用便利的交通运输条件从周边地域输入玉料，从而使玉料的使用呈现为以白玉和青白玉为主体的多样化格局，玉器审美从形式到质料都表现得异常精彩。

二　治玉之技

马克思曾经指出，美的本质和规律存在于人类通过劳动将自己的本质力量展现于自然界的过程中，即人的本质力量对象化的过程中，在这一过程中，人的本质力量在工业上的表现比在农业上的表现更为显著，"工业的历史和工业的已经生成的对象性的存在，是一本打开了的关于人的本质力量的书"[1]。我国一些当代美学家受到马克思的启示，主张从"人的本质力量对象化"角度破译美的密码，并提出了"美就是人的本质力量对象化"[2] 的观点。我们认为，马克思关于美的本质和美的创造规律的理论对于研究原始时代的审美现象和原始人类的审美实践具有根本性的指导意义。比如，依据马克思的观点，对于玉器的美就不能只是从其自然属性上来感受和认识，而是应该同时从治玉的劳动过程和人们在这一过程中所投入的体力和心力等方面来感受和认知，其中"琢磨"的过程最值得玩味，因为它是人的技术、能力、耐心、智慧、思想和希望的凝聚与表现。

关于中国古代的治玉工艺，最早的文献记载见于春秋战国时期齐国人撰写的《考工记》，书中对百工之事给予了充分肯定，并认为从

---

[1]　［德］马克思：《1844 年经济学哲学手稿》，人民出版社 2014 年版，第 85 页。
[2]　蒋孔阳：《美在创造中》，广西师范大学出版社 1997 年版，第 56 页。

事百工的工匠都是"圣人"①。古人心中的"圣"兼有人灵与神灵两个方面的含义，人灵指人的知识和智慧，神灵指大自然和神的启示及超人智慧和能力，"百工"既依靠人灵又依靠神灵才发明创造了各种器物，所以，任何一种精湛的工艺，任何一件精美的工艺品，都被先民视为兼有人灵与神灵两种灵性。《考工记》给予百工的定位非常高，大致反映了先秦时期工匠普遍受到社会尊敬与推崇的现实，与后来所谓"巫医乐师百工之人，君子不齿"（韩愈《师说》）的工匠观及工匠社会地位较低的社会实际截然不同。从时间距离看，新石器时代工匠的生存境遇应该与先秦时期的工匠相似甚至更好。从社会实际看，在新石器时代只有聚落社会中精英才能够完成较为复杂的器具制作，特别是像治玉这种高技术含量的工作，因此当时的高级工匠很可能像巫师一样享有很高的社会地位。

　　就治玉工艺而言，河姆渡人显然无法与良渚人相提并论，但是就各自所对应的生产力水平而言，河姆渡工匠的治玉技术也称得上精湛了。如河姆渡玉璜标本 T244（4B）：299②（图 5-9，1），表面光滑，棱角转换处也不显得呆板生硬，打磨的很细致，尾端的穿孔也经过了精心处理，尽管穿孔对于河姆渡人来说是高难技术，但这个穿孔做得依然相当光洁、规整。从河姆渡出土的一些玉珠也可以看出河姆渡工匠精益求精的做工态度。河姆渡玉珠体积较小，平均长约 2 厘米，直径约 1.5 厘米左右，有些珠子甚小，有些偏大，可以看出，对于河姆渡工匠来说，要制作出较大数量大小均匀的玉珠依然是一项十分艰难的工作。不过，这些玉珠无论大小中间皆有相对均匀的穿孔③（图 5-9，2），以方便串联，串联后可做成项链、手链、脚链之类装饰品佩戴于身，或者缝到衣服上。河姆渡遗址出土的玉器不多，物以稀为贵，尽管河姆渡人尚处于玉石混用时代，这少量别致的玉器应该也只是社会地位较高的族长或聚落首领才能拥有。

---

① 闻人军：《考工记译注》，上海古籍出版社 1993 年版，第 117 页。
② 河姆渡遗址博物馆：《河姆渡文化精粹》，第 38 页。
③ 河姆渡遗址博物馆：《河姆渡文化精粹》，第 35 页。

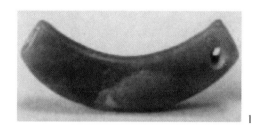

图 5 - 9　玉璜和玉珠　采自《河姆渡文化精粹》第 38 页　第 35 页

凌家滩文化时期，治玉技术突飞猛进，在当时的环太平洋地区遥遥领先，凌家滩人治玉技术的先进性主要表现在如下几个方面：第一，砣切割和打磨抛光技术之先进超出后人的想象。以凌家滩玉人标本 98M29 : 15（图 5 - 10, 1）为例，"玉人冠上方格纹是先琢磨横槽线，后琢磨竖槽线，在冠的表面有交错的细线纹，表明抛光不是朝一个方向。眼部似轻轻琢磨短弧线凹槽，上眼眉圆弧线凹槽是由外向里朝同一个方向琢磨"①。对于凌家滩工匠而言，一块自然形态的玉石在经过基本切割后，便可用砣具来加工造型，且砣具绝非只有一种，而是有大有小，有厚有薄，有粗有细，工匠可以根据需要选择使用不同的砣具。比如，像玉人的眼眉圆弧线凹槽这种细部就只能由小而精细的砣具来琢磨，而如玉人颈项处这些空间较大的部位会使用较大的砣具进行琢磨，其他部位如手、胳膊、腿、胸和背等部位的琢磨和抛光同样会使用较大的砣具。又如凌家滩水晶耳珰标本 87M15 : 34（图 5 - 10, 2），水晶的摩氏硬度为 7，"耳珰的球面体在显微镜下放大 60 倍、120 倍观察仍不见磨擦痕，其抛光的净面度很高，可与现代抛光技术相媲美"②。考古学者推测，此水晶耳珰分四道工序琢磨而成，而且要有夹具或车床类的工具夹住水晶球，然后用车刀旋转或车刀固定水晶球高速旋转，否则单靠手工琢磨和抛光不可能达到如此高的光洁度。③ 同样显示出高超砣琢磨和抛光技术的还有凌家滩玉喇叭标本 98M16 : 41

① 安徽省文物考古研究所：《凌家滩——田野考古发掘报告之一》，第 282 页。
② 安徽省文物考古研究所：《凌家滩——田野考古发掘报告之一》，第 154 页。
③ 安徽省文物考古研究所：《凌家滩——田野考古发掘报告之一》，第 154 页。

（图 5 - 10，3），该玉喇叭器高 1.3 厘米、直径 1.6 厘米，小巧玲珑，不仅形制十分规整，而且"器壁厚薄均匀，只有 0.05 厘米，表面琢磨十分光滑，在显微镜下放大 40 倍都没有发现磨擦痕"①，表明当时琢磨和掏空圆周技术已经相当成熟，而此等技术的发明和应用既需要懂得相关数学、几何原理，还要配备类似车床的装置来带动旋转，这一套技术装置极有可能是由陶工艺的轮制装置调整和改进而成。

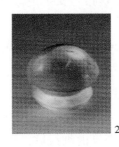

图 5 - 10　玉人、水晶耳珰和玉喇叭形器　采自《凌家滩》
彩版二一九　一一七、一五八

第二，微型管钻技术令人惊叹。原始管钻技术的主要工具是石钻，凌家滩人发明了新石器时代最早的石钻。如凌家滩石钻标本 98M23∶6（图 5 - 11），"表面琢磨平滑。器呈不规则形，剖面扁方形。钻柄的两端各有一粗细不同的螺丝钻头，粗钻头磨平。两端钻头都有使用痕迹。细钻头长 0.5、直径 0.3、钻尖长 0.1 厘米，粗钻头长 0.3、直径 0.6 厘米。器柄一面有一组凹槽，应系固定之用。"② 一个石钻上两个钻头，一头细，一头粗，钻头琢磨成螺丝状，钻头和钻柄为一体，石钻整体的竖剖面约呈直角三角形，两个钻头处于与直角三角形斜边平行的直线两端，使用时垂直固定两个钻头，让斜凸出的直角部分摆动就成为旋转的动力，这是一个经验积累深厚的充满智慧的设计。正是拥有了这样的石钻，凌家滩先民才能在玉人、玉冠饰、

---

① 安徽省文物考古研究所：《凌家滩——田野考古发掘报告之一》，第 201 页。
② 安徽省文物考古研究所：《凌家滩——田野考古发掘报告之一》，第 227 页。

玉珠等作品上钻出精细的小孔，并进一步推动综合镂空技术的提高。如凌家滩玉人标本98M29：15背后用以拴挂的隧孔，"孔径1.5毫米，在60倍显微镜下观察发现，隧孔先是用管钻垂直钻一孔，然后在直管孔上略偏一点再钻一个管孔，在第二个管孔上再斜打一个管孔，以上三个程序管钻孔是在隧孔的右边，在左边同样用三个管钻程序打孔，两边管孔打好后，再在两边孔内斜向钻使两边的孔贯通"①，考古人员还在右边的管钻孔底部发现一折断于其中的管钻孔芯，石芯顶端直径仅0.15毫米，而且还有曲线非常流畅的螺丝纹，能制造出这样的石质钻头，在今天也有相当的难度，在当时更是傲视天下的高精尖技术。凌家滩人在5300年前就熟练掌握微型管钻技术似令人难以置信，不过，后来良渚文化玉器上大量出现的钻孔进一步证实了这种技术的存在。如良渚半圆形玉牌饰、玉珠上的隧孔与凌家滩玉人上的隧孔完全相同，说明良渚人继承了凌家滩人的微型管钻技术，并更加广泛地将其应用于玉器制作上，这使我们甚至不得不对新石器时代的整体技术水平重新认识和评估。

图5－11　石钻　采自《凌家滩》彩版一八四

第三，卓越的镂空技术。镂空是一项综合性的雕镂技术，首先需要有一个既符合审美规范又能满足功能需求的整体设计，其次需要有

① 安徽省文物考古研究所：《凌家滩——田野考古发掘报告之一》，第282页。

一套能够实施这一设计的制作工具和熟练使用这一套工具的工匠。在所有的原始器具中，玉器的式样最多，许多式样的制作都要用到镂空技术。如凌家滩玉冠饰标本87M15：38（图5－12），"器顶端呈'人'字形，'人'字两侧上卷成透空圆，'人'字中间为三角形镂空。底部呈长方形，两端束腰，长方形上刻三条槽线，两端各对钻一圆孔"①。该玉冠饰不仅反映了我国新石器时代成熟琢玉镂空技术的基本特点，即"先实心钻孔，然后用麻线穿过孔，用线和琢玉砂进行拉切，把中间部分拉切掉形成孔洞"②，而且造型空灵飘逸，集造型设计、琢磨抛光、钻孔、镂孔和刻纹等技术于一体，是凌家滩玉匠琢玉技术水平和审美创造能力的综合体现。

图5－12 玉冠饰 采自《凌家滩》彩版－－－

第四，简单而有创意的斜凹槽和圆孔补接技术。在物质相对匮乏的新石器时代，即使对于贵族来说好的玉器也不是可以轻易获得的，所以手中珍贵的玉器一旦受到损伤，人们往往希望能够修复它，这就需要精湛的修补技术。凌家滩玉璜标本87M15：48（图5－13，1）上的修补痕迹显示凌家滩人补接玉器的技术虽然简单却颇具创意，"在一端一面上有两条斜直凹槽，凹槽两端各饰实心钻圆孔，孔径0.3厘米。在反面有相同的两条斜直琢刻凹槽，两端圆孔相同。在一面上明显可以看出似是车床车出的四周规整的圆弧凹槽和阴线"③。该玉璜在出土前已残断，凌家滩玉匠在断开处用车床类工具车出两条

① 安徽省文物考古研究所：《凌家滩——田野考古发掘报告之一》，第283页。

② 安徽省文物考古研究所：《凌家滩——田野考古发掘报告之一》，第283页。

③ 安徽省文物考古研究所：《凌家滩——田野考古发掘报告之一》，第141页。

斜直凹槽，槽两端各钻出一个孔径只有0.3厘米的圆孔，之后用线绳一类连接材料穿孔并卡入凹槽，既可起到补接连断的效果，同时又最大程度上恢复了该玉璜的原貌。在没有粘胶液体的时代，这种补接连断技术无论是从实用性还是从审美效果上看都是最好和最理想的，由此可以想见凌家滩先民生活中求美的认真与执着。又如凌家滩鸟头形玉璜标本87M15：40、106（图5－13，2），"一端琢磨鸟头形，实心钻孔眼为鸟眼；一端斜直，实心对钻一孔。中间两端侧面各实心对钻一孔和凹槽相连，孔径0.3、凹槽宽0.1厘米。这组玉璜可连接可分开"①。该鸟头形玉璜并不属于断裂后的拼接，而是原本就是这样设计的，原因可能有三：一是原料不适合一次成型地制成该作品；二是制作过程中材料断裂，不得已而进行了拼接；三是这种拼接有特殊含义。不管属于哪一种情况，其呈现的拼接技术都是高超的，是能够带来良好审美效果的拼接技术。

图5－13　玉璜　采自《凌家滩》彩版一一三、一一五

第五，几何类工具的使用技术。到目前为止，虽然还没有发掘到实物证据，但从各种玉器的造型判断，凌家滩工匠在制作玉器的过程中已经在使用类似于圆规、三角形等简单的几何类标刻工具。如凌家滩玉璜标本87M15：48（图5－14）就显示在修复过程中使用了圆规类工具，"在一面上有似砣磨出的规整的圆弧凹槽和阴线（阴线似圆规类工具快速旋转刻出），旋转弧度显示不是人手动作的痕迹，而是机械工具的旋转，必须是一个中心点固定不动连接所刻弧痕的点在快速旋转"②。该玉璜标本的修复痕迹表明，凌家滩人可能已经具有了

①　安徽省文物考古研究所：《凌家滩——田野考古发掘报告之一》，第143页。
②　安徽省文物考古研究所：《凌家滩——田野考古发掘报告之一》，第283页。

一定的数学和几何知识，并能够将其运用于制造刻划类工具和制造相关终端产品。制作几何图形的刻划类工具的发明和使用，将极大地提高作业的精确度和效率，制作的终端产品也会更加精致和规范。

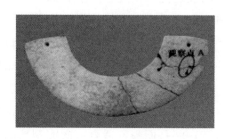

图 5 – 14　玉璜　采自《凌家滩》彩版二二三

一些凌家滩玉器，特别是具有较高审美价值的玉人的制作需要多项成熟技术的支持和多种工具的配合使用，从这些玉器的制作工艺上可以看出，凌家滩文化不仅在玉器制作技术上达到了那个时代的先进水平，而且其科学技术的整体水平也是领先于那个时代的，这种科技整体的先进性甚至"已突破我们对古代科技水平的认识"[①]。凌家滩人的治玉技术在后来的良渚文化中得到全面继承和发展，良渚人的砣琢磨技术、两面钻孔技术、椭圆形与∞形的卯孔技术、卯眼挖钻技术等都是在凌家滩治玉技术基础上改进和发展起来的。在凌家滩玉器上两面孔错位的现象在良渚玉器上已经很少见到了，表明双面定位技术在良渚文化时期有了质的提高。总之，各种迹象都表明，没有凌家滩治玉技术的高度发达，就不可能有随之而来的良渚玉器的辉煌。

三　典雅之器

新石器时代江南聚落社会所制作的玉器从功能上大致可分为如下四种类型：一是身体装饰品。如玉镯、玉玦、玉管、玉珠、玉坠等，都是至今还在使用的身体饰品。二是神礼器。如玉钺、玉琮、玉璧等皆是延用于后世的礼器或神礼器。三是用于把玩的日常用具。如玉

---

① 安徽省文物考古研究所：《凌家滩——田野考古发掘报告之一》，第 282 页。

匙、玉带扣等，在形式上与相对应的日常用具相同，甚至可以像日常
用具一样实际使用，但主要作用还是供主人把玩欣赏。四是明器。几
乎所有玉器都可以作为随葬品成为明器。在所有类型的原始器具中，
玉器与先民的精神信仰、审美诉求等意识形态有着最为直接的联系，
最能体现或反映原始时代聚落先民从野蛮粗俗状态进入文明优雅状
态，从简单实用主义走向审美自然主义的历史进程和所达到的审美境
界，从这个意义上说，玉器是原始时代最纯粹的审美产品。为了避免
与本书"身体装饰"部分的内容重复，关于玉器造型特征的分析和
说明，本节所述只限于第二、三类和介于第一、二类之间的玉器。

（一）玉钺。在新石器时代早期的江南文化遗存中尚不见钺，湖南玉
蟾岩、江西仙人洞和吊桶环文化、浙江上山文化，直到河姆渡文化，无论
是出土的石器还是玉器，都没有钺的影子。马家浜文化遗存中也没有发现
玉钺，但是发现了一定数量的石钺，据此可以大致确定石钺的出现要早于
玉钺，江南地区最早的石钺就是马家浜石钺。在凌家滩文化遗存中，玉钺
不仅数量可观，而且大多数品质也比较好。凌家滩玉钺一般长度10—20
厘米，宽度7—10厘米，厚度1厘米上下，双面弧刃，表面琢磨光滑，平
面形状有梯形、长方梯形和"风"字形三种。如凌家滩玉钺标本87M11：
5（图5-15，1）平面近似长方形。[1] 凌家滩玉钺标本87M8：24（图5-
15，2）平面呈"风"字形。[2] 凌家滩玉钺标本98M28：21（图5-15，3）
平面呈长方梯形。[3]"风"字形玉钺与"风"字形石钺的制作基于同样的
制作理念，但玉钺的应用等级可能要高于石钺。

图5-15　玉钺　采自《凌家滩》彩版八六、八六、一九六

---

[1]　安徽省文物考古研究所：《凌家滩——田野考古发掘报告之一》，第115页。
[2]　安徽省文物考古研究所：《凌家滩——田野考古发掘报告之一》，第94页。
[3]　安徽省文物考古研究所：《凌家滩——田野考古发掘报告之一》，第243页。

　　玉钺顶端向下总长度的三分之一处一般会钻一个孔，也有一部分钻有双孔。如薛家岗玉钺标本 M8：2（图 5 – 16），"竖行对钻 2 孔，均两面管钻，外孔径约 1.8 厘米"[①]。与凌家滩玉钺相比，薛家岗玉钺形状趋方，最长只有 14.6 厘米，而刃宽却能达到 10.2 厘米。这种趋方趋势一直延续到良渚文化时期。如良渚玉钺标本 M3：12[②]（图 5 – 17，1）近似"风"字形，良渚玉钺标本 M10：14[③]（图 5 – 17，2）平面呈方梯形。

图 5 – 16　玉钺　采自《潜山薛家岗》彩版九

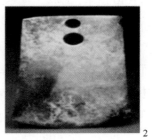

图 5 – 17　玉钺　采自《瑶山》彩图 87、383

　　在良渚男性墓葬中，随葬钺是常见现象，但优质玉钺只出现于高等级的男性贵族墓葬中，"在一般的小墓中，约有一半以上的墓葬随葬有石钺；而在大型墓葬中，许多墓不仅随葬大量的石钺，而且也往

①　安徽省文物考古研究所：《潜山薛家岗》，第 80 页。
②　浙江省文物考古研究所：《瑶山——良渚遗址群考古报告之一》，第 55 页。
③　浙江省文物考古研究所：《瑶山——良渚遗址群考古报告之一》，第 55 页。

往随葬玉钺。在高等级墓葬中，随葬石钺的数量可多达数十把，甚至上百把，这些石钺显然具有象征军权的意义"[1]。但是，在只有石钺而没有玉钺的良渚平民墓葬中，石钺不可能象征军权，所以石钺在良渚文化中可能还象征男性的力量和勇猛，或是用作驱邪的明器，这样理解石钺的功能和意义与良渚社会巫风流行的现实更为切合。

（二）玉斧。斧是钺的前身，但钺诞生后斧并没有消失，只是由于斧的实用性远远大于其审美性，所以在礼仪性玉器中很少看到斧，如果偶尔看到了玉斧，那么其砍伐功能就一定是象征性的。如凌家滩玉斧标本87T1207②：19（图5-18，1），灰白泛绿色，非常柔和，"器长条扁圆形"[2]，虽两面皆有摩擦痕迹，却没有留下明显的砍伐使用的标志。又如凌家滩玉斧标本98M7：4（图5-18，2），浅绿基色中略带黑斑，表面琢磨光滑，刃口锋利，长度达26.3厘米，宽6.7、厚1.4厘米[3]，同样没有发现砍伐使用的痕迹，而且这样长宽比例和厚度的玉斧实际上也不适合日常砍伐使用。因此，玉斧在凌家滩文化中应该只是一种用于陈设的礼器。与玉斧类似的还有玉铲，如凌家滩玉铲标本87T1207②：7（图5-18，3），灰黄色泛绿中夹杂黄褐斑，色彩绚丽，"表面琢磨光滑温润"[4]，与同时期玉钺区别不大，之所以名之为玉铲，只因其"一面平，一面圆弧"的造型略不同于玉钺两面微弧的造型。

图5-18 玉斧 采自《凌家滩》彩版四、一三六、七

① 浙江省文物考古研究所：《良渚古城综合研究报告》，第31页。
② 安徽省文物考古研究所：《凌家滩——田野考古发掘报告之一》，第25页。
③ 安徽省文物考古研究所：《凌家滩——田野考古发掘报告之一》，第171页。
④ 安徽省文物考古研究所：《凌家滩——田野考古发掘报告之一》，第27页。

（三）玉端饰。在马家浜文化中，一些高级组合型神礼器上会为主礼器加上装饰品，如在石钺木柄的一侧和手持端用象牙雕刻进行装饰。在良渚文化中，类似的端饰换成了玉器，通称为玉端饰，设计很有特色，制作也非常精致，具有良好审美品质，可惜与之配套的器具要么已经毁坏，要么就是发生了分离，所以无精确判断其在整套器具中的具体位置和功能。如良渚玉端饰标本 M7∶29（图 5－19，1），"整体略呈阶梯状圆台体，上端面有弧线状切割痕，顶部截面呈椭圆形，中央琢有长方形卯眼。卯眼系挖钻而成，四角留有实心钻孔痕迹，两侧横向穿孔与卯眼相通，卯眼中间至底面对钻小孔。底端面斜平"[1]，初步判断为某种高端神礼器的基座。又如良渚玉端饰标本 M10∶18（图 5－19，2），"近似圆台形，外侧壁内凹。一端弧凸，另一端呈圆突榫状，并开横向槽口。槽内用 2 个实心钻钻孔，形成椭圆形孔，孔内壁留有旋痕，槽口内有横向与直向的线痕"[2]。该玉端饰与江苏金坛三星村遗址出土的马家浜文化石钺木柄上的"牙质镦"[3]形状相似，功能也可能相近。从该玉端饰无使用痕迹的情况判断它只是有待雕刻纹饰的半成品。良渚玉端饰标本 M2∶44（图 5－19，3）"圆柱形，一端较细，呈圆突榫状。器外壁阴刻三周弦纹"[4]，该玉端饰似为全部完工待用的配件产品，其圆突榫显示适合于与木器相连接。良渚玉端饰标本 M2∶54 造型特别，"扁圆柱形，一端略为扁圆，另一端为椭圆形。粗端呈突榫状，上钻 2 个并列的深凹孔"[5]（图 5－19，4），该玉端饰可能是组合型神礼器的手柄部分，突榫和深凹孔组合可以与对接部件形成嵌套式衔接。到目前为止，这些玉端饰的确切用途均不甚明了，但从其设计之用心和做工之精细可以看出良渚人对这类玉端饰在整器中的功用和即将产生的审美效果成竹在胸。

---

[1]　浙江省文物考古研究所：《瑶山——良渚遗址群考古报告之一》，第86—87页。

[2]　浙江省文物考古研究所：《瑶山——良渚遗址群考古报告之一》，第142页。

[3]　江苏省三星村联合考古队：《江苏金坛三星村新石器时代遗址》，《文物》2004年第2期。

[4]　浙江省文物考古研究所：《瑶山——良渚遗址群考古报告之一》，第46页。

[5]　浙江省文物考古研究所：《瑶山——良渚遗址群考古报告之一》，第46页。

图 5-19 玉端饰 采自《瑶山》彩图 219、404、59、61

（四）玉手柄。玉手柄的功能与部分玉端饰的功能相近，有的玉端饰正处于器具的手持部位，也可以称为玉手柄。不过，这里所说的玉手柄指的是专门制作的手柄玉器。好的玉手柄既方便主器具的使用，又可使器具整体更显美观。如良渚文化玉手柄标本 M11：15（图5-20，1），"扁平长条状，上连一圆环。圆环的内、外壁均略内凹，对钻孔。条形柄上端凹弧，两角略上翘；底端平整，中间纵贯浅凹槽。高 4.5、宽 11.7 厘米"①。从平整的底端和上部的圆环结构来看，该构件适合于做整个器具的底部支架，上部圆环可插入玉管类配件。又如良渚玉手柄标本 M11：72（图 5-20，2），侧视如"凸"字形，"横把部分底微凹弧，断面呈圆形；凸出部分顶端琢一横槽，槽内用多个实心钻琢出椭圆形卯孔。高 5.2、宽 18.8 厘米"②。从结构形状看，该构件可插放玉冠饰或三叉形器。从高度和宽度看，上述两种构件均适合于双手掌握，所以有可能在重要仪式上或祭祀活动中由专门人员手持与之相配套的玉器一起出场。良渚玉手柄标本 M2：55（图5-20，3；图 5-20，4）用于祭祀或巫觋活动的特征更为明显，"器体中部内凹，并有一方形凸块，其上竖向琢刻神兽纹。眼球凸出，两眼之间阴刻云纹为额，额上两侧均阴刻线条，似是羽冠，长条形横凸面为鼻，鼻上饰云纹。与凸块相对的背面有一深约 1 厘米的凹孔"③。神兽纹在该玉手柄上的出现增大了其作为神礼器的可能性，平面上的凹孔表明该玉手柄与玉管类配件相连，两端的凹孔显示使用时会悬挂

① 浙江省文物考古研究所：《瑶山——良渚遗址群考古报告之一》，第 160 页。
② 浙江省文物考古研究所：《瑶山——良渚遗址群考古报告之一》，第 160 页。
③ 浙江省文物考古研究所：《瑶山——良渚遗址群考古报告之一》，第 47 页。

有其他装饰品，就是说具体使用时可能是由司仪一类的人员用手托住刻有神兽纹的弧面，上面安插冠状饰，两边悬挂玉锥一类饰品，目的是以隆重仪式渲染被祭祀者的神圣、高贵与荣耀。

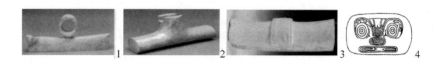

图 5 - 20　玉手柄　采自《瑶山》彩图 504、505、64、图 45

（五）玉璜。玉璜是新石器时代江南玉器家族中较早出现的成员之一，考古学者指出，"玉璜是从马家浜文化晚期即开始出现的一种玉器，在崧泽文化中是一种表示贵族女性身份的主要装饰品。良渚文化的玉璜，一般为制作规范的半璧形，虽然仍然是只有女性贵族才佩戴的一种装饰品，但许多玉璜上也雕刻有神徽图案，表明这一玉器也统一纳入了以神徽崇拜为核心的玉礼器系统之中"①。早期的玉璜造型有两种，一种是桥形，一种是弧形。桥形玉璜最早见于崧泽文化遗存，如崧泽文化玉璜标本 M92：5（图 5 - 21），"墨绿色。长 11.2 厘米"②，倒置似一座桥，正置则似一独木舟，打磨光滑，形制规整，似在喻示人生必渡多重劫波的哲理。这种桥型玉璜是后世玉璜的原型或者说祖形之一。在后世的凌家滩文化、薛家岗文化和良渚文化遗存中均数量较大。如凌家滩玉璜标本 98M7：17（图 5 - 22），"器桥形，剖面扁椭圆形，中间厚，内外薄尖。两端各饰一实心钻孔"③。与崧泽文化桥形玉璜相比，后世的桥形玉璜发生了一些变化，其中最明显的变化是中间的凹槽宽阔了许多，原来的净面上有时会出现一些纹饰。如良渚桥形玉璜标本 M11：94（图 5 - 23），"在弧形器底边缘浅浮雕及阴线刻 4 个'龙首'图案，龙首方向一致，等距离纵向排列。龙首形象为短角，凸圆眼，菱形鼻，阔

①　浙江省文物考古研究所：《良渚古城综合研究报告》，第 38 页。

②　上海市文物保管委员会：《崧泽——新石器时代遗址发掘报告》，文物出版社 1987 年版，第 37 页。

③　安徽省文物考古研究所：《凌家滩——田野考古发掘报告之一》，第 168 页。

嘴"①，这种经过"龙首"纹装饰的玉璜不再是女性专用的装饰品，而成为重要礼仪活动中的神礼器。

图5-21　玉璜　采自《崧泽》彩版二

图5-22　玉璜　采自《凌家滩》彩版一三五

图5-23　玉璜　采自《瑶山》彩图470

弧形璜首见于跨湖桥文化遗存，跨湖桥遗址出土的三件石璜虽均残破，但可以看出其形状皆为弧形，其中一件"用墨绿色石料制成。半环式，截面呈椭圆形"②（图5-24），该石璜的两个孔仍未钻通，从未完成的做工情况看比较粗糙，不过，其造型有可能是弧形璜的祖形。在凌家滩文化遗存中，弧形玉璜就做得十分精致了，如凌家滩玉

①　浙江省文物考古研究所：《瑶山——良渚遗址群考古报告之一》，第154页。
②　施加农：《跨湖桥文化》，第141页。

璜标本98T0807③：8，玉白色，呈"扁圆弧形"①（图5-25，1），
形体纤细，气质高雅。又如凌家滩玉璜标本87M15：44，"平面弧形，
剖面椭圆形，中间略细，两端扁圆"②（图5-25，2），淡黄色，玉质
纯净，表面光洁，两端各饰一小孔，玲珑可爱。

图5-24　弧形石璜　采自《跨湖桥文化》图4-2-8

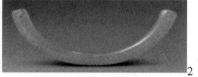

图5-25　弧形玉璜　采自《凌家滩》彩版四、一一二

　　后世玉璜的形制并没有局限于桥形和弧形，而是在两种形制基础
上演化出了多种造型。其中包括：（1）半圆形，指外缘为半圆或接
近半圆的玉璜。如凌家滩玉璜标本87M4：38-1③（图5-26，1）即
为半圆形玉璜之一种。半圆形玉璜在凌家滩玉璜中数量最多，为了避
免造型单调，凌家滩人在外缘上努力寻求变化和创新。如凌家滩玉璜
标本87M11：7（图5-26，2）呈半圆扁形，"剖面一面平，一面略
弧。璜外弧边刻一周凹边，上琢磨22个齿牙"④，质朴中透出大气。
凌家滩玉璜标本87M11：4也呈半圆扁形，"顶部琢磨伞状顶饰"⑤

---

① 安徽省文物考古研究所：《凌家滩——田野考古发掘报告之一》，第25页。
② 安徽省文物考古研究所：《凌家滩——田野考古发掘报告之一》，第140页。
③ 安徽省文物考古研究所：《凌家滩——田野考古发掘报告之一》，第49页。
④ 安徽省文物考古研究所：《凌家滩——田野考古发掘报告之一》，第117页。
⑤ 安徽省文物考古研究所：《凌家滩——田野考古发掘报告之一》，第115页。

（图 5 - 26，3），小巧灵秀。外缘上的这些变化总体上都与聪慧、温柔的女性气质相匹配，应该是专门为女性设计制作的。

图 5 - 26　半圆形玉璜　采自《凌家滩》彩版二二、八九、八八

（2）半璧形，指的是那种形状如同一块玉璧沿直径一分为二的玉璜。半璧形玉璜在良渚玉璜中较为常见。如良渚玉璜标本 M1：5（图 5 - 27，1），"平面呈半璧形，上端中部有半圆形凹缺，左右两侧各对钻 1 个小圆孔，底端圆弧。整器边缘薄而中部厚。"① 该玉璜是半璧形玉璜的基本型，良渚半璧形玉璜的造型变化主要体现在直边中部半圆形凹缺处。如良渚玉璜标本 M11：83（图 5 - 27，2），"半璧形。器体扁薄均匀，上端中部向内凹弧，中央有尖突，尖突之下有横向月牙形镂孔"②，整体做工精细，中央尖突部分颇具创意，给人以轻灵脱透的优雅感。又如半璧形良渚玉璜标本 M4：34，"上端中间尖突，凹缺两侧各有 1 个小圆孔，用于系挂。正面阴刻神兽纹。双眼镂孔，加圆周线和小三角勾勒，宽鼻由卷云纹和弧曲线共同构成，扁圆长方形阔嘴，内有尖利的牙齿和外伸的 2 对獠牙。图纹外围以双线半圆周边，内填卷云纹等。背面平整，光素无纹"③（图 5 - 27，3；图 5 - 27，4）。该半璧形玉璜的尖突造型与玉璜标本 M11：83 上的尖突风格一致，但从装饰孔位置和镂空设计安排上可以看出作者于一致中求新颖变化的匠心。玉璜标本 M4：34 上的神兽纹显示了该玉璜的与众不同处，很可能是用以标示该玉璜作为组合型神礼器主器的身份。

① 浙江省文物考古研究所：《瑶山——良渚遗址群考古报告之一》，第 28 页。
② 浙江省文物考古研究所：《瑶山——良渚遗址群考古报告之一》，第 154 页。
③ 浙江省文物考古研究所：《瑶山——良渚遗址群考古报告之一》，第 62 页。

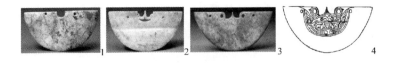

图 5 - 27 半璧形玉璜 采自《瑶山》彩图 15、465、116，第 62 页

（3）月牙形与凸月形玉坠饰。月牙形与半圆形玉坠饰可以看作是半璧形玉璜的两极性演化，这类玉坠饰远不如一般玉璜正式，属于大众化的身体装饰品。如良渚月牙形玉饰标本 M10∶46（图 5 - 28，1），"底端圆弧，上端凹弧，两角上翘，上端厚于底端。两角各有 1 个对钻孔。正面略弧凸，背面平，有 3 对隧孔"①。良渚玉坠饰标本 M10∶47②（图 5 - 28，2）与标本 M10∶46 形状相同，只是玉料上有较多的褐色瑕斑。从形体测量数据看，该类月牙形玉坠饰只有普通玉璜宽度的二分之一左右，是一种小型挂饰。如果把上述两种月牙形玉坠饰称作"蛾眉月"型，那么良渚玉饰标本 M7∶101（图 5 - 28，3）则可称为"凸月"型，该玉饰"上端凹弧，下端圆突，左右两角上翘，上端边缘等距离对钻 3 个小孔"③，宽度上略小于月牙形玉饰。这两种玉坠饰的造型恰似月亮由亏入盈过程中的两种状况，或许这两种玉坠饰的造型设计真的就是对变化的月亮形态的模仿。在生活内容简单、审美对象贫乏的新石器时代，先民对自然现象的敏感性要优于后代，模仿自然现象及其变化规律的兴趣更浓，所以，将上述玉坠饰造型视为针对月亮的自觉的系列性设计和创作应不是一种牵强附会的识读。

图 5 - 28 月牙形与凸月形玉坠饰 采自《瑶山》彩图 415、421、225

---

① 浙江省文物考古研究所：《瑶山——良渚遗址群考古报告之一》，第 145 页。
② 浙江省文物考古研究所：《瑶山——良渚遗址群考古报告之一》，第 145 页。
③ 浙江省文物考古研究所：《瑶山——良渚遗址群考古报告之一》，第 89 页。

（六）玉璧、玉环与玉瑗。玉璧、玉环、玉瑗是器形非常接近的环形玉器，关于三者之间的区别，《尔雅·释器》云："肉倍好谓之璧，好倍肉谓之瑗，肉好若一谓之环。"然而，在现实中很少有人严格按这一标准来区分三者，一般来说，凡是肉体宽度大于孔径者均称为璧，肉体宽度约等于孔径者称之环，肉体宽度小于孔径者称之瑗。瑗与环的区分通常也不明确，瑗、环混同而称环者居多。对于三种玉器的功用，学术界说法不一。关于玉璧功用的说法主要有"礼天说、祭祀说、财富说、货币说、敛尸说"① 等。"礼天说"非常古老，《周礼·春秋·大宗伯》云："以玉作六器，礼天地四方。以苍璧礼天，以黄琮礼地，以青圭礼东方，以赤璋礼南方，以白琥礼西方，以玄璜礼北方。"这说明至少在周代青色玉璧就已经被当作礼天之器了，因此，如果在江南地区的新石器文化中出现以玉璧礼天的现象也不应该是让人感到惊讶的事情。美国佛利尔美术馆收藏的一件最大的良渚绿玉大璧，直径达45.7厘米，堪称"璧王"②，如此巨型优质玉璧用作礼天之器显然是再合适不过了。与"礼天说"相近的观点是"通天说"，有学者通过对良渚墓葬中玉璧的数量、质量及分布情况的对比，认为良渚文化墓中随葬优质玉璧主要是想"利用玉璧原有的'通天'功能，达到死者不朽，并使其灵魂与生前的富有和特权一同升入天国"③。有学者提出了一种与"通天说"相近的"轮回说"，认为在江南地区从跨湖桥文化、河姆渡文化就确立了太阳崇拜的传统，因而"玉璧是由仿太阳而来，由于太阳每天从东边升起，代表了一种向上与新生的力量，因此人死后用它来随葬，放置于墓主人的头与上躯干处，以帮助死者胸中的灵魂向上升起并进入天堂，从而进入下一个轮回"④。用玉璧表达轮回的观念不是没有可能，不过，让人费解的是，假如只为象征性地表达一种轮回观念，那么为什么在一些良渚墓葬中会大量放置玉璧。如寺墩遗址良渚文化墓M3 中有24 件，反山遗址良渚文化墓M23 中的玉璧竟多达54 件。如果换一种思路，把玉璧看作是良渚古国的准货币，那么在墓葬中大量放置玉璧就有了充分

---

① 郑建明：《史前玉璧源流、功能考》，《华夏考古》2007 年第 1 期。
② 张明华：《良渚玉璧研究》，《故宫博物院院刊》1995 年第 2 期。
③ 张明华：《良渚玉璧研究》，《故宫博物院院刊》1995 年第 2 期。
④ 郑建明：《史前玉璧源流、功能考》，《华夏考古》2007 年第 1 期。

的理由——财富总是越多越好。良渚文化学者王明达表达了相近的看法，他说："玉璧象征财富，加工精细的璧代表墓主人自己的财产，随葬于身下；加工粗糙的璧似是匆忙赶制的，应是别人奉献于墓主人的'葬玉'，集中叠放在腿脚部。无论是前者还是后者，玉璧是作为财富的象征物，作为礼的内涵之一出现在良渚大墓中的。"① 从实际使用来看，普通小型玉璧本身适合于作为流通货币，而且"良渚型玉璧西至陕西、甘肃、江西、北至苏北、山东、山西、内蒙古，南至广东，均能见到一些踪迹"②，这些考古发现进一步增加了良渚普通玉璧作为准货币的可能性。总之，玉璧本身在形制、质量上是有较大差别的，其功能和意义也应该是多元的，尤其是在新石器时代，玉璧总体数量有限，一物多用合乎生活常识和社会实践法则。

在崧泽文化遗存中曾发现一件玉珏标本 M82：4（图 5 - 29），"淡绿色。直径 3.7 厘米"③，该玉珏与一般小型玉璧没有明显区别，如果将其视作玉璧，那么这将是到目前为止所见到的新石器时代江南地区最早的玉璧。如果把该璧形玉珏排除在玉璧之外，那么真正的玉璧发明的源头在东南地区就应确定为凌家滩文化。凌家滩玉璧出土数量不多，但制作工艺并不马虎，有的堪称上乘。如凌家滩玉璧标本98M9：14，"表面琢磨光滑。中心有两面管钻孔，内壁有台痕。璧面上有数道砣磨弧痕。外径 5.5、内径 1.4、厚 0.8 厘米"④（图 5 - 30，1），璧面上的数道砣磨弧痕是许多凌家滩玉器上都存在的技术印记，不过，这种技术印记在一些重要的神神器如玉琮上却未见踪迹，主要原因是玉琮一般体积较大，能通过深度打磨来消除这种切割痕，玉璧本身就薄，如果再有较多打磨会因太薄而容易折损。凌家滩玉璧在造型上追求多样化，但这也可能是玉璧发明初期尚未统一形制状况的反映。如首见于凌家滩文化遗存的双连玉璧标本 87T1207⑨：22（图5 - 30，2），扁圆形，"从内外环之间孔壁观察，应是先打孔然后穿

---

① 王明达：《反山良渚文化墓地初论》，《文物》1989 年第 12 期。
② 邓淑苹：《由"绝地天通"到"沟通天地"》，(台北)《故宫文物月刊》1988 年第67 期。
③ 上海市文物保管委员会：《崧泽——新石器时代遗址发掘报告》，第 37 页。
④ 安徽省文物考古研究所：《凌家滩——田野考古发掘报告之一》，第 178 页。

线切割。外环边有四个对称的孔"[1]，该双连璧玉质普通，但制作技术含量较高，工匠将打孔技术与线切割技术巧妙结合，表明其技术成熟，创作经验十分丰富。又如凌家滩"8"字形双连环玉璧标本87M15：107-2（图5-30，3），"外壁厚内壁薄"[2]，虽然制作上并不要求什么绝技，但设计巧妙，匠心独运。良渚文化玉器中玉璧数量最多，分布最集中，"玉璧仅见于良渚大墓（瑶山良渚大墓未见一件玉璧，是个特例，需另作探考），而小墓中则不见"[3]，这一方面是良渚社会贫富分化严重的佐证，另一方面也说明玉璧的使用仍局限于上层社会。

图5-29 玉瑗 采自《崧泽》彩版四

图5-30 玉璧 采自《凌家滩》彩版一四二、六、一一七

与凌家滩玉璧相比，良渚玉璧虽然数量多，但形制统一规范，优质

---

① 安徽省文物考古研究所：《凌家滩——田野考古发掘报告之一》，第26页。
② 安徽省文物考古研究所：《凌家滩——田野考古发掘报告之一》，第145页。
③ 张明华：《良渚玉璧研究》，《故宫博物院院刊》1995年第2期。

大型玉璧明显是神礼器或贵族的珍藏品。如良渚玉璧标本 T0202①：1（图 5–31），灰绿色闪石玉，"直径 15.6、厚 1—1.3、孔径 4.5 厘米"①。这个玉璧的大小在良渚玉璧中只能算中等水平，但其直径也相当于普通凌家滩玉璧直径的 2 至 3 倍，表明大规格的玉璧在良渚文化玉器中出现的概率大增。良渚文化墓葬中数量较少的高品质玉璧很可能是死者生前用玉，死后便随葬于墓中，而那些劣质玉璧则可能是专门的殓尸用殉葬玉，或者是亲戚朋友赠送的随葬品。

图 5–31　玉璧　采自《文家山》彩版七六

　　玉环与玉璧出现的时期大致相当，在新石器江南文化中玉环最早见于凌家滩文化，数量较多，式样也有多种变化。如凌家滩玉环标本 87M4：57（图 5–32，1），鸡骨白透闪石质料，表面琢磨光滑润亮，"体扁圆形"②，无论是质料还是做工，都堪称凌家滩高品质玉环的范型。凌家滩玉环标本 87T0909②：9 为齿形环，"外缘琢磨 87 个齿孔"（图 5–32，2）③，该齿形玉环的齿孔数目可能有特殊象征意义。有的玉环多件形成配套组合，如凌家滩玉环标本 87 含征：5（6 件）（图 5–32，3），"小环能套进大环吻合"④。该玉环组合套件的每一件都看上去很普通，但形成组合并不容易，需要制作者技术娴熟，小心谨慎。透过

---

① 浙江省文物考古研究所：《文家山——良渚遗址群考古报告之五》，第 108 页。
② 安徽省文物考古研究所：《凌家滩——田野考古发掘报告之一》，第 59 页。
③ 安徽省文物考古研究所：《凌家滩——田野考古发掘报告之一》，第 26 页。
④ 安徽省文物考古研究所：《凌家滩——田野考古发掘报告之一》，第 26 页。

该玉环组合套件还可以约略窥见玉璧与玉环之间的关系，因为该玉环组合套件套放在一起即犹如一个多重连环璧。另外，还可据此认为，玉环组合套件标本 87 含征：5（6 件）与上述双连璧标本 87T1207⑨：22 采用的是同一种制作方法和技术。玉环这种装饰品一开始可能是纯美的珍玩，随后被贵族所独占，成为区别贵族身份高低的标志之一，同时也经常被用作神礼器，但其原本作为珍玩的审美价值并没有因此而消失。

图 5 - 32　玉环　采自《凌家滩》彩版三二、五、五

在良渚玉器中，玉环、玉璧、玉瑗等兼具装饰与祭祀功能的玉器均可找到典范标本。如良渚玉瑗标本 M16：8，青绿色带紫黑斑闪玉，"直径 10.6、孔径 4.2、厚 1.3—1.5 厘米"①（图 5 - 33），这是一件

图 5 - 33　玉瑗　采自《文家山》彩版五八

① 浙江省文物考古研究所：《文家山——良渚遗址群考古报告之五》，文物出版社 2011 年版，第 56 页。

相当规范的玉瑗，因为在良渚文化之前尚未见到玉瑗踪迹，所以该良渚玉瑗一出现便成了典范。

（七）玉勺与玉匙。勺与匙在新石器时代已经成为江南先民的餐饮用具，起初为木质和陶质，凌家滩先民首先制作出了精美的同类型玉器。如凌家滩玉勺标本87M4∶26，"蛇纹石，绿色泛白斑纹。表面光滑润亮。器为长柄舌形勺。柄剖面半圆凹形，柄端略呈扁圆形，柄端饰一两面管钻孔。勺池呈舌形。长16.5、柄长10、勺池宽2.8厘米"①（图5–34）。该玉勺的大小与今天人们使用的小型饭勺相当。匙与勺的差别主要体现在体型大小上，匙体型小，属于日常饮食用具。不过，用高等白玉制作的良渚玉匙标本 M12∶2836 显然不是供日常饭食使用的，"器扁平，侧视微凹弧。柄端略呈梯形，上有椭圆形穿孔，凹面阴刻神兽纹。图案分为上下两部分，下部围绕穿孔阴刻卷云纹。上部图纹残损，可见1个椭圆形眼，另一眼残。其间为卷云纹组成的鼻，鼻梁竖直，鼻翼阔。横扁嘴，嘴内伸出4枚獠牙，其中内侧2枚朝上，外侧2枚冲下，内侧2枚之间还有1枚冲下的尖牙。宽1.84—3.52、厚0.47厘米"②（图5–35，1；图5–35，2）。该玉匙小巧玲珑，凹面阴刻了细密的神兽纹和卷云纹，类似的纹饰即使在凌家滩玉勺这样较大的餐饮用具上也未曾见到过，这表明该良渚玉匙很可能是一件神礼器，也表明良渚文化比凌家滩文化具有深厚得多的神巫文化底蕴。

图5–34　玉勺　采自《凌家滩》彩版二九

① 安徽省文物考古研究所：《凌家滩——田野考古发掘报告之一》，第56页。
② 浙江省文物考古研究所：《瑶山——良渚遗址群考古报告之一》，第187页。

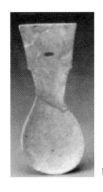 

图5-35　玉匙　采自《瑶山》彩图616图240

（八）玉冠形饰。玉冠形饰在玉器中属于高等级装饰品，目前出土的新石器时代玉冠饰可分为两个系列，一是凌家滩人头型系列冠形饰，二是良渚礼帽型系列冠形饰。从凌家滩玉人所显示的人的头部特征判断，凌家滩玉冠形饰的造型是对当时贵族佩戴礼帽时侧面形象的模仿。凌家滩玉冠形饰呈人头状，上面饰羽纹，给人一种神秘感。如凌家滩玉冠形饰标本87M4：40（图5-36），"透闪石，黄色泛白。表面精磨，光滑温润。平面为长方形，上端略宽。上面阴线刻划两组4个对称三角纹，形似羽毛，上面一组三角纹拖下一条阴线至耳部，阴线两边各刻两组八字纹呈一坠饰。耳部琢空呈一椭圆形孔，耳孔右上部琢三角形凹槽。平面左侧中部琢磨眼、鼻、嘴，上下两端各对钻一圆孔。平面下部阴刻两组三角形纹。器物整体形似人头羽冠形饰。另一面刻纹基本相同，略有区别是上面一组羽毛拖下阴线至耳部与耳部凹槽相连后，又从耳孔两边延伸至底部两组三角形纹中间"[1]，该冠形饰做工精良，但并不适宜日常佩戴，从额头与腮部各对钻一圆孔的情况看，该人头式冠形饰用作玉钺帽饰的可能性较大。不过，考虑到墓主人的高级巫师身份，也不排除该冠形饰是巫术活动中供巫师佩戴做法的神礼器。

---

[1]　安徽省文物考古研究所：《凌家滩——田野考古发掘报告之一》，第56页。

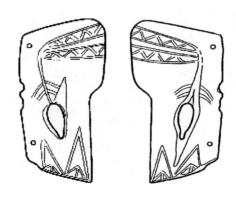

图 5-36　玉冠形饰　采自《凌家滩》图三四

　　良渚系列冠形饰一般用作高等级神礼器或贵族头部装饰，出土数量较多。绝大多数良渚冠形饰都是倒梯形，少数接近长方形，一般高度 3—4 厘米，宽度 5—6 厘米，厚 0.2—0.5 厘米，其造型"主要来源于对神徽冠帽的表现"①，其现实范本可能是当时良渚贵族佩戴的礼帽，故称为冠状饰或冠形饰。如文家山遗址出土的良渚文化玉冠形饰标本 M16∶15（图 5-37），"扁平近长方体，两侧均有线切割痕。顶端中央凹缺，缺口内有方块状凸起，凸块下方有一个穿孔。两侧边斜直，底端有较窄的凸榫，榫上饰 3 个穿孔。宽 5.1—5.7、高 3、厚 0.4 厘米"②，该玉冠形饰造型和大小与其他冠形器相当，用作象牙梳的柄，所以考古学者也将其称之为"玉梳背"。这种玉冠形饰用作梳背的秘密是在 1999 年被揭开的，当时在浙江海盐周家浜良渚文化遗址的发掘中发现了与象牙梳连在一起的冠形饰标本 M30（图 5-38），方知象牙梳与玉梳背组合是插在墓主人发髻上的一种头饰。此外，"在反山、瑶山等高等级墓地中，每座墓都有一件冠状饰，而在中等级的许多墓地中，只有地位较高的墓葬才会有冠状饰"③，表明玉冠形

---

　　①　浙江省文物考古研究所：《良渚古城综合研究报告》，第 31 页。
　　②　浙江省文物考古研究所：《文家山——良渚遗址群考古报告之五》，第 56 页。
　　③　浙江省文物考古研究所：《良渚古城综合研究报告》，第 31 页。

图 5 - 37　玉冠形饰　采自《瑶山》彩版五七

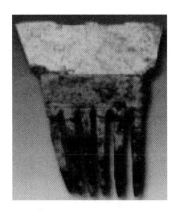

图 5 - 38　象牙梳和玉冠形饰　采自《良渚古城综合研究报告》图 2 - 11

饰是良渚贵族、巫师和首领身份与地位的重要标志之一，如刘斌所言，将神冠戴在巫师和首领的头上，那么巫师和首领便俨然成了神的化身，这也是良渚文化神权统治的一种表现。① 由于玉冠形饰的供应量要远大于象牙梳的供应量，所以并不是每一个玉梳背都能配上一把象牙梳，因此一些玉梳背只能与其他材质的梳比如木梳、石梳等相搭配。从这些玉梳背出土的情况看，大部分是独立放置的，所以玉梳背也可能经常被良渚人当作独立的装饰品或神礼器使用。如良渚玉冠形饰标本 M7：63 - 27（图 5 - 39），"体扁，平面呈倒梯形。顶端凹缺，中心有突起，两端呈尖角状外伸，两侧边内凹；上部中间有椭圆形孔。底端有扁平突榫，上面对钻 2 个小孔。一面有两道弧线状切割

① 刘斌：《良渚文化的冠状饰与耘田器》，《文物》1997 年第 7 期。

痕，但经过打磨"①。该玉冠形饰出土时周围较小范围内分布着 26 颗玉粒，这些玉粒很可能属于同一个玉粒串，与该玉冠形饰组成了一个装饰套件。

图 5 - 39　玉冠形饰　采自《瑶山》彩图 168

　　良渚人在倒梯形基础上开发了玉冠形饰的多种变化形式。有的简洁整齐，如冠形器标本 M4：28，"素面。平面呈长方形，上端略宽，下端有扁突榫，上面均等对钻 3 个小圆孔。高 2.85、宽 5.3—5.56、厚 0.4 厘米"（图 5 - 40，1）。②该冠形器为最简单的长方形造型，简洁大方。有的静好娴雅，如冠形器标本 M5：3（图 5 - 40，2），"平面呈倒梯形，顶端中间内凹，使中央形成圆形突起，下端有扁平突榫，上面均等对钻 3 个小圆孔"③。该冠形器表面白净，造型端庄。有的气度非凡，如冠形器 M8：3（图 5 - 40，3），"体扁，平面呈倒梯形。上端左右两角微外撇，中间凹缺，凹缺内中央有尖突。尖突下有扁圆形孔，孔边缘留有钻痕，推知此孔为钻后锼扩而成。器下端有扁平突榫，其上均等钻 3 个小圆孔"④。该冠形器打磨光洁，棱角分明，个性十足，淡黄色中透着一种高贵的奢华气质。

①　浙江省文物考古研究所：《瑶山——良渚遗址群考古报告之一》，第 75 页。
②　浙江省文物考古研究所：《瑶山——良渚遗址群考古报告之一》，第 60 页。
③　浙江省文物考古研究所：《瑶山——良渚遗址群考古报告之一》，第 66 页。
④　浙江省文物考古研究所：《瑶山——良渚遗址群考古报告之一》，第 106 页。

图 5-40　冠形饰　采自《瑶山》彩图 114、140、284

（九）异形饰。有些玉器造型奇特，目前尚无法断定其功能、用途或寓意，因此姑且称之为异形饰。在凌家滩玉器中，有一些造型明显是作者为了在常型上寻求变化与突破。如凌家滩圆环柄形饰标本 87M15：16（图 5-41，1），"器圆环形，有一细长扁形柄。圆环正反两面均刻划不规则阴线纹，柄部刻划叶脉纹"[1]，该饰品状如一把钥匙，材质为高档白色透闪石，体积虽小，做工却很精细。从形状和纹饰推测，该异形饰由玉环变异而来。从功能上看，可能是巫师所用测影类仪器，也可能表现与太阳有关的某种巫术观念或宗教信仰。有些异形饰为前世未有、后世未见之型，如凌家滩柄形饰标本 87M4：63（图 5-41，2），"上部呈椭圆形，圆形边角饰 13 对齿牙，下部有一长方形柄"[2]，该异形饰以高品质鸡骨白透闪石制作，形状如一团升腾的蘑菇云，推测为神礼器，象征云团等神秘天象。又如凌家滩丫形器标本 87M9：62（图 5-41，3），器体扁圆，"一端呈丫形。一端对钻一圆孔，有绳子磨擦凹槽。器身饰八周凹凸弦纹"[3]，该丫形器有明显使用过的痕迹，可能是用以缠绕真丝的工具。无论其是否具有实用价值，这些玉器就造型而言都属于凌家滩玉器中颇具特色的艺术作品。

新石器时代的江南文化玉器为中国后世玉器创造了基本范型，以上对其中一些有代表性和造型独特的玉器进行了简单的功能与审美分析，由于受到考古材料的制约，所得出的结论多是推测性的，有待于今后新的考古发现来证明或纠正。不过，由于后世玉器的基本类型在这里几乎都可以找到原型，所以，这些玉器类型的原始功能和文化意

<hr>

① 安徽省文物考古研究所：《凌家滩——田野考古发掘报告之一》，第 145 页。
② 安徽省文物考古研究所：《凌家滩——田野考古发掘报告之一》，第 57 页。
③ 安徽省文物考古研究所：《凌家滩——田野考古发掘报告之一》，第 98 页。

义一般都可以根据其在后世的表现实行逆向推测，并得出基本正确的判断。由于玉器造型的设计主要不是为了满足日常使用需要，而是用来表现对神的敬仰、对某种神圣观念的象征，或者表现对某种特异现象的兴趣，所以玉器比其他器具都具有更突出的审美特性，从而成为新石器时代江南地区审美文化精神和特性的集中体现和首要代表。

图 5-41　异形饰　采自《凌家滩》彩版一一七、三一、七二

第二节　神人合和之意

关于玉器的原始起源和创作动机，学术界目前主要有两种看法，一种认为玉器起源于审美，另一种认为玉器起源于神话。持第一种看法的占多数，如张忠培认为在中国历史上占有重要地位的玉文化经历了一个与时俱进的深化过程，这个过程依时间次序可划分为以玉比美、神王之器、以玉载礼和以玉比德四个阶段①。张忠培、朱延平、邓聪和美国学者傅罗文等多位学者都明确指出，玉器最初起源于原始人的审美动机。在史前社会的很长时期里，原始人对石头的认识都停留在美、丑不分的状态。约至旧石器时代晚期，古人从制造和使用石器的长期

---

① 张中培：《第三届中国古代玉器与传统文化学术讨论会开幕式讲话——关于玉文化问题的一点思考》，《玉魂国魄——中国古代玉器与传统文化学术讨论会文集》（三），北京燕山出版社 2008 年版，第 1—2 页。

实践中筛选出了那些质地细腻、色泽光润的美石，并把它们打制成装饰品，"至迟到公元前六千年前的兴隆洼文化，人们已经开始制作小件玉器，纯真温润的软玉终于从美石中独立出来"①。在持第二种看法的学者中，叶舒宪是重要代表之一。叶舒宪认为，八千年前生活在艰苦的半耕种半狩猎采集生产条件下的先民，不大可能会有闲情逸致去使用高硬度和难加工的玉料为自己制作以美化为目的的装饰品，并以玉玦为例说明"华夏先民将天宇想象为玉质的，将青绿色的玉石联想为天神恩赐人间的圣物，使得玉石打造的玉器饰物具有通神、通灵及辟邪护身、保佑等象征意义"②。从玉器的原始起源看，本人是赞同"比美"说的，相信原始人类一开始看重的是玉石细腻、温润、晶莹的自然品质，叶舒宪用大量后世的文化材料来论证玉器起源于神话，却忽视了在旧石器时代和新石器时代早期的原始人类恰恰是没有多少"文化"的，他们主要是根据自己身体感官的"自然"属性和在劳动中与各种石头结成的"感性"关系来对石头做出美丑判断的。只是在玉器生产达到一定水平后，特别是到了新石器时代中晚期，人类创造了丰富的文化，尤其是随着想象力和诗性智慧的发展，人类建立起了解释世界的神话和神话解释链，这种情况下，已经在审美领域占据优势地位的玉器更容易与神、礼仪以及人的身体、精神气质和道德品质等建立起紧密而又神秘的隐喻关系，因此才真正成为神话的合适载体。到了新石器文化中后期的凌家滩文化和良渚文化时期，玉器终于被确立为人与自然万物、人与人、人与神之间沟通的主要媒介，成为天地神人共同上演的精彩大戏中的一件必不可少的道具。

一　雕琢生灵

在中国远古先民眼中，玉凝聚了天地精华，所以不仅看上去光泽温润，敲击起来音声美妙，而且还能通灵，十分神奥，故很早就建立起了多种通灵宝玉神话。《国语·楚语下》云："玉帛为二精。"所谓

① 张忠培、徐光冀：《玉魂国魄——中国古代玉器与传统文化学术讨论会文集（三）》，北京燕山出版社 2008 年版，第 1—2 页。

② 叶舒宪：《中国玉器起源的神话学分析——以兴隆洼文化玉玦为例》，《民族艺术》2012 年第 4 期。

通灵按传统的说法就是能通达神灵之意，按现代解释则是指能够作为天地万物间信息交换的中介。《吕氏春秋·有始》云："阴阳材物之精，人民禽兽之所安平。"按《吕氏春秋》的说法，玉乃吉祥之物，是"阴阳材物之精"，能够为"人民禽兽"带来和平安宁的生活。在玉器走出纯粹的"比美"阶段后，便经常先民以神明和美德相附会，为"人民禽兽"保平安实质上就是一种神性与道德附会，是广义上的比德。正是在类似的观念和思维方式支配下，各种生灵，无论是水中生的还是陆地上长的，无论是被驯服的家畜还是野生猛禽，只要它们曾经或可能与先民共同栖居于同一世界，便会被用珍贵的玉石雕塑成型，受到远古先民的膜拜。

（一）水中一族。在由河湖、沼泽和陆地构成的"泽国"，新石器时代的江南先民以水中鱼鳖作为重要的食物来源，在先民心中，鱼鳖虽然不是神，却是神的恩赐，未必有神性却肯定有灵性，因此先民不辞辛苦，通过陶塑、玉雕等多种方式来为其塑像造形，以表达对这些水中精灵的喜爱，同时也籍之表示对大自然和神的由衷感激。崧泽文化遗存中最先发现了用玉石塑造的水族形象。如崧泽鱼形玉璜标本 M62：2（图 5 - 42），"淡绿色，似鱼形，长 7.2 厘米"[1]，该玉璜体型较小，饰有两个钻孔，钻孔既可代表鱼眼，也可供穿绳佩带，设计巧妙。从整体造型上看，该玉璜作为鱼的形象是比较模糊的，顶部磨制也比较粗糙，不过，这恰好说明，在崧泽文化时期，玉器创作与欣赏尚处于较为纯粹的"比美"阶段，个性特征鲜明，但尚未与神话有任何关联。在反山遗址良渚文化墓中也发现了一些线条流畅、对称和谐、形态逼真、栩栩如生的鱼、龟造型的玉器。如良渚白玉鱼标本 M22：23（图 5 - 43，1），"头部微凸，平唇，单圈圆眼，拱背，腹部微弧，尾鳍分叉，刻画细线"。[2] 该白玉鱼造型清晰，追求逼真，鱼鳍右下方有钻孔，该钻孔并非形式元素，而是专供穿绳悬挂使用。又如良渚黄玉鳖标本 M17：39（图 5 - 43，2），"头颈前伸，四爪作爬行状，形态逼真"[3]。该黄玉鳖标本上并无钻孔，可能

---

① 上海市文物保管委员会：《崧泽——新石器时代遗址发掘报告》，第 37 页。
② 王明达：《浙江余杭反山良渚墓地发掘简报》，《文物》1988 年第 1 期。
③ 王明达：《浙江余杭反山良渚墓地发掘简报》。

是一件单纯的艺术品，但也不能排除其在祭祀活动中被用作神礼器。综合来看，这些水族生命的玉塑形象大多是作为艺术品被创作出来的，审美是人们创作这些艺术形象的主要动机，这说明即使是到了新石器文化中后期，玉器的"比美"价值也没有被轻视，只是这种"比美"行为经常会与礼神活动混在一起。

图 5 - 42　鱼形玉璜　采自《崧泽》彩版三

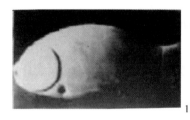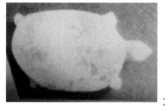

图 5 - 43　玉鱼和玉鳖　采自《浙江余杭反山良渚墓地发掘简报》图版三

（二）家畜与宠物。到了新石器时代中后期，越来越多的野生动物被成功驯化，并对当时人们的生活与生业产生了重要影响，从而引发了先民对这些动物感情态度的变化，这可以从凌家滩玉器中陆上动物造型的变化中看得出来。如凌家滩玉豕标本 87M13∶1（图5 - 44，1），"利用玛瑙自然形状稍加琢磨。琢磨出猪嘴、猪头部，眼睛利用自然孔洞磨光而成，顶部有三个自然孔洞，最大孔与眼孔相通。猪背圆弧肥大。猪尾部有一个浅的自然孔。整体形象栩栩如生"①。该玉豕从形状上看颇

---

①　安徽省文物考古研究所：《凌家滩——田野考古发掘报告之一》，第129页。

似野猪，从神态上看又略显温驯，比较准确地表现了被驯化不久的猪的特点。又如凌家滩玉兔标本 87M10：7（图 5 - 44，2），"上部雕琢一兔子，右为头部，两耳紧贴脊背，兔尾上卷。下部为一长条形凹边，凹边上对钻四个圆孔"①，玉兔作俯卧状，目视前方，机灵中透出安闲，是对家兔的模仿。该玉兔标本下部长条形凹边用于对接配件，判断该玉兔雕是一件玉梳背。既然被用作发梳的装饰那就说明该玉兔标本用作神礼器的可能性不大，而作为一件纯粹的头发装饰品进行创作的意图就比较明确了。再如凌家滩玉坠饰标本 87M9：63（图 5 - 44，3），"器呈小狗形。一面平，另面圆雕有头、鼻、眼，眼部有一对钻孔。高 1.9、宽 2.3、厚 0.9 厘米"②，该狗形玉坠小巧玲珑，神态自然、生动，可以想见制作者单纯赏玩的创作动机。这些动物形象的神态虽然因其种类不同而有差异，但也表现出一种共同风格，即都显得温顺可爱，换一个角度说，它们有差异反映了凌家滩人生活的安逸与自信。

图 5 - 44　玉豕、玉兔和玉坠饰　采自《凌家滩》彩版一〇〇、八一、七六

在良渚文化玉器中，玉鼠的出现传递出特别的信息，即良渚贵族已经开始把小鼠当作宠物来饲养了。如庙前遗址出土的 2 件良渚文化玉鼠形挂饰，"不规则半月形，上端略尖。一侧有对钻小孔。侧视，尖嘴，弓背，酷似鼠"③，其中玉鼠标本 M29：7 显示鼠呈运动状（图 5 - 45）。这些玉鼠的制作均采用写意手法，没有表现出任何对鼠的厌恶之意，其功能是用作挂饰，由此推测，良渚贵族饲养宠物鼠与今天的人们一样，纯粹是为了娱乐。

---

① 安徽省文物考古研究所：《凌家滩——田野考古发掘报告之一》，第 109 页。
② 安徽省文物考古研究所：《凌家滩——田野考古发掘报告之一》，第 102 页。
③ 浙江省文物考古研究所：《庙前——良渚遗址群考古报告之四》，第 70 页。

图 5 - 45　玉鼠　采自《庙前》图版二二

　　上述这些通过现实型手法用珍贵的玉料制作出来的动物形象，无不与当时人们的日常生活关系密切，它们或者是先民的珍馐美味，或者是先民的笼中宠物，抑或是先民的财富之源，总之，它们都是对先民生活有益的，至少在大多数情况下对先民生活是有益的，这是先民愿意与之和谐相处和审美地对待它们的根本原因和前提条件。

　　（三）虎虎生威。在新石器中晚期江南地区的玉器中出现了老虎一类猛兽的雕塑，不过，与河姆渡骨器上刻画的猛兽纹和河姆渡陶塑兽不同，这玉虎看上去并不凶恶，更不令人恐惧，这一方面因为玉器体型较小难以产生威慑力，另一方面也缘于作者并无意追求威慑效果。凌家滩玉虎首璜和玉双虎首璜是这方面的代表性作品，其中玉虎首璜标本 87（含征）：3（图 5 - 46，1）"一端圆雕猛虎上山，前爪腾空状。眼为两面对钻圆孔，孔径 0.2 厘米。阴刻纹饰似虎斑纹"[1]。该玉虎首璜标本的"前爪腾空"动作应是表现猛虎扑食而不是如考古报告所描述的"猛虎上山"，因为老虎捕猎通常都是居高临下凭借隐蔽的有利位置向捕猎对象发动突然袭击，这时才会有腾空跳跃。原始人经常与猛兽打交道，对此有更敏锐的感觉和认知。另外一件凌家滩玉虎首璜标本 87M15：109（图 5 - 46，2）造型相似而略有不同，"从残断痕迹判断，应由两件组成"[2]，也就是说该玉虎首璜标本是一组双玉虎首璜中的一件。凌家滩双虎首玉璜标本 87M8：25、26（图5 - 46，3）是双兽一体，"璜的两端各浮雕虎首，用阴线雕刻出鼻、

① 安徽省文物考古研究所：《凌家滩——田野考古发掘报告之一》，第25页。
② 安徽省文物考古研究所：《凌家滩——田野考古发掘报告之一》，第143页。

嘴，以两面管钻孔为眼，面部浅浮雕耳、脑、吻部和皱皮纹，琢磨出向前的前爪。璜上阴线花纹表现虎身花纹。造型独特，其形态似猛虎上山"①，该双虎首玉璜中的双虎或为雌雄配，二虎腾跃，真可谓虎虎生威。在相当长的历史时期，老虎的凶猛为人类所恐惧，所以有谈虎色变之说，但凌家滩人创作虎首璜时并无意展现老虎的凶残，反而将老虎刻画得很可爱。究其原因，从宏观的人类实践看，凌家滩人经过长期的捕猎实践，对老虎的习性已经比较了解，从内心深处接受和尊重既成的自然生态关系，并由此形成了对老虎啸傲山林、威风八面做派的敬畏，所以不仅从对老虎的恐惧中挣脱了出来，而且能以积极肯定的审美心态来创作老虎的形象。

图 5-46　玉虎首璜　采自《凌家滩》彩版四、一一六、六五

（四）空中精灵。虽然河姆渡人已经建立了鸟崇拜文化，但是受玉器发展进程的制约，直到凌家滩文化时期才出现了玉雕鸟。在凌家滩文化玉器中，玉鸟头饰标本 87T1107④：2（图 5-47）是一件足可与现代玉雕相媲美的艺术杰作。该玉鸟头饰标本"长扁圆尖嘴，头与嘴接合处饰一对钻的圆眼，脖子琢磨成长方形，山琢磨四周凸弦纹"②，虽只雕塑了鸟头，却极为传神，很容易使人联想到一只挺胸而立，四面警觉地张望，随时准备腾空而起的大雁哨兵。福泉山遗址出土的良渚文化玉立鸟标本 M126：3（图 5-48）是所有良渚玉雕鸟中看上去最为活泼、调皮和逼真的一只，"侧立状，头部钻孔，作眼，鸟体颈下两面各有一条刻纹，尾部有 4 条刻纹，足下残缺"③，该玉立鸟表明良渚人对鸟的身体结构和神态具备了精准的把握与表现能力。

①　安徽省文物考古研究所：《凌家滩——田野考古发掘报告之一》，第 90 页。
②　安徽省文物考古研究所：《凌家滩——田野考古发掘报告之一》，第 27 页。
③　上海市文物管理委员会：《福泉山——新石器时代遗址发掘报告》，第 95 页。

图 5 - 47　玉鸟头饰　采自《凌家滩》彩版八

图 5 - 48　玉立鸟　采自《福泉山》图六七

　　枭是一种以其昼伏夜行的活动特点给人造成神秘感的猛禽，这种神秘感也激发了江南先民对其关注、探究和进行表现的热情。枭的形象首见于马家浜文化石钺的象牙帽饰上。良渚人为枭制作了形态各异的群雕，反映了良渚先民对枭这一神秘精灵的认知与敬畏心理。其中最具典型性的是反山遗址出土的 4 件良渚文化玉枭，其中玉枭标本M14：259（图 5 - 49）"尖嘴，短尾，两翼外张，作振翅奋飞状"①，4 只玉枭以不同姿态展现了枭精神专注、伺机而动的天性。瑶山遗址出土的良渚文化玉鸟标本 M2：50（图 5 - 50）造型奇特，鸟体呈扁平状，头部前伸，两翼舒展，尾部微凸，"正面在鸟首尖端用浅浮雕

———————————

　① 王明达：《浙江余杭反山良渚墓地发掘简报》，《文物》1988 年第 1 期。

和阴刻线琢出神兽纹，主要表现嘴和两眼。如将鸟嘴向下，其花纹既像俯冲而下的青鸟，又似挺角露齿的牛首"①，考古报告将该造型作了青鸟与牛首两种解读，仔细琢磨，"牛首"说似也成立。不过，鉴于在良渚玉器中尚未见到类似的牛首造型，而玉枭却见到多例，结合良渚文化的崇鸟传统，判断该玉枭标本表现的是枭俯冲飞行姿态，枭首尖端雕刻出神兽纹表明该玉枭标本是一件用于祭祀的神礼器。

图 5 - 49　玉枭　采自《良渚古城综合研究报告》第 77 页

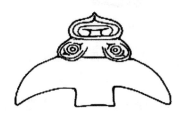

图 5 - 50　玉鸟　采自《瑶山》图 43

　　蝉也进入了良渚人的表现视野，反山遗址出土的良渚文化玉蝉标本 M14 : 187 是目前为止发现的最早以蝉为表现对象的玉器作品，该玉蝉标本质料为南瓜黄玉，玉料颜色接近于蝉蛹的颜色，"以凹凸的弧线刻画出眼、翼，线条流畅，对称和谐"②，蝉的眼睛圆形，似龙眼，无翅，所以该玉蝉也可能是以蝉蛹为模仿对象创作的，采用的是

①　浙江省文物考古研究所：《瑶山——良渚遗址群考古报告之一》，第 47 页。
②　王明达：《浙江余杭反山良渚墓地发掘简报》，《文物》1988 年第 1 期。

写意手法，略显稚拙，且为仅见，表明当时表现蝉的技巧尚不成熟，该作品只是一次表现蝉的尝试或探索性作品。总体上看，从河姆渡文化到良渚文化，江南先民通过各种方式展现出来的对鸟的艺术表现能力要优于对其他动物的艺术表现力，这应与江南地区贯穿整个新石器时代的经久不衰的鸟崇拜文化传统有直接关系。

（五）肥美的菌。在玉器中出现菌类植物雕塑首见于凌家滩文化遗存。凌家滩遗址87M4墓葬出土了2件凌家滩文化菌状玉饰，质料均为高品质透闪石玉。菌状玉饰标本87M4：127（图5-51，1）牙黄色，"整体呈蘑菇状，半圆形顶，细圆柄，平底座，中心钻一圆孔"①，该菌状玉饰的平底座设计说明通常情况下它是被独立摆放的。菌状玉饰标本87M4：58（图5-51，2）黄色略泛白，"上部为一椭圆形顶，下部为长方扁形柄"②，该菌状玉饰的"长方扁形柄"设计表明它是插在其他器物上的配件，从实际用途看可作器具的手柄。这两个菌状玉饰所表现的菌类都显得发育充分，活力四射，营养丰富，它们作为一种艺术形象出现在凌家滩文化中足以说明凌家滩先民不仅已经就知道这些菌类的食用价值，而且对其生长情况和品质优劣能够做出准确判断，同时也不难想象，如果不是这些菌类的美味让凌家滩先民念念不忘，他们恐怕也没有意愿用如此珍贵的玉石来为其塑形。

图5-51　菌状玉饰　采自《凌家滩》彩版三一

---

① 安徽省文物考古研究所：《凌家滩——田野考古发掘报告之一》，第57页。
② 安徽省文物考古研究所：《凌家滩——田野考古发掘报告之一》，第57页。

不过，在整个新石器时代，植物作为艺术形象出现的数量和概率依然非常小，而以高等级白玉制作蘑菇的立体形象也仅见于凌家滩文化玉器中，由此可见，凌家滩先民在植物审美和艺术创作上的确有其独特眼光和非凡表现力。

二 敬慕诸神

新石器时代不仅是人类发明器具的时代，也是通过各种器具，特别是玉器创造诸神的时代，江南先民创造了太阳、鸟、蛙、龙、凤和神龟等诸神形象，并且以这些形象记载了附会于其上的原始神话，这些原始神话所表现的思想、情感、愿望和意志品质作为一种精神本体至今依然是中华民族精神的重要组成部分，是激励中国人民创造美好生活的不竭的精神源泉。

（一）腾飞的龙。关于中华龙形象的起源，学术界众说纷纭。不过，有确凿证据表明，凌家滩人创作出了自己的玉龙，而且整体形象颇具后世中华龙形象的精气神。凌家滩玉龙标本 98M16：2（图 5 - 52）"龙吻部突出，头顶雕刻两角，阴线刻出嘴、鼻，阴刻圆点为眼，脸部阴刻线条表现折皱和龙须。龙身脊背阴刻规整的圆弧线，连着弧线阴刻 17 条斜线并两侧面对称，似龙身鳞片"[1]，该玉龙双目圆

图 5 - 52　玉龙　采自《凌家滩》彩版一五七

---

[1]　安徽省文物考古研究所：《凌家滩——田野考古发掘报告之一》，第 196 页。

睁，两角上翘，鳞光闪闪，首尾相连，不怒而威，是目前发现的最古老的实体玉龙，与形成年代略晚的北方红山文化玉龙的神态极为相似。多数学者认为，龙起源于我国多个原始文化，在不同地域的原始文化中龙的形象差别也很大，有鱼龙、马龙、猪龙、鸟龙、狮龙、象龙，还有龙凤组合的龙，等等，起初是二合，后来逐步变成多种动物的集合形象。这一变化趋势与新石器时代日益扩大的聚落共同体有直接关系。

　　良渚文化的主要图腾是众所周知的"良渚神徽"，不过，由于受到凌家滩文化的深刻影响，龙也作为重要图腾之一接受良渚人的膜拜。在瑶山遗址第 11 号墓中发掘出一组 12 件良渚文化玉圆牌饰，其中最小的玉圆牌标本 M11∶59（图 5 - 53，1）"在器边缘等距离有 3 个浅浮雕凸面，为同向的'龙首'图案"[1]。这种"龙首"纹还出现在瑶山遗址 2 号墓出土的良渚文化玉圆牌饰标本 M2∶17（图 5 - 53，2）上，"扁平圆饼形，中间对钻圆孔。外缘有 3 个浅浮雕凸面，上面用阴线及浮雕均等琢刻 3 个'龙首'纹，朝向一致"[2]。该型玉圆牌上的三个"龙首"纹可能是战国时"三龙外蟠环"的前身或祖形。研究表明，环形玉器是龙首纹的主要载体，"那种圆周形的表现方式，使载体本身成为龙身的象征。这种表现方式与红山文化的玉龙以及商周青铜时代的龙形玉玦等极为相似"[3]，极有可能是同祖同宗。

图 5 - 53　玉圆牌饰　采自《瑶山》图 198、42

①　浙江省文物考古研究所：《瑶山——良渚遗址群考古报告之一》，第 155 页。
②　浙江省文物考古研究所：《瑶山——良渚遗址群考古报告之一》，第 46 页。
③　浙江省文物考古研究所：《良渚古城综合研究报告》，第 28 页。

有一些小柱形良渚玉器上雕刻有神兽纹，没有发现这些小柱形玉器有什么实际功用，应该属于神礼器，在良渚人祭天礼地的活动中担当小玉琮的角色，上面的神兽纹可能就是简化了的龙首纹。如良渚刻纹管式玉柱标本 M9：5（图5-54），"圆柱形，中间对钻孔。器表上下两端刻浅横槽，以突出图纹"①，该玉柱上的纹饰正是高度简化的龙首纹。

图5-54　刻纹玉管　采自《瑶山》彩图321

中华龙作为自然主义审美精神主导下的审美创造的重要成果之一，"是人的实现了的自然主义和自然界的实现了的人道主义"② 在中国审美文化中的体现，是自然界在中国审美文化中的真正复活。在谈到中华龙形象对于中国文化的意义时，段宝林说："龙是多种图腾的结合，在形成的过程中，当然有各种各样的形象，有各种各样的龙，但是现象虽然多种多样，其本质却都是龙，这是不变的。这个事实，正说明龙的生命力是无穷的。"③ 龙的生命力为什么是无穷的，结合史前文明中龙形象的起源和龙形象的变化特点不难发现，龙其实代表的是一种充满自然智慧的生存理念和精神气度。首先，中华龙是自然伟力的象

① 浙江省文物考古研究所：《瑶山——良渚遗址群考古报告之一》，第122页。
② ［德］马克思：《1844年经济学哲学手稿》，第79—80页。
③ 段宝林：《中华龙图腾浅说》，《文化学刊》2012年第3期。

征。中华民族将自己视为"龙的传人"就是坚信自己的自然之命，把民族的命运托付给大自然，竭力到大自然中探寻民族生命力的源泉，这意味着只要自然界充满生机，中华民族就有光明前程。其次，中华龙所代表的是遒劲、刚健的创新、奋斗精神和开放、包容、合作、共赢的命运共同体理念，以及海纳百川的骏爽意气。中华龙除了永远不变的奋发向上的气势外，后世中华龙的身体结构越来越复杂，包含的元素越来越多，这恰恰是开放、包容与合作精神的体现。

（二）神秘的兽。良渚"神徽"的中部是一种长着獠牙的兽面纹，也称神兽纹，这种纹饰也经常以独立形态出现在一些良渚玉琮和柱形器上。如良渚带盖柱形玉器标本M9：1-2（图5-55），由器盖和柱形器组成，柱形器呈圆筒形，"器表有3个弧凸面，每个凸面均为浅浮雕和阴线琢刻的神兽纹。上端中间饰3组羽纹，下有椭圆形微凸眼眶，双圈为眼，阔鼻，嘴扁宽，内露两组獠牙，中间2枚獠牙朝上，外侧的2枚冲下。其余部位阴刻线纹和卷云纹，作为地纹。每个凸面的图案均有微小差别，主要是嘴部之下的刻纹有所不同"[1]。该纹饰图案与"神徽"上的神兽纹相同，可以看作是从"神徽"上析出后独立表达意义。由于这种神兽纹雕刻在专门用于礼地的玉琮或类似于玉琮的柱形器上，所以推测在良渚人心中，神兽纹代表的是大地的力量或大地神。

图5-55　柱形器及其兽面纹　采自《瑶山》彩图313图140

---

[1]　浙江省文物考古研究所：《瑶山——良渚遗址群考古报告之一》，第117页。

　　良渚文化"神徽"上的神兽纹与圆牌饰上的龙首纹神态极为相似，但考古学者认为它们是象征两类动物种属的不同纹饰。龙首纹与神兽纹相比，"前者具有上竖于头顶的耳朵和角；而后者没有。龙首纹是一种具有长而宽的腭骨、吻部突出、口鼻相连的动物，其嘴列可延至眼睛的侧面；而兽面纹则是平脸短腭、蒜形鼻子和独立的扁圆的嘴巴。龙首纹有着整齐的牙齿，不见獠牙，是食草动物的特征；而兽面纹则具有食肉动物的长长的獠牙。两种图案种属的不同，反映出在崇拜渊源上的差异"①。这种说法有一定道理和根据，不过，需要注意的是，上述神兽纹与龙首纹的差别只有在它们最完整的形态上才能够分辨出来，经过简化或变形的这类纹饰则难以区分。主要原因有二：第一，形式趋同。比如良渚方柱形锥形器 M7：22（图 5 - 56，1、2），"整体呈方柱体，前端较尖，后端呈突榫状，上面对钻小圆孔，方柱体下半段琢刻简化的神兽纹，被两条横凹槽分成上中下三部分，每部分又以转角为中轴，刻划纹饰。相邻两组共享一眼，即方柱体每一面仅刻一只圆圈形眼睛"②。该方柱形锥形器上的神兽纹即属于简化的神兽纹，代表眼睛的两个小圆和代表嘴巴的一个扁圆组成一个兽面，根本无法据之判断其所代表的兽的类型。又如良渚锥形器标本 M2：8 - 1③（图 5 - 56，3、4）上所谓"神兽纹"的图案，口部整齐，也无獠牙，与简化的龙首纹没有差别。

　　第二，龙兽混刻于一器。在一些良渚文化玉器上同时刻有形象极为相像的龙首纹和神兽纹，这使得严格区分二者显得没有必要或意义不大。比如瑶山遗址 9 号墓中出土一组 7 件良渚文化锥形器，其中 4 件长条状方柱体锥形器上刻有动物纹，这些动物纹也各不相同，有的锥形器上的纹饰上下不同，有的则是左右不同。如良渚方柱体锥形器标本 M9：7（图 5 - 57，1）上的纹饰上下不同，"整器被弦纹带分成等长的上下两部分，上端光素，下端琢刻简化神兽纹。以转角为中轴线，构成 2 组图案。眼眶椭圆形弧凸，眼球微鼓。两眼之间阴刻云纹

---

① 浙江省文物考古研究所：《良渚古城综合研究报告》，第 28 页。
② 浙江省文物考古研究所：《瑶山——良渚遗址群考古报告之一》，第 77 页。
③ 浙江省文物考古研究所：《瑶山——良渚遗址群考古报告之一》，第 35 页。

为额，其上刻平行细弦纹，象征羽冠"[①]，该方柱体锥形器纹饰的上部为龙首纹，具有龙首纹所常有的两颧骨间标志性的菱形纹，下部则为神兽纹，有神兽纹的多重圆圈眼和收拢的獠牙。又如瑶山良渚方柱体锥形器标本 M9：9（图5－57，2）上的纹饰，上部为阴刻似卷云神人纹，下部为神兽纹，[②] 但这些神兽纹并无神兽的獠牙，且具有通常情况下龙首纹才会有的单圆圈眼。龙首纹与神兽纹难以区别的实际情况说明，一方面对于良渚人来说这种区分并不重要，另一方面虽然神兽纹与龙首纹所表达的意义有所不同，但也可以表达共同的意义和信仰。

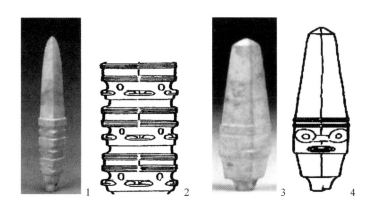

图 5－56　锥形器及其神兽纹　采自《瑶山》彩图 173/图 93 彩图 36/图 35

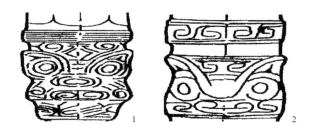

图 5－57　锥形器纹饰　采自《瑶山》图 145

---

① 浙江省文物考古研究所：《瑶山——良渚遗址群考古报告之一》，第119—120 页。
② 浙江省文物考古研究所：《瑶山——良渚遗址群考古报告之一》，第120 页。

在良渚玉器中，雕琢有简化神兽纹或龙首纹的小玉琮和锥形器均随葬于男性墓中，这就不仅从形态特征，而且从象征意义上有理由认为这类动物纹是阳性或阳刚力量的表现。另外，若把良渚龙首纹与凌家滩玉鹰身上作为羽翼的猪纹进行一下对比会发现，二者神态极为相似，由此推断，良渚龙首纹是凌家滩猪首纹的变体，很有可能凌家滩先民和良渚先民在创造龙的神话过程中所依据的动物原型都是猪。无论这种推断是否正确，都可以确定，龙首纹和神兽纹都是龙兴于新石器时代江南文化的重要证据。

（三）五色备举的凤。河姆渡文化中的象牙雕刻"双鸟负阳"最早展示了凤的风采，初步确立了凤飞天、向阳、示美的品质。《说文解字》云："凤，神鸟也。天老曰：'凤之象也，鸿前麐后，蛇颈鱼尾，鹳颡鸳思，龙文虎背，燕颔鸡喙，五色备举。'""凤"字在甲骨文中的写法①（图5-58）与此说基本吻合，也与河姆渡"双鸟负阳"展示的形象风格一致。从雌雄关系上说，凤原本属雄性，与凰相配。《尔雅·释鸟》亦云："鶠凤，其雌凰。"不过，这不是唯一的解释，凤也被与龙匹配，龙代表雄性，凤代表雌性。按照中国的"阴阳"学说，凤喜火，属阳性，为"羽族之长"，即百鸟之王，故有百鸟朝凤之说。龙喜水，属阴性，为"鳞族之长"，故有龙王之说。但是，从秦汉开始，龙和凤的关系发生了逆转，皇帝称自己为真龙天子，皇后、皇妃便顺势称凤，凤即由"阳"转"阴"，成为雌性的代表。上述诸说看似混乱，甚至相互矛盾，但是放在阴阳对立统一的中国哲学大背景下，结合具体的语境条件，又皆可自圆其说。

在良渚文化玉器上，所表现的龙阳凤阴、龙凤呈祥意识非常明确。如反山遗址出土的良渚文化玉璜标本M23：67（图5-59），"正面正中有一浅浮雕兽面纹，两角雕琢一对'神鸟'"②，中间神兽为龙，两翼之鸟为凤，这一分离型龙凤组合以龙为中心，是良渚文化时期江南聚落社会由男性主导的一种重要表征。

---

① 陈年福编著：《实用甲骨文字典》，四川辞书出版社2019年版，第75页。
② 王明达：《浙江余杭反山良渚墓地发掘简报》，《文物》1988年第1期。

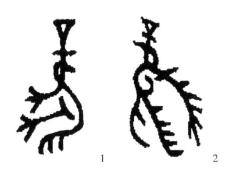

图5-58 "凤"字 采自《实用甲骨文字典》第75页

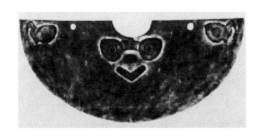

图5-59 玉璜 采自《良渚古城综合研究报告》图2-6

　　瑶山遗址出土的良渚文化玉冠状饰标本M2：1（图5-60）上的"神徽"组合有似于此，但也有所不同，"正面中段上部刻神人兽面图案。上部为戴羽状冠的神人。脸庞为倒梯形，鼻、目、口俱全，并显露张开的双臂。下部为兽面。椭圆形眼眶中以重圈为眼，并刻三角形的眼角。蒜状鼻下侧用卷云纹刻出鼻孔。长扁形嘴，嘴部刻四枚粗壮的獠牙，内侧两枚向上，外侧两枚向下。整幅图形表现了神人凌驾于兽面之上。兽面下有一椭圆形镂孔，器的底边再饰一道卷云纹带。器的两侧角各刻伫立云端、引颈回首的鸟纹图案。鸟尾舒展，神态极佳"[1]。该玉冠状饰标本上的兽面纹下面并无鸟足，但两侧出现两只引颈回首的鸟，从构图效果上看，这种设计形式避免了重复，增加了灵动感，从其象征意义上看，既有龙凤呈祥

――――――――――

[1] 芮国耀：《余杭瑶山良渚文化祭坛遗址发掘简报》，《文物》1988年第1期。

之意，又体现了以人为本和追求自然和谐的精神。出土于反山遗址的良渚文化"玉钺王"标本 M12：100（图 5 – 61）上的鸟纹非常独特，"将单只的鸟纹刻于神徽的下方，是这种鸟纹唯一的独特表现方式。但也更显示出神灵高高从天而降，来自于飞鸟之上的感觉。神徽与鸟纹的对应组合，反映出良渚神与鸟的密切关系"①。反山 12 号墓为良渚国王兼最高级巫师之墓，因此该玉钺上的图案设计及其体现的观念在当时具有权威性和主导性，说明在良渚人的观念中，神鸟或者后世所谓的凤虽然受人尊敬，但就其地位而言并不能与神徽所代表的至高无上的神平起平坐，神鸟只是一种二级的依从神，或者说是神与人之间的一个中介，这也在暗示国王兼最高级巫师是神人下凡，具有驾驭神鸟的能力。这与后来殷墟卜辞中的"帝史凤"（《卜辞通纂》398 片）及《楚辞·天问》中"玄鸟致贻，女何嘉？"诸说可能存在一定关联性。总之，神鸟或者说凤是新石器时代江南先民创造的一种依从神，代表的是雌性的阴柔品质和依从特性，有极强的使命意识和献身精神，在一定程度上反映了新石器时代后期女性社会地位的变化以及聚落社会对女性品德与审美方面的要求。

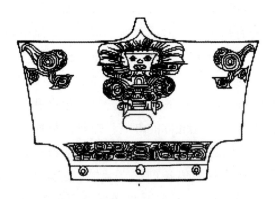

图 5 – 60　玉冠状饰　采自《瑶山》图 32

---

① 浙江省文物考古研究所：《良渚古城综合研究报告》，第 24 页。

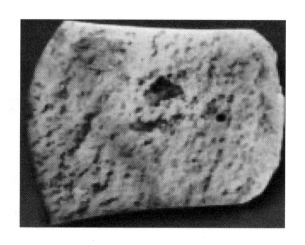

图 5-61　"玉钺王"标本　采自《良渚古城综合研究报告》图 5-15

（四）生殖之门——伏蛙。伏蛙的艺术形象最早见于良渚玉牌饰和
玉璜，这些玉饰通常只有女性墓葬中才有，结合其对雌性生殖器的夸张
表现，推测伏蛙这种纹饰图案在良渚文化中是一种生殖图腾。如良渚玉
璜标本 M11∶84（图 5-62，1）两面以透雕和阴线刻相结合的技法雕
琢的神兽纹就是伏蛙的形象，"菱角形双眼，眼角两端上卷，圆孔代表
眼珠。两眼之间用弧边十字形或三角形镂孔表现出鼻梁和鼻翼，鼻下面
用弧形孔和阴刻线勾勒出阔嘴，嘴两端上翘。其余部位琢刻不规则的孔
和阴线"[1]。考古学者认为，这种雕镂纹可解读成"两两相向的龙
纹"[2]。审视再三，觉得这种识读过牵强，不如视之为处于小蝌蚪包围
中的伏蛙更为贴切。在良渚玉牌饰标本 M7∶55（图5-62，2）上采用
相同的透雕和阴线刻相结合的技法雕镂了神兽纹，"两角各对钻 1 个圆
孔为眼，眼两侧以线切割法镂扩成弧边三角形的镂孔，组成眼眶及眼
睑，边周再用阴刻线勾勒。两眼之间的额头有不规则的长条形镂孔，鼻
孔为阴刻的卷云纹。鼻下端有弧边十字镂孔，似是嘴。眼眶以下的两侧
各有 1 个锯齿状突起，颇似蛙爪，十字镂孔及其两侧的形态更似蛙的后

---

①　浙江省文物考古研究所：《瑶山——良渚遗址群考古报告之一》，第 154 页。
②　浙江省文物考古研究所：《瑶山——良渚遗址群考古报告之一》，第 154 页。

腿，故整器又如变形的伏蛙"①。该神兽纹与玉琮、玉牌饰和玉方柱锥形器上的神兽纹差异较大，神兽纹通常具有的椭圆形嘴巴变成了十字星形的雌性生殖器，伏蛙的前蹼足雕刻得也很明显，推测该玉牌饰标本是成年贵族女性的装饰品，更确切地说，是在交感巫术思维支配下专门为贵族女性制作的神器，用于感应其多生子女。

图 5 - 62　伏蛙纹玉璜和玉牌饰　采自《瑶山》彩图 464、222

伏蛙作为一种出现较晚的神巫形象，在后世的影响也远不如龙和凤，但是它所体现的中国原始文化精神却是不容忽视的。良渚先民用伏蛙这种生育能手来为女性生育助威，反映了良渚先民向大自然寻求智慧与能力的实践态度和多子多福的生存观念，这也是后世中国传统文化一直维护和弘扬的人生态度和价值信念。

（五）光明与力量之神——太阳。太阳几乎是世界各个原始民族都崇拜的神，对于新石器时代的江南聚落先民来说也不例外。在跨湖桥文化陶器上，太阳被以多种纹饰形式进行了表现，有具象的，也有抽象的。如跨湖桥陶片标本 T303⑦：45（图 5 - 63）上的太阳纹，红陶底色，太阳和它射出的光芒用白色表示，形象生动。抽象太阳纹包括十字形、米字形等。跨湖桥文化的太阳纹无论是抽象的还是具象的，都给人以自然、自在和单纯的感觉，体现了跨湖桥人对太阳的"一种具体化体验，即对光和热的直接感知"②。从这些太阳纹可以看出跨湖桥人对太阳的热情、崇尚和欣赏，但尚不足以证明跨湖桥人是把太阳当作神来敬仰的。河姆渡双鸟负阳象牙雕和动物纹上的太阳纹比较清楚地表明，河姆渡人建立了自己的太阳神

---

① 浙江省文物考古研究所：《瑶山——良渚遗址群考古报告之一》，第87—88 页。
② 蒋乐平：《跨湖桥文化研究》，科学出版社 2014 年版，第 148 页。

话，太阳在河姆渡先民心中是给予这个世界光明与力量的神。

图 5 - 63　太阳纹陶片　采自《跨湖桥》彩版一八、图四一

　　凌家滩人继承了河姆渡人崇拜太阳的文化传统，并在此基础上建立
了系统的把太阳视作世界本源的存在观。凌家滩人的太阳哲学比较集中
地反映在凌家滩文化玉版上所刻划的太阳方位图中。凌家滩文化玉龟标
本 87M4：29、35（图 5 - 64，1）是一套组合件，"由背甲（87M4：
35）、腹甲（87M4：29）两部分组成。背甲，圆弧形，琢磨出背脊和背
上龟纹。背甲两边各对钻 2 个圆孔，两圆孔之间琢磨凹槽，背甲尾部对
钻 4 个圆孔。腹甲平底两边略上斜弧，腹甲两边与背甲钻孔相应处各对
钻 2 个圆孔，腹甲尾部对钻 1 个圆孔，这些上下对应的圆孔应为拴绳固
定之用"①。就该玉龟造型结构而言，如果作者不是按照祖传之物进行
的仿制，那么就一定是对龟的身体结构进行了仔细研究，并按照高仿真
的原则进行了精心设计和制作，所以该作品整体造型不仅结构比例非常
恰当，而且给观看者留下了一定的想象余地，一看到背甲与腹甲的组合
就会自然联想到憨态可掬的灵龟。该玉龟出土时，在背甲和腹甲之间夹
有一块玉版标本 87M4：30（图5 - 64，2、3），"两面精磨。长方形，
体扁薄，平面略弧，两端略内弧。玉版有三边琢磨出凹边，边宽约
0.4. 凹约 0.2 厘米。两短边上各对钻 5 个圆孔，一长边上对钻 9 个圆
孔，另一长边在两端各对钻 2 个圆孔。玉版中部偏右琢一小圆，在小圆

————————

　　①　安徽省文物考古研究所：《凌家滩——田野考古发掘报告之一》，第 47 页。

内琢刻方形八角星纹，小圆外琢磨大圆，大小圆之间以直线平分为八个区域，每区域内琢磨圭形纹饰一个。在大圆外沿圆边对着玉版四角各琢磨一圭形纹饰。"[①] 对于这个神秘的玉版，虽然目前还不能做出精准解读，但是可以肯定它的出现具有重大的历史、哲学与文化意义。

 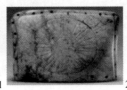 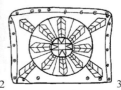

图 5 - 64　玉龟和玉版　采自《凌家滩》彩版二一、二〇、图二八

首先，玉版上的刻图与八卦图极为相似，还由于出土时"长方形玉版夹在玉龟背甲、腹甲之间"[②]，所以玉版上的图纹作为八卦图祖形的可能性极大。若果真如此，那么，"河出图，洛出书"（《周易·系辞上》）的传说就可以上溯到凌家滩文化，说明凌家滩先民具备了八卦所表达的时空观念，并且拥有相当完备的历法，农业生产四时有序。其次，玉版小圆内琢刻的"井"字八角星还出现在了凌家滩玉鹰标本 98M29：6、陶纺轮标本 98M19：16 上，与崧泽文化陶壶、盆形豆上的"✳""✡"相比，除了中间为空白这一点区别外，形状完全相同，可视为对这种崧泽文化符号和观念的继承。该符号在崧泽文化遗存中主要见于陶豆把上，所表达的观念和意义尚不完全清楚，但是，当它被刻划在需要动力旋转的凌家滩陶纺轮上，又在凌家滩玉版上与太阳和八卦纹同时出现时，这种"井"字八角星所代表的意义就比较确切了，即提醒世人牢记——太阳是世界的创造者，是光明和力量的源泉，太阳把无限的能量投向四面八方，一切生命都因受到太阳的照耀而获得能量并有序地繁衍和成长，四时因太阳运行而有规律地变化，整个世界在太阳的推动下才呈现出欣欣向荣的壮丽图景，

---

① 安徽省文物考古研究所：《凌家滩——田野考古发掘报告之一》，第 47 页。
② 安徽省文物考古研究所：《凌家滩——田野考古发掘报告之一》，第 47 页。

因而应把太阳奉为至高无上的神，并虔诚地膜拜和祭祀它。

三　共同体意识

　　新石器时代江南地区的聚落先民创作了多种生动的共同体形象，这些形象由简单而复杂，由具体而抽象，从现实走向神话。通过这些共同体形象可以隐约感受到先民敏锐的洞察力、探索世界奥秘的强烈意愿和从原始人道主义角度解读一切自然现象的热情。从这些共同体形象所表现的思想、意识和逻辑关系来看，若就事论事，不得不说其中有一些是十分荒唐或怪异的，然而从现代生态链理论来看，又必须承认它们中的大部分都表现出了杰出的想象力与敏锐的直观能力，充满了诗性智慧，这些共同体形象的集合更是以原始方式揭示了自然界万物相依和人与自然和谐共生的深层生态规律。

　　早在在崧泽文化时期，太湖地区的先民就用玉石制作出了鱼鸟共同体形象。如崧泽鱼鸟形玉璜标本 M64：5（图 5 - 65），"湖绿色，一端似鱼形，另一端似鸟形"①。该玉璜初看像一条有首有尾的鱼，细看则会发现，一端为抬头的鱼，另一端为仰面的鸟。钻孔位置也十分讲究，一孔为鱼目，一孔似鸟耳，造型复杂而借用得当，鱼和鸟皆栩栩如生，说明作者具备极高的仿生制作技艺。崧泽先民制作这个鱼鸟形玉璜的初衷已不得而知，但可以做出这样三种推测：一是为了充分利用玉料，就是说作者当初获得的玉料正适合创作这样一件作品，如果将其制成另外一种造型就会浪费珍贵的玉石；二是该作品用于表达当时流行于太湖地区的一种观念——鱼鸟可以相互交配繁衍后代。这种异类交配的观念在后世也比较流行，如《说文解字》训解"龟"字时说："天地之性，广肩无雄，龟鳖之类，以它为雄。"以为龟无雄者，以雄蛇与之交配繁衍后代，虽为谬说，在原始时代却可能为人信以为真；三是该作品表现了作者的一种生态直觉，即鱼鸟之间存在着生态上的依存关系，鸟以鱼为食，鱼以食鸟粪为生，鱼和鸟生死与共。第三种推测的可能性最大，但无论哪一种情况，该鱼鸟共体玉璜都不愧为人类在新石器时代创造的最卓越的命运共同体形象之一。

---

　　①　上海市文物保管委员会：《崧泽——新石器时代遗址发掘报告》，第37页。

图 5 - 65　鱼鸟形玉璜　采自《崧泽》彩版三

在凌家滩文化玉器中，表达共同体意识的艺术形象很多，其中有代表性的包括：（1）表现自然界普遍存在的雌雄交配繁衍生殖的关系。如凌家滩龙凤璜标本 87M9：17、18（图 5 - 66），"璜中间分开，两端平齐，侧面各对钻一圆孔，并有暗槽相连。两端一琢磨猪龙首形，一琢磨凤首形，在猪龙首眼部和凤首眼部各对钻一孔"[①]。该龙凤璜标本一端似猪首龙，一端似雁形凤，龙和凤都不是具有实体参照的动物形象，它们的偶配表达的是凌家滩先民关于宇宙间生命体雌雄相配繁育后代的生殖和生态观念。该龙凤璜标本的两个组件可分可合，包含了凌家滩先民对阴阳两性必定有分有合关系的理解，也表达了凌家滩先民对美满婚姻的期待与祝愿。

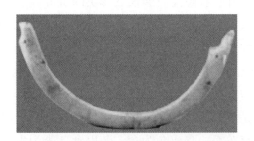

图 5 - 66　龙凤璜　采自《凌家滩》彩版七三

①　安徽省文物考古研究所：《凌家滩——田野考古发掘报告之一》，第 98 页。

（2）表现不同种类动物之间的生态联系。如凌家滩玉鹰标本98M29：6（图5-67）就是一个表现禽、兽间生态联系的精美合雕。该玉雕中"鹰作展翅飞翔状。头和嘴琢磨而成，眼睛用一对钻的圆孔表示，两翅各雕一猪头似飞翔状。腹部规整刻划一直径1.8厘米的圆圈纹，内刻八角星纹。八角星内又刻一直径0.8厘米的圆，圆内偏左上又对钻一圆孔。大圆的下部雕刻扇形齿纹作鹰的尾部。鹰两面雕刻纹饰相同。"①该鹰猪合雕表现了凌家滩先民这样一种观念：鹰和猪生存的空间和方式截然不同，然而天上飞的鹰不可能永远飞在天上，生机盎然的大地为鹰提供了充足食物，包括猪在内的许多走兽都是鹰的美餐，有了足够的食物提供能量，鹰就能飞得高而远。囿于大地的走兽被鹰吃掉并不是彻底消失了，而是进入了鹰的身体并随着鹰一起翱翔天空。在该雕塑中，除了鹰和猪外，还有一个不可忽视的元素——太阳，太阳居于该雕塑的中心位置，周围刻八角星象征太阳的光芒和能量，好像在说，归根结底，太阳才是一切能量的源泉。该玉雕表明，凌家滩先民对万物之间复杂的生态关系有着天才的猜想和想象，这些猜想和想象并不是纯粹的空想，而是具有一定的社会实践和知识经验基础。可以看出，原始人类的想象力与包括艺术创作在内的实践能力、认识能力的增强是相辅相成的，原始人类生态观念的萌芽和成长必将促使他们创造出更多、更复杂的共同体艺术形象。

图5-67　玉鹰　采自《凌家滩》图二〇三

---

① 安徽省文物考古研究所：《凌家滩——田野考古发掘报告之一》，第248页。

良渚文化时期，先民在多种玉器上雕刻了"良渚神徽"，并以这样一种共同体形象表达了相对于过去时代更加深化了的生态观念。"神徽"实质上是由人、兽和飞禽有代表性特征的身体部位组合而成的共同体形象，初看像一个粗糙的拼凑或大杂烩，然而仔细推究会发现它们是在一种特殊精神和信念支配下构建起来的共同体，这种精神就是多元、包容与合作的同舟共济精神，从这个意义上说，"良渚神徽"是人类在新石器时代创造的一个开放型的以人为本的命运共同体形象。要弄清楚"良渚神徽"所显示的主要思想意义，就不能不研究反山遗址出土的良渚文化玉器"琮王"标本 M12：98①（图 5 – 68），这不仅因为"琮王"在所有良渚玉器中占据至尊地位，而且上面所雕刻的"良渚神徽"在当时所有"神徽"纹饰中也是最完全和最具有权威性的。

图 5 –68　"玉琮王"　采自《良渚古城综合研究报告》图 5 – 11

在全部已出土的良渚文化玉器中，玉琮的质地最好，加工最为精致，均为外方内圆、中部有一大圆孔的方柱体，"纹饰主体为或繁或简的神人形象，或是神人和兽面复合图案"②，出土位置大多在死者腰腹部，在良渚文化玉器中是处于核心地位的神礼器，而"琮王"又几乎囊括了全部玉琮所代表的意义，对于深入研究良渚文化必将发挥关键作用。具体来说，"琮王"具有如下一些特点和值得注意的地方：第一，当时执掌"琮王"的人——墓主人生前在良渚古国拥有至

---

①　王明达：《浙江余杭反山良渚墓地发掘简报》，《文物》1988 年第 1 期。

②　王明达：《浙江余杭反山良渚墓地发掘简报》，《文物》1988 年第 1 期。

高无上的权力和地位。"琮王"所在的12号墓在所有反山大墓中等级最高，推测墓主人生前是良渚这个神王之国的国王和最高级巫师。第二，"琮王"在墓中占据至尊之位。与其他玉琮通常被发现于死者腰部不同，"琮王"被平正放置在死者头骨的左上方，经验表明，这在新石器时代江南地区的墓葬中属于至尊之位，安排随葬品的主持人想必对这一习俗和观念非常清楚，所以"琮王"被于此位既是对墓主人的赞誉，也是对"琮王"的尊崇，同时也是对二者特殊关系的宣示。第三，"琮王"形体最大，品质最优，形状独特，具有丰富的象征意义。"琮王""为矮方柱体，俯视近似玉璧形，与常见的壁薄孔大的良渚玉琮不同，射径达17.1—17.6厘米，孔径仅4.9厘米，高8.8厘米。重达6.5公斤"①，"琮王"是良渚文化所有玉琮中长度、宽度和重量最大的一个，如果玉琮这种神礼器的制作受到礼仪制度的规范，那就说明"琮王"在所有玉琮中不仅在形式上而且在表现政治、宗教意义方面都具有权威性，就是说，'琮王'所表现的精神观念必然包含了良渚文化的核心价值观、基本时空观和世界观。后世曾出现多种"兽形宇宙构造"②和"四极、天柱宇宙构造"③说，"琮王"可能就是这诸种学说最原始的形象化表达。第四，"琮王"上的纹饰精细复杂，制作技术高超，特别是"琮王"所显示的雕刻技术和手法在当时可谓笑傲天下，"有的花纹中仅一毫米的宽度内，竟刻上四五根细线，神工鬼斧，堪称微雕，令人难以置信"④。这说明"琮王"的作者是当时专业制作玉琮的顶级玉匠。

除了形体特征外，"琮王"上的纹饰图案也是值得专门研究和讨论的，它可能是破解良渚文化奥秘的一把钥匙。"琮王"上有两种纹饰区，一种是以全形"神徽"为内容的中心纹饰区，一种是以简化"神徽"和"神鸟"为内容的侧翼纹饰区。中心纹饰区的全形"神

---

① 王明达：《浙江余杭反山良渚墓地发掘简报》，《文物》1988年第1期。

② 陶思炎：《中国宇宙神话略论》，载马昌仪选编《中国神话学百年文论选》下册，陕西师范大学出版总社有限公司2013年版，第843页。

③ 陶思炎：《中国宇宙神话略论》，载马昌仪选编《中国神话学百年文论选》下册，第845页。

④ 王明达：《浙江余杭反山良渚墓地发掘简报》。

徽"（图 5 – 69）是"琼王"上面最引人遐想和为学术界所关注的纹饰。结合考古发掘简报对"神徽"的描述判断，"神徽"是一个多元命运共同体形象。首先，"神徽"中包含了人的元素，居于核心位置的是一张人的面孔，代表的是人类的智慧和意志。其次，"神徽"包含了飞禽元素。具体表现在其脚为鸟爪，头上戴的羽冠不仅仅看上去潇洒飘逸，更象征着鸟的飞翔能力和与在天地间来去自如的本领。再次，"神徽"整合了各种走兽的元素。神人胸腹部的兽面纹有巨眼、大嘴和獠牙，是猛兽的象征。这三者组合成一个整体形象，构成了良渚先民的核心图腾，表明飞禽、走兽和人之间的关系是良渚先民关注的基本问题。三者组成一个共同体形象，表明在良渚先民心目中，人的灵魂和智慧在这一共同体形象中起着主导作用，飞禽自由飞翔的能力、野兽强悍的捕猎能力是这一共同体形象所具备的基本行动能力，而"琼王"所象征的天地宇宙正是这一共同体形象发挥能力和自由驰骋的时空。

图 5 – 69　神徽纹饰　采自《良渚古城综合研究报告》图 5 – 5

　　侧翼纹饰区主要由简化"神徽"和"神鸟"构成，"是以转角为中轴线向两侧展开的简化'神徽'"①。所谓简化"神徽"实质上是被拆分"神徽"的一部分，简化"神徽"的形式在其他玉器上有多种多样的变化，在"琼王"上的简化"神徽"是没有人面的羽冠和兽面组合纹，两侧的鸟纹也是被拆分"神徽"的一部分。从空间关系

---

① 王明达：《浙江余杭反山良渚墓地发掘简报》，《文物》1988 年第 1 期。

上看，被拆分出来的走兽行于地，飞鸟飞于天，也算是各得其所，而全形"神徽"则似一幅后世的神人乘龙驭凤图。

对于"琮王"上的鸟纹也有另一种解读，即"与神徽配合雕刻的鸟纹，其鸟身的部分则完全用神徽的眼睛表示，更是进一步说明了，无形的神灵是以这种鸟作为附体。巫师将圆雕的玉鸟缝缀在自己的衣袍上，显然是为了把自己装扮成神的样子，这正是原始巫教求神、通神的方式"①。良渚"神徽"反映了良渚先民宗教信仰的实际，同时也反映了良渚先民审美的实际。黑格尔曾经指出，原始艺术是一种"不自觉的象征"②，并且一开始就陷入了抽象意义与具体形象表现的矛盾之中，虽然最初即达到了意义和形象的直接统一，但却称不上真正的艺术，作品表现的意识好像是明确的，实质上依然是暧昧的。直到有一天，艺术形象所表现的意识成为明朗的，"意识的光辉就是这样一种明亮的光：它使自己的具体内容，通过属于自己而且适合于自己的形象，透明地显现出来，而且在它的这种客观存在里所显现出来的就是它自己"③，这时的原始艺术才成为真正的、完整的象征。"琮王"上的纹饰也具有这一原始艺术特征，其中的鸟纹一方面表明良渚先民继承了自河姆渡文化以来本地区形成的鸟崇拜传统和表达信仰的方式，另一方面也表明良渚先民的信仰已经发生了很大变化，不仅信仰的内涵丰富了许多，而且信仰的意识也明确得多了，这种意识便是通过良渚"神徽"呈现的共同体意识。从审美表现来看，如果说河姆渡艺术依然处于"不自觉的象征"的初级阶段，那么良渚"神徽"则进入到了"不自觉的象征"的最后阶段——"真正的象征"阶段。考古学者将"琮王"上的鸟纹解作"无形的神灵是以这种鸟作为附体"，这实际上就是认可了"琮王"纹饰的真正的象征性。

还有一些良渚玉琮，体积虽然不大，却分成了多个层级。如良渚小玉琮标本 M2：20（图 5－70，1），"方柱体，中间双向钻圆孔。图

---

① 浙江省文物考古研究所：《良渚古城综合研究报告》，第 76 页。
② ［德］黑格尔：《美学》第二卷，第 27 页。
③ ［德］黑格尔：《美学》第二卷，第 77 页。

案被 2 周横向浅凹槽分成上中下三部分，以转角线为中轴。刻简化神兽纹，整器总共有 12 组神兽纹，每组图案基本相同。顶端饰两组弦纹带，用圆圈表示双眼，下有横扁凸鼻"①。多个层级的划分可能与玉石材料的自然形状有关，就是说为了减少不必要的分割和避免单层结构造成的单调感，按照原材料的本来形状将玉琮制成了多层结构。这种推测并非没有根据，因为确实存在一些由于原材料制约而勉强将玉琮制成单层结构的情况。如瑶山玉琮标本 M7：50（图 5 - 70，2），矮方柱体，"底端不平整，似是依原料大小切割后留下的不规则形态"②。但是，多个层级的划分从制作理念上看更有可能是用来象征性地表达今生来世和多重世界的观念。

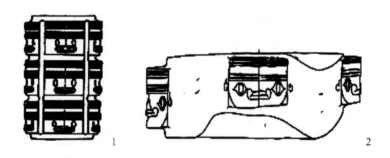

图 5 - 70　玉琮　采自《瑶山》图四一、一〇三

除了玉琮外，在其他类型的一些玉器上也可以看到"神徽"的多种变化形式或者说简化形式，包括独立神人形、独立走兽形、独立神鸟形、兽鸟组合形、鸟兽分立形，等等。如良渚三叉形玉器标本 M10：6 上的纹饰为兽面纹和羽纹的组合，"三叉平齐，中叉有竖向直孔，底端圆弧。正面浅浮雕和线刻神兽纹，其中，三叉上端分别刻 3 组羽纹。器身中部为 2 个双围大圆眼，眼外有弧形眼眶。两眼之间有长条形鼻梁，鼻翼阔。鼻下有扁长且弯弧的嘴，嘴内向外伸出 2 对獠

---

① 浙江省文物考古研究所：《瑶山——良渚遗址群考古报告之一》，第 45 页。
② 浙江省文物考古研究所：《瑶山——良渚遗址群考古报告之一》，第 81 页。

牙，里侧的朝上，外侧的冲下。主体纹饰周围刻划卷云纹。"① （图5-71），该三叉形器三叉平齐，形成了一个神兽纹与多组羽纹的组合，表明此三叉形器是用于祭祀鸟兽的神礼器。有学者指出，"每个民族都有自己的神灵。有些族源相同的民族带着民族分化前就已形成的崇拜对象到达新的地区，使得部分神灵成为几个民族共同崇拜的神灵"②，"良渚神徽"就是这样一种为几个民族共同崇拜的神灵，是江南地区民族文化融合的结晶，该兽面纹和羽纹组合可能暗示了崇鸟族与崇兽族的融合情况。

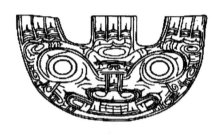

图5-71　三叉形玉器　采自《瑶山》图一六三

"良渚神徽"的构成是多元的，却也是以人为本的，是原始人道主义精神的重要体现。如良渚玉冠状饰标本 M15：7 突出的是"神徽"上的人，头戴羽冠，方脸，带眼角的单圈圆眼，阔嘴，内刻牙齿，"四肢张开，相互盘连"③，是一幅以透雕和阴线细刻相结合手法雕琢的两面纹饰相同、左右对称且构图巧妙的神人形象。原始人在舞蹈时头戴羽冠扮演各种动物的形象十分经典，过去一般解释为是原始人在庆祝胜利，炫耀自己战胜各种飞禽走兽的能力，这种原始风俗和习惯在良渚"神徽"上也得到了一定程度的体现，不过，从良渚"神徽"独特的构型更应该看到，这是自河姆渡文化开始

①　浙江省文物考古研究所：《瑶山——良渚遗址群考古报告之一》，第132页。
②　杨知勇：《神系、族系的一致性与祖先神话的形成》，载马昌仪选编《中国神话学百年文论选》下册，陕西师范大学出版社2013年版，第746页。
③　王明达：《浙江余杭反山良渚墓地发掘简报》，《文物》1988年第1期。

萌芽的原始人道主义精神从人类意识的灰暗阴影中走向社会生活舞台中心的重要标志。如良渚玉牌饰标本 Ml0∶20（图 5－72）上的"神徽"在结构安排上与琮王上的"神徽"相似，全器为神人与兽面的组合图像，神人居中，"神人头戴长方形羽状冠，用阴线刻出一组羽状纹。颈的两侧有椭圆形镂孔。神人伸颈探首，神态自若地凌驾于威严的兽面之上"①，该"神徽"兽面纹下并未见鸟足，似在突出神人驾驭神兽的自由与自信，又如同在展现神巫为万众膜拜时的威严与风度。这种羽冠神人纹饰图是东夷为信仰鸟的"鸟夷"的重要明证之一，结合自河姆渡文化以来媚鸟、拜鸟甚至装鸟的传统，可以看出，到良渚文化时期，原来以鸟、兽为主导的纹饰变成了"人的成分多而鸟的成分少的仙人图"②。

图 5－72　玉牌饰　采自《良渚古城综合研究报告》图 9－9

　　新石器时代江南聚落社会的神谱及其与主要载体玉器的结合传递出丰富的审美文化信息，概括起来主要包括：第一，与世界各地许多原始民族审美文化一样，江南地区的原始审美文化是充满了自然崇拜情感与精神的自然主义审美文化，草木禽兽和风雨雷电在先民眼中不仅皆有令人羡慕的神奇力量，而且都有令人敬畏的神圣的容颜。第二，原始人道主义精神和意识逐步从晦暗中走出来，现身于朗朗乾坤，到良渚文化时期，人性成为人类自身崇拜的对象，自然主义和原

---

　　① 芮国耀：《余杭瑶山良渚文化祭坛遗址发掘简报》，《文物》1988 年第 1 期。
　　② 孙作云：《说羽人——羽人图羽人神话之考察》，载马昌仪选编《中国神话学百年文论选》上册，第 369 页。

始人道主义精神在新石器后期的江南审美文化中实现了真正的统一。第三，原始聚落图腾由单一性生命形象向共同体形象的转化反映了民族融合的历史大势，揭示了民族审美文化发展的规律，体现了江南先民根深蒂固的生态和谐意识。第四，良渚先民在玉琮上建立的上下相通、方圆组合的立体分层结构是对江南先民由来已久的多重世界构想的艺术表现，表明自从人类有了自我意识，就有了对此生的眷恋和对来世的期待，怎样使生活更加美好和如何使有限的生命成为永恒，对这些问题的思考与解答大概是包括江南先民在内的所有原始人类最早的形而上学与美学。

第六章 陶器：求变创新的形式创造

在漫长的石器时代，以追求物质效益为主的劳动实践、以实现精神慰藉为主的巫术实践和以调节二者关系为主的审美实践是人类塑造自我和缔造文明的三大基本实践。其中，劳动实践与审美实践尤其紧密地结合在一起，自从人类拥有了自我意识，掌握了一定劳动技术，懂得了为未来谋划的意义，以反观、自省和自我体认为基本内容的审美实践就与以创造实用价值为主要目的劳动实践之间形成了相互促进的关系，从而极大地加速了人类文明进程。在推进生产力进步和文明发展的过程中，制陶技术的发明与完善发挥了关键作用。有学者指出，原始时代的陶器制作是人类最早通过化学变化将一种物质改变成另一种物质的创造性活动，"是人力改革天然物的开端"①。由于材料的丰富性、产品形式的可塑性都远远超过其他器具，所以在技术达到一定的成熟度后，陶器制作为充分发挥人的聪明才智提供了更多机会。陶器制作尤其有利于原始人类把想象力与具体技术操作相结合，使器具制作成为一种创造性的自由劳动，所以，陶器成为新石器时代最具人文意蕴和审美特性的劳动产品。

在新石器时代的江南聚落社会，陶器制作一开始奉行的是至简原则，在形式设计上以满足先民最简单生活需要为宗旨。后来，随着制陶技术的创新、改进和完善，人们对陶器不仅有了更完善的功能方面的要求，同时对陶器的造型、色彩、纹饰及其组合变化有了更多、更高的要求，这就导致陶器制作逐渐脱离至简原则而走向形式的求变创新道路。在新石器时代的江南地区和同时期的中原与北方地区一样，

---

① 孙天健：《中国陶器起源的探索》，《景德镇陶瓷》1998 年第 1 期。

"一部分陶器在造型和装饰结合上已达到十分完善的地步，当是遗留下来的史前居民创作中的最宝贵的艺术品"①。在起初的至简主义创作阶段，几乎看不到巫术的痕迹，到了新石器文化中后期，巫术与宗教对陶器造型与纹饰的影响越来越显著，日益先进的制作技术也使巫术与宗教活动中许多精彩的想象和构思获得现实的形式。一些陶器的造型相当耗费工时，且没有什么实际用途和价值，然而，从巫术信仰角度看，这种陶器的造型设计却是含义丰富的。当代美国美学家阿恩海姆指出，原始艺术既是日常生活重要的实践工具，也被当作一种超凡的力量来对待，就是说原始艺术作品"既可以记录和传递信息，又可以对那些不在眼前的事物和精灵施加魔法"②。新石器文化后期，随着巫文化的繁荣和神话艺术的发达，阿恩海姆所概括的这一原始艺术发展的特性越来越像一种"原始科学"的普遍真理了，特别是在江南地区，由于巫文化的深度渗透，一些陶器成为重要的神礼器，从而像玉器一样获得一种超越于日常功用之上的神秘气质，使原始的神秘主义在陶器制作领域迅速扩张。良渚文化时期，在高档陶器和神礼器制作方面，至简主义彻底让位于表现非凡精神、神意和神话的形式主义。

第一节　器形：极简与新奇

阿恩海姆通过对儿童、原始人和现代人的心理活动与视觉思维特征的比较研究认为，"艺术形式在某一文化当中的发展过程，很有可能是一个从某些相同的简单形状开始，然后又逐渐向复杂的形状进行过渡的过程"③。我国新石器时代江南地区陶器的演变过程与阿恩海姆的推测和描述基本一致，从新石器早期到晚期，江南地区的陶器造型发生了很大变化，早期类型少，样式单一，制作品质也差，中期以后类型多了，每一种类型中还有造型与纹饰上的多样变化。到了晚

---

① 苏秉琦主编：《中国远古时代》，第 79 页。
② ［美］阿恩海姆：《艺术与视知觉》，滕守尧、朱疆源译，中国社会科学出版社 1984 年版，第 178 页。
③ ［美］阿恩海姆：《艺术与视知觉》，第 177 页。

期，先民开始刻意追求造型上的新颖多变，从而使陶器家族在形式创新上呈现出一派繁荣景象。对于原始陶器一开始只有几种简单样式的现象，阿恩海姆认为，不能仅仅从技术成熟与否的角度解释，还必须联系原始人的心理认知特征来理解。原始人具有与儿童相似的表现方式，即使其形象概念达到了高度复杂的水平，他们在造型时仍然只会突出事物的少数几个特征，因此早期陶器至简的造型形式同时也是一种与原始人的心理认知特征相适应的表现风格。比如，新石器时代早期江南地区的玉蟾岩文化、仙人洞文化、上山文化和跨湖桥文化等，其陶器造型均呈现出至简主义的朴野风格，这虽然与制作技术有直接关系，但也并不意味着他们在技术上就完全不可能制造出造型更复杂一些的陶器。后来，随着陶器制作技术的成熟和其他多种器具媒介（比如玉石、木材）的占比增大，先民的视觉理解力渐渐适应了那些更为复杂一些的造型，并能够运用它们表现好奇的心理、感觉与思维。比如，在崧泽文化第三期陶器上可以见到手制、模制、手制轮修、轮制及混合制法的交叉使用，娴熟的技术使得崧泽人在制作陶器的过程中一方面能够将传统器形制作得更加精致，另一方面也自创了众多新奇的器形，这些器形可以满足人们增长和变化了的日常生活需要，同时也更好地表达了崧泽人独特的心理感知与精神追求。由此可知，陶器的制造技术虽然对陶器的发展趋势起决定作用，但在具体发展过程中它又与人们在造型上的好奇心理、表现欲望互为条件。

一　极简之"圆"

虽然各种圆形事物在人类诞生之前就早已大量存在于自然界，但是依然要说从大自然那里学会制作圆形器具是人类伟大的进步，因为人类创作的一切器具形式的变化都是从圆形开始的，圆形对于人类文明的意义可谓至简而至丰。阿恩海姆指出，圆形圆圈事实上并不只是代表圆形性，而是代表事物的更为普遍的性质——"事物性"，"所谓事物性，就是固体物所具有的那种致密性或集中性，也就是使这些事物与难以确定边界的基底区别开来的特性"[1]。在原始人那里，正

---

[1]　［美］阿恩海姆：《艺术与视知觉》，第240页。

如在儿童的知觉中那样，圆形形状"被他们用来代表现实世界中各种不同的事物"①，如一朵花、一棵树、一个周围长着花草树木的池塘和光芒四射的太阳，等等。正是通过圆形，原始人类才区分出了各种事物的"事物性"——差别和特征，并发现了人类自己的自然特性，从这个意义上说，圆形是人类让世界由混沌变得井然有序的魔法石。

新石器早期的陶器形状几乎都是圆的，原因在于这时圆形是人类能够熟练掌握的权衡万物异同的主要尺度甚至是唯一尺度。比如，有"中国第一陶罐"② 美誉的江西仙人洞文化复原陶罐标本 T3③：1，1/4③（图 6 - 1），该陶罐是一件直口"U"形罐，"唇稍外侈，腹壁上部近直，下部微向内收，底残似为圜底"④。这个"中国第一陶罐"也可能是世界第一陶罐，它的口为什么是圆的，而底却是圜底？推测认为：第一，圆口的陶器比方口的更容易制作，也更方便使用，所以后来除了用于祭祀等特殊用途的陶鼎呈方形外，其他绝大多数陶器都是圆口。圜底与制作技术和使用经验有一定关系，仙人洞遗址第一次试掘所得的其他陶器残片"口缘多为直口"，不仅没有"肩颈"，也"没有发现耳、足等附件。底亦未见平底。"⑤ 这表明仙人洞人制作的这些陶器是这一区域比较原始的陶器，制作者的制陶技术单一，整个族群或部落均缺乏放置和使用陶器的基本经验。后来，随着实际使用经验的丰富和制作技术的改进，陶器的圜底遂改成了平底、圈足底或有支架的圜底。但是，技术并不是陶器被制成圜底的唯一原因，因为在后来制陶技术成熟以后，虽然平底、足底和圈足底的陶器成为主流，但依然有一部分陶器被制成了圜底。比如，上山文化陶罐虽然以平底和圈足底为主，但圜底陶罐依然占有一定比例。这说明当时人们对圜底陶罐有特殊需求，同时也体现了陶罐制作传统的影响力，也就是说，后来的圜底陶器可能体现了先民对传统陶器造型的潜意识依恋

---

① ［美］阿恩海姆：《艺术与视知觉》，第 242 页。

② 江西省政协文史和学习委员会、万年县政协：《人类陶冶与稻作文明起源地——世界级考古洞穴万年仙人洞与吊桶环》，江西美术出版社 2010 年版，第 200 页。

③ 郭远谓、李家和：《江西万年大源仙人洞洞穴遗址试掘》，《考古学报》1963 年第 1 期。

④ 郭远谓、李家和：《江西万年大源仙人洞洞穴遗址试掘》。

⑤ 郭远谓、李家和：《江西万年大源仙人洞洞穴遗址试掘》。

情结。第二，经验表明，圆口陶器可以与人的身体之间形成最圆满的关系。第三，平常放置时陶罐口是朝天的，而天被认为是圆的，故以圆口表示与上天的接近。第四，圆代表了圆满，将陶罐制成圆口可能还包含了先民对吉祥事件的期待。无论如何，有一点可以肯定，就是在陶器诞生的年代，先民心目中已经有了圆的观念并形成了对圆形的特殊情感，可以说，圆形是人世间第一形式美，仙人洞人揭开了人类关于"圆"的审美时代。

图 6-1　陶罐　采自《人类陶冶与稻作文明起源地》第 201 页

浙江省宁波市余姚市三七市镇的上山文化井头山遗址被称为"河姆渡之祖"[1]，这里出土的少数几件陶器的底和口都是圆形形状。如上山文化陶杯标本 H226：16[2]（图 6-2，1）、陶钵标本 H168：4[3]（图 6-2，2）和陶平底盘标本 168：5[4]（图 6-2，3）的底和口都是

----

[1]　冯源、顾小立、郑梦雨：《"河姆渡之祖"与中国海洋文化基因》，《新华每日电讯》2006 年 6 月 19 日第 10 版。

[2]　浙江省文物考古研究所、浦江博物馆：《浦江上山：浦阳江流域考古报告之三》，第 94 页

[3]　浙江省文物考古研究所、浦江博物馆：《浦江上山：浦阳江流域考古报告之三》，第 93 页

[4]　浙江省文物考古研究所、浦江博物馆：《浦江上山：浦阳江流域考古报告之三》，第 93 页

圆的。正如儿童在发现可以用圆形式样来代表别的事物时就开始用他掌握的圆圈式样来描绘一切事物一样，上山人在发现可以把器具做成圆形形状后，就尝试把各种器具都做成圆形形状，并且大都取得了成功。

图 6-2　陶杯、陶钵、陶平底盘　采自《浦江上山》图版三五

太湖——钱塘江区系的新石器文化陶器是否越过圜底阶段而直接从制作平底开始尚不得而知。上山文化陶器以平底为主，平底显然比圜底要更方便适用，从观感上说，平底陶器也减少了视觉上寻求平衡的压力和心理上寻求稳妥的负担。如大敞口的上山文化陶盆标本 T0812⑧：1（图 6-3）和陶盆标本 H225：4 均器型特征鲜明，"大敞口、小平底（极少量为圈足、齿状足或乳状足），口沿及器腹上壁向外翻卷，口径大于通高，体量大、器壁较厚，是上山遗址目前发现数量最多，也最具代表性的器物"[①]。从用途上看，这种宽大、厚实、敞口的陶盆适于用作脸盆，也可盛装食品，是一种使用频率较高的日常用具。从视觉效果看，大口盆显得开放、自由和随意，这似乎也反映了上山人融洽的集体生活和乐观、开放的精神状态，因为"任何一个艺术家或特定艺术时期的艺术风格，都可以通过其中的运动力被自由发挥的程度，判断出它们的精神状态"[②]，从这个意义上说，上山文化大口陶盆也决不仅仅只是一种陶盆形式。

---

① 浙江省文物考古研究所、浦江博物馆：《浦江上山：浦阳江流域考古报告之三》，第 67 页。

② ［美］阿恩海姆：《艺术与视知觉》，第 598 页。

图6-3 陶盆 采自《浦江上山》图版二八、三一

与仙人洞陶器相比，上山文化陶器处于更先进阶段，所以上山文化陶罐的造型要丰富得多，"包含双耳罐、卷沿罐、折沿罐、圈足罐和平底罐。在形制特征方面，往往口径小于腹径，通高大于腹径，整体器形偏窄高"①（图6-4），上山文化陶罐口一律呈圆形，但相对内敛，给人以含蓄、内涵丰富和成熟的感觉。

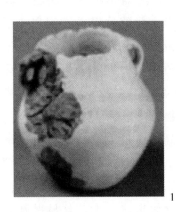

图6-4 陶罐 采自《浦江上山》图版三三

一些上山文化陶器配上了器耳、器錾、器足等"附件"，这些"附件"基本上不增加器具的功能，但更方便使用，同时也使器具造型不再显得单调，先民能够从变化了的陶器样式上获得一种充实感。由于主要以方便使用为目的，所以这些"附件"的制作一开始

---

① 浙江省文物考古研究所、浦江博物馆：《浦江上山：浦阳江流域考古报告之三》，第83页。

做工都相对粗糙，不过，稚拙的设计和简单的工艺也使得这些"附件"显得憨态可掬。如早期的上山大口盆标本 H26：1 "单侧横置桥型大耳"①（图6-5）。这种"桥形大耳"凸起体与其所依附的大敞口和小平底之间形成的对立关系创造了一种器具外廓空间的张力，使器具拥有一定的层次感并表现出良好的稳定性。像这样在器具主体上增加一些无关紧要的"附件"的现象，在当今童话剧或儿童影视作品中也经常出现，增添这种"附件"的主要意义不在于为器物增加具体功能，而在于通过变形使器物显得可爱有趣，并进而刺激人的想象，这可能与上山先民在陶器上安装"附件"有相似的目的和效果。

图6-5　大口盆　采自《浦江上山》图版二九

上山文化中期，"大口盆的桥形耳变小、竖置或演变为舌手。罐的种类多样，最具特征的是扁耳、贴耳的壶形双耳罐。置横向贴耳的平底盘。"② 器耳多附着在大口盆的外壁，也有的附着在陶罐的口缘，以半环形为主，大口盆器耳为横向半环形，罐的器耳则为竖向半环形。有錾的上山陶器共发现12件，錾的形状有边沿较平直的舌形、圆弧形边沿半月形和齿状沿方形等3种。器足有鼎足、圈足两种。上山人尚不具有使这些"附件"与主体一次成型的制作技术，只能在陶器主体成型后再把"附件"粘贴上去，这显然不如后来一次成型的耳、錾、足等更加牢固，不过，它能让后人直观地欣赏到最原始的

---

① 孙瀚龙、蒋乐平：《浙江浦江上山遗址上山文化陶器类型学研究及相关问题》，《南方文物》2016年第3期。
② 孙瀚龙、蒋乐平：《浙江浦江上山遗址上山文化陶器类型学研究及相关问题》。

人工粘贴工艺，感受到上山人试图从至简之圆中挣脱出来寻求形式变化和突破的积极心态。

二　张力与均衡

河姆渡、马家浜文化时期，陶器制作已经从至简状态中挣脱出来，陶器的造型因应日益丰富的生活需要，完成了许多与其功能性相适应的形式创新，不过，同时也看到许多造型上的创新变化与该器具的实际用途和功能并没有直接关系，而主要是为了展示一种新的造型设计和制作技艺，表现作者对形式变化的兴趣。后人依然能够通过这些不一样的造型感觉到一种激情、自由的协调运动和动态再平衡，以及作者的自信、机巧和智慧。格罗塞曾经指出，古老的艺术哲学有一个信条，即认为"造型艺术在开始的时候，往往是宗教的附庸，以后才渐渐变为独立的"①，然而，从新石器早期江南地区陶器生产的情况看，陶器造型发展变化的主要原因是人们生活与审美的需要，与宗教的关系并不总是那么密切。

马家浜文化陶鼎足造型很有个性，值得玩味。这种陶鼎足一般看上去都比较粗壮，但这种粗壮并非完全出于支撑鼎腹的需要，而是除此之外还有营造力感或表现什么的目的。长兴狮子山遗址出土的马家浜文化夹砂猪鼻陶支座在这方面给人印象深刻，"器物呈弧形，鼻口内凹，平底，背附加锯齿形叶脉纹"②（图 6 - 6），在粗壮的弓形鼎足上又粘贴了锯齿形叶脉纹泥条，宛如盘龙一般，使支座看上去结实粗壮。另外，这些锯齿形叶脉纹泥条交叉分布，且与鼎足的支撑方向一致，表明马家浜人粘贴这些泥条一方面有意适当加固这些陶支座，另一方面也是为了营造一种让人感觉坚固可靠的视觉效果。马家浜人似乎很清楚"方向同重力一样，也能影响平衡"③，所以通过为陶鼎足粘贴交叉泥条来增强使用者对陶鼎稳定性的信任，并同时带给观看者一种心理上的轻松和愉悦。

---

① ［德］格罗塞：《艺术的起源》，蔡慕晖译，商务印书馆 1984 年版，第 148—149 页。
② 嘉兴市文化局：《马家浜文化》，第 120 页。
③ ［美］阿恩海姆：《艺术与视知觉》，第 23 页。

图 6 - 6　猪鼻陶支座　采自《马家浜文化》第 124、125 页

马家浜文化陶鼎的鼎足造型有鸭嘴形、猪鼻形和枫叶形等多种样式，鼎足样式与鼎身的搭配并不是任意的，一般情况下，"鸭嘴形足绝大多数只与圆腹、折腹罐形鼎相配，而枫叶形足只与盆形鼎相配"①。鼎足与鼎身的搭配与鼎的用途有关，因此通常根据鼎足就能大致判断出这类鼎的用途，同时，鼎足与鼎身的搭配也与视觉习惯有关。一个地区的原始民族在他们发明陶鼎之初确立的几种鼎足与鼎身的搭配关系必然有先入为主的优势，它们不仅建立和维护着该地区人们的视觉思维习惯，并且将长久地影响该地区陶器造型设计的风格。

薛家岗文化陶鼎鼎足呈向瘦高方向发展的趋势，如薛家岗圆腹罐形陶鼎标本 M78：1（图 6 - 7，1）有 3 个鸭嘴形足，标本 M81：3（图 6 - 7，2）有 3 个横装宽扁凹形足，虽然足型不同，但都略显瘦高，与后来钱山漾文化陶鼎神似，二者之间可能存在承继关系。

把手是陶鬶的重要组成部分，薛家岗人设计了多种多样的陶鬶把手，每一种把手与安装位置的巧妙配合既能给使用者带来别样的手感，也能让观赏者获得舒适的视觉享受。第一种，三角形把手，让人感觉坚固可靠。三角形把手是薛家岗陶鬶早期把手的典型形式，如薛家岗陶鬶标本 M113：3（图 6 - 8，1），"侧安三角形把手 1 个，系用泥块捏制而成，尾部较平直，上面饰压印凹窝 2 个"②。该陶鬶把手

---

① 安徽省文物考古研究所：《潜山薛家岗》，第 408 页。
② 安徽省文物考古研究所：《潜山薛家岗》，第 240 页。

图 6-7　陶鼎　采自《潜山薛家岗》图版八三、八五

被制成三角锥形的初衷应是为了保持该陶鬶"附件"整体风格一致，因为如此一来，其三角锥形把手与三个凿形足就可以相互映衬，产生一种坚强的力量从器具中心向八方扩张的视觉效果。第二种，四指并拢形把手，看上去如同该陶鬶向外伸出一只有力的大手，让人产生亲近感。如薛家岗陶鬶标本 M7：2（图 6-8，2）侧面安装有 1 个扁平把手，"把手由 4 根泥条并列捏成宽扁形"①。这种造型除了拟人特点外，与三角形锥体所造成的力感与动感基本一致，可以看作是三角锥形把手的衍生型。第三种，扁平环形把手，视觉上有一种向陶鬶自身返回的力感。如薛家岗陶鬶标本 M138：4（图 6-8，3）在一侧安了一个扁平环形把手，"把手系用 2 根泥条并列弯曲而成，中间空，中空一端宽另一端尖，尾略平"②，该环形把手除了可以在视觉上营造内聚的力感效果外，实际手持时也会十分舒适。又如薛家岗陶鬶标本 M125：3，"把手用 3 根圆泥条并列弯曲而成，中间泥条截断一半形成中空"③，3 根泥条重叠的把手承重效果会更好，但也会使把手显得太宽，截断一半泥条使把手保持中空结构则不会增加把手的宽度，且方便手持。第四种，麻花形把手，是扁平

① 安徽省文物考古研究所：《潜山薛家岗》，第 78 页。
② 安徽省文物考古研究所：《潜山薛家岗》，第 272 页。
③ 安徽省文物考古研究所：《潜山薛家岗》，第 258 页。

环形把手的衍生型。如薛家岗陶鬶标本 M115∶3（图6-8，4），"侧安1个环形把手，把手用2根泥条弯曲成形，外圈泥条拧成麻花状，中空一端较宽，另一端较尖"①，该把手相当于把扁平环形把手的外圈泥条扭成了麻花状，是作者追求形式变化与创新的成果。从实用性上看，麻花状可以起到一定的防滑作用。从视觉效果看，麻花状能产生一种拧力暗示。第五种，编织形把手，就是将多根泥条交错编织成一个长条状的把手。如薛家岗陶鬶标本 M117∶4（图6-8，5）上的把手，"系用4根泥条编织而成，尾部略上翘"②。编织形把手是植物编织形式在陶器把手制作上的艺术再现，这不是比葫芦画瓢般的模仿，因为它与鬶身结合能够产生在编织品上难以体会到的力感：多种力道形成的凝聚感。上述把手造型上的变化在薛家岗文化中存在着时间上的先后关系，"早期的把手均为泥块捏成的扁平三角形，但尾部由上翘渐变为低平。从 M7∶2 开始，新兴一种用数根泥条捏成的扁平宽把手。这类把手最初是用泥条直接并列在一起，之后迅速演化为如 M125∶3 的泥条弯曲合并后再将中间掏空的半环形中空状态，再后，泥条弯曲合并后直接形成一端圆、一端尖的中空，这种中空形态一直持续到 M91 的时期。但从弯曲合并的泥条出现开始（如 M115∶3），泥条的使用又有了一种新的变化，先是将外圈泥条简单拧成麻花状，后来演化为用多根泥条交错编织的复杂形态，最后的泥条编织则变为象征性的了。"③ 从薛家岗陶鬶把手演化的次序可以看出，陶鬶把手演化大致遵循着从简单向复杂、从扩张性力感向内敛性力感、从可用向好用变化的规律，表明薛家岗人对把手实用功能的认知水平与其积累的把手使用经验成正比，在视知觉上越来越能够更好地把静态结构和动态力感结合起来创造一种新的平衡感。

---

① 安徽省文物考古研究所：《潜山薛家岗》，第243页。
② 安徽省文物考古研究所：《潜山薛家岗》，第247页。
③ 安徽省文物考古研究所：《潜山薛家岗》，第388页。

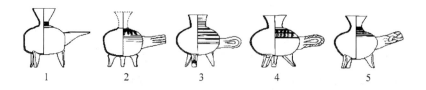

图6-8　陶鬶　采自《潜山薛家岗》图二六一、五七、
三〇八、二六五、二六九

马家浜文化陶鬶在造型上比较夸张，显示了马家浜人强大的生命活力和张扬的个性，尽管"表现性乃是知觉式样本身的一种固有性质"[1]，但是各种知觉式样表现性的强弱和性质并不都是相同的，马家浜陶鬶夸张的样式表明马家浜人具有更多的把陶器制作当作艺术创作的激情。如长兴狮子山遗址出土的一件马家浜文化夹砂陶鬶，"呈鸟形状。椭圆口，有流微翘，高细颈，鼓腹，分裆，双袋足，实心足尖。肩腹后置宽扁弧形鋬手，至下腹处弯曲成假足"[2]（图6-9，1）。该陶鬶倾斜的宽扁鋬手和假足已足以造成充分的视觉上的扩张感，与粗壮的如同肥硕动物前肢的两个袋足相配合，更显得激情飞扬。荀山东坡遗址出土的一件马家浜文化陶盉类似于异形鬶，"两袋足和宽扁把手作第三支撑足的侧把盉"[3]（图6-9，2），两袋足十分丰满，宽扁把手的支撑坚强有力，较大的倾斜度则突出了整个器具良好的平衡性。或许是马家浜人以为酒可以使人身体强壮，还可以激发身体的生殖力，所以刻意把一些陶盉造得十分性感、劲健。当然，如果不把这种造型联系到人的身体，也许它就不会有性暗示，但是，这依然不可否认它独特的造型蕴含了强烈的表现意识。马家浜人为什么会在陶器的造型上不遗余力地寻求表现性呢？阿恩海姆的说法或许能给予有益启示：

　　　　造成表现性的基础是一种力的结构，这种结构之所以会引起
　　我们的兴趣，不仅在于它对那个拥有这种结构的客观事物本身具

---

[1]　[美] 阿恩海姆：《艺术与视知觉》，第624页。
[2]　嘉兴市文化局：《马家浜文化》，第120页。
[3]　嘉兴市文化局：《马家浜文化》，第109页。

有意义，而且在于它对于一般的物理世界和精神世界均有意义。象上升和下降、统治和服从、软弱和坚强、和谐与混乱、前进和退让等等基调，实际上乃是一切存在物的基本存在形式。不论是在我们自己的心灵中，还是在人与人之间的关系中，不论是在人类社会中，还是在自然现象中，都存在着这样一些基调。那诉诸人的知觉的表现性，要想完成它自己的使命，就不能仅仅是我们自己感情的共鸣。我们必须认识到，那推动我们自己的情感活动起来的力，与那些作用于整个宇宙的普遍性的力，实际上是同一种力。只有这样去看问题，我们才能意识到自身在整个宇宙中所处的地位，以及这个整体的内在统一。①

这是一种针对一切视知觉艺术的结构主义美学观，同时也切合马克思主义美学的"自然主义"立场，正是从自然主义和结构主义立场才能更深刻地认识到原始艺术与现代艺术的共性，理解原始艺术的表现性作为"力的结构"的本质。

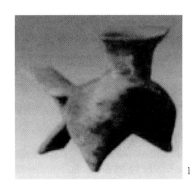

图 6-9　陶鬶　采自《马家浜文化》第 123 页、110 页

陶盉是一种非常古老的酒器，在新石器时代江南文化遗存中虽然数量不多，却也并非罕见，在造型上特征明显，非常注重平衡与协调性。

———————————

① ［美］阿恩海姆：《艺术与视知觉》，第 625 页。

马家浜文化陶盉绝大多数是小口弧腹，敦实厚重，其中罗家角遗址出土的马家浜文化实足盉"多在口侧设流，有扁舌形和扁锥形两种实足，其中一足位于把手之下，与另外两足呈等腰三角形布置"①。大部分马家浜陶盉都有把手，把手的形状也多变化，有半环形、扁长环形、羊角形等，有些与陶鬶的把手相似，为了保持整体平衡和视觉上的协调感，把手均位于一足之正上方。如马家浜实足盉标本 Tl36（三）：4②（图6－10，1），中轴线略向有把手一侧偏移，这样在安上把手后整器便建立了新的平衡。无论是从实用角度还是从视觉效果上来推断，都可以肯定该实足盉的作者有很好的平衡感、丰富的制作经验和高超的技术手法。骆驼墩遗址出土的马家浜陶盉标本 T5131⑦：3③（图6－10，2）把手造型很特殊，如同一个三角形或羊角形尖锥，羊角形把手从一短足处向上翘起，与把手根部的三角形孔相配合，以尖锐、空灵、飘逸的形式平衡了敦实的盉身。另外，该陶盉的造型结构也切合于视觉思维的平衡原理，"一个被拉长了的式样，只要它的空间位置离开垂直轴或水平轴一个极小的角度，就会显示出一种向垂直轴或水平轴方向回归的拉力"④，该陶盉整体上为两个三角形锥体的结合体，器身的口与足为一三角形锥体，把手为另一三角形锥体，把手看似从器身射出，向外寻求自由发展的空间，同时又有稳定、厚重的器身作为可靠的根基。

图6－10　陶盉　采自《马家浜文化》第52页　第172页

---

① 嘉兴市文化局：《马家浜文化》，第60页。
② 嘉兴市文化局：《马家浜文化》，第52页。
③ 嘉兴市文化局：《马家浜文化》，第172页。
④ ［美］阿恩海姆：《艺术与视知觉》，第24页。

陶釜是新石器时代江南文化陶器中的主要器形之一，一般既无把手也无足，属于炊器，功能类似于今天用于蒸煮的锅，高矮、宽窄、大小和形状变化较大，矮者只有 7.2 厘米，高者达 40 厘米，口径在 10—40 厘米之间，腹径差别也比较大，小者 10 厘米左右，大者达 50 多厘米。马家浜陶釜已经包含了后来陶釜的基本类型，即"带脊釜、筒形腰沿釜和弧腹腰沿釜"①。马家浜带脊釜的基本形状是"筒形，深弧腹，束颈，多为圜底器，腹部外壁均有突脊一周"②，突脊或腰沿在蒸煮过程中能在一定程度上起到防止釜中液体溢出浇灭炉火的作用，其形态以多角形为主，有的腰沿作锯齿状，既可起到装饰作用，也不会减弱其防溢效果。如罗家角遗址出土的马家浜陶釜标本 T119（二）：10③（图 6 - 11，1），腰沿为多角形，很浅的凹槽对其功能发挥几乎没有影响。马家浜筒形腰沿釜的形状大致为"有发达的颈部，腹与缓平的圜底连成为深筒形釜身，腹壁外周有斜向腰沿一道，腰沿以平直边缘者居多，口侧多有錾"④。如罗家角遗址出土的马家浜陶釜标本 T117（四）：15⑤（图 6 - 11，2），该陶釜直口如盘，口与颈之间有平槽，可在上面再放一层蒸器。喇叭形高颈，深弧腹，颈腹相接处有突脊一周。有些带脊釜的盘口外壁划有横竖相间的穗状图案或三叶纹、绚纹，有的颈部下半段饰瓦楞纹，突脊平面刻划弦纹、籽粒纹或短斜线纹，腹部下段拍印绳纹，等等。总体上看，作为一种炊器，适用与安全性是第一位的，所以器身造型的稳定和平衡性受到了特别重视，但是，尽管如此，马家浜先民还是在造型上不断创造出各种新花样，并在不影响使用功能的情况下尽可能增加一些装饰，以使它们看上去更加漂亮。这既体现了马家浜先民在器具制作上的艺术追求，也反映了马家浜先民对待日常生活的积极的审美态度。

----

①　嘉兴市文化局：《马家浜文化》，第 55 页。
②　嘉兴市文化局：《马家浜文化》，第 57 页。
③　嘉兴市文化局：《马家浜文化》，第 59 页。
④　嘉兴市文化局：《马家浜文化》，第 58 页。
⑤　嘉兴市文化局：《马家浜文化》，第 57 页。

图 6 – 11　陶釜采自《马家浜文化》第 56 页、第 54 页

与其他类型的陶器相比，陶豆最适宜于通过造型变化表现那种轻盈、空灵的透脱感，这主要是因为陶豆属于日常用具，移动频繁，客观上要求重量轻，方便持握等。崧泽文化陶豆即充分体现了陶豆造型的这种特殊要求和审美个性。崧泽陶豆"以泥质灰陶为主，有部分黑衣陶，个别为灰黄陶"[①]，器形主要有盆形、盘形、罐形和碗形四种，其审美意蕴和艺术价值主要体现在把手上。崧泽陶豆把手类型主要有细长凹弧形、分级上收的粗矮凸弧形和圈足外撇的梯形等。大部分崧泽陶豆把手上有圆形、椭圆形、长条形、长方形、三角形、锯齿形等镂孔，它们之间往往形成有规律的组合，有的是简单的横向或竖向排列，有的则组成品字形、十字形等形状。如崧泽盆形陶豆标本 M40：2，"把上饰四组作'品'字形排列的圆形镂孔"[②]。又如崧泽盆形豆标本 M41：7，"把饰凹弦纹五组，下部有圆形凹孔拼成的'十'图案"[③]。许多情况下，陶豆把手上的纹饰能和镂孔相配合组成立体感很强的图案。如崧泽陶豆标本 M83：2，"把下部残缺，饰凹弦纹二组和圆形、凹弧边三角形镂孔"[④]。又如崧泽陶豆标本 M33：1，"把上端收缩处饰圆形小镂孔，中部饰凹弦纹和凹弧边三角形及圆形组成的镂孔"[⑤]。崧泽陶豆把手上的圆形镂孔除了与凹弧边三角形镂孔搭配外，有时还会与长条形或纵向长方形镂孔搭配。如崧泽陶豆标本 M13：4，

---

① 上海市文物保管委员会：《崧泽——新石器时代遗址发掘报告》，第 48 页。
② 上海市文物保管委员会：《崧泽——新石器时代遗址发掘报告》，第 50 页。
③ 上海市文物保管委员会：《崧泽——新石器时代遗址发掘报告》，第 49 页。
④ 上海市文物保管委员会：《崧泽——新石器时代遗址发掘报告》，第 50 页。
⑤ 上海市文物保管委员会：《崧泽——新石器时代遗址发掘报告》，第 49 页。

"敛口，弧肩，把饰凸弦纹三组和圆形、长条形镂孔，内壁使用交叉泥条支撑加固"①，长方形镂孔出现在陶豆把上，使陶豆本已窈窕的形体更显修长。崧泽先民在陶豆把上普遍刻镂圆孔、三角形孔和长方形孔的现象表明在生活中圆形、三角形和长方形事物是他们最感兴趣和能够熟练把控的事物，因为"对形状的知觉，就是对事物之一般结构特征的捕捉"②。除了追求视觉效果方面的原因外，从实用性上看，在陶豆把手上镂刻较多的孔可以减轻陶豆的重量，这与陶豆造型透脱的整体风格也是一致的。总之，在陶豆把上刻镂圆形、三角形与长方形镂孔在崧泽先民那里也许只是一种时尚，但这种时尚的形成不可能是无缘无故的，必定有深厚的生产与生活实践基础。

与崧泽文化陶豆相比，薛家岗文化陶豆把手（亦称豆柄）发生了两种较大变化，一是部分陶豆柄上部鼓凸成为算珠状，下部圈足渐外展，圈足径由小变大，并演化出2—3级斜台阶。如薛家岗盘形陶豆标本M88：2（图6-12，1），"折腹，圜底，高柄，喇叭形圈足呈斜台阶状。柄上部鼓凸似算珠"③。二是部分陶豆柄向直柄方向演化，柄底部的圈足沿向下陡折成台状。如薛家岗盘形豆标本M52：4（图6-12，2），"厚圆唇，直口微敛，斜直腹，平底，细高柄，喇叭形圈足，足沿陡折成台阶状并中部内收"④。薛家岗高柄杯的出现与陶豆把手向细长发展的趋势一致，二者之间是相互影响关系。如薛家岗高柄陶杯标本M112：3（图6-12，3），"尖唇，大敞口，深腹，柄与器腹连为一体，下有圈足，足沿陡折成台状"⑤，该高柄陶杯属泥质黑陶，胎很薄，最薄处仅0.17—0.2厘米，说明当时薄胎技术有了长足进步，这也是陶器能够向轻薄精巧方向发展的必要条件。

---

① 上海市文物保管委员会：《崧泽——新石器时代遗址发掘报告》，第49页。
② [美] 阿恩海姆：《视觉思维》，滕守尧译，光明日报出版社1986年版，第75页。
③ 安徽省文物考古研究所：《潜山薛家岗》，第207页。
④ 安徽省文物考古研究所：《潜山薛家岗》，第151页。
⑤ 安徽省文物考古研究所：《潜山薛家岗》，第239页。

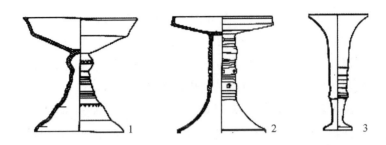

图 6－12 陶豆、陶杯 采自《潜山薛家岗》图二一七 一四六、二五九

到良渚文化时期，江南先民的陶器制作技术得到了全面提高，从类型上看，凡是日常生活所需要的，应有尽有；从纹饰上看，样式繁多，雕刻细腻，涉及的题材相当广泛；从色彩上看，以红陶和黑陶为主，但灰陶也不鲜见，由于有了先进的灌浆和刷浆技术，器表的光洁度已非前代可比。就造型风格而言，良渚陶器与前代相比内敛了许多，像马家浜陶器那样张扬的造型在良渚陶器中极为罕见，即使是发明新造型也往往以日常生活需要为出发点，精心设计，于细节上见功夫。如良渚圈足陶罐标本 Gl①：90①（图 6－13）和陶杯标本 G3①：39②（图 6－14），整器都有很好的光泽感，造型中规中矩，从内壁和圈足底留下的清晰轮制痕和螺旋痕可以知道它们的制作均采用了当时已经成熟的刷浆技术和轮制机械技术，工艺水平远超前代。

图 6－13 陶罐 采自《卞家山》彩版一七九

---

① 浙江文物考古研究所：《卞家山——良渚遗址群考古报告之六》上册，第 235 页。
② 浙江文物考古研究所：《庙前——良渚遗址群考古报告之四》，第 199 页。

图 6-14　陶杯　采自《庙前》图版六〇

　　总之，通过陶器造型，新石器时代的江南先民表现出良好的均衡与协调意识，不过，在不同的发展阶段上，这种均衡与协调意识表现的具体方式又存在很大差异，在崧泽文化、凌家滩文化时期，陶器造型一度十分注重在夸张中寻找平衡。良渚文化时期，陶器制作技术实现了对前代的全方位超越，但是，在造型设计方面虽不乏创新，风格上却倾向于达到保守性的协调与平衡，缺乏个性和激情，很少能以其浪漫的造型让人怦然心动。究其原因，当是良渚人开始习惯于稳定安逸的农耕生活，失却了许多冒险与探索的动机、欲望和热情。

三　体殊而形异

　　新石器时代江南地区陶器造型的变化经历了一个从形式初创到追求个性表现，再到建立规范的过程。早期的陶器制作立足于创建各种能满足日常需要的造型，技术原始，简单粗糙，风格朴野，但是，后世陶器的主要类型大都可以在这里找到其祖形，因此可以说这是中国陶器造型的初创期。到了新石器文化中期，江南地区的稻作农业技术有了很大提高，辅之以渔猎和采集，先民过上了相对稳定的有保障的生活，于是进一步向生活提出了精致化的要求，其重要表现之一就是力求通过对一些陶器形式的个性化改造和创新来改善其功能和丰富人们的视知觉，因此这个时期的陶器形式多样、风格鲜明而又意蕴丰富。新石器文化晚期，江南地区的陶器造型已经相当丰富，几乎是应有尽有，先民想在陶器造型上实现突破十分困难，因此多数情况下只能在一些细节上制造一些变化，至多为满足生活上的某些特殊需要而进行一些局部上的调整或改进。

在上山文化陶器中已经可以找到后世陶器的基本类型，如陶罐、陶壶、陶钵、陶盆、陶碗、陶盘、陶杯、陶拍等，而且每一种类型都有两种或两种以上的亚型，如陶罐有圜底和平底两种亚型，陶壶有平底、圈足底两种亚型，平底陶壶又分束颈溜肩、长颈折肩、长束颈等几种次亚型。河姆渡文化陶器类型更丰富，炊器有釜、甑、灶、鼎；盛贮器有罐、盆、钵、盂、贮火尊、器盖、匜；食器有盘、豆、碗；水器和酒器有带嘴器、盉、鬶等，往往每一种类型下都有多种亚型。至薛家岗文化时期，陶器的类型几乎实现了全覆盖，在陶器的造型设计方面留给后人的发展空间已经十分有限。以陶壶为例，薛家岗直口陶壶和高圈足陶壶是传统陶壶造型的继承，折腹、扁腹壶是薛家岗陶壶的主要器形和特色所在。如薛家岗扁腹陶壶标本 M74：1（图6-15，1），泥质灰胎黑衣，"圆唇，口微侈，扁圆腹，圜底，圈足。肩部有折棱1圈，中腹饰相邻的凸棱2圈，凸棱上方交错刻划3—4道弧线"①，该陶壶做工精致，表皮光亮，是典型的薛家岗扁腹陶壶。不过，薛家岗人并没有墨守这种基本型扁腹陶壶，而是在此基础上发明了许多亚型。如薛家岗长颈双鼻壶标本 M75：3（图6-15，2），"尖唇，敞口，口外侧2个小贯耳，长颈，扁圆腹，圆底，高圈足"②，这种长颈壶向前可以追溯到上山文化长颈折肩陶壶，向后可以看到其继承者良渚文化长颈陶壶。又如薛家岗双折腹壶标本 M61：3（图6-15，3），"圆唇，直口略敞，双腹，中间内收，高圈足"③，这种折腹壶与长颈双鼻壶都与扁腹壶同根同宗，由扁腹壶演变而成，从实用性上看不如单腹壶，而在制作难度和复杂性上则要远超单腹壶，判断该类双腹壶是祭祀用的神礼器，包含有多重境界的象征意义。薛家岗陶壶中有的造型颇为奇异，如薛家岗陶壶标

---

① 安徽省文物考古研究所：《潜山薛家岗》，第189页。
② 安徽省文物考古研究所：《潜山薛家岗》，第191页。
③ 安徽省文物考古研究所：《潜山薛家岗》，第170页。

本 M60：1（图 6 - 15，4），"纽、身与圈足成一整体，腹顶中部用两根泥条绕成一个近似手握圆环的长纽，纽下部镂 1 个圆孔。壶折肩，直腹，腹下部折收，平底，喇叭形圈足。肩部纽旁开 1 个小方形口，柄上饰凸棱数周，棱中间饰等距圆镂孔 3 个"①，虽然器形奇特，但仍可归于扁腹壶家族。该陶壶顶部泥条绕成的圆环长纽是一个特殊造型，可代替把手发挥作用，此外看不出有什么不同寻常的意味。该陶壶没有流而只有一个小方口，不适合盛放液体，可能是为了满足薛家岗人生活中的某种特殊需求，但是，不得不说，这种奇异造型的出现反而说明陶器造型上的创新势力正在衰竭，甚至是陷入了困境。

图 6 - 15　陶壶　采自《潜山薛家岗》图版八一、八二、七一彩版七一

良渚文化陶器在造型上能够让人感觉眼前一亮的作品不多，其中四足方盘属于例外，是一种看上去颇为大气的类似于供桌的器具。如良渚四足方陶盘标本 T4⑩：5（图 6 - 16），"长方形，宽折沿，浅盘。两条长边的中间不作宽沿而向上梯形隆起。直腹，平底，底部靠边有一圆孔。四角各设一只矩尺形足，足外两边均有平行的直线划纹"②，该四足方盘长 62、宽 49.2、高 13.6 厘米，与一般餐桌上的盘相比属于巨型盘，普通餐桌上使用并不方便，但如果在祭祀活动或大型仪式上使用则可以烘托庄严肃穆气氛。

①　安徽省文物考古研究所：《潜山薛家岗》，第 168 页。

②　浙江省文物考古研究所：《卞家山——良渚遗址群考古报告之六》上册，第 251 页。

图6-16 四足方陶盘 采自《卞家山》彩版一九五

陶器的"附件"有时能够比器身更好地表现先民的生活情趣与艺术意志，因为这些"附件"更容易从实用性的束缚中挣脱出来，使作者实现形式创新的目的。这些"附件"包括器盖、把手、錾和漏斗等，其审美价值往往与这些附件的有用性成反比，也就是说，其功能越具体，其审美价值就越小。如良渚陶过滤器标本 M8：54[①]（图6-17，1）和标本 M23：208[②]（图6-17，2），形制相同，陶色略有区别。两件陶过滤器上的过滤装置初看像是"附件"，实际上却是"要件"，因为缺少了它该陶器就不是过滤器了，所以这种过滤装置并不能为作者在造型设计上提供发挥个性的空间，而只能按照相同或相似的方式设计制作。

图6-17 陶过滤器 采自《良渚古城综合研究报告》图5-31、5-25

一些"附件"的功能虽然明确具体，但是造型上的适度变化并不会减损其功能，这种情况下先民会充分发挥自己的想象力，发明新颖的造型设计，使器具"附件"也成为展示个人才艺的平台。常用陶器的器盖就属于这种"附件"。如薛家岗陶器盖标本 T16④：63（图6-

---

① 浙江省文物考古研究所：《良渚古城综合研究报告》，第101页。
② 浙江省文物考古研究所：《良渚古城综合研究报告》，第96页。

18），"覆钵形，尖唇，纽顶平，纽缘捏成八角形"①，八角形盖钮的下面如同儿童画中的向日葵。良渚陶器盖标本 Gl②：62（图 6 - 19，1）"方唇，弧腹，外腹壁中部有两道凹旋纹，四个乳丁为纽"②，四个乳丁的中心连线略呈方形，这种造型的盖钮方便转动器盖时手指发力，器盖整体则像一个开花馒头。良渚陶器盖标本 Gl①：226（图 6 - 19，2）"折沿，斜直腹，花口圈足纽"③，花口似不规则八角形。良渚陶器盖标本 G1⑥：172（图 6 - 19，3）"宽沿子母口，微隆腹，腹壁钻有两个小圆孔。喇叭形纽较高，内有轮制留下的螺旋纹，口边缘有三个近距离的凹槽"④，三个相邻的凹槽如果不是一种特殊标记，那就纯粹是为了追求造型上的变化，以便让这个器盖看上去有自己的特点。所有陶器盖的变化主要体现在盖钮上，整体造型则是相似的，就是从盖钮处向下成伞状，重心平稳，使用安全。从视觉效果上看，通常情况下，"一个视觉式样的底部应'重'一些"⑤才能让观看者获得较好的平衡感，这很可能是生活经验和大脑中的生理力共同作用的结果。比如，为了收获这种平衡感，建筑物的上半部和下半部之间就不能对等，而应有意把底部造得重一些。但是，如果由于特殊原因底部不能做出改变，就只能把顶部造得轻盈精巧一些。新石器时代的江南先民在制作这些器盖时似乎意识到了这种平衡感的生成规律，所以在陶器造型总体上趋于规范的情况下，总是努力把陶器盖上的盖钮做得精致轻盈，在收获平衡感的同时也享受由多种多样的形式变化带来的视觉快感。

　　良渚人在陶器把手的设计上下了不少功夫，使得这些陶器把手给人一种别出心裁的感觉。如良渚宽把陶杯标本 T0303⑨：9（图 6 - 20，1）和标本 T0404⑧：39⑥（图 6 - 20，2），宽大的把手与短粗的杯身及微翘的流相搭配，使把手看起来很夸张，好像对于自己的"配角"地位不太满意，想成为"主角"，但整体上又给人以敦厚之感。

---

①　安徽省文物考古研究所：《潜山薛家岗》，第 327 页。
②　浙江省文物考古研究所：《卞家山——良渚遗址群考古报告之六》上册，第 275 页。
③　浙江省文物考古研究所：《卞家山——良渚遗址群考古报告之六》上册，第 275 页。
④　浙江省文物考古研究所：《卞家山——良渚遗址群考古报告之六》上册，第 272 页。
⑤　［美］阿恩海姆：《艺术与视知觉》，第 28 页。
⑥　浙江省文物考古研究所：《良渚古城综合研究报告》，第 119 页。

良渚实足陶鬶标本 T0405⑨：49（图 6－20，3）与袋足陶鬶标本 T0304 ⑧：9①（图 6－20，4）上的把手附着在造型相对复杂的器身上，似很满足自己"配角"的地位。这是两种风格完全不同的把手，但由于与各自的器身配合得当，所以都让人感觉韵味十足。

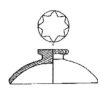

图 6－18　陶器盖　采自《潜山薛家岗》图三六〇

图 6－19　陶器盖　采自《卞家山》图 9－56、图 9－54

图 6－20　陶杯、陶鬶　采自《良渚古城综合研究报告》图 6－11、6－12

　　在制作器具的技术水平得到较大提高后，技术本身就不再满足于为实现器具的实用目的服务了，而总是试图通过对器具形式的创新与改造来表现自己，即所谓的炫技。事实上，通过形式与意义的

① 　浙江省文物考古研究所：《良渚古城综合研究报告》，第 118 页。

结合使技术得以完满表现，这几乎是一切器具制作走向艺术的必由之路。在这条艺术创作道路上，生命形式的创造始终处在各种形式创造的先锋位置，新石器时代江南地区的陶塑艺术即是如此。在河姆渡与马家浜文化时期，先民已经能够模仿多种动物创作出陶塑动物作品了，这些陶塑作品的制作工艺远远称不上精致，但从造型上看，每一个又都活力四射，有自己独特的神韵。如河姆渡陶猪标本T21④：24（图6－21），"腹部下垂，作奔走状"[1]，从造型上看，该陶猪头部尖长，警觉性高，身体干练，行动敏捷，模仿的对象很可能是野猪或半驯化状态的家猪。在罗家角遗址出土的16件马家浜文化陶器作品中，"有捏塑和堆塑两种，以前者居多。其种类，除仿制日用陶器的模型外，尚有捏塑的猪、鸟、鳖等动物，有的可能是陶器的顶钮或附件"[2]，其中马家浜陶猪标本T129（四）：11[3]（图6－22）整体造型圆鼓鼓的，生动地表现了猪的肥硕、慵懒等特种特征，其模仿对象应是被完全驯化了的家猪。相比较而言，河姆渡陶猪显得瘦劲有力，而马家浜陶猪则肥硕有趣，这在一定程度上反映了两种文化在审美旨趣上的差别，也反映了两种文化在野猪驯化方面所达到的不同水平。除了猪外，其他常见的动物，如狗、狐狸、兔子、蜥蜴、大象、鳄鱼、鳖、鹰等也都可以在新石器时代的江南陶塑中找到它们的塑形。

图6－21　陶猪　采自《河姆渡》下册彩版一九

---

① 浙江省文物管理委员会：《河姆渡遗址第一期发掘报告》，《考古学报》1978年第1期。
② 嘉兴市文化局：《马家浜文化》，第67—68页。
③ 嘉兴市文化局：《马家浜文化》，第62页。

图 6 - 22　陶猪　采自《马家浜文化》第 62 页

　　良渚文化动物陶塑继承了马家浜文化陶塑的基本特点，造型圆肥，力求传神。如良渚陶塑标本 T4⑩：24[1]（图 6 - 23，1）为猪面泥塑，双耳较小，鼻部凸出，一幅肉多贪吃的模样，尽显家猪的本色。又如良渚陶塑标本 T4⑩：45（图 6 - 23，2）为狐狸面泥塑，"吻部凸出，双耳竖立，两眼隐现。长 4.8、宽 4 厘米"[2]，该狐狸泥塑将狐狸机警、神秘和凶狠的物种特性表现得十分到位，而圆硕的形体结构则与陶猪风格一致，这也是马家浜和良渚文化动物陶塑的风格。此外，良渚蜥蜴黑皮陶标本 Gl②：239[3]（图6 - 23，3）、大象泥质褐陶标本 Gl②：233[4]（图6 - 23，4）等，虽然造型受到损伤，肢体部分存在残缺，然而健壮圆硕的马家浜 - 良渚风格"依然一目了然。

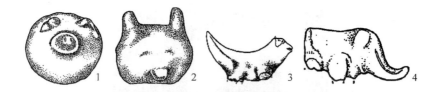

图 6 - 23　陶猪、陶狐狸、陶蜥蜴、陶象　采自《卞家山》上册图 9 - 49

---

[1]　浙江省文物考古研究所：《卞家山——良渚遗址群考古报告之六》上册，第 265 页。
[2]　浙江省文物考古研究所：《卞家山——良渚遗址群考古报告之六》上册，第 265 页。
[3]　浙江省文物考古研究所：《卞家山——良渚遗址群考古报告之六》上册，第 265 页。
[4]　浙江省文物考古研究所：《卞家山——良渚遗址群考古报告之六》上册，第 265 页。

　　河姆渡人首先在陶器造型上实现了几何性、实用性与生命形式的融合。如河姆渡鸟形陶盉标本 H15：1[1]（图 6 - 24，1），造型像鸟又像鸭，其实究竟像什么并不重要，该陶盉真正的审美价值在于它有力地传达出一种生命的意味。与鸟形盉一起堪称河姆渡鸟塑"双璧"的是河姆渡鹰首形（亦称猪嘴形）陶支架标本 T18（2）：85[2]（图 6 - 24，2），作为一个支架，它的功能很明确，就是支撑某一器物（比如陶鼎），按功能要求，只要稳当能承重就可以了，但河姆渡艺术家却将它们制成身附太阳纹的猪嘴又似鹰首的造型，使最简单的器具成为一种生命意蕴的载体，透过这一载体，不仅可以见识河姆渡人的制陶技艺，还可以深切地体味河姆渡人热爱生命的深情与审美地对待劳动与生活的心境。

图 6 - 24　鸟形陶盉和猪嘴形陶支架　采自《河姆渡》彩版四七六一

　　河姆渡文化以后，仿生成为陶器造型的一种主潮，除了动物陶塑、动物形陶器外，人们还经常把陶器的"附件"设计成动物形象，有的求形似，求逼真，有的求意至，求传神。如良渚陶器盖标本 G2②B：23（图 6 - 25），"子母口，圆弧背，背面作鹰脸造型。乳丁加两个圆圈为鹰眼，突起的鹰钩鼻两侧刻有代表鼻孔的圆圈。鹰脸额部还有两个用来连接器身的小孔"[3]，该器盖表面光亮，造型设计极为

①　浙江省文物考古研究所：《河姆渡——新石器时代遗址考古发掘报告》，第 244 页。
②　浙江省文物考古研究所：《河姆渡——新石器时代遗址考古发掘报告》，第 311 页。
③　浙江省文物考古研究所：《卞家山——良渚遗址群考古报告之六》上册，第 275 页。

用心，尽管没有发现与之相配的母体，但这并不妨碍从鹰嘴形盖钮和器盖表面的两个圆圈清楚地看出先民将器盖打造成鹰形象的意图。又如良渚陶器盖钮标本 T0202③：9（图 6 – 26），"双角上扬，尾部上翘。腹部有 9 个戳孔，皆从一侧戳入，另一侧呈乳钉状鼓突，上下两排布列"[①]，该器盖钮造型与上海金山亭林出土的陶盉把标本 M21：12 酷似[②]，皆可以判定为梅花鹿形象。

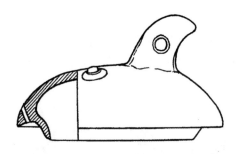

图 6 – 25　陶器盖　采自《卞家山》上册图 9 – 56

图 6 – 26　陶器盖钮　采自《文家山》彩版六四

有些陶器造型十分抽象，人们可能会对其所代表的动物形象产生

---

① 浙江省文物考古研究所：《文家山——良渚遗址群考古报告之五》，文物出版社 2011 年版，第 98 页。
② 上海博物馆考古部：《上海金山区亭林遗址 1988、1990 年良渚文化墓葬的发掘》，《考古》2002 年第 10 期。

认识上的分歧。如薛家岗文化鸟形陶捉手标本 T20④：92（图 6 - 27），"形似立鸟，鸟喙突出，尾上翘"[1]，该鸟形捉手的设计采用了大写意手法，看上去是鸟儿凌空飞翔的姿态，但它究竟是什么品种的鸟却不能分辨出来，当然，也没有分辨的必要，因为它只是通过这种抽象造型来呈现一种生命形式，或者说"活的形式"，即"情感、生长、运动、情绪和所有赋予生命存在特征的东西"[2]。这表明千万年来先民对鸟的视知觉经验已经培育了自己对鸟的"活的形式"敏锐的感觉能力，能够从这种几乎成为概念符号的高度抽象的形式上很容易地捕捉到那种生命的现实。

图 6 - 27　陶捉手　采自《潜山薛家岗》图 360

　　总之，新石器时代江南地区的陶器造型经历了一个从探索形式秩序到追求形式个性，再到确立形式规范的演变过程。不过，这一演变过程所呈现的趋势并不是绝对的，而是相对的，即使是陶器造型极力张扬个性的马家浜文化时期，马家浜人谋求陶器造型规范的努力也没有停止，而到了有更好的技术条件进行形式创新的良渚文化时期，陶器造型在总体上却趋于保守。可见陶器的造型变化不仅与陶器的制造技术有关，还与陶器造型设计所处的发展阶段、人的精神状态、生活

---

　　[1]　安徽省文物考古研究所：《潜山薛家岗》，第 327—328 页。
　　[2]　[美] 苏珊·朗格：《情感与形式》，刘大基、傅志强译，中国社会科学出版社 1986 年版，第 97 页。

态度和审美诉求等紧密相关。

第二节　单一色与纤秾彩绘

人类对于色彩的视知觉能力和控制能力对于人的生存和人类文明进步具有巨大意义，因为，"严格说来，一切视觉表象都是由色彩和亮度产生的"[1]，组成事物三度形状的重要元素是光线和阴影，而光线、阴影与色彩、亮度又是同宗，在视觉实践活动中，那些确定事物形状的轮廓线，主要是由眼睛根据亮度和色彩方面的不同推导出来的。可以说，色彩深刻地影响着人的空间感、对事物的区别能力和情感态度，无论在人的日常生活方面还是在人的审美实践方面都扮演着重要角色。

先易后难是人类学习的一般规律，原始人类在学习用色彩勾画图形、塑造形象和表达心意方面也同样遵循这一规律，所以辨识和运用色彩进行器具制作和表现情感的基本能力，是判断原始人类生活是否丰富和文明程度高低的重要依据。原始人类最先学会了制作单一颜色的器具，如单一红色、黑色或灰色的陶器。这种单一颜色的器具总体上看仍然处于审美的低级层次上，在后人看来太过单调，但是，对于新石器时代的江南先民来说，有色彩或色彩上的少许变化，哪怕是单一色也是富于魅力的。关于这一点，从新石器时代早期江南先民尽其所能地为一些陶器涂上某种色彩的行为上可以得到确认。后来，江南先民逐渐学会了多种颜色的搭配，并把这种搭配方法运用于器具制作上，从而创造出了包括陶器在内的众多色彩斑斓的审美产品和艺术作品。

一　简单红、黑、灰

在世界范围内的绝大多数民族审美文化中，"红色不但是宴乐的颜色，同时也是战争的颜色"[2]，在中国传统文化中也大致如此，红色不仅是重要喜庆活动的主体颜色，同时也在很多朝代被作为战旗的

---

① ［美］阿恩海姆：《艺术与视知觉》，第454页。
② ［德］格罗塞：《艺术的起源》，第81页。

颜色。如唐代诗人岑参诗云："纷纷暮雪下辕门，风掣红旗冻不翻。"（岑参《白雪歌送武判官归京》）红色在中国古代作为战旗的底色，象征流血、牺牲和艰苦奋战，通常情况下，红旗在中国人的心目中也是胜利的旗帜。

中华民族对红色的崇拜可以上溯到仙人洞和吊桶环文化，比较可靠的原始证据是仙人洞先民烧制出来的红陶。在仙人洞遗址第二期发掘中出土的 56 片新石器陶片中，"红陶系 29 片，占总数的 51.8%"[1]，表明红色是仙人洞陶器的流行色。上山文化陶器的流行色也是红色，对上山文化灰坑 H443 陶片的统计显示，外部涂有红陶衣的占比达 93.3%。陶盆作为上山文化最具标识性的器物同样以红色最多，总共发掘出 323 件，"占陶器总量的 56.65%"[2]，这些陶盆的内外壁均施红陶衣。除了陶盆、陶罐这些常用陶器外，上山文化的钵、平底盘、筒形杯、筒状器、圜底器、圈足器、平底器残件、器耳、器盉等，绝大多数表面都涂有红陶衣。无论是仙人洞文化还是上山文化，红陶衣形成的原因基本相同。首先是客观上的技术原因，当时这两个文化区域的原始聚落尚不具备陶窑烧制技术，均采用"平地堆烧"[3] 法烧制陶器，这种方法只能将温度升高到 $800^{\circ}C$，烧制时陶胎内部夹杂的植物碎屑炭化后因氧化不够充分便成为"外红内黑"的状态，且红色不均匀，很少有纯正的红色。也就是说，仙人洞与上山文化红陶是当时烧制陶器技术的体现。其次是主观方面的原因，即当时创造了这两个考古文化的聚落社会对红色有特殊感情。仙人洞和吊桶环二期文化发掘的陶器，"除大量使用绳纹之外，新发现有在绳纹之上涂硃的陶片十三块（有少数内外壁均涂硃者。此类陶片均出土于T4②层中）。涂硃色者，胎厚有达 1.2 厘米的，也有的是在圆窝之上涂硃。"[4] "涂硃"即涂抹朱砂，这种呈红

---

[1]　郭远谓、李家和：《江西万年大源仙人洞洞穴遗址试掘》，《考古学报》1963 年第 1 期。

[2]　浙江省文物考古研究所、浦江博物馆：《浦江上山：浦阳江流域考古报告之三》，第 67 页。

[3]　浙江省文物考古研究所、浦江博物馆：《浦江上山：浦阳江流域考古报告之三》，第 101 页。

[4]　李家和：《江西万年大源仙人洞洞穴遗址第二次发掘报告》，《文物》1976 年第 12 期。

色或棕红色的矿物，被仙人洞和吊桶环人用作制作红陶的原料。这说明仙人洞和吊桶环人把陶器制成红色既是技术原因，也是刻意为之，"他们崇尚红色，往往在有的陶器内面和蚌器、骨器上涂上朱砂，象征'火'的温暖，又能够驱赶猛兽，给人们带来希望和憧憬"①。对于仙人洞和吊桶环人来说，红色是生命的颜色，是最富于激情的颜色，也是神圣的颜色。许多上山文化红陶的形成也经过了特殊技术处理，"涂敷层是烧制前对胎体表面进行的预处理，即在胎体表面涂一层细泥浆。这层泥浆无论是从显微结构还是外观上都可以看出其所含的颗粒度非常细腻。涂敷层上好以后，还要对器物表面进行修磨，以备涂红陶衣之用。经过观察比较，大多数器物表面都被修磨得十分光滑平整，但也有偶见修整痕迹的。"② 如果仅仅为了实现陶器表面的光滑，那么只需要涂敷层就可以了，不需要在此基础上再涂一层砾，但实际情况是上山人在包括盆、罐、平底盘等各种类型陶器上均涂上了细泥浆，在烧制后再涂上砾，显然涂砾是为了达到所需要的鲜艳红色而增加的一道专门工序和发明的技术手段，审美动机十分明确。

在仙人洞和吊桶环文化遗址的上层，"新出现了羼和蚌末的红砂陶和黑皮磨光陶，这表明制陶技术有了某些进步"③，而且表明黑色也是人们喜欢的基本颜色。黑色陶器给仙人洞和吊桶环人带来的感觉是独特的，他们因为喜欢黑色而刻意烧制了黑色陶器，在烧制黑色陶器的过程中由于技术不稳定等原因而烧制出了灰陶，因此仙人洞人是否喜欢灰色和灰陶不得而知，但从灰陶被普遍保存下来的事实可以看出，仙人洞人至少不排斥灰陶。仙人洞遗址第一次试掘获得夹砂灰陶10片，泥质灰陶17片。这些夹砂灰陶片"胎色分灰黑、灰白两种。以素面的为多，部分有不清晰的篮纹、绳纹或小方格纹。素面有的见

---

① 江西省政协文史和学习委员会、万年县政协：《人类陶冶与稻作文明起源地——世界级考古洞穴万年仙人洞与吊桶环》，第131页。

② 浙江省文物考古研究所、浦江博物馆：《浦江上山：浦阳江流域考古报告之三》，第101—102页。

③ 李家和：《江西万年大源仙人洞洞穴遗址第二次发掘报告》，《文物》1976年第12期。

黑色陶衣，并饰弦纹"①。黑色和灰色陶器出现在仙人洞人的日常生活中，不仅为之增添了色彩，也极大地推进了仙人洞文化的文明进程。阿恩海姆指出，"人与人之间对色彩和形状的反应是有差别的"②，对儿童的测试表明，那些年龄不到三岁的孩子都是根据事物形状上的差别或相似进行挑选的，而那些三岁到六岁的孩子却都是根据它们的色彩进行挑选，随着所受教育熏陶和实践训练的增多，形状又慢慢成了儿童识别物体的基础。如果参照这种试验结果来看仙人洞文化陶器的色彩变化，那么大致可以说仙人洞文化已经超越了人类文明的婴儿期，正处于人类文明的童年阶段。

上山文化晚期，长江下游地区开始步入跨湖桥文化阶段，陶器中出现相当数量的夹炭黑灰陶，黑灰陶比例虽然无法与红陶相比，但是在某些类型的陶器如陶釜和陶罐中却数量可观，说明黑灰色引起了上山人和跨湖桥人的浓厚兴趣。夹炭黑灰陶是"在胎土中掺和稻茎，稻秸秆等粉末"③ 烧制而成。出土的 21 件不完整的跨湖桥陶罐残片和 8 件陶釜残片，"以夹炭陶为主，夹砂陶、泥质陶较少"④，这两种陶器中均发现一定数量的黑灰陶。黑灰陶的出现同样是技术、需求与视知觉兴趣等多方面原因造成的。从技术上看，无论是火候还是烧法，上山人都无法烧制出纯正的黑色或灰色陶器。从需求上看，陶釜主要用于烧煮食物，经常受烟熏火燎，不管当初烧制成红色还是黑色，最终都将变成黑色，所以没有必要在颜色上花大功夫。陶罐的主要作用是储存食物，一般存放在房间角落位置，黑灰色正好与陶罐这种相对隐蔽的空间定位一致。相反，那些经常出现在桌面上的器具，如盆、杯、钵则多为红色或红褐色，极少有黑灰色的，这表明上山人与跨湖桥人对陶器色彩的选择是渗透了环境审美意识的。

总之，新石器时代早期江南地区陶器的色彩主要是以红、黑、灰

---

① 郭远谓、李家和：《江西万年大源仙人洞洞穴遗址试掘》，《考古学报》1963 年第 1 期。

② ［美］阿恩海姆：《艺术与视知觉》，第 457 页。

③ 浙江省文物考古研究所、浦江博物馆：《浦江上山：浦阳江流域考古报告之三》，第 210 页。

④ 浙江省文物考古研究所、浦江博物馆：《浦江上山：浦阳江流域考古报告之三》，第 210 页。

为主的单一色，这种单一色根本上是由当时先民制陶技术水平和特点决定的，但是也表明这个时期的江南先民已经超越了仅仅依靠结构形状把握事物特征的阶段，进化到了能够根据色彩辨识、区别和做出审美判断的更高一级的史前文明阶段。

二 纤秾彩绘

歌德在其代表作长篇叙事诗《浮士德》中高度赞美了浮士德博士不断地向着最高生存境界奋勇前进的努力，认为永不满足的精神和性格使他能够不断超越自我，走向光荣与伟大。浮士德的精神和性格是普遍人性的象征。人类在原始时代就培育了不甘现状、勇于进取的精神品质，凭借这样的精神品质，原始先民不断创造出灿烂的史前文明。新石器时代江南地区陶器工业的发展正是体现这种人性特征的光辉范例。新石器时代的江南先民在初步掌握了为陶器施以单一色彩的技术后，随即将烧制出富丽绚烂的彩陶当作下一个目标。马家浜文化陶器上已经可以见到与纹饰相配合的彩绘了。如马家浜浅盘陶豆标本M248：3（图6-28），"陶盘，敞口，斜腹，平底，矮圈足。器内壁口沿及外壁、圈足底部均施红彩。盘外壁刻云雷纹四组，两两对称"①。该浅盘陶豆制作精致，外壁的八个云雷纹对称分布，其中两个一组，一组施红彩，一组呈金黄底色，红彩只施于凸棱上，凹处则为金黄底色，整个陶豆看上去金碧辉煌。

图6-28　陶豆　采自《马家浜文化》第204页

---

① 嘉兴市文化局：《马家浜文化》，第206页。

祁头山遗址出土的两件马家浜浮雕彩陶展现了马家浜人将红色与白色组合的艺术，"一为小口球腹罐，一为矮圈足豆。二者均采用先施红衣后用浅浮雕的方法剔划出主题纹饰和边饰，最后在纹饰上施白彩"[①]（图6－29，1为小口球腹罐，图6－29，2为矮圈足豆），这标志着白色成为塑造马家浜彩陶的新元素，也表明彩色浮雕艺术在马家浜文化中正在崛起。考古学者指出，"两件彩陶器的制作与装饰作风和长江中游大溪文化早期汤家岗一类遗存似有关系，反映了早期先民的交流"[②]。就是说，这两件彩陶出现在马家浜文化中存在两种可能：其一，这两件彩陶是从长江中游交流过来的；其二，制作这两件彩陶的马家浜工匠受到了大溪文化彩陶的影响。无论哪一种情况，都足以表明在马家浜文化时期彩绘浮雕陶器在长江中下游地区已经不是什么稀罕物了。

图6－29　陶罐、陶豆　采自《马家浜文化》第156页　157页

在崧泽文化陶器上，彩绘的应用更加普遍，参与搭配的色彩种类更多，从这多种色彩的搭配中可以明显感觉到一种追求视觉奢华的倾向。如崧泽文化陶杯标本M85：4（图6－30，1），"器内底有清晰的轮旋纹，似轮制，唇缘、肩、腹及圈足绘红褐色的带纹和陶纹彩绘"[③]。从圈足也被绘成红褐色来看，该陶杯的彩绘设计有一个浓墨重彩的通体考虑，这种对一个普通陶杯施以重彩的现象从一个方面反映了当时太湖地区聚落社会喜纤秾重彩的审美风尚。又如崧泽文化陶

①　嘉兴市文化局：《马家浜文化》，第156页。
②　嘉兴市文化局：《马家浜文化》，第156页。
③　上海市文物保管委员会：《崧泽——新石器时代遗址发掘报告》，第59页。

豆标本 M79：4（图 6-30，2），"敛口，唇外卷，盘壁有红褐色和淡黄色彩描绘的弧线图案，把上饰红褐色宽带纹彩绘"[①]。该碗形陶豆不仅造型考究、制作精细，而且以红褐、淡黄、浅绿等不同色彩描绘出弧线图案，整体上给人以纤秾绚烂之感。从实际使用角度上看，该陶豆平日里很可能被置于餐桌或供桌的显著位置，以体现主人奢华的生活、富裕的家境、非凡的地位和良好的趣味等，在重要祭祀活动中也应该是不会缺席的角色。

图 6-30　陶杯、陶豆　采自《崧泽》图四五彩版七

　　类似的彩绘现象也出现在一些崧泽文化陶壶上，如崧泽泥质灰陶壶标本 M59：5，"腹中部残缺，带盖，作盘形，圆柱形捉手，顶端作三角形，盖上有红褐色彩绘，一侧有一小孔"[②]。又如崧泽灰陶壶标本 M42：1，"口沿微折，带盖，作笠形，捉手作帽形，器表有红褐色彩绘，已脱落"[③]。两把陶壶盖上均制作了盖钮并施以彩绘，这不仅显示了崧泽人的彩绘技术，更让人看到了崧泽先民给陶器施以彩绘的执着态度。陶罐和陶壶从无盖到有盖，从无彩到有彩，当人们把一个盖钮也做成精致的彩色体时，这显然不是意味着这类陶器实用功能的

---

① 上海市文物保管委员会：《崧泽——新石器时代遗址发掘报告》，第58页。
② 上海市文物保管委员会：《崧泽——新石器时代遗址发掘报告》，第71页。
③ 上海市文物保管委员会：《崧泽——新石器时代遗址发掘报告》，第71页。

拓展和完善，而是表明先民在这类陶器上倾注了更多的感情。如果说器具的形状确立了它们之间的差异，使人们明白了不同器具的具体用途，那么色彩则培育了人们对器具的情感，如阿恩海姆所说的那样，"说到表情作用，色彩却又胜过形状一筹，那落日的余晖以及地中海的碧蓝色彩所传达的表情，恐怕是任何确定的形状也望尘莫及的"①。崧泽文化陶器上绚烂的色彩表明，崧泽人对色彩的视知觉前所未有地发达起来，甚至是进入了一个空前的彩绘优势兴奋期，彩绘已经成为崧泽先民表达生活热情的重要方式。

　　良渚文化时期，良渚先民至少已经在陶器和木器两个领域经常性地使用彩绘来装饰器具了。良渚陶器上的红色彩绘主要有两种材质，"一种是红色的朱砂涂抹，在陶器的表面形成无光泽感的红色；另一种是有光泽感的皮状的红漆"②。在茅庵里遗址所发掘的 10 片良渚文化彩绘陶片均属朱砂涂抹，有的绘弧线纹，如良渚陶片标本 T2⑤B：31③（图 6-31，1）；有的绘人字形相交的并行弧线，如良渚陶版标本 T4⑤B：18④（图 6-31，2）；有的绘方格纹与并行直线组合纹，如良渚陶片标本 Tl⑤B：28⑤（图 6-31，3）。庙前遗址发掘的一件良渚彩绘陶片标本 H16：27⑥（图 6-31，4），在磨光的灰红色表面上有用软笔绘成的红彩图案，由于是残片，无法看到图案的全貌，从残留部分判断，是圆、三角形和短弦纹线的组合。从这里可以看到良渚先民在视觉思维上明显的进步：把形状和色彩更紧密地结合起来以表达某种意识、观念或情趣的能力得到极大提升。

　　法国近代美学家查理·勃朗克在《艺术构图原理》一书中指出："形状和色彩的结合对于创造绘画是必需的，正如男人和女人的结合对于繁殖人类是必需的一样。"⑦ 一般来说，在造型艺术中，形状的

① ［美］阿恩海姆：《艺术与视知觉》，第 455 页。
② 浙江省文物考古研究所：《良渚古城综合研究报告》，第 45 页。
③ 浙江省文物考古研究所：《庙前——良渚遗址群考古报告之四》，第 349 页。
④ 浙江省文物考古研究所：《庙前——良渚遗址群考古报告之四》，第 349 页。
⑤ 浙江省文物考古研究所：《庙前——良渚遗址群考古报告之四》，第 351 页。
⑥ 浙江省文物考古研究所：《庙前——良渚遗址群考古报告之四》，第 243 页。
⑦ ［美］阿恩海姆：《艺术与视知觉》，第 459 页。

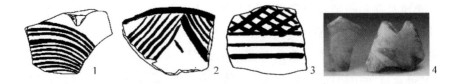

图 6 - 31　彩绘陶片　采自《庙前》图二五一、图版七一

主要作用在于刺激人的理智控制，而色彩则更能够丰富和增加人的情感经验，只有二者结合，并且在这种结合中形状保持着对色彩的绝对优势才能形成一件具有强大表现力的优秀艺术作品。这一视知觉美学原理同样适用于原始彩陶艺术，比如，良渚彩陶比起前代拥有更卓越的艺术品质，正是由于良渚人将形状与色彩相结合的能力得到了良好发展。卞家山出土的良渚弧形片状陶器残片标本 Gl① : 50（图 6 - 32，1）是一个典型范例，该陶片"黑底，一侧饰一组红色宽带和窄带纹，中部饰 3 个海鸥状展翼的简化鸟纹"①，这些鸟纹十分抽象，从线条结构上看，只是象征性地表现了鸟的飞动姿态，考古学者称其为"海鸥状"，其实称其为鸟状，或更具体一点说大雁状、鹰状，均无不可。不过，如何命名并不重要，值得重视的是该陶片在黑的底色上将飞动的鸟纹涂成了红色，人们从图案中看到的好像一群来自黑夜的精灵，先民似在刻意运用这种形状与色彩组合营造一种神秘的视觉氛围，以便让人沉浸于这种氛围中全身心地体验强烈的血色活力。又如良渚陶罐腹片标本 Gl① : 114（图 6 - 32，2），"灰黄底，以红彩描绘弧线放射纹"②。类似的弧形放射线纹在屈家岭文化陶器上也曾出现过，如屈家岭陶片标本 M161 : 7（图 6 - 33，1）上的蟹爪状纹和屈家岭陶片标本 M161 : 12③（图 6 - 33，2）上的翼状纹，虽然两种弧线的力道方向相逆，但表现的力感高度相似，即"一种从中心向外部的扩张运动，这

---

①　浙江省文物考古研究所：《卞家山——良渚遗址群考古报告之六》上册，第 381 页。
②　浙江省文物考古研究所：《卞家山——良渚遗址群考古报告之六》上册，第 380 页。
③　湖南省文物考古研究所：《澧县城头山——新石器时代遗址发掘报告》，第 518 页。

种运动很明显地向着观看者的位置靠近"①。不过，两种纹饰传达的意蕴又明显不同，屈家岭陶片上的蟹爪状纹和翼状纹没有施彩，作为一种单纯的弧线放射纹传递的主要是力感，但良渚陶器上的弧线放射纹是被施以红色的，这种红色弧线放射纹能表现强烈的热情，"它只在自身之内闪耀，并不向外放射很多能量，它具有一个成年男子的成熟性，它的激情冷酷地燃烧着，在自身之内储集着坚实的能量"②。从这个意义上说，良渚彩陶上的弧线放射纹与"海鸥状"纹是包含了更丰富意蕴和代表着感情成熟性的纹饰。

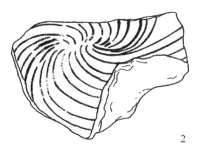

图6-32　彩绘陶片　采自《卞家山》彩版二九六图9-149

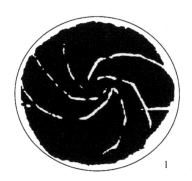

图6-33　陶片纹饰　采自《澧县城头山》第518页

① ［俄］瓦西里·康定斯基：《论艺术活动中的精神作用》，见阿恩海姆《艺术与视知觉》，第462页。
② ［美］阿恩海姆：《艺术与视知觉》，第470页。

总之，到良渚文化时期，纤秾绚烂的彩绘已经被广泛施以陶器和其他器具上，并能够与较为复杂的纹饰相配合组成多样化的有表意能力的纹饰图案，从而使彩绘纹饰成为具有时代特色和代表了更高级史前文明的装饰技艺和艺术表现方式。

第三节　通变纹饰

纹饰是新石器时代江南文化陶器上最为重要的艺术表现形式之一，早期纹饰只有刻划纹，之后出现了拍印纹、绳纹等，到了中晚期，先民开始把色彩施以纹饰之上，或者让纹饰与色彩相配合，构成更具有情感性的彩色纹饰。《易》云："物相杂，故曰文。"（《系辞下》）通过刺激人的视知觉发挥功能的纹饰作为一种"文"，其审美效果和品质主要取决于线条和色彩"相杂"的方式。原始纹饰中有一部经过长期演化后变成了符号，因此一些原始纹饰既具有一般纹饰的特征，即较强的形式感，同时又具有艺术符号的一些特征，即纯纹饰所缺乏的形式的象征性、想象性、理想（或梦想）性及观念性等特征。由纹饰演化出符号是人类审美实践乃至整个文化发展的一个伟大进步。卢卡契曾指出，"纹样的同质、同质化的本质正是集中在赋予所有塑造对象一种'观念性'。这种'观念性'表现为有关对象的感性可识别性，即把视觉丰满的印象简化为最节省的笔触，并由各种自然环境中抽取取出来"[1]。原始人发明纹饰的意义是巨大的，它不仅使陶器进一步摆脱了物质性的冰冷，更好地表现先民对待自然现象、生产劳动、人际关系和生活风俗习惯等等的精神的热情，而且使得各种带有纹饰的器具，特别是纹饰应用最多最广泛的陶器成为"观念性"的载体和衡量原始审美文化发展水平的重要依据。

受保存环境和条件的制约，新石器时代早期江南先民创造的纹饰一般只能在遗存下来的陶器和骨器上才能见到。从有限的出土陶器上

---

① ［匈］乔治·卢卡契：《审美特性》，徐恒醇译，中国社会科学院出版社1986年版，第283页。

的纹饰来看，上山文化陶器上的纹饰"相杂"表意的特点已经有所显现，纹饰的方式有了一定的章法，似已经进入类型化阶段。类型化并不意味着纹饰样式和方法的固化，而是指在一个相当长的时期里，一些主要的纹饰样式及其创作方法表现出某些共同性或一致性，并且被当作一种价值传承下去。事实上，纹饰样式的变化和创新从来也没有停止过。新石器早期江南文化陶器上的纹饰，如仙人洞、吊桶环文化和上山文化陶器上的纹饰主要有绳纹、刻划纹、折线纹、齿状纹、戳点纹、附加堆纹和凹带纹等，它们有的单独存在，有的则以组合形式出现。这些纹饰的形成与陶器的使用或制作技术有关，但也体现了先民的审美动机，不过，就目前掌握的资料来看，这些早期陶纹所表现的审美动机通常并不明确，尚不具有充分的"观念性"。中期以后，绳纹越来越少，刻划纹和拍印纹成为陶器纹饰的主要方式，镂孔或凹于器表的纹饰日渐丰富，陶器纹饰有向立体化发展的迹象，纹饰种类新增了勾连纹、瓦棱纹、凹弦纹、凸弦纹、剔刻纹、竖直压划纹、压划鳞斑纹、云雷纹等。另外，在跨湖桥文化陶器上还出现了彩画性质的纹饰，在河姆渡文化陶器上见到了刻画复杂的陶画。到凌家滩文化时期，浮雕和透雕出现在陶器上的现象已不稀奇，但是却没有发现应有的陶画，这应该是田野考古工作滞后方面的原因，因为凌家滩文化玉器上的雕刻画已经达到了很高的艺术水平，凌家滩人的制陶技术并不落后，所以未来在新出土的凌家滩文化陶器上发现优于河姆渡陶画的作品可能性很大。良渚文化陶画具有一定的叙事功能，由纹饰、记号发展而成的具有较强观念性的符号数量可观，有些符号十分接近于初级文字，或者说就是初级文字。陶纹正日益成为新石器时代江南先民文明精神和审美意识的重要载体。

一　几何纹的表现性

在仙人洞与吊桶环遗址出土的不少陶器上都存在不同样式的纹饰，而在一些出土的骨器上则发现了少数可能是记数或记事的符号，这一方面表明仙人洞与吊桶环人初步具备了抽象思维能力，另一方面也表明仙人洞与吊桶环人不仅重视开发器具的实用功能，而且对器具形式也很重视，客观上把器具制作的劳动过程转化为了审美创造的过程。后来陶器发展的历史也进一步证明，对于原始人类来说，器具制作、抽象表达和审美创造这三者之间并不矛盾，甚至可以说三者就是一体的。

仙人洞与吊桶环人通过刮抹、拍印、滚印等技术手段在陶器上印制了多种多样的纹饰。仙人洞遗址第一次试掘所得陶片全都饰有绳纹和刻划纹，绳纹式样主要有交错绳纹、平行绳纹、分段绳纹、粗乱绳纹和内外表绳纹等，各式绳纹又组合成了不同图案，如方格、斜格、圆窝和锯齿图案等。这些纹饰形式的形成与制作过程中使用的绳拍、棍拍、缠绳棒滚压、平头齿形器①、刮抹等技术手段有直接关系，也与陶器在使用过程中的实际需要有关。如有的陶器在器口唇沿上压出"V"形凹槽，使口沿成锯齿状，有的陶器"在唇下 2—2.5 厘米处用直径 0.4 厘米左右的小棒由内壁向外顶出的一周圆窝，圆窝间距 1 厘米，外壁在相应部位则为一周顶出的泥突"②。在陶器器口部分饰以锯齿纹、圆窝纹和增加泥突可以在搬运时防滑，这说明有相当一部分纹饰是有实用价值的，但也不可否认，这些纹饰的设计也有追求"好看"的动机。在对仙人洞遗址进行第二次发掘时，发现一些陶片在绳纹之上刻划有格纹，"格纹大小不一，且多不规则"③，如仙人洞单面绳纹陶片标本 1482 E10Mll②A④（图 6 - 34，1）上有一圈圆窝纹绳纹，陶片标本 1448 E10N12①B⑤（图 6 - 34，2）上有交错绳纹。在这些纹饰上看不到任何除了它们本身之外的其他意图，因此它们被花费功夫制作出来只能是为了好看，而且仅仅是为了好看，同时制作者非常明白这些纹饰不仅自己觉得好看，并且也能够让绝大多数聚落成员觉得好看。

---

① 所谓平头齿形器类似叉子，应以竹、木或骨料制成，平头齿宽一般 3 毫米，齿间距 1 毫米。参见北京大学考古文博学院、江西省文物考古研究所：《仙人洞与吊桶环》，文物出版社 2014 年版，第 78 页。

② 北京大学考古文博学院、江西省文物考古研究所：《仙人洞与吊桶环》，第 78 页。

③ 李家和：《江西万年大源仙人洞洞穴遗址第二次发掘报告》，《文物》1976 年第 12 期。

④ 北京大学考古文博学院、江西省文物考古研究所：《仙人洞与吊桶环》，第 82 页。

⑤ 北京大学考古文博学院、江西省文物考古研究所：《仙人洞与吊桶环》，第 83 页。

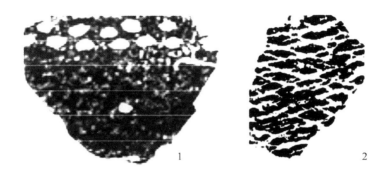

图6-34 陶片纹饰 采自《仙人洞与吊桶环》图七六、图七七

　　上山文化早期陶器上几乎没有什么纹饰，显示了这种文化的古老性，但在中、晚期一些陶器上开始能看到绳纹和刻划纹。绳纹多出现在陶器口部、颈部和器壁上，具体可分为粗绳纹、细绳纹和交错绳纹。考古学者认为，上山文化陶器上的绳纹很可能只是工艺特征的遗留，因为看不出制作者有刻意突出这种纹饰的意向。但是，上山文化中、后期陶器上的绳纹恐怕就不再纯粹是工艺特征留下的"假纹饰"了，特别是随着其他纹饰形式的大量出现，绳纹也成为追求陶器审美品质的专门制作。一般来说，绳纹最初是陶器定型过程中使用草绳制作内模以及使用草绳在外部捆绑留下的痕迹，这是没有什么疑问的，但是，后来受到这种印痕的启发，先民开始有意识地通过技术手段在陶器上强化和突出那些绳纹，使之成为规整、匀称的纹饰形式。绳纹之所以能够由最初的技术"痕迹"最终发展为一种原始艺术形式，客观原因在于绳纹能够让人产生视觉上的平衡、协调与秩序感，触觉上有舒适感。

　　陶纹作为一种装饰能够更明确地体现创作主体的审美意识，是体现原始人类审美实践精细化程度的重要方面。在新石器时代早期，虽然陶器上的绳纹一开始只是工艺技术的遗留，但并不代表当时陶器上的所有纹饰都与审美无关。比如，上山文化陶器上的刻划纹就是上山人自觉创作图案样式的成果。目前上山文化刻划纹陶片已出土3件，这些刻划纹分别"装饰在罐口沿内侧或颈部或底部，可分折线刻划纹和直线刻划纹"①。这些陶片刻划纹以直线和折线组成三角形用来代表山，戳点纹代表天和地，它们组合在一起可能是上山人对周边山地环境的抽象表现。如上山文化陶罐残片标本 H421：6（图 6－35，1），"三角形折线纹上下各一道戳点纹"装饰于罐口沿。又如上山文化陶片标本 H461②：25（图 6－35，2），"戳点纹带位于颈部，其下方为三角形折线纹"②，折线纹和戳点纹相搭配给人以很强的立体感，同时也克服了单一纹饰容易造成的构图上单调感，表明上山人已经具有了依靠不同纹饰配合达成立体图案效果的意识，积累了一定的纹饰搭配经验，初步掌握了以几何纹营造整体协调感、立体感的基本技术和能力。

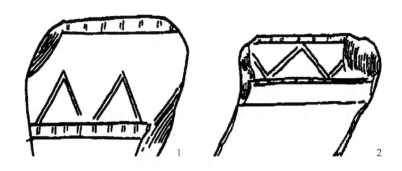

图 6－35　陶片纹饰　采自《浦江上山》图一〇〇

到马家浜文化时期，陶纹的种类更多，图案也变得更加复杂，初步显示出陶纹走向繁缛复杂的趋势。如罗家角遗址出土的马家浜陶器带脊釜，"在口、颈及突脊的边缘等部位，常有各种刻划纹，戳印圆圈纹等作装饰，腹部以下，绝大多数拍印有绳纹"③。马家浜陶器上的纹饰，除了常见的绳纹外，刻划纹、戳印圆圈纹、锥刺纹、指甲

---

① 浙江省文物考古研究所、浦江博物馆：《浦江上山：浦阳江流域考古报告之三》，第 104 页。

② 浙江省文物考古研究所、浦江博物馆：《浦江上山：浦阳江流域考古报告之三》，第 106 页。

③ 嘉兴市文化局：《马家浜文化》，第 57 页。

纹、宽带纹、梯格纹、弦纹、篮纹、瓦楞纹、浅槽纹、三叶纹、绹纹、籽粒纹、短斜线纹等，纹饰样式之丰富令人叹为观止。这些纹饰有的简单独立，如一些陶盘"在宽沿上饰浅浅的圆涡纹"[①]，这些圆涡纹并未与其他纹饰形成搭配，只与自己的同类形成某种形式的集合。有的是几种纹饰交互出现，如马家浜篮形器残片标本 T511④：3（图 6–36），"下腹部装饰一组由双线连对角的方格纹、重圈纹和弦纹等组合成的精致刻划图案"[②]，该图案营造了一种简洁、大方而又高贵的情调，类似纹饰在一些现代瓷器或陶器上仍然能够看到。

图 6–36　陶片纹饰　采自《庙前》图一一

陶釜本是一种日用蒸煮器，经常要承受烟熏火燎，所以一般情况下先民不会在釜上面雕刻纹饰，但是，在一些马家浜陶釜上却出现了较为复杂精致的纹饰，"盘口外壁大多划饰横竖相间的穗状图案，少数划饰三叶纹或绹纹，颈部下半段多饰瓦楞纹；突脊平面划饰弦纹、籽粒纹或短斜线纹，腹部下段拍印绳纹"[③]。如马家浜带脊陶釜标本 T117（四）：15[④]（图 6–37）上雕刻了上述多种纹饰，推测这类陶釜是用来作祭器的。

①　嘉兴市文化局：《马家浜文化》，第 63 页。
②　浙江省文物考古研究所：《庙前——良渚遗址群考古报告之四》，第 29 页。
③　嘉兴市文化局：《马家浜文化》，第 57 页。
④　嘉兴市文化局：《马家浜文化》，第 57 页。

图 6 - 37 陶釜 采自《马家浜文化》第 54 页

颇能体现马家浜陶器纹饰特色的是罗家角遗址出土的马家浜文化白陶豆，这种白陶豆上的捺印纹十分丰富，风格繁缛。如马家浜白陶豆残片标本 T118（二）：4①（图 6 - 38），"器表压印有凸起的粗弦纹、勾连纹、曲折纹、棱形纹以及月牙纹等相互组合的主纹图案，图形近似饕餮纹。在主纹边缘的下凹部位，普遍划有纤细的篦纹，在月牙凸纹的间隙处，留有极细的网格纹。有的网格纹被白色陶衣所浸盖。全器造型别致，图案颇繁复，制作精细"②。目前已出土的马家浜白陶豆尽管都是残片，数量又少，但其胎泥是一种氧化镁含量较高的陶土，等级较高，以之制作的陶器精致、细腻，是当时贵族阶层使用的高档陶豆。

图 6 - 38 白陶豆残片 采自《马家浜文化》第 76 页

---

① 嘉兴市文化局：《马家浜文化》，第 64 页。
② 嘉兴市文化局：《马家浜文化》，第 64 页。

马家浜陶器上的纹饰图案以几何形状为主，但也出现少量带有情景性的纹饰图案。如在庙前遗址出土的马家浜文化篮形器残件标本T510④：1（图6－39），"中腹有二组凹弦纹，下腹用刻划纹勾画了一幅鱼在水中畅游的生动、写实图案"①，该图案以小巧灵动的游鱼表现了一种自然生趣，如同一幅儿童画，稚拙天真中透着可爱。

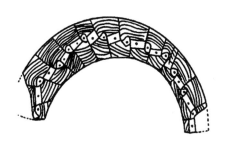

图6－39　陶器纹饰　采自《庙前》图一一

在崧泽文化陶器上，三角形与圆形相搭配属于当时的流行纹饰式样。崧泽中层文化层出土的全部108件陶豆上，出现最多的是凹弧边三角形与圆形镂孔的组合。如崧泽陶壶标本M79：6，"颈与圈足饰宽带形红褐色彩绘，肩与腹上部饰联圈纹红褐色彩绘"②（图6－40，1），该彩绘纹饰的圆与两条切线表现了一种旋涡状运动，切线、圆与上下边线组成的三角形如同一个稳定器，整体上给人以动中有静的感觉。在将几种几何纹组合成协调均衡的"力的结构"方面，崧泽盆形陶豆标本M88：9上的纹饰完成得很出色，"把上部作三个重叠的扁鼓形，下部喇叭足上饰圆形、凹弧边三角形和压制纹组成的图案"③（图6－40，2）。该图案稍显复杂，将圆形、凹弧边三角形和弧形线相搭配，组成一个具有强烈视觉冲击力的旋涡纹，其中圆居于中心关键位置，反映了松泽先民对圆这一几何图形的特殊情感。人类之所以从原始时代起就对圆形特别偏爱，阿恩海姆认为，因为圆形是人

---

① 浙江省文物考古研究所：《庙前——良渚遗址群考古报告之四》，第29页。
② 上海市文物保管委员会：《崧泽——新石器时代遗址发掘报告》，第71—72页。
③ 上海市文物保管委员会：《崧泽——新石器时代遗址发掘报告》，第54页。

类的视觉按照"简化"原则优先把握的一种形状，更深刻的原因在于圆形产生于旋转运动，而大旋涡是星体活动的基本特征，宇宙正是通过大旋涡使那些混乱无形的物质具有了特殊的形体①。崧泽先民或许正是凭借这最深刻的本能创造性地发挥了圆的视觉效能，从而能够在同一个图形中既让人感觉到圆的动感，又让人体验到三角形的稳定性，同时，又由于二者的完美融合而给人以动静结合的整体均衡感。

图6-40　陶壶、陶豆纹饰　采自《崧泽》图五四、四一

凹弧边三角形能产生不同于一般三角形的特殊视觉效果，如崧泽盘形陶豆标本 M52：5②（图6-41，1）和陶豆标本 M33：1③（图6-41，2）把上皆饰凹弦纹数周以及由圆形、凹弧边三角形镂孔组成的图案，圆形镂孔两侧的弧边三角形如同飞离月亮的小鸟，给人以轻巧而不轻浮、严谨而不失灵动的视觉美感。

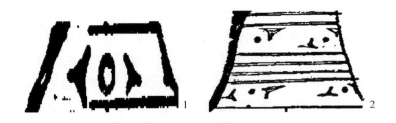

图6-41　陶豆纹饰　采自《崧泽》图四三、四一

① ［美］阿恩海姆：《艺术与视知觉》，第234页。
② 上海市文物保管委员会：《崧泽——新石器时代遗址发掘报告》，第55页。
③ 上海市文物保管委员会：《崧泽——新石器时代遗址发掘报告》，第48页。

一些崧泽文化陶杯、陶壶和陶瓶上的纹饰虽然简单，但与其造型配合协调，也颇能给人以轻盈灵动之感。如崧泽陶杯标本 61T6：2，"把下部残缺，把上饰凹弦纹和缠带纹"①，陶杯的主要功能是盛水，在实际使用陶杯的过程中，杯中水与凹弦纹、缠带纹作为一个整体会相互映衬，从而形成立体的层次感，还能使人产生水波荡漾的动感。又如崧泽陶壶标本 M74：2，"肩与腹上部各刻斜线带纹一周，中间刻麦穗纹，折腹处刻短线一周"②，由于这种陶器产生于稻作文化环境，肩与腹上部斜线带纹中间的"麦穗纹"称为稻穗纹可能更为合适。该壶肩斜面宽而陡，配上一周夹稻穗纹的斜线带纹后减少了下溜感，并沟通了上颈线与折腹短线，增强了各种纹饰之间的关联性与纹饰图案的整体感。

良渚文化早期和中期的陶器表面一般没有纹饰，"素面与表面的光泽，应该是良渚人的审美追求，这与玉器、漆器的质感追求是一致的。带有铅亮色的黑陶，表面一般采用打磨渗浆或者刷浆的方式，形成光亮的皮层"③，但是，在良渚文化晚期的一些贵族墓葬中发现了不少细刻纹陶，"这种微细的雕刻方式应该是受到良渚玉器施纹形式的影响，也是其他文化所没有的一种独特的艺术表现手法。刻纹的内容一般也不是简单的装饰纹样，而是与良渚文化信仰相关的主题图案。综合出土的刻纹陶器纹样，主要可归纳为兽面神徽图案、变体鸟纹、变体龙纹等"④，光亮的皮层、神秘的纹饰和精巧的造型使整个器具内蕴深厚而又表现力极强。不过，良渚人在陶器上制作纹饰的动机不是装饰陶器，因为这不符合良渚人推崇陶器"素面与表面的光泽"的习惯，推测良渚人在陶器上刻划纹饰是出于事鬼神的需要，从这个意义上说，良渚陶纹闪耀的是神的光辉。

二　记号与符号

文字的发明被普遍认为是人类进入文明时代的最重要标志之一，但是，这里要强调的是，文字并不等于文明，而且文字也不是产生于

---

① 上海市文物保管委员会：《崧泽——新石器时代遗址发掘报告》，第59页。
② 上海市文物保管委员会：《崧泽——新石器时代遗址发掘报告》，第73页。
③ 浙江省文物考古研究所：《良渚古城综合研究报告》，第47页。
④ 浙江省文物考古研究所：《良渚古城综合研究报告》，第47页。

一时、一地和一人，而是经历了一个漫长的历史发展与积累过程，所谓"仓颉造字"的传说只能说明仓颉在文字发明与创造过中发挥了重要作用——将产生于各个原始聚落的文字进行搜集、整理和改造，从而使汉字形成了一个相对完善的符号系统，而绝非意味着所有文字都是仓颉发明创造的。因此认识人类文明绝不可忽视文字的前身——记号与符号的发明与创造。有关史前文明的考古发掘与调查表明，文字之前已有符号，符号是文字的先导，原始符号一般都比较直观感性，而文字则要抽象得多，由简单符号到复杂符号，由相对直观感性的符号逐步转换成比较抽象的文字，是人类文明发展的基本事实和规律。符号的前身有相当大一部分是记号，考古学者认为，符号"应该是产生于原始记事方法，如结绳记事、骨刻记事、物件记事或图画记事等，它们通过长期的发展，不仅从简到繁逐渐表达日益复杂的思想，而且产生各种原始表达形式，在综合它们表现手法的基础上，终于出现了文字。"[①] 如果刻符可以记事，那么刻符也终将可以叙事，"多数古文字学家认为已发现的刻画符号，都不同程度地具有原始文字的特征"[②]，既然文字可以叙事，那么大部分符号也应该具有简单的叙事功能，这就使得符号不仅能够再现事实，而且还可以传达叙事者的意识或意向，成为能够表现主体意识的或有意味的符号，由此原始人发明符号和运用符号的实践也自然会在很大程度上成为一种创造"有意味的形式"[③] 的审美实践。

仙人洞与吊桶环人发明的符号初步显示了人类符号文明的一些特征。比如，以数字符号记事，"仙人洞与吊桶环的骨器和管状兽骨上，发现的契刻符号，多为长短横线，有的还刻成米字符。"[④] 长短横线可能表示数字，一道表示一，二道表示二，考古学者推断，这些长短

---

① 江西省政协文史和学习委员会、万年县政协：《人类陶冶与稻作文明起源地——世界级考古洞穴万年仙人洞与吊桶环》，第135页。

② 江西省政协文史和学习委员会、万年县政协：《人类陶冶与稻作文明起源地——世界级考古洞穴万年仙人洞与吊桶环》，第136页。

③ ［英］克莱夫·贝尔：《艺术》，中国文联出版公司1984年版，第64页。

④ 江西省政协文史和学习委员会万年县政协：《陶冶与稻作文明起源地——世界级考古洞穴万年仙人洞与吊桶环》，第136页。

横线就是原始数字符号。其中由 8 件残块拼合而成的仙人洞骨片标本
3533WIS3D（图 6－42 为其平面展开图）是由鹿角劈裂制成的骨片，
上面刻划线多而复杂，"该鹿角片是鹿角的一个分支，顺长轴切锯成
两半，鹿角表面修整光平，鹿角片长 224、宽 25.8 毫米。在鹿角的表
面刻划出有序排列的三列主要的刻纹。其中左侧边缘保留有 3 组短刻
纹，长 36 毫米。每组有 3 条刻划纹，每条刻划纹间距在 1.9—2.6 毫
米，刻划纹长 2.5 毫米左右，组间间距为 9.4—11.4 毫米。上半段边
缘似有数条细小的刻划纹，但已磨蚀，特征不清晰，仅有 3 条刻划纹
保留完好，刻划纹较下面的长而深，刻划纹长 3.4—4.6 毫米。其中 2
条排列较近，1 条较远，似乎是代表 2、1 的数字含义。中间一列是顺
长轴排列的短刻纹，从排列的间距看，刻纹排列为：2、2、1、3、1、
1（残缺）、1、2、1，其上是 22 条短刻纹，两侧刻有边线，其上方残
破。残破上方有 2、2 条长的刻划纹，再上又是由 2、1、2、1、2、1
条排列的刻划纹，在上是 2 组细的刻划纹，数量为 7 和 5。右侧边缘
刻划纹密集，分布规律不明显，靠上部刻划纹长而深，分布是 3、3、
2、1、3、1。刻划的线条可能与记事或计数有关。"① 该鹿角片上的
长短横线不像是一次刻上去的，否则应该有连续性，而不是以成组形
式断续出现，每一组横线记录的可能是同一类事件发生的数量，若果
真如此，那么该鹿角片就是仙人洞人的一个"记事本"，也是迄今见
到的人类最早的"记事本"。

图 6－42　契刻符号　采自《仙人洞与吊桶环》图一九〇

仙人洞与吊桶环人发明的米字符（图 6－43）是一种较为复杂难
解的符号，刻在兽骨上的米字符不同于陶器上的纹饰，更不是一幅独

---

① 北京大学考古文博学院、江西省文物考古研究所：《仙人洞与吊桶环》，文物出版
社 2014 年版，第 215—216 页。

立的图画，最大的可能是作为有别于刻划短线的另一种记数符号。考古学者认为，仙人洞与吊桶环发现的这些骨刻符号是我国发现的最早的文化符号，"万年仙人洞与吊桶环是我国最早骨刻符号发现地之一"①，而且，这些骨刻符号的产生有些甚至要早于农业和陶器产生的时代，这就意味着万年仙人洞与吊桶环人在进入农业和陶器时代之前已经跨进了或者说史前文明的门槛。

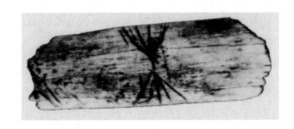

图 6-43　契刻符号　采自《人类陶冶与稻作文明起源地》第 136 页

陶器上出现系统性刻划符要晚于骨器，目前的考古发掘与调查可以追溯到崧泽文化陶器。在此前江南地区的新石器文化陶器上也发现了一定数量的刻划符号，虽不成系统，但考虑到它们之间可能存在的承继关系，也应与崧泽陶刻符以及后来发现的陶刻符号联系起来研究。江南地区新石器文化陶器上的符号按功能大致可以归纳为如下几种类型：

（1）记号性符号。崧泽文化陶器上的一些纹饰兼具记号与装饰两种功能。如崧泽罐形陶豆标本 M7：1②（图 6-44，1）的肩部有压划符"M"，崧泽釜形陶鼎标本 M10：3③（图 6-44，2）腹上部在弦纹内有一类似于箭羽纹的压划符 δ。这两种压划符号可能表示器具的归属关系，是一种专门为器具主人制作的兼有记号功能的装饰性符号。

---

① 江西省政协文史和学习委员会、万年县政协：《人类陶冶与稻作文明起源地——世界级考古洞穴万年仙人洞与吊桶环》，第 136 页。
② 上海市文物保管委员会：《崧泽——新石器时代遗址发掘报告》，第 57 页。
③ 上海市文物保管委员会：《崧泽——新石器时代遗址发掘报告》，第 40 页。

图 6-44　记号性符号　采自《崧泽》图三二

（2）纹饰性符号。在崧泽文化陶器上，一些纹饰纯粹是为了好看而设计和制作的。如出自崧泽文化第三期的陶器盖标本 M52：4（图 6-45），"盖顶刻划十字花瓣形图案，中心有一凹孔"[1]。从该十字花瓣形图案在器盖上所处的位置看，可能具有确定器盖中心点的作用。从造型特点看，该十字花瓣形图案还可能有象征花心花蕊的意思。由此推断该图案既有十字符的一般意义和功能，也被赋予特殊的象征意蕴，是一种典型的纹饰性符号。此外，在崧泽文化陶器上还发现一些其他制作方式的十字形纹饰符号。如崧泽陶豆标本 M41：7 把手上面由圆形凹孔拼成的"十"字图案就是另一种有自己特点的十字形纹饰符号。

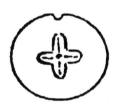

图 6-45　纹饰性符号　采自《崧泽》图三七

（3）数字符号。在钱山漾文化与马桥文化陶器的沿面上发现了大量由短直线、短弧线及其组合形成的符号。这些刻划短线符号与仙人洞和吊桶环人发明的数字符号有一定的相似性，但要完善得多。这些斜刻短线每组从一条至六条不等，推测分别代表 1、2、3、4、5、6，短折线代

---

① 上海市文物保管委员会：《崧泽——新石器时代遗址发掘报告》，第 48 页。

表7，人字形刻划线代表8，之字形刻划线代表9，斜十字形刻划线代表10。在一条竖刻线一侧刻划不同数目的横线，如⊣、⊒、⊨、⊫等"刻划陶文"①（图6–46），表示10以上的数字。据此推测，到钱山漾与马桥文化时期，江南先民已经建立了一套短线数字符号系统。

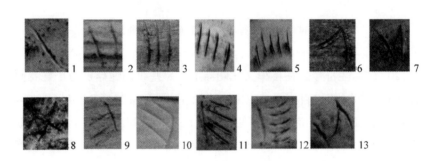

图6–46　数字符号　采自《钱山漾》下册彩版八、彩版四九—五四

（4）动植物形象。从纹饰构型及其组合特征上看，以动植物为表现对象的纹饰可以分为三个亚型：

a. 独立的植物形象。植物纹饰在河姆渡陶器上多为禾叶纹，有四叶形、五叶形和枝叶形等。这些禾叶纹均由刻划曲线连接，线条流畅自然，构图讲究对称，有的还以弧线或圆圈点缀，并以此连环续接，绕上一周。这种禾叶纹发现有近十种，有繁简、写实与写意之别，主要施于盘、盆口沿，极少数施于釜的口沿。② 如河姆渡陶块标本 T213（4A）：84（图6–47），"一方形框上刻五叶纹图案，一叶居中直立向上，四叶分于两侧互为对称。五叶粗壮有力，生意盎然。"③ 该五叶形植物纹整体布局均衡、结构对称，中间叶纹挺拔，底部以三角形符号突出旺盛的生长力，显示河姆渡人对于再现植物形象表现自然生机与活力有浓厚兴趣。从五叶纹下的长方形花盆可以看出，河姆渡人已经发明和掌握了盆栽植物技术，积累了一些园艺方面的实践经验。

---

① 浙江省文物考古研究所、湖州市博物馆：《钱山漾——第三、四次发掘报告》上册，第220页。

② 赵杰：《中国东南地区史前艺术考察（下）》，《文物世界》2002年第2期。

③ 浙江省文物考古研究所：《河姆渡——新石器时代遗址考古发掘报告》上册，第68页。

图6-47　植物形象　采自《河姆渡》上册图四一

b. 独立的动物形象。猪、羊等家畜和鱼、龟等主要水生动物是河姆渡陶塑的主要表现对象，在河姆渡陶器纹饰中，这些动物的形象也经常出现。如河姆渡黑陶钵标本T243（4A）：235（图6-48，1），"长边两侧各刻一只猪纹图像，长嘴，竖耳，高腿，短尾，粗鬃，腹略下垂"①，该猪纹图像猪头低垂，似为觅食而行进，两眼圆睁，鬃毛直竖，尾短下收，特别是突出了猪的长长的嘴部和圆圆的眼睛，不仅把握住了猪的形象和神态特征，而且刻划线条圆润流畅，传神达意。其腹部刻有一同心圆，为太阳纹，是河姆渡太阳崇拜文化在陶纹上的体现，意指猪与其他生物一样从太阳获得生命能量。太阳作为生命之源的观念在河姆渡文化中属于主流观念，所以太阳纹不仅出现在陶刻动物纹上，在其他介质的动物形象上也经常出现。如河姆渡兽纹骨片（残）标本T212④：53（图6-48，2）上的太阳纹，"兽纹头部和尾部阴刻一圆圈纹，周身阴刻叶脉纹，整个图案组成了一只犹如正在奔走的野兽形象"②。一般来说，动物形体越强悍身上的同心圆圈数越多，表示从太阳获取的能量越多。如果多重同心圆不是太阳纹，太阳崇拜不是河姆渡文化的主潮，那么同心圆纹如此频繁地出现在各种介质的动物纹上就显得不可思议。

---

① 浙江省文物考古研究所：《河姆渡——新石器时代遗址考古发掘报告》上册，第154—155页。

② 河姆渡遗址考古队：《浙江河姆渡遗址第二期发掘的主要收获》，《文物》1980年第5期。

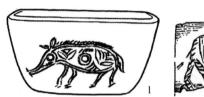 

图6-48　动物形象　采自《河姆渡》上册图三三、图七八

c. 动植物纹组合成的情景纹。在河姆渡陶器上最先看到了把植物与动物刻划在一起组成一种情景的纹饰。如河姆渡敞口盆标本T29（4）：46（图6-49），"口沿较窄并饰一圈'八'字形斜线纹。底略凹，上腹安一对半环形耳。腹壁两侧分别刻划鸟和植物（禾）、鸟和抽象性图案"①。一对兽目刻在该敞口盆外腹壁一面，其上画着一带冠状弓形，两侧所刻鸟纹赫然，似为一农家院落景象，另一面中间则刻着禾苗，两旁各装饰一条游鱼。河姆渡陶器上的动植物组合纹有两个特点：一是自然真切。通过再现常见的自然场景和生活情景真切地表现河姆渡人的农、畜、渔、猎生活状况以及对这种生活的享受与满足。二是活泼清新。无论是动物纹还是植物纹，都包含着活泼明快的节奏，让人感到亲切、热情和富有活力。

图6-49　动物、植物组合形象　采自《河姆渡》上册图二九

良渚文化时期，特别是良渚文化晚期的陶纹上已经很少能看到植物纹了，动物刻划纹占据了主导地位。在下家山遗址出土的良渚陶器及残片上发现的象形纹饰符号有22个（组），"有的像奔跑的动物、有的像

① 浙江省文物考古研究所：《河姆渡——新石器时代遗址考古发掘报告》上册，第46页。

龟、有的像鱼、有的像家禽、有的像虾、有的像树、有的像栅栏、有的似房子，不一而足"①。良渚陶器上的动物刻划纹依然带有河姆渡刻划陶纹稚拙童真的特征，但叙事色彩更浓。如良渚陶罐标本 Gl②：170（图6-50，1）上的组合纹，"肩部保存着两个刻符，一个为家禽形，一个为栅栏形，似乎在表达一个事件"②，这是一个讲述良渚人如何扎篱笆圈养禽类的"事件"，反映了良渚人已完成某些禽类驯化的现实。又如良渚陶片标本 Gl②：87③（图6-50，2），上面刻划了一只鳖、一只虾和一只鱼鹰，讲述了一个良渚人用驯化的鱼鹰捕鱼的"故事"。

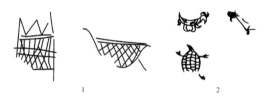

图6-50　动物、植物组合形象　采自《卞家山》上册图9-125

d. 抽象植物符号。在马桥文化陶器上，存在着一个由禾苗或草丛状刻划符组成的抽象的植物符号系统，组成这种植物符号的基本元素是弧形短线"︵"。在许多马桥陶器的陶沿上都发现了此类符号，有的有中心叶片，呈扇形，如 ⤋、⤋、⤋、⤋④（图6—51，1，2，3）等刻划符号。有的无中心叶片，所有叶片沿中轴线对称性分布，叶片数量从六片到十多片不等，如刻划符号 ⤋（图6—51，4）。这些符号可能标示陶罐盛装谷物的种类或数量，也不排除是通过这种符号表达对五谷丰登年景的祝愿。此类刻划符相比于河姆渡禾叶纹要抽象得多，作为植物概念符号的概率要远大于作为纯纹饰的概率，是马桥先民抽象思维能力增强的一种表现。

---

① 浙江省文物考古研究所：《卞家山——良渚遗址群考古报告之六》上册，第353页。
② 浙江省文物考古研究所：《卞家山——良渚遗址群考古报告之六》上册，第353页。
③ 浙江省文物考古研究所：《卞家山——良渚遗址群考古报告之六》上册，第356页。
④ 浙江省文物考古研究所、湖州市博物馆：《钱山漾——第三、四次发掘报告》上册，第344页。

图 6 - 51　抽象植物符号　采自《钱山漾》下册彩版五四

（5）初级文字符号。在崧泽文化陶器上发现了一些可能是初级文字的符号。如崧泽陶觚标本 M97：5（图 6 - 52，1）上的日字符，"底部压划弧线四边形图案，边缘压印麦粒形窝纹一周"①，这个印在陶觚底面的四边形图案与甲骨文"日"字相似，可能是日字的祖型之一。又如崧泽釜形陶鼎标本 M95：6（图 6 - 52，2）足面上的压划符号②，这一符号出现在鼎的足面，正是鼎与火、柴的接触处，或是代表一束柴火之"　"（甲骨文"束"）意，又因其与甲骨文中"　"（东）字形似，也有可能代表此鼎足放置的方位。如果这两种推测中的任何一种能够得到证明，都可以初步认为崧泽人发明了少量原始文字。

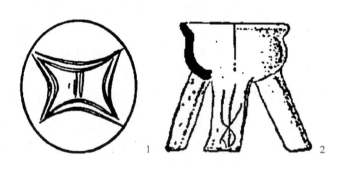

图 6 - 52　初级文字符号　采自《崧泽》图四六、三三

在良渚文化陶器上发现了数量巨大的抽象刻划符和戳点符，这些

---

① 上海市文物保管委员会：《崧泽——新石器时代遗址发掘报告》，第 60 页。
② 上海市文物保管委员会：《崧泽——新石器时代遗址发掘报告》，第 40 页。

符号即使不是文字,也与文字十分接近。到目前为止,这样的刻划符号仅在卞家山遗址出土的陶器上就发现了64个,形态有"×""五""T""木""个""王""L""目""N""廿""二""三""田""口"等30多个类型(图6-53),其中"五""×""T"形的数量最多,"五"形有6个,"×"形有5个,"T"形也有5个。[1] 同类符号往往出现在不同器物的不同部位上,如"五"字形符号有的出现在陶罐口沿部,有的出现在陶罐肩部,有的出现在陶豆盘上,有的出现在T形陶鼎足上,表明这种符号及其所表达的概念在聚落社会已被普遍理解和接受,无论出现在陶器的什么位置都可以被人们辨认出来,并且明白其所表达的意义,故称其为初级文字亦无不可。

图6-53 刻划符和戳点符 采自《卞家山》上册图9-126

良渚文化陶牌标本T2⑩:11(图6-54,1)"是迄今所见唯一的明确专为一个刻符磨制的陶牌"[2],依据边缘磨损情况,考古学者推测,这块令牌一样的陶片随身使用了很长时间,上面所刻"木"形字符具有指事功能,是一个最接近原始文字的符号。另外两块磨制的良渚文化刻符陶牌上也出现了接近文字的符号,一块是陶牌标本G2②B:38(图6-54,2),"中间有一个网格符,像一片栅栏"[3],该陶片上的网格符号可能是"井"字或"网"字的祖形。另

① 浙江省文物考古研究所:《卞家山——良渚遗址群考古报告之六》上册,第353页。
② 浙江省文物考古研究所:《卞家山——良渚遗址群考古报告之六》上册,第404页。
③ 浙江省文物考古研究所:《卞家山——良渚遗址群考古报告之六》上册,第404页。

一块是陶牌标本 Gl②：381（图6–54，3），该陶牌整体呈三角形，上面有一圆角的"田"字形刻符①。这每一块陶牌都称得上是一件良渚人精心创作的艺术品，上面的刻划符则体现了该产品的精神性与特殊"意味"。

图6–54 符号 采自《卞家山》上册图9–129、9–127、9–130

从卞家山遗址出土的良渚文化刻划符与戳点符情况看，戳点符占据了全部抽象符号的3到4成。戳点符由连续的戳点构成，几乎全部装饰在泥质红陶卷沿罐的口沿面上，"通常以弧形或波浪形的装饰带为基础，中间往往断开，并戳印1—4个符号。戳刻的弧线或曲线以双层为主，也有单层和四层的情形"②。戳点符号是良渚人在纹饰符号制作和书写方面追求新颖和变化的成果，这一点可以通过对"T""X""几""个""八""屮""王"（图6–55）等几个简单刻划符与戳点符的对比看得出来。

图6–55 符号 采自《卞家山》下册彩版二八六——二九五

---

① 浙江省文物考古研究所：《卞家山——良渚遗址群考古报告之六》上册，第404页。
② 浙江省文物考古研究所：《卞家山——良渚遗址群考古报告之六》上册，第405页。

戳点符不是独立于刻划符之外的符号系统，不过，与刻划符相比，戳点符还是很有特点的。第一，刻划符的制作采用的是由刀具刻划的连续之线，戳点符的制作使用的是由竹签之类的尖状物戳成的断续之点。第二，刻划符刚硬有力，戳点符圆润柔和。第三，戳点符在形成时间上晚于刻划符。一些戳点符在刻划符中目前还没有发现，如"🗶""🖌""🔩""🖍""Ⲩ"等，应该属于新发明。一些刻划符在戳点符中也没有看到，如"⊕""🗡""⊛""Ⲁ"等刻划符均没有发现相对应的戳点符，因此仅凭这一点并不足以确定二者形成时间上的先后。但是，从历史上看，新石器时代早期的考古文化陶器上只见到少量不具有符号性质的戳点纹，而具有符号特征的刻划符则经常见到。另外，戳点符的主要载体"泥质红陶卷沿罐"是江南新石器文化晚期的器具。还有，从符号制作的精致性上可以看出，戳点符的制作技术建立在刻划符制作技术比较成熟的基础上。上述因素结合在一起大致可以确定戳点符的形成晚于刻划符，戳点符大量出现在良渚文化陶器上，说明良渚人对戳点符的视觉效果是比较满意的。

到目前为止，关于良渚文化是否拥有自己的文字这一点，学术界依然存在争议，但可以肯定，一种观念性很强的抽象符号系统在良渚文化中已经或正在建立起来。由于这些符号大都独立存在，不符合成熟文字组合使用的一般原则，不少学者据此强烈质疑其文字性质。但是，也有研究表明，是否以连续形式出现并不足以作为原始文字存在与否的关键理由。比如，阿恩海姆通过对儿童视知觉能力与语言表达能力的研究发现，幼儿语言的组成成分十分简单，除了惊叹句之外，幼儿的大部分话语都是由名词构成的。这与早期人类的语言特征相似，"在语言陈述还没有区分为不同词性的阶段上，这些名词实质上是一种'一词句'（由一个词组成的句子），也就是说，仅仅用一个词，就可以包含疑问、要求、报告等各种成分。人、事物及它们的活动，都是作为一个不分开的统一体由一个词表达出来的。"① 阿恩海姆提出的"一词句"说法启示我们，绝不能完全依据文字成熟期的语言规则去衡量

---

① ［美］阿恩海姆：《艺术与视知觉》，第 241 页。

文字诞生之初的语言现实。在原始时代，一个单独的文字符号就可能构成一个"一词句"，无论是叙事、抒情，还是表达观念，"一词句"都应该是人类的童年时代和文字诞生之初最基本的语言表达形式。

三　颂神图腾

与世界上的绝大多数原始民族一样，新石器时代的江南先民不得不将大部分时间和精力用在解决最迫切的吃饭、穿衣和居住等现实生活问题上，不过，随着生产力水平的提高，先民在江南大地上的生产经营活动能够为日常生活提供越来越多和更加可靠的保障，于是先民开始有条件抽出更多的时间和精力用以谋划未来。在新石器时代中后期的江南地区，巫风日盛，巫师在社会上的地位日益重要，这是聚落经济基础更加巩固和强大的标志，也是江南先民形而上质和符号潜能得以释放和进一步表现的反映。在巫风盛行的时代，江南先民眼中关乎未来同时也对当下产生重大影响的第一要事是侍奉神灵，而要侍奉好神灵并求得神灵的保佑就必需选择一个好的巫师，因为在先民眼中只有真正的巫师知道神是什么，神在哪里，以及如何与神沟通。巫师与神沟通需要借助于一些媒介，比如各种神礼器，其中优质玉神礼器是最重要的，玉神礼器因其高贵儒雅的品质而赢得了第一神礼器的地位，所以关系到神的形象和符号在玉神礼器上见到的最多。不过，对于新石器时代的江南先民来说，陶器在记录和表现自己的思想和行为方面是更为方便和更容易获得的载体和媒介，因而江南先民有关神的观念、想象和实践在陶器上也得到了具体、生动的记录和表现。对于现代人而言，研究新石器时代江南先民遗留下来的陶器，特别是陶器上的纹饰符号，是深入到先民灵魂深处，了解先民如何建构和丰富自己精神世界的重要途径。

巫师在新石器时代的江南聚落社会中是以什么样的形象出现的？关于这个问题，马桥文化篾形陶器标本 T03④B：24 上的纹饰提供了一个参考答案。该篾形陶器"中腹饰二组压印的神兽纹"[①]（图6－56），神兽纹神态似人，细看面部如兽类，动作和装扮则类似于后世正在作法

[①]　浙江省文物考古研究所、湖州市博物馆：《钱山漾——第三、四次发掘报告》上册，第364页。

的巫师。据此推测，该神兽纹很可能是一个巫师的面具，或者就是马桥巫师形象的再现。一般来说，巫师的形象不能等同于常人，否则就无从显示他有与众不同的与神沟通的特异功能，但他又不能全异于人，否则他就失去了为人类代言的资格，因此巫师的形象只能在人的形体基础上附会某些被公众认为神秘的和灵异的事物，比如枭首面具、鸟的羽毛、狐狸皮等，以激发人们对神的想象和增强人们对这一混合体形象的信任与崇拜。该神兽纹的头部神似枭首，两侧悬挂的可能是用以进行虚张声势的表演所需要兽皮或编织物。在现实中，人们找不到与神完全相同或对等的存在物，这使得巫术的效力与可靠性无法得到证实，但同样也无法证实巫术是无效和不可靠的，正是依靠这种证真与证伪的不可能，巫术创造了一个巨大的虚幻空间，并借助于这个虚幻空间来刺激先民对神的想象与对神的敬畏心理，这也正是巫术维持其合法性的基本策略之一。

图 6-56　神兽纹　采自《钱山漾》上册图 5-2-83

原始人参与巫术活动的主要目的在于两个方面：一是祈福，二是消灾。那么，在江南先民眼中，幸福的根源和真谛是什么，它们与巫术又有什么关系呢？关于这一个点，还得从新石器时代早期江南先民的太阳崇拜说起。在上山文化和跨湖桥文化陶器上，太阳纹是最常见也最有表现力的纹饰，从先民刻划的各种太阳纹可以真切地体味到一种强烈的崇拜太阳的激情，以及那种把太阳奉为世界本源的明确观念。由于被意识到的本源性，太阳神成为许多重大巫术和仪式活动的中心和主角。

在河姆渡筒形陶器残片 T33④：98（图 6－57）上刻划有一幅以太阳为中心的图画。由于这幅陶画残缺过多，起初人们对它的解读很不一致。第一期考古发掘报告将这幅残陶画倒置刊印，称之为"外表刻画生动的植物枝叶纹"①。该陶画被重置以后，人们的解读就完全不同了。王宁远认为，这是由太阳、月亮、抽象符号、鸟和五叶形植物纹等构成的一幅复杂图画，两侧的图形上端两尖喙清晰可辨，可以确定为"两只相对而立的神鸟"②。有学者认为这幅图传递的信息很丰富，主体部分可视为"太阳纹和芽叶纹的组合"③。这两种解读虽有一定依据，但未免失之于浅简，未能充分揭示该陶画中各种符号共构的意义。为了避免一些符号的意义被忽略，不妨对这幅陶画作一种意境式还原：夜深人静时，两只身附太阳纹的神鸟相向而立，侍候太阳神沐浴于水中，太阳左右翻滚，水草晃动，水流激荡，天空是月亮以皎洁的倩影供太阳神镜鉴，大家都在为即将进行的日出各司其职。此种景象可与后来《山海经·大荒东经》中"东南海之外，甘水之间，有羲和之国。有女子曰羲和，方浴日于甘渊"的神话联系起来。如果从中国神话文化大传统来理解这幅陶画，还可与河姆渡象牙雕上的"双鸟负阳"纹组成一个关于日出日落的"太阳—鸟—水"型神话解释链。可以说，这是江南先民宏观地解释世界的一种伟大尝试，尽管在这个图画中没有人的位置，却并不妨碍它充满了人情味，因为该陶画所绘景象完全基于一种拟人化的想象，从植物到动物，从太阳到用具，都是人类诗意栖居的象征，如同一幅后世的山水画。当然，这不是说该陶画的作者与后世山水画家有同样的审美意识，相反，先民创作该陶画可能只是出于巫术目的。但是，"为了产生某种巫术效

---

① 浙江省文物管理委员会、浙江省博物馆：《河姆渡遗址第一期发掘报告》，《考古学报》1978 年第 1 期。

② 王宁远：《河姆渡残陶画的释读——兼论河姆渡文化的原始崇拜》，《南方文物》1997 年第 1 期。

③ 梁丽君：《河姆渡文化的太阳纹与芽叶纹组合》，《中国文物报》2011 年 7 月 22 日第 6 版。

果而对过程的模仿与现实的模仿艺术形象曾长期走着同一条道路”①，巫术和艺术遵循着共同的拟人化原理，这就意味着即使作者没有任何审美意向也不妨碍将该陶画定义为一件艺术作品，并根据该陶画所能唤起的情感和信念将其当作一种美学意境来识读。

图6－57　陶画　采自《河姆渡》上册图四一

在新石器时代黄河流域的原始文化中，关于日出日落存在着一种有别于“河姆渡解读”的“大汶口解读”。出土于山东省莒县陵阳河遗址的4件大汶口灰陶缸上“各刻有一个图像文字”②，其中一个为“”（图6－58，1），另一个为“”（图6－58，2）。有学者将后者解读为“太阳、飞鸟和高山，半月形符号像一只展翅飞翔在空中的鸟，鸟背上托举的圆圈就是太阳，W形符号是地上的高山”③，就是说，在后一幅陶图或者说图像文字中，“”代表太阳，“”代表飞鸟，“”代表山，三者组成的图像或文字代表的是大汶口先民对世界结构的想象。如果把“”与“”结合起来识读，那么

① ［匈］乔治·卢卡契：《审美特性》，徐恒醇译，中国社会科学出版社1986年版，第320页。

② 山东省文物管理处、济南市博物馆：《大汶口——新石器时代墓葬发掘报告》，文物出版社1974年版，第117页。

③ 张程：《浅析中国古代太阳崇拜与鸟崇拜的实物图像——以乌与三足乌的形象内涵变迁为例》，《形象史学》2018年第1期。

完全可以认为前者讲述的是飞鸟托起太阳的日出神话，后者讲述的是飞鸟驮日归山的日落神话，两者共同构成了一种关于日出日落的"大汶口解读"或者说大汶口神话。这种"太阳—鸟—山"型世界结构与太阳运行想象与大汶口先民所处的陆山环境相一致，切合大汶口先民对陆山环境下天地生灵关系与太阳运行规律的直观感知与想象。

图 6 - 58　"图像文字"　采自《大汶口》图九四

在没有文字更没有天文科学的原始时代，对于日出日落等自然现象的认知与解读，世界各原始民族几乎都在诗性智慧的支持下走上了神话创作道路。格罗塞指出，"住在北冰洋附近的古代日耳曼人，据塔西佗说，他们听到太阳在夜里从西到东穿过海的声音，而且见到过诸天神"①。在古代日耳曼人看来，日出日落都是天神的安排，天神让太阳每天在西方坠入山中，夜里穿越大海，第二天早晨再从大海上升起。对于太阳及其运行规律的解读，河姆渡先民创造的"太阳—鸟—水"型神话与大汶口先民创造的"太阳—鸟—山"型神话，以及古代日耳曼人创造的太阳穿过大海的神话各有特色，显示了自然环境对原始人类意识与观念生成的深刻的乃至决定性影响。

江南先民崇拜的吉祥鸟也频繁出现在新石器时代的陶纹上。在良渚文化宽把陶杯标本 G1②：100（图 6 - 59）上有一幅刻划陶画，"残存的流部布满了繁缛的细密花纹，纹饰由鸟形主纹、方格状地纹和带

---

① 维柯：《新科学》，第 162 页

状装饰纹三部分构成"①。这些刻划纹的精致组合展现的是一种鸟家族的生活景象：大鸟俯卧，小鸟或飞翔，或觅食，或栖息，姿态各异，一派自由、安闲的幸福图景。该鸟家族栖居图所描绘的或许就是新石器时代江南先民所向往和期待的"桃花源"，在这种崇拜鸟的原始文化语境中，用鸟的自由生活象征性地表现人类对于幸福的理解和理想自然是一件顺理成章的事。

图6-59　陶画　采自《卞家山》上册图9-124

鸟与蛇身体上的花纹给原始人的视觉神经带来了强烈冲击，以至于良渚人以独特的诗性智慧创造出了奇异的鸟蛇复合体形象。在良渚文化陶器贯耳壶标本H2：50（图6-60）上，"上腹部以贯耳为轴，两侧各浅刻一组由鸟首、羽翅及卷曲的蛇身组成的抽象图案"②。类似的鸟首蛇身纹是良渚文化陶器上常见的纹饰，考古学者称之为"鸟蛇"③，这种"鸟蛇"可能是"良渚神徽"以外良渚人的另一种重要图腾。

图6-60　鸟蛇复合纹　采自《庙前》图八九

①　浙江省文物考古研究所：《卞家山——良渚遗址群考古报告之六》上册，第349页。
②　浙江省文物考古研究所：《庙前——良渚遗址群考古报告之四》，第108页。
③　浙江省文物考古研究所：《庙前——良渚遗址群考古报告之四》，第197页。

　　良渚文化陶器上的各种"鸟蛇"纹所表达的理念虽然一致，但具体组合形态却各有特色，表明作者在这方面有相当程度的创作自由和较大的发挥个性的空间。良渚"鸟蛇"纹除了上述设计外，还有如下四种：

　　第一种，多鸟首同蛇身型。如良渚陶豆盘残片标本T0606⑤：21（图6-61，1），"外壁烧后刻划纹饰，上部一周为椭圆形螺旋线和绞索状纹饰组合的纹饰，以下单独成为个体图案结构；如果将此展开，整体似乎有首有尾，内填刻螺旋状线条，附着鸟形的小尖喙图案"①。该残陶片上的绞索状纹饰代表蛇身，有小尖喙的鸟首分别附着于蛇身。

　　第二种，鸟首蛇身——对应型。如良渚陶豆柄标本G3①：45（图6-61，2）上刻划的"鸟蛇样纹饰"②，一个鸟首连接着一个细长的蛇身。

图6-61　第一种鸟蛇复合纹和第二种鸟蛇复合纹

采自《庙前》图一五八、一四八

　　第三种，鸟首细蛇身混合型。如良渚宽把陶杯标本H3①：438（图6-62）上的"鸟蛇"纹，"以流下泥突部位纹样为中心，绕以网格、弦线组合纹样。泥突部位刻划螺旋状鸟蛇样纹饰，可分辨出首、身、尾，间填以螺旋线和划线"③。该"鸟蛇"的蛇身很细，鸟首则相对较大，鸟首有单个独立的也有两两并立的。

　　第四种，细密群型。如良渚陶壶残片标本C2①B：42（图6-

---

① 浙江省文物考古研究所：《庙前——良渚遗址群考古报告之四》，第212页。
② 浙江省文物考古研究所：《庙前——良渚遗址群考古报告之四》，第197页。
③ 浙江省文物考古研究所：《庙前——良渚遗址群考古报告之四》，第234页。

63），"黑皮上刻满了细密的鸟头蛇身纹，远看像上了一层灰釉。2厘米见方刻有12个鸟头蛇身纹，堪称微雕作品"①，如此多的鸟蛇刻划在一起，每一个都与另一个不尽相同。该纹饰的整体寓意尚不明确，或许是要表现一种集体狂欢式的生命体验。从视觉效果看，作者似在有意炫耀自己非凡的微雕技艺，表明该陶片所属的陶器是高等级的神礼器。由此也可以看出，良渚人在陶器审美上具有两极性，一极是黑亮的全素面，一极是炫技的繁缛纹饰。

图6-62　第三种鸟蛇复合纹　采自《庙前》图一七五

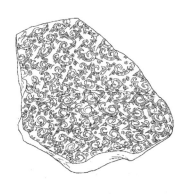

图6-63　第四种鸟蛇复合纹　采自《卞家山》上册图9-123

"鸟蛇"纹创意的产生，除了鸟与蛇都拥有布满花纹的身体外，

---

① 浙江省文物考古研究所：《卞家山——良渚遗址群考古报告之六》上册，第349页。

可能还因为鸟与蛇的生存方式激发了良渚人对来去自如、变化无端的自然神的想象，于是想通过这种"鸟蛇"形象来揭示大自然的奥秘，表现良渚人对自然神明的崇敬。不过，良渚人似乎无意把"鸟蛇"形象统一起来，以至于工匠们可以根据自己的理解自由地塑造和雕刻"鸟蛇"形象。

消除人类可能遭遇的灾难是巫术被赋予的另一种功能，对于新石器时代的江南先民而言，人生幸福源自于自然神明的恩赐，同样一切灾难的根源也都源自于自然诸神，毒蛇猛兽和滔天洪水的侵害可能是人类得罪神明而招致神明惩罚的方式，因此如果要减轻、消除或避开那些令人恐惧的灾难，就必须举行隆重的祭祀仪式向诸神谢罪和表达敬意，以求得诸神的宽恕和帮助，或通过巫术手段来镇压魔鬼和驱除邪恶。在崧泽文化陶壶标本 M30 : 3（图 6 - 64）上可以约略看到类似巫术或宗教活动的迹象，该陶壶"器底凸一动物形图案"①。从形状上看，该图案所描绘的动物类似于蝎子或蜘蛛类爬行动物，这种动物今天仍然能在一定程度上给人身造成伤害，令人恐惧，所以崧泽人将其刻划在壶底以示镇压，而不是像鱼、鸟等形象一样被雕刻于器具的显著位置以供观赏。也不能完全排除该图案是一种族徽或聚落图腾，但是，由于到目前为止并没有发现同类现象，所以其作为族徽或图腾的可能性很小，因为如果是族徽或聚落图腾，它就一定会频繁出现在不同器具上，就像"良渚神徽"或良渚"鸟蛇"纹那样。

图 6 - 64　钳蝎类纹饰　采自《崧泽》图五六

---

① 上海市文物保管委员会：《崧泽——新石器时代遗址发掘报告》，第 73 页。

除了陶器，还有石器和玉器，特别是等级较高能充分体现上流社会文化内涵的玉器，无论是在形式设计还是在纹饰制作上，都深受巫术和宗教影响，反过来，这些承载不同巫术信息的纹饰形式又推动着该地区巫术和宗教文化的发展，这对于聚落乃至城邦形成统一的宗教信仰具有重要意义。总之，考虑到巫风盛行的社会实际和文化特点，从巫术和图腾视角研究新石器时代江南地区器具纹饰的特点与意义是十分重要和必要的。

四　纹饰的交互影响

从各种纹饰、记号、符号乃至初级文字生成的先后顺序和生成过程来看，它们虽各有自己相对独立的演变轨迹，却不是孤立的单向度的线性发展，而是相互包含、相互影响、相互促进，有些纹饰和符号还存在着向彼此生成转换的情况。江南先民首先发明了简单的绳纹和记录数字的刻划短线，又以绳纹组合成方格纹、斜格纹、圆窝纹、锯齿纹和象形纹等复杂一点的纹饰，在此基础上发展出了植物纹、动物纹和情景纹，从数字短线衍生出了米字符和几何纹等。这是一个由简单抽象到具体复杂再到高级抽象的否定之否定过程，显示了人类思维在不同历史阶段上的特征以及抽象思维与形象思维之间的相互促进与转换关系。

良渚陶纹是新石器时代江南地区纹饰样式的集大成者，通过良渚陶纹可以看出良渚人综合运用各种纹饰形式的非凡能力，同时通过文化内容与形式上的承继关系和文化时空上的邻近关系，还可以从中看出新石器时代江南先民发明的各种纹饰形式之间的交互影响、相互转换与交融关系。比如，良渚文化陶豆柄标本 T0606⑤：20（图6－65），横截面接近正方形，"四面均刻划、镂孔纹饰，纹饰结构为圆形和弧边三角组合"①。该陶豆上的纹饰继承了崧泽文化陶豆纹饰的制作技法，通过圆、弧边三角形与弧线的组合制造特殊视觉效果，双重圆或三重圆看上去似鸟首，弧边三角形则状如鸟喙，虽不确切但并不妨碍透过这些几何纹的组合深切体味生命的节奏、顽强和力量。

---

① 浙江省文物考古研究所：《庙前——良渚遗址群考古报告之四》，第216页。

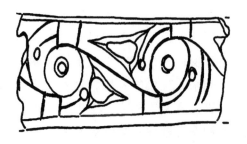

图 6 - 65　陶豆柄纹饰　采自《庙前》图一六〇

　　将几何纹组织成生命形式的方法和技巧在马桥文化陶纹制作上得到了精彩发挥。如马桥文化簋形陶器标本 H89：17（图 6 - 66），在宽把上部有一周压印的鱼鸟组合纹，"鱼和鸟的图案被限于一个个横向长方形小框内交替排列，长方形小框上下各一周凸棱，并间饰有折角状的细长条镂孔"①，这种纹样在其他马桥陶器上并不多见，然而却具有不可忽视的意义。该压印纹各个图样不重复，每一条鱼、每一只鸟以及相配纹饰都不一样，由此判断，制作时使用了专门工具，但这种工具并非模板，而是一种可以灵活运用和自由发挥的创作工具。另外，仔细观察还会发现，这些鱼纹和鸟纹实际上都可分解为一些短直线、短弧线、长弧线、弧边三角形、圆或双重圆等，或者说这些鱼鸟图案是各种短线和圆的巧妙组合。

图 6 - 66　簋形陶器上的鱼鸟组合纹饰　采自《钱山漾》上册图 5 - 2 - 83

　　几何纹与生命形式之间在原始时代所形成的互动转换关系可能远

---

　　①　浙江省文物考古研究所、湖州市博物馆：《钱山漾——第三、四次发掘报告》上册，第 364 页。

比我们看到的要广泛而紧密得多，良渚陶器上所见最多的鸟纹最能证明这一点。良渚人在陶器上创造了众多鸟纹或鸟首纹的变体，归纳起来主要有以下几种：

第一种，鸟喙状圆纹。在良渚文化陶杯标本 H3①：483 上，以一周刻划弦纹和一周凸棱分界，上部刻划纹饰，"纹样为鸟喙状和近圆形结构，周围空间填以多重横向波折线"①（图 6－67）。由于鸟首纹高度抽象，观看者只有从特定角度才能将其定义为鸟首纹或鸟喙纹。抽象鸟首纹的创作基于对鸟纹的丰富创作经验，否则就不可能以简单的刻划线传达出鸟的神气，同时，作者如果没有对圆形、三角形、弧边三角形、棱形等几何图形熟练的刻划与组合经验，这种如同现代派画法的鸟首纹也难以创作出来。

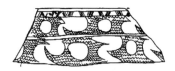

图 6－67　鸟喙状圆纹　采自《庙前》图一七四

第二种，集合型篦纹。如下三幅图是卞家山遗址出土的良渚文化陶片上纹饰的拓本，从左向右排列，大体反映了这三种纹样之间可能存在的演化关系：第一幅图（图 6－68，1）是以弧线、椭圆线为主刻划的一只凌空欲飞的小鸟；第二幅图（图 6－68，2）是以直线、弧线为主刻划的一只正在行走的大尾鸟，形象略显呆板；第三幅图（图 6－68，3）是由三个单独篦纹或伞翼形纹组合成的集合篦纹。这三幅图有一种共同的"力的结构"，都属于鸟的幻像，但它们之间也有明显差异，如果说前两幅图是鸟的基本幻像的两种不同形式，那么第三幅图则是鸟的"第二级幻像"②和抽象。

① 浙江省文物考古研究所：《庙前——良渚遗址群考古报告之四》，第 233 页。
② ［美］苏珊·朗格：《情感与形式》，第 100 页。

图 6－68　集合型篦纹　采自《卞家山》上册图 9－108、9－111、9－108

　　篦纹或伞翼形纹是否也是鸟纹或鸟首纹的"第二级幻像"或抽象呢？对此或许也可以通过纹饰之间的比较找到答案。下面六幅图均是卞家山遗址出土的良渚文化残陶片上的陶纹拓本或仿刻，通过上面一组（图 6－69）纹饰可以看到鸟首纹与单独篦纹之间的关联性，通过下面一组（图 6－70）纹饰的对比则可以很确切地得出结论：伞翼形纹也是鸟纹的一种"第二级幻像"。

图 6－69　鸟首纹和单独篦纹　采自《卞家山》上册
图 9－110、9－124、9－117

图 6－70　伞翼形纹　采自《卞家山》上册图 9－111、9－123、9－120

在良渚残陶片标本 G1②：395 上有多个"群山一样的篦纹组"①（图 6 - 71），这些篦纹组分别由 1 至 4 个篦纹组合而成，有的像山，有的则像鸟。作者将不同数目的篦纹以成组或单个形式刻划在同一件陶器上，似在揭示或有意表现以符号形式出现的幻像内蕴的丰富性和形式的表现力。

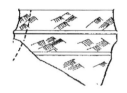

图 6 - 71 篦纹组 采自《卞家山》上册图 9 - 122

第三种，火焰纹。在一件像钵又似器盖的良渚文化陶器标本 G1②：451（图 6 - 72，1）上，"外面刻有一组四头火焰纹"②。在良渚陶豆盘内底标本 G1②：392③（图 6 - 72，2）上，多头同体鸟纹上的鸟首皆如火焰纹之火头。这种火焰纹都可视为鸟首纹的变种或鸟首纹的"第二级幻像"。

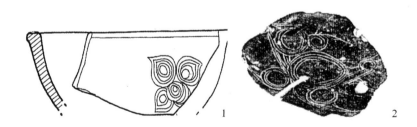

图 6 - 72 火焰纹 采自《卞家山》
上册图 9 - 124、9 - 108

---

① 浙江省文物考古研究所：《卞家山——良渚遗址群考古报告之六》上册，第 348 页。
② 浙江省文物考古研究所：《卞家山——良渚遗址群考古报告之六》上册，第 350 页。
③ 浙江省文物考古研究所：《卞家山——良渚遗址群考古报告之六》上册，第 350 页。

第四种，弧边棱形或月牙纹。在良渚文化陶器上有一种月牙形纹饰，相当于把两个鸟首纹反叠在一起，所以也应视为鸟首纹的变体。如良渚陶豆把手标本 G1②：45①（图 6 – 73，1）上的月牙形纹饰，如果把它与另一种良渚陶豆把手标本 G1②：69②（图 6 – 73，2）上的双鸟首纹比较一下就会发现，将这两个鸟首纹反叠在一起，便可组成一个中间有螺旋纹的近似弧边棱形的图形，与陶豆把手标本 G1②：45 上的月牙形纹形成高度重合，这种重合不是巧合，而是良渚先民发现双鸟首纹和月牙形纹本质上是一种共同的生命形式。

图 6 – 73　弧边棱形　采自《卞家山》上册图 9 – 119

鸟纹在新石器时代江南地区的陶器纹饰中扮演着重要角色，这不仅因为它本身出现的频率高，样式多，而且还是其他许多纹饰样式如火焰纹、月牙纹、伞翼纹和篦纹等多种纹饰形式的"基本幻像"③或祖型，这正是新石器时代江南文化中鸟崇拜作为一个核心文化元素对其他文化元素发生影响的具体表现。

马桥文化陶器完全摆脱了良渚文化中早期陶器流行风尚的影响，各种纹饰悉数亮相，绳纹、方格纹、云雷纹、戳刻纹、椭圆形剔刻纹、叶脉纹等以及它们的各种组合再度流行于多种陶器类型上，素面陶器反而少见了。如马桥文化陶豆柄 H148①：7（图 6 – 74），"柄部

①　浙江省文物考古研究所：《卞家山——良渚遗址群考古报告之六》上册，第 350 页。
②　浙江省文物考古研究所：《卞家山——良渚遗址群考古报告之六》上册，第 350 页。
③　"基本幻象是虚幻形式领域的基础，它包含在虚幻形式的发生之中。"参见［美］苏珊·朗格《情感与形式》，第 100 页。

饰凹弦纹、精美的之字形刻划纹和拍印的云雷纹组合纹"①，整个豆柄可谓无处不纹。当纹饰被刻划得十分繁密的时候，要保证它的美观就需要有更多的形式变化，因为只有多样变化才能避免呆板和臃肿，马桥先民认识到了这一点，所以他们在陶器纹饰的设计和制作上努力于繁缛中求变化。如马桥陶豆柄标本H148①：7上面的纹饰除了刻划纹与拍印纹的组合外，在豆柄下部还出现了类似于钱山漾陶刻符号的纹饰"〉〉"，制作方法是在每一条刻划的长条形折线框内施以戳点，在制作技术上实现了戳点纹与刻划纹的融合，给人以别具一格的感觉。

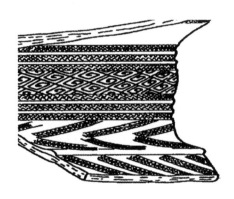

图6-74　繁密的纹饰　采自《钱山漾》图5-2-42

总之，新石器时代江南文化陶器上纹饰、记号和符号之间的相互影响和转化具有巨大的历史文化意义和美学意义。首先，它在促进先民形象思维和抽象思维方面起到了至关重要的作用。其次，它通过增强视觉感受的多样性和丰富性确立并提升了江南先民生产与生活实践的审美品质，使先民的生存实践成为真正的审美实践。最后，它还是我国原始文字创造的前奏和序曲。

---

① 浙江省文物考古研究所、湖州市博物馆：《钱山漾——第三、四次发掘报告》上册，321页。

第七章　骨器：再现生命辉煌

　　骨器的历史几乎与石器的历史一样久远，骨器是原始人类非常重要的生产工具与生活用具，也是原始器具中具有较高审美品质的类型之一。2020年，山东大学的研究人员与来自法国、以色列、挪威等国大学的专家共同负责对河南省许昌市灵井考古遗址进行了一次发掘，发现了一个长度有19.2毫米、宽5.1毫米、高12.5毫米的微型鸟雕（图7-1），经放射性碳测年法和CT扫描测年法确定，该微型鸟雕完成于1.35万年前的旧石器时代，系用石刀雕刻动物骨头而成，是到目前为止，东亚地区所知的最古老的三维艺术品实例。① 这一考古发现进一步证实，骨头是人类最早用来创作艺术作品的材料，骨雕是原始艺术中最早也最成熟的艺术种类之一。

图7-1　鸟雕骨器　采自《环球时报》2020年6月12日第6版

---

　　① ［法］弗郎西斯科·德埃里克等：《这只小鸣鸟是东亚"最古老"的雕刻艺术品》，《公共科学图书馆·综合》（PLOS ONE），2020年6月11日。见《1.35万年前微型鸟雕揭示古代艺术》，王会聪译，《环球时报》2020年6月12日第6版。

　　新石器时代的江南先民制作出了种类繁多的高品质骨器，如骨耜、骨针、骨镞、骨匕、骨角、骨锥、骨凿、骨镖、骨梳与骨簪等几乎所有类型的骨器产品，这些骨器的绝大部分造型设计合理、实用，制作技术一代比一代纯熟，表明在当时的聚落社会内部始终存在着一批制作技艺高超的骨器手工业者，他们的制作技艺能够通过聚落体制实现代代相传。先民通过技术性劳动将那些本会散落荒野化作粉尘的动物骨头加工制作成各种可以满足不同用途的器具或装饰品，使那些已经消逝了生命的有机质获得了新的功能和形式，从而再现生命的辉煌，闪耀生活的理想。

第一节　随物赋形

　　每一块骨头原本都是一个生命有机体的组成部分，在生命有机体解体后，这骨头便由生命体化为一个生命的"遗迹"。但是，江南先民不仅从这些骨头上发现了新的使用价值，而且在骨器制作实践中认识到了利用骨头进行审美创造的多种可能性。生命形式的多样性似乎与人类生产与审美需求的多样性存在着天然的对应关系，可以说，人类的需要有多复杂，自然界的生命形式就有多精彩。大自然给予人类的厚爱使得先民对各种骨头的原初形式稍加改造就能制成自己需要的生产工具或爱不释手的艺术作品。因此，从某种程度上说，今天看到的绝大多数新石器时代的骨器都是先民遵循随物赋形的自然主义审美原则创作出来的。

一　锋芒毕露

　　骨头属于有机质，没有石头那样的硬度却容易磨制且有更好的韧性，所以那些既要求锋利又需要有相当韧性的工具在新石器时代的江南先民那里多是用动物骨头制作的。如此一来，那些原始骨器便给后人留下一种总是锋芒毕露的感觉。

　　骨针是新石器时代江南先民制作的骨器中数量较大的一种，其制作过程一般是先将粗大的兽骨分裂成细条，然后磨制，或由动物管状肢骨直接磨制而成。为了满足各种实际需要，先民制作了不同类型的骨针，其中大部分为缝补衣服用的一般型针，长短不一，如图所示

（图 7 - 2，1），长的可达 20 厘米，短的只有 4—5 厘米。有一些管状针或空心针，系用鸟类肢骨制成，"中空，一端平齐，一端磨成斜尖锋，尾端常有穿孔"。如河姆渡骨针标本 T37（4）：34（图 7 - 2，2 左）和骨针标本 T211（4A）：184（图 7 - 2，2），"一端截去骨臼部分后磨成斜形针尖"[1]，另一端将骨臼周缘简单修整并钻出针孔。还有一种挖针，器型较小，"呈拐角状，尖部锋利，是挑挖螺蛳肉的工具"[2]。为了方便存放，先民还制作了专门的骨针配套工具——针筒。如江苏金坛三星村出土的马家浜文化骨针筒标本 M232：1（图 7 - 3），"呈圆筒状，两端贯通。内外壁均磨光，有的还刻有规则的几何纹"[3]。这些骨针虽造型不同，功能各异，但均磨制精巧，显示了先民精益求精的制作态度和对劳动工具形式的重视。

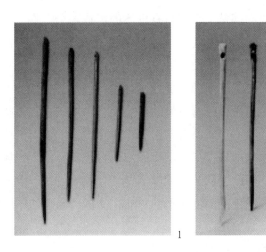

图 7 - 2　骨针　采自《河姆渡》下册彩版三一

骨鱼权、骨鱼镖是江南先民捕鱼用的骨器，新石器时代早期，先民能够制作的各种器具中骨鱼权、骨鱼镖属于制作技艺较高和结构最

----

① 浙江省文物考古研究所：《河姆渡——新石器时代遗址考古发掘报告》上册，第 111 页。
② 嘉兴市文化局：《马家浜文化》，第 201 页。
③ 嘉兴市文化局：《马家浜文化》，第 201 页。

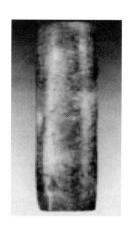

图7-3 骨针筒 采自《马家浜文化》第201页

为复杂的。仙人洞人制作的骨鱼镖"又称骨鱼叉或鱼镖头"①，代表了仙人洞与吊桶环文化器具的最高水平。仙人洞文化遗址第一次发掘获得的一件骨鱼镖"两侧共有四个倒钩，每边两个，排列不对称"②。第二次发掘获得的骨鱼镖结构更为复杂，传递的信息也十分丰富。如仙人洞骨鱼镖标本1373 E11NⅡ②B（图7-4），系用鹿角的一段劈取一半制成，"两侧共有7个倒钩，骨表面左侧3个，右侧4个，前三列排列基本对称，前三列倒钩锯切成形后，顺着锥尖进行刮削，开出刃口，并磨制成薄刃"③。该骨鱼镖倒钩多，体型长，系仙人洞人捕猎水体上层大鱼时的专用工具，表明仙人洞人已经拥有了相当长的捕鱼历史，积累了丰富的捕鱼经验，而鱼获则是仙人洞人重要的食物来源。骨鱼镖两侧倒钩分布有对称与不对称之分，这对称与不对称是由捕鱼需要和骨头材料特点两方面因素决定的，从观察到的情况来看，倒钩数对不对称一般不会影响到鱼镖整体结构的均衡性，说明仙人洞人已经能够比较自由地运用均衡与对称原理来制作狩猎工具和设计器形。河姆渡遗址第四文化层也发现了骨鱼镖，如河姆渡骨鱼镖标本

① 江西省政协文史和学习委员会、万年县政协：《人类陶冶与稻作文明起源地——世界级考古洞穴万年仙人洞与吊桶环》，第128页。
② 郭远谓、李家和：《江西万年大源仙人洞洞穴遗址试掘》，《考古学报》1963年第1期。
③ 北京大学考古文博学院、江西省文物考古研究所：《仙人洞与吊桶环》，第93页。

T242④：305（图7-5），"剖兽骨一半制成，扁平。前部较宽，有前锋，一侧有倒刺。长8.6厘米"①。该骨鱼镖的制作工艺比较简陋，但这并不意味着河姆渡人在骨器制作技术上落后于仙人洞人，反而表明河姆渡人的捕鱼工具和捕鱼方式已经多样化了，骨鱼镖不是河姆渡人的主要捕鱼工具，在捕鱼活动中的使用频率不高，正因为如此河姆渡人不会再像仙人洞人那样在制作骨鱼镖上花太多心思。

图7-4　骨鱼镖　采自《仙人洞与吊桶环》图八二

图7-5　骨鱼镖　采自《河姆渡》上册图五八

　　骨凿的功能与石凿相似，主要用于在一些器具上挖凿槽沟或凿断物体。仙人洞遗址出土的骨凿表明仙人洞人使用骨凿的频次较高。河姆渡遗址出土了数量可观的骨凿，仅第三、四层就发掘出69件河姆渡文化骨凿，而且品种多样。河姆渡骨凿大部分由鹿角或动物肢骨制作，双面刃，刃部磨制精细，有的十分尖利，其余部位大多保留肢骨原状，仅在后端错磨平整，长度在8—20厘米，刃部宽窄不等，窄者只有0.4厘米，宽者达3厘米。如河姆渡骨凿标本T24：④：29，"剖开的肢骨制成，仅刃部磨制。长11.5厘米"②，后端磨平后方便直接使用手的力量，也可以与打击石器配合使用。

　　骨锥的主要作用是穿孔，制作材料和方法与骨凿相似。有相当一

---

① 河姆渡遗址考古队：《浙江河姆渡遗址第二期发掘的主要收获》，《文物》1980年第5期。

② 浙江省文物管理委员会：《河姆渡遗址第一期发掘报告》，《考古学报》1978年第1期。

部分骨锥在制作时不再劈裂肢骨，而是在原骨一端磨制出锥尖。如在河姆渡文化第四层发掘出的骨锥中有 12 件系原骨制成。骨锥的使用主要靠手掌和手腕的配合，为了方便手握，骨锥后端一般要经过较多的刻削修整。如河姆渡骨锥标本 T1（4）：32（图 7-6，1），"锥顶与一侧之间钻有小圆孔相通，近顶处有浅槽一周，槽下刻斜向对称的'八'字形纹一周"[①]。河姆渡骨锥标本 T27④：64（图 7-6，2）"在后端磨出五对椭圆形浅槽"[②]。这些凹槽属于骨锥上的一种纹饰，使骨锥看上去更精致，同时也可以增加手掌与骨锥后端接触处的摩擦力，能够发挥实际功效。

图 7-6　骨锥　采自《河姆渡》上册图六六

在几乎所有新石器考古文化中，骨镞都是全部遗存骨器中数量最多的，表明弓箭在新石器时代原始人类捕猎活动中占据重要地位。在河姆渡第一期文化遗存中有 1079 件骨镞，考古学家依据体型特征将这些骨镞分为斜挺、扁平柳叶形和锥形等三式。斜挺镞从侧面观察尾端偏于一侧，不在镞身的中心轴线上。河姆渡骨镞标本 T214（4B）：130[③]（图 7-7，1）即为斜挺式，正面精磨后难分锋与铤，但其背面可明显分出锋与铤。河姆渡骨镞中以扁平柳叶形数量最多，其中标本 T243（4B）：304（图 7-7，2）即为扁平柳叶形，"镞身上对钻有大小不同的七个圆孔"[④]。河姆渡锥形骨镞"横断面多呈圆形或椭圆形"[⑤]，其中河姆渡骨镞标本 T211（4B）：414（图 7-7，3）即呈锥形，锋铤区分处有明显的箍状突脊一

①　浙江省文物考古研究所：《河姆渡——新石器时代遗址考古发掘报告》上册，第 107—110 页。

②　浙江省文物考古研究所：《河姆渡——新石器时代遗址考古发掘报告》上册，第 107 页

③　浙江省文物考古研究所：《河姆渡——新石器时代遗址考古发掘报告》上册，第 92 页。

④　浙江省文物考古研究所：《河姆渡——新石器时代遗址考古发掘报告》上册，第 95 页。

⑤　浙江省文物考古研究所：《河姆渡——新石器时代遗址考古发掘报告》上册，第 97 页。

圈。河姆渡骨镞形体一般都比较粗壮，挺部一面错磨成一个宽平的斜面，另一面常刻有数道浅槽，推测箭杆的前端可能亦有同样角度的斜面，这样箭杆与骨镞捆绑时就会因两斜面吻合而容易扎紧扎牢。

图7-7　骨镞　采自《河姆渡》上册图五四、五六、五七

河姆渡骨匕是切割食物的餐具或纺织用具，类似于纬刀，可分为有柄和无柄两种。无柄骨匕多用兽类肋骨对剖后再磨制而成，长度20—30厘米，宽3厘米左右，厚0.5厘米上下，表面光洁，十分锋利。如河姆渡无柄骨匕标本T211（4A）：164（图7-8，1），"体形短狭，前端微弧，一正面中间磨成一条脊，使横断面呈扁等腰三角形状，并于其上刻有规则的菱形编织纹图案，顶端制作成双驼峰形，各钻小圆孔一个"[1]，该骨匕在无柄骨匕中属于制作比较精美的。有柄骨匕相对于无柄骨匕在制作上要花费更多功夫，制作者也明显提升了对产品形式的审美要求。如河姆渡骨匕标本T213（4B）：116（图7-8，2），"在后端圆孔部位加工成内收的细柄状，其后为一长5厘米而向上斜内收的执手柄，圆孔之上下正背面均刻有弦纹与斜格网纹等图案"[2]。又如河姆渡骨匕标本T244（4A）：124（图7-8，3），系象牙制作的高等级骨匕，"顶端为鹰嘴大眼的鸟头，宽扁长方形鸟身正面刻划有弦纹与斜线纹相间组成的纹饰，鸟腹上有横向突脊，脊上钻有纵向圆孔，孔已破损，鸟身以下占全器三分之二，呈扁平圆舌形。侧视其全形似一鹰嘴大眼短腹长尾的鸟。造型夸张，雕刻及磨工极精"[3]。河姆渡骨匕特别是有柄骨匕表现了河姆渡人高超的骨雕技艺和对待骨匕的审美态度。在同时期钱塘江对岸的马家浜

---

① 浙江省文物考古研究所：《河姆渡——新石器时代遗址考古发掘报告》上册，第113页。

② 浙江省文物考古研究所：《河姆渡——新石器时代遗址考古发掘报告》上册，第113页。

③ 浙江省文物考古研究所：《河姆渡——新石器时代遗址考古发掘报告》上册，第123页。

文化骨器中也见到一些骨匕，"利用哺乳动物的骨骼加工而成，单面斜刃，尖部锋利，通体磨光"[1]，与河姆渡骨匕相比，马家浜骨匕普遍制作粗糙，工艺不精。如江苏金坛三星村遗址出土的马家浜文化骨匕标本M38：10[2]（图7-9）器形稍大，长31.2厘米，除了在顶端骨关节处钻一孔外，其他部分只是依据动物骨骼的自然形态稍加打磨。这种现象应与目前考古发掘尚不完全，可比对的标本有限有关，若非如此，则可能意味着骨匕在马家浜文化中的地位远不如在河姆渡文化中那么重要。

图7-8 骨匕 采自《河姆渡》上册图六八、六九、七六

图7-9 骨匕 采自《马家浜文化》第207页

骨器中的针、镞、匕、角、锥、镖等都属于锐器，因此从功用上看，是否具有锐利的锋刃就成为判断其品质优劣的关键因素，凡是锋芒毕露的就是赏心悦目的，凡是滞钝不好用的就是劣质的和不好看的。不过，新石器时代的江南先民在骨器制作上也远非纯粹的功利主义者，在达到或符合实用要求的前提下，先民通常也十分重视骨器的结构形式、光洁度和纹饰，特别是对于一些被认为重要的骨器，先民还会竭尽所能地打造出让人感觉完美的形式。

二 曲折有致

新石器时代的江南先民在石器、玉器、陶器、骨器和木器等器具制作方面都取得了辉煌成就，但就制作技术与条件而言，远不能与后

---

① 嘉兴市文化局：《马家浜文化》，第201页。
② 嘉兴市文化局：《马家浜文化》，第201页。

世相提并论。因此，先民在制作器具的时候总是尽可能利用材料本身形状特点，以减少工作难度和劳动量。骨器制作在这方面最具有代表性，正如自然界中生命形式的多样性一样，各种动物骨头的形状也千差万别，先民可以从中找到各种与实际需要相一致的或相接近的形状，实现最经济的劳动，这就使得绝大多数骨器能够在曲折有致的形式变化中呈现出一种天然美。

仙人洞人利用动物骨头制作的弓形角凿即体现了那种随物赋形的自然智慧，"该器系利用一段鹿角在尖端切割料磨成刃，器身呈弓形"①，该角凿的弯度顺随鹿角的弓形，完全是一种物尽其用的设计和制作。仙人洞人制作的弧形牙刀在设计上也简单自然，"利用动物的犬齿劈取半边，磨出弧形刃部而成"②。马家浜文化时期，虽然陶器、木器的制作技术都有了很大提高，规模和数量也相当庞大，但利用动物骨头的天然形状制作器具的现象依然常见。如马家浜骨锥标本T3（三）：8③（图7-10，1）系用一大型动物肢骨制作，骨臼处成为天然手柄，中部劈裂骨管，磨制出锋利的刃部，设计自然巧妙。又如马家浜骨锥标本T1：5④（图7-10，2）系用鹿角叉稍加磨制而成，尖锐锋利，如同天然。从这些骨器的制作方式和特点，可以约略窥见中国后世文化效法自然、随顺自然思想最为原始的根源。

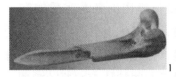

图7-10　骨锥　采自《马家浜文化》第73页、165页

骨质勾勒器是新石器时代早期江南先民制造出来的一种骨器，在

---

① 江西省博物馆：《江西万年大源仙人洞洞穴遗址第二次发掘报告》。
② 江西省博物馆：《江西万年大源仙人洞洞穴遗址第二次发掘报告》。
③ 嘉兴市文化局：《马家浜文化》，第73页。
④ 嘉兴市文化局：《马家浜文化》，第165页。

马家浜文化遗存中属于常见型骨器，以锋芒取胜。如马家浜勾勒器标本 H18：4（图 7 - 11），"全器呈钩形，取梅花鹿角的一个主干和一个与其相连的眉叉形成。其主干与弯曲部的内侧，都磨擦得极为光滑。细观之，这种光滑的磨光痕迹，大体呈斜向条状分布，在主干的内侧更为清楚。"①。骨质勾勒器适用于简单的钩刨探寻劳动，但即使对于这种简单劳动工具，马家浜人也没有打算草率处理，除了对局部进行精心打磨外，还在"主干上刻有简陋的曲折纹和八字纹"②，在其逼人的锋芒上增添了些许柔婉。

图 7 - 11 骨勾勒器 采自《马家浜文化》第 67 页

骨耜是进入农业阶段的江南原始聚落主要的耕作工具之一，在先民制作的所有骨器中体形最为厚重，大部分采用偶蹄类哺乳动物的肩胛骨制成，外形基本保留着肩胛骨的自然形态，只是在必要的地方稍加雕削挖凿。如河姆渡骨耜标本 T222（4B）：251③（图 7 - 12，1），骨质厚重，形似手斧，正面光滑，反面有上下两个横穿方孔。河姆渡骨耜标本 T13（4）：10（图 7 - 12，2）属于少见的斜向刃骨耜，"斜向刃呈三个不等分的连弧状"④，看不出这种斜向刃骨耜有什么功效上的特殊性，可能是制作者与骨头材料特点妥协的"结果。不过，如果不仅仅是把该骨耜当成一件劳动工具来看待，而是同时关注它的形式特

---

① 嘉兴市文化局：《马家浜文化》，第 54 页。
② 嘉兴市文化局：《马家浜文化》，第 54 页。
③ 浙江省文物考古研究所：《河姆渡——新石器时代遗址考古发掘报告》上册，第 89 页。
④ 浙江省文物考古研究所：《河姆渡——新石器时代遗址考古发掘报告》上册，第 89 页。

性，那么谁都不会否认它表现了一种真正的"骨感"。河姆渡骨耜的肩臼部位、顶端和脊椎缘一面通常削磨平齐，两侧亦经修整，"并多穿有横向的长方形或椭圆形銎"①，以方便用绳索与木柄捆绑牢固。

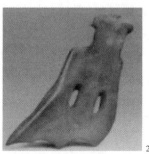

图 7 – 12　骨耜　采自《河姆渡》下册彩版二六

从存在主义美学"物——器具——艺术作品"的理论逻辑来看，新石器时代江南先民制作的这些精致骨器尚称不上完全的艺术作品，而只能算作适应生产和生活需要的特殊用具，然而，正如人们所看到的那样，先民在设计制作这些器具时并非仅仅考虑其实用性，而是在此基础上努力使器具的形式保持均衡、对称、协调，若有条件，还会使这些器具的表面保持光滑柔润，或者在器具表面雕刻一些纹饰或符号，以展现先民感觉与精神的丰富性。因此，不应该怀疑，先民曾经经历过无数这样的时刻——对于那些亲手制作的器具，先民不仅是在使用，同时也是在欣赏，在为自己的才华而骄傲。从这个意义上说，那些曲折有致的原始骨器绝大部分都有资格享有"艺术作品"的荣誉。

三　精雕细刻

新石器时代的江南先民不仅把动物的骨头制成了生产工具与生活用具，而且将它们中的相当一部分设计制作成了身体装饰品。这些身体饰品不仅造型有特色、有个性，而且其中许多上面精雕细刻着漂亮

---

①　浙江省文物考古研究所：《河姆渡——新石器时代遗址考古发掘报告》上册，第85页。

的或含义丰富的纹饰，表达了先民对各种视觉形式的兴趣、对生命的热爱、对神的敬畏和对高贵、优雅风度的欣赏。

在昆山绰墩马家浜文化遗址发掘到一仰身直肢葬的壮年女性尸体，在她身体周围没有发现随葬品，仅在头部位置找到一件随葬的象牙梳[①]（图 7－13，1）。该象牙梳已残缺，从尚存部分可以看出梳齿剔削匀称，梳把雕刻精细，造型设计别致，整体打磨光洁，属高档发梳。只是全部墓葬品只有这一件象牙发梳，在墓穴未遭破坏的情况下，这种现象显得奇怪和不可思议。能拥有如此高档的象牙发梳，墓主人绝非普通聚落成员，这把象牙发梳在她的生命中也必有非凡意义。嘉兴吴家浜遗址出土的另一件马家浜文化象牙梳标本 M5∶2（图 7－13，2）虽然残破严重，但从细节处仍可见出其雕琢之精良。该象牙梳呈褐色，为长条扁平薄片状，上端刻三个成排的同心圆，其下有三道阴刻的细线纹，下端有两排各三个同心圆和两道阴刻的细线纹，并且相互间隔，靠下的一排同心圆之间有略成弧状的两条阴刻细线相连。全长 21.1 厘米，宽 4.1 厘米，厚 0.4 厘米，齿长 6.5 厘米。[②] 该象牙梳若用于日常头发梳理则梳齿显得有点长，容易伤到头皮，所以推测它是女性插在发髻上的装饰品，或者只是一件用来欣赏的工艺品。另外，从它上面镌刻的繁缛纹饰来看，也不排除它是一件神礼器。

从这种制作精致的象牙梳和那些同样制作精致且数量可观的骨笄可以看出，马家浜先民为打造个人形象可谓不惜成本，因为这不仅有利于个人在聚落群体面前展现尊严和体面，而且还可以把对亲人、家人、情人或朋友的尊重与友好化入这种形象修饰中。难以想象，一群生活邋遢、完全不顾及个人形象和社会影响的人会花大功夫去制作一把精致的象牙梳。良渚文化时期，象牙梳被装上了玉梳背，象牙与高级玉的结合，更是使这种象牙梳身价倍增，成为展现贵族地位与荣耀的重要身体饰品。在山东大汶口遗址也曾发掘到一件象牙梳标本 M26∶15[③]，造型设计和做工都与良渚象牙梳相似，是大汶口文化与良渚文化可能存在上层交流的又一珍贵证据。

---

① 嘉兴市文化局：《马家浜文化》，第 189 页。
② 嘉兴市文化局：《马家浜文化》，第 44 页。
③ 山东省文物管理处、济南市博物馆：《大汶口——新石器时代墓葬发掘报告》，第 95 页。

图 7 – 13　象牙梳　采自《马家浜文化》第 184 页、39 页

除了动物牙齿外，鹿角、麂角和一些动物的肢骨等都是先民制作坠饰的好材料。在新石器文化早期，如仙人洞与吊桶环人制作的坠饰一般只是在动物牙齿或肢骨上钻个孔或略加打磨。到了新石器文化中早期，先民开始在部分骨坠饰上雕刻一些花纹。如河姆渡一期文化遗存中的三件坠饰均用麂角加工精制而成，其中骨坠饰标本 T233（4B）：194（图 7 – 14，1）基本保留麂角的原形，仅将角根部位磨成扁纽形并对钻一小圆孔，但"在上半部均刻满麦穗纹"[①]。河姆渡骨珠标本 T2④：1 系将鱼脊椎骨周缘磨圆而成，利用脊椎骨中心的自然细圆孔作为珠孔，"椭圆体，两端钻孔，钻孔周围饰放射状短线纹"[②]（图 7 – 14，2）。该骨珠标本上的放射状短线纹、圆孔与椭圆体的组合恰似天空和太阳，表现了光芒四射的太阳在河姆渡先民心中的神圣性。

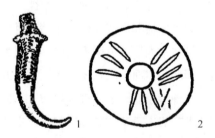

图 7 – 14　骨坠　采自《河姆渡》上册图七四图七三

日常用具类骨器的制作相对粗糙，但其中也有少部分制作精美的。

---

① 浙江省文物考古研究所：《河姆渡——新石器时代遗址考古发掘报告》上册，第 121 页。

② 浙江省文物管理委员会：《河姆渡遗址第一期发掘报告》，《考古学报》1978 年第 1 期。

如河姆渡骨管标本 T19④：65，"鹿角制，中空，表面磨光，一侧有方孔，中部饰短线纹、锥点纹"[1]（图7–15，1），该骨管的功能与竹管相似，是一种纺织工具，但经过雕刻后被当作了坠饰，是劳动工具转化为身体饰品的一个典型案例。又如河姆渡锯齿状骨器标本 T214④：97，"柄部阴刻弦纹与'人'字纹图案，并穿有小圆孔一个。残端错磨成锯齿状"[2]（图7–15，2）。考古学者认为，该锯齿状骨器是类似于镰刀的"农业收割工具"[3]。在一把用于收割稻穗的骨镰上刻上如此繁密的纹饰说明在河姆渡人的感觉中收割稻穗的劳动不仅是必要的，同时也是神圣的。河姆渡人认真地制作劳动工具的这类行为还表明他们总是在为即将展开的劳动充满热情地做好准备工作，劳动对于河姆渡人来说是快乐生活的需要。另外，也不排除河姆渡人把这种漂亮的骨镰作为一种祭祀用的神礼器，专门用于农事祈祷活动。

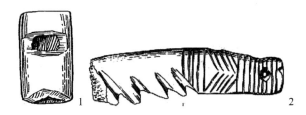

图7–15　骨管和锯齿状骨器　采自《河姆渡》上册图七三、五三

一般来说，江南先民祭祀用的神礼器都要比普通生活用具制作得精美，在先民的心中神礼器的形式价值要远大于其实用价值，神礼器的质料品质和精雕细刻的程度所祭祀神明的重要性，就是说，所祭祀的神越重要、能力越大，器具的材质就应该越好，雕刻就需要越精致，反之材质就可以差一些，雕刻就可以粗糙一些。这种现象不仅表现在骨器上，只是由于新石器早期江南先民的神礼器主要是骨器，所以神礼器审美品质的变化

---

[1]　浙江省文物管理委员会：《河姆渡遗址第一期发掘报告》，《考古学报》1978年第1期。

[2]　河姆渡遗址考古队：《浙江河姆渡遗址第二期发掘的主要收获》，《文物》1980年第5期。

[3]　浙江省文物考古研究所：《河姆渡——新石器时代遗址考古发掘报告》上册，第89页。

规律在骨器上表现得最为明显。比如河姆渡双鸟负阳蝶形器、太阳纹蝶形器等因为是祭祀至高无上的太阳神的神礼器，所以均使用了珍贵的象牙质料，并在上面雕刻了河姆渡人所能想象出的最壮丽的日出景象。

第二节 光荣与梦想

动物骨头原本只是有机物质之一种，自身并不负载观念或具有形成观念的功能，但是，由于动物骨头曾经是生命的重要组成部分，所以在其脱离生命体后依然容易让人将其与它所属的生命体相联系，特别是在巫风流行的原始时代，在江南先民的眼中骨头依然能发射出生命的灵光，甚至实现原生命体未竟的愿望，于是先民便将骨头制成一些特殊的神礼器，以之作为与神灵、大自然或隐秘世界进行沟通的媒介，或再现生命的辉煌，或寄寓人类的宏大抱负和梦想。

一 记人事而通神灵

由于与生命的特殊关系，在新石器时代江南先民眼中，骨头是有灵气的，不仅能帮助人类解读大自然的密码，还能准确地传达神的旨意，因此，那种解读自然密码和祈福于神的符号或图形常常被先民刻划在各种骨器上。遗憾的是，由于时代久远，发掘数量有限，这些符号或图形中的绝大部分都缺乏佐证或互证条件，孤立难解。

仙人洞与吊桶环文化骨器和管状兽骨上出现的契刻符号有些甚至要早于农业和陶器产生的年代，由于这些符号与神秘数字的密切关系，使得仙人洞与吊桶环人在进入农业和陶器时代之前便经历了一个"数字"时代。从这个意义上说，最早的史前文明可能是"数字"文明，是骨器、人事与神秘数字结合而成的文明。

至河姆渡与马家浜文化时期，骨器上的刻划符号已经完全突破了数字的束缚，变得异常丰富复杂，在一些出土的马家浜骨镞、骨钺冒饰和不知用途的骨板上，可以看到各种包含圆圈、棱形、回字形和蛇形线等图形的符号，这些图形和符号虽然大部分至今尚不能确定其具体含义，但可以看出，它们一方面赋予了这些器物或豪华或庄严的精神气质，另一方面还赋予了这些器物某种神秘性和神圣性。比如金坛三星村遗址出土的10件马家浜文化石钺，其中石钺标本 M38：1-3（图7-16，1）除了锋刃部分为石质，柄为木质外，帽饰和镦皆为雕刻精致的骨器。[①] 如此精致华美的石钺不会被当作一般刑具使用，也不会被当作普通兵器，而只能是一件高等级的神礼器。高品质神礼器钺的出现从一个侧面说明马家浜文化时期太湖地区建立了小型王国或君主政权。该石钺的骨质钺帽饰标本 M38：2（图7-16，2）体扁薄，前部低矮，后部呈弧状突起，上有一圆孔，底边平直。在底边中部等距离分布四个半月形穿孔，器体两面饰斜向排列的3组圆圈纹[②]。从造型上看，骨质钺帽被雕刻成了鹰首形象，三组斜向排列的弧线纹象征威严和国家政权强大的控制力量。至于为什么帽饰和镦使用骨质材料，推测有三个方面的原因，一是在重大礼仪活动中，持钺者要长时间持守，如果全部使用石头材料对于持钺者来说必然会因过重而难以承受；二是在金属雕刻工具发明以前，雕刻骨头要比雕刻石头容易得多，从视觉效果上看，骨器的立体感也要强于石器；三也是最重要的一点，即骨头被认为有灵性，在骨头上雕刻神符可以增加器具的神秘感和神圣性。装饰于该石钺木柄手持端的牙质镦标本 M38：3[③] 器表磨光，体呈鼓状，上、下端平整，顶端中部有一圆形凹坑，用于容纳木柄，并有一圆形销孔贯通前后。纹饰分四组，前后是枭首正面纹（图7-16，3），左右则是喙部外凸的立体鸟首纹（图7-16，4）。枭被雕刻于钺这种神礼器上，是勇武和战斗精神的象征，枭雄一词的原初意义或许正起源于此。

图7-16 石钺、骨质钺帽饰和牙质镦 采自《马家浜文化》第202页、198页、198页、202页

---

① 江苏省三星村联合考合队：《江苏金坛三星村新石器时代遗址》，《文物》2004年第2期。

② 江苏省三星村联合考合队：《江苏金坛三星村新石器时代遗址》。

③ 江苏省三星村联合考合队：《江苏金坛三星村新石器时代遗址》。

有学者指出，马家浜牙质镦标本 M38：3 上的枭首造型与在绰墩遗址出土的良渚文化玉琮上的兽面纹及琮王上的"良渚神徽"颇多相似之处①。多种迹象表明马家浜文化与良渚文化之间有很深的渊源关系，良渚文化继承并极大地弘扬了马家浜文化的神巫特性，而且将这种强大的神巫基因遗传给了后世江南文化，以至于直到东周时期，陈、楚、吴、越等南方诸国依然巫风盛行。

二 星辰大海和远方

新石器时代的江南先民是只关注现实的生存，还是也思考未来的前程，有自己伟大的抱负和梦想？在他们的心灵世界里有没有星辰、大海和远方的召唤？要回答这样的问题，最需要弄清楚的是先民时空观念的特性，因为它决定着先民对世界与自身关系的理解，深刻地影响着先民对自我价值、族类价值、现实价值与形而上意义的判断。

江南先民的时间和空间观念首先是现实的时空观念，这与现代人的时空观念没有什么区别，但是，作为一种被反省和被描述的对象，先民的时空观念并不具有客观性和抽象性，"原始思维不仅没有能力思考一个空间的体系，甚至都不能想象一个空间的框架"②。江南先民的时空观念是一个与主体密切地结合着的"表达情感的具体的概念"③，是经验和情感的结合体，而不代表一种客观的宇宙秩序。比如，河姆渡象牙雕刻标本 T226③：79（图 7 - 17，1）上面的"双鸟负阳"纹饰，"在正面部位用阴线雕刻出一组图案，中心为一组大小不等的同心圆，外圆边雕刻有似烈焰光芒，两侧雕有昂首相望的双鸟，形态逼真"④。该"双鸟负阳"纹表现了河姆渡人关于世界的独特的时空经验：神鸟每天清晨把太阳从大海上托起，太阳则把光和热射向世间万物。河姆渡有柄骨匕标本 T21④：18 上的纹饰也表达了河

---

① 嘉兴市文化局：《马家浜文化》，第 180 页。
② ［德］卡西尔：《人论》，甘阳译，上海译文出版社 1985 年版，第 58 页。
③ 韦纳：《智力发展比较心理学》，转引自卡西尔《人论》，第 58 页
④ 河姆渡遗址考古队：《浙江河姆渡遗址第二期发掘的主要收获》，《文物》1980 年第 5 期。

姆渡人相似的时空观念。在该骨匕的柄部，"正面雕刻两组双头凤纹"①（图7－17，2），或称之为连体鹰，在它们的连体部分中间是一个钻出来的圆窝，这个圆窝与其外的圆圈纹、火焰纹一起代表太阳，太阳纹和双头凤纹组合既包含有"双鸟负阳"纹的部分意涵，也与河姆渡陶器上的猪纹、大象纹身上的圆圈纹一样，突出了河姆渡人视太阳为万物本源的经验性观念。

图7－17　象牙雕刻　采自《河姆渡》上册图一九四、七〇

太阳在被鸟儿托举到天空后就开始自己运行了，成为自由的太阳，所以河姆渡人在多个象牙蝶形器上都把太阳雕刻成独立自由的形象。如河姆渡象牙质太阳纹蝶形器标本 T224（3B）：82②（图7－18），"正面下端的中部也同样以五个大小不等的同心圆构成太阳纹，外圆上端也阴刻有象征太阳光芒的短线，在太阳的中心同样浅钻有小圆点。器身边缘即以数道弧线、短斜线构成象征云彩的边框。太阳纹下端两侧各钻有一小圆孔，上端对称开凿有'心'形镂孔，左侧也有一同心圆图像"③。该象牙蝶形器有部分残缺，留下的纹饰也不完整，所以尚不能对上面的纹饰做出确切解释。从残存部分看，整个纹饰图案刻划的是太阳在一天里不同时间所处的空间位置和呈现的状态：底部太阳纹两侧的数道弧线、短斜线代表日出时太阳激起的浪涌和太阳的光芒，左侧同心圆代表早上的太阳，右侧同心圆代表下午的太阳。

---

①　浙江省文物管理委员会：《河姆渡遗址第一期发掘报告》，《考古学报》1978 年第 1 期。

②　浙江省文物考古研究所：《河姆渡——新石器时代遗址发掘报告》上册，第 284 页。

③　林华东：《浙江通史·史前卷》，第 152 页。

上述这些有关太阳、鸟和大海的纹饰不仅表现了河姆渡人眼中的世界景象，而且表现了河姆渡人对太阳、神鸟乃至整个世界的崇敬和热情，从一个方面显示了河姆渡人时空观念的情感性和经验性。

图 7 - 18 象牙质太阳纹蝶形器 采自《浙江通史·史前卷》图 3 - 17

原始人的时间和空间观念中总是包含着一种预言，"预言并不意味着单纯的预示，而是意味着一种允诺"①。河姆渡人创作的关于太阳、鸟和大海的纹饰就包含了河姆渡人关于世界的预言，即"一个新的伟大的一体化活动"② 的允诺——对一个以太阳为中心的一体化世界的信念与希望。有学者认为，原始人时空观念的载体是山而不是天，其理想也寄托于山，"在史前先民的心目中，山的地位是非常崇高而神秘的：高山插云，日月星辰出没其间，高山是天的实体部分，是天的根据地"③，因此，"在上古时代，人们还不会把理想寄托于渺茫的天空，而是寄托于天空中的高山"④。高山密林曾经是许多原始民族生存的摇篮，山在原始人心中的重要性无可置疑，但是如果据此断言原始人类把理想"寄托于天空中的高山"恐不妥当，因为天在原始人的经验意识中更为重要，没有了天，山不仅失去了其擎天柱地的功能和价值，而且人类也将无法为无限的精神性找到载体。在原始

---

① ［德］卡西尔：《人论》，第 70 页

② ［德］卡西尔：《人论》，第 70 页

③ 董楚平：《中国上古创世神话钩沉——楚帛书甲篇解读兼谈中国神话的若干问题》，《中国社会科学》2002 年第 1 期。

④ 董楚平：《中国上古创世神话钩沉——楚帛书甲篇解读兼谈中国神话的若干问题》。

人的眼中天与山一样都属于"一体化"的经验世界，而且正是在天上才存在着一个更值得期待的美好而又神秘的世界，所以原始人只有面对苍天才会有类似于"不敢高声语，恐惊天上人"（李白《夜宿山寺》）式的神秘体验。

　　理想总是完美的且具有超越性和未来性，而山并不具备这样的条件，因为新石器时代的江南先民对自己曾经世代巢居的大山是熟悉的，一种熟悉的地域空间不可能成为自己的理想所在。天则不同，天无穷大且具有不可知性和充分的神秘性，足以激发和承受先民对神和美好生活的任何想象。从河姆渡人开始，江南先民就幻想着让自己飞起来，去拥抱星辰、大海和远方，而且从此以后，翱翔于蓝天的梦想在江南先民的心中就再也没有泯灭过。直到后来的吴楚文化，从图画到诗歌，依然在描绘或书写神人飞天的壮丽景象。

第八章　木竹之韵

　　新石器时代江南先民的生产与生活方式从早期到晚期发生了重大变化，新石器早期的江南聚落社会处于母系社会繁荣阶段，采集、养殖业在经济结构中占比较大。中期开始进入父系社会初级阶段，先民过上了以农耕和狩猎为主，采集和养殖业为辅的更加稳定和有保障的生活。新石器晚期则发展为完全的父系社会，农业占据社会生产的主导地位，同时，手工业和商业贸易蓬勃发展。以稻作农业为主导的生产与生活方式使江南先民把聚落与聚落周边朴野的自然环境明确区分开来，对待二者的态度也明显不同。新石器时代早期，山野里花草树木的果实是先民采集的对象，先民与植物的基本关系是采集与被采集关系，到了中后期，先民不仅采集植物的果实，砍伐利用树木的枝干，还将其中一部分植物移植栽培到农田里或庭院内，由此建立起了与植物广泛的审美关系。由于榫卯、刻镂技术和髹漆工艺的成熟，竹与木等天然植物越来越多地被加工成建筑材料或制成日用器具。日用竹木器具中的一部分设计巧妙、工艺精湛，成为品质优良的审美产品或艺术作品。绝大多数竹木产品都有与江南水乡生活相协调的简洁、明快和恬淡特点，但是，也有一部分漆木器的过分装饰显示了上流社会崇尚奢华的风尚。

第一节　木竹技艺

　　从多处发掘的聚落与房屋遗址布局看，新石器时代晚期原始"初城"出现以前的大部分时间里，江南聚落社会的基本单元都是由以夫妻、父子、父女、母女等关系为基础组成的家庭，多个有血缘关系的家庭组成一个家族，几个或多个家族又组成一个聚落，聚落是新石器时代江南地区最基本的社会组织形式。聚落内部的一个家族一般会共居于一个由成排的长方形房屋围绕的庭院中。长房以木头与竹子为主要材料搭建框架，顶部铺盖苇席和茅草，主要有干栏式、浅穴式和地面起建式三种形式。河姆渡人的房屋以干栏式为主，马家浜人的房屋以浅穴式为主。良渚文化时期，地面起建式建筑成为主流。在这一房屋建筑发展的漫长历史过程中，始终与之息息相关的是榫卯技术的发明与完善，榫卯技术的简单应用使河姆渡人搭建起了干栏屋，完善的榫卯技术使良渚人能够建造起高大宏伟的宫殿，榫卯技术与刻镂技术相结合使各种主体建筑的装潢发达起来。将髹漆工艺施之于竹木器上最早见于河姆渡文化遗存中的木碗，髹漆工艺与刻镂技术相结合使木器的造型与色彩相得益彰。可以说，无论是篱笆墙围着长房的农耕聚落还是城墙包围着手工作坊与宫殿的初城，如果没有榫卯、刻镂技术与髹漆工艺的发达，它们就不可能成为生机勃勃、诗意盎然的人类栖居之所。

一　榫卯技术

榫卯技术是我国木构建筑史上的一项伟大发明，这一技术的发明和完善经历了一个漫长的过程，是一代又一代先民智慧与辛劳的结晶。最早使用这种技术于房屋建筑的先民，就目前掌握的考古资料来看，是河姆渡人。河姆渡人为适应周围湖沼地区低洼多水的自然环境，利用周边山林中丰富的木竹材料和收获的稻草等植物资源，因地制宜地发明了干栏式建筑。所谓干栏式建筑，简单地说就是"以桩木为基础，其上架设大、小梁（龙骨）承托地板，构成架空的建筑基座，于其上立柱架梁的干栏式木构建筑，是原始巢居的直接继承和发展"①。在河姆渡遗址的第四文化层，随处可见密密麻麻的木板和纵横交错的桩木、长圆木，其总数达数千件以上。出土的几十件榫卯构件及不少带凹槽及顶端带叉的木构件显示，在当时用木头架构房屋时，一些复杂节点仍使用捆扎，但是在大多数垂直相交的节点已采用

---

① 浙江省文物管理委员会：《河姆渡遗址第一期发掘报告》，《考古学报》1978 年第 1 期。

榫卯工艺，表明河姆渡人的榫卯技术虽然还不够完善，但已经足以支持干栏式房屋的建造了。

河姆渡干栏式建筑在不同发展阶段上也存在明显差别，第一阶段主要采用栽桩架板的方式，即"以桩木为基础，按一定的距离立柱，上架大、小梁以承托地板，构成架空的建筑基座；然后以榫卯关系构成房屋梁架，铺生稻（或茅）草作屋顶，形成抬高地面的'干栏式'房屋"①。房屋框架由地龙骨、板桩、圆木桩和木板及木梁构成，承重柱一般为较粗大的竖桩，上端开叉，呈丫形，只有少数非承重的板桩和木板才运用榫卯技术连接。地龙骨和排桩的最大连接长度达25米以上，表明这种干栏式房屋规模较大，按当时人们的基本居住需要来判断，可供二三十人长期居住。第二阶段和第三阶段的干栏建筑更加重视关键部位的牢固与安全性，特别是承重柱和转角柱的质量得到了加强，在安装这些木柱时要先挖柱洞再加木垫板，安上立柱后再用土填实。河姆渡人的木作技术整体上显示出较高水平，按技术应用与发展逻辑推断，在河姆渡文化之前木作技术在钱塘江下游地区已经出现相当长一段时间了，因此未来在钱塘江下游地区应该能够发掘到建造年代更为久远的干栏式建筑遗存。

干栏式建筑虽然有防潮湿和避蛇蝎等优势，但出入家门靠梯子上下和冬天保暖效果较差等弊端也比较突出，这可能是后来逐渐被地面起建式房屋取代的主要原因。马家浜人的房屋以地面起建式为主，它的优点在于比干栏式房屋更保暖、更舒适和更具有私密性。马家浜地面起建式房屋地面一般由黄绿色硬土垫高整平，框架由木柱和木梁构成，墙体的情况可以概括为以树枝、芦苇秆为墙骨的"木骨泥墙"②。居室的高度尚无法确定，从吴县草鞋山遗址发现的马家浜文化木柱"最高的一根约1.5米"③来看，若减去20—30厘米的柱洞深度，推测墙体高度在1.2—1.3米。房顶应为"人"字形木架，木架上再铺木板、苇席和稻草泥。从垫土和立柱范围判断，房屋有长方形、正方

---

① 林华东：《浙江通史·史前卷》，第142页。
② 嘉兴市文化局：《马家浜文化》，第163页。
③ 嘉兴市文化局：《马家浜文化》，第127—128页。

形、圆形等，大小不一，大者达 30 多平方米。如宜兴市骆驼墩遗址
发现的马家浜文化长圆形结构房屋，"根据柱洞的分布规律和特点可
以确定 F1 平面为不甚规则的长圆形，东西长约 6.75 米，南北宽约 6
米，面积在 30 平方米以上"①。马家浜居室小者只有 10 平方米左右，
在昆山市绰墩遗址发现马家浜文化居住址一座，其中居室"平面为长
方形，南北长 2.90 米，东西宽 2.60 米"②。从数据上看，该居室使用
面积为 7.54 平方米，建筑面积 12 平方米。还有一些圆形的，但面积
只有 6 平方米，不能确定是供人居住的。马家浜人的居室和厨房一般
是分开的，如上述马家浜文化居住址的厨房与居室即有一墙之隔，
"厨房在房址西侧，与黄土路（LI）相连"③。厨房与居室分开可以让
居室更加独立，容易保持居室干净和卫生。马家浜房屋建筑特点的形
成有赖于其相对完善的榫卯结构技术，嘉兴吴家浜遗址出土的系列马
家浜文化木构件，包括带凸榫柱头、带销钉孔的榫、带企口构件、栏
杆横梁、转角柱等，特别是转角柱，集中了榫卯结构技术的精华，显
示马家浜文化榫卯结构技术已经全面超越了河姆渡文化。此外，在马
家浜文化的其他建筑遗迹中还发现了大量加工平整、转角方正的凸
榫、卯眼、企口、凹槽等，说明马家浜文化中的榫卯结构技术已经不
存在明显缺陷，这不仅为保证房屋结构稳定提供了良好条件，而且可
以使马家浜人更加自由地按照自己的居住需要来调整房屋大小和
布局。

　　良渚文化时期，榫卯技术得到了进一步改进和提高。在庙前遗址
出土的一种良渚文化"井"字形框架的木构件，由形状如"▬▬▬"
和"▬▬▬"的两种木板相叠，构件上两侧的卯眼相互套扣，整齐严
密，浑然一体，充分、巧妙地利用了卡卯木作的基本原理④。房屋建
筑上，与环太湖流域的环境相适应，良渚人习惯于将其房屋建在土墩
高地或天然河道附近，干栏式、地面起建式和浅穴居房屋三种形式都
留下了较多遗迹。干栏式房屋建筑在良渚文化时期有复苏迹象，湖州

---

① 嘉兴市文化局：《马家浜文化》，第 172 页。
② 嘉兴市文化局：《马家浜文化》，第 186 页。
③ 嘉兴市文化局：《马家浜文化》，第 186 页。
④ 浙江省文物考古研究所：《庙前——良渚遗址群考古报告之四》，第 103 页。

钱山漾良渚文化遗址第四层的甲区、乙区和丙区均发现了干栏式房屋遗迹，这些干栏式房屋与河姆渡干栏式房屋相比发生了如下一些变化：一是在棚顶使用几层大幅竹席，竹席上再铺上树叶、树皮、芦苇、竹片、木片和草泥等。二是开始使用双排方木柱支撑围筑。三是出现一些大型干栏式建筑。如庙前遗址发现的良渚文化房屋建筑遗迹 Fl，房屋建筑面阔 10 米，进深 8 米，东北隅还有附属设施，是一种大跨度屋顶、内设柱子或重檐加设回廊的大型建筑。[①] 良渚文化的浅穴式房屋建筑中竹木构件相对减少了，但并非完全不用，特别是墙体主要还是沿用马家浜文化房屋的"木骨泥墙"，只是高大了许多。龙南遗址第五至第三层发现的 88F1 房址属于良渚文化早期建筑遗址，平面呈长方形半地穴式结构，"木骨泥墙"高 2.2—2.5 米，南北两面坡用粗木杆交叉搭成，东西两面有用木杆、竹及芦苇绑扎的垂直框架，并用掺糠和散草的黄土泥涂抹内外，屋外泥墙自下而上一层压一层地铺上稻草或茅草，收顶后压上大陶片作屋脊，出入口门道有台阶式踏步和棚架[②]。良渚文化地面起建式房屋建筑数量较多，一般是"在选定好的房基中先挖好浅基槽，再打入竹或木柱，继以藤条、芦苇或竹条等编结捆扎成木骨框架，然后涂抹上泥土，经烘烤坚硬而成为墙体，屋顶则以稻草或树皮铺盖成散水面，室内地面往往掺砂或碎陶片和红烧土，经拍打压实和烧烤而成为坚硬的居住面"[③]。但是，一些较高级的建筑，如宫殿、宗庙等，多用长方形红烧土坯来砌筑墙体，底部夯筑有台基，其上层主体建筑主要是使用成熟榫卯技术完成的竹木架构。

通过上面历史性的概括描述可以看出，木竹榫卯技术的发明、提高以及与本地区环境资源的结合使新石器时代江南地区的聚落建筑形成了自己的特点和风格，也为江南原始聚落成为人类栖居的优良场所做出了重要贡献。

---

① 浙江省文物考古研究所：《余杭良渚庙前遗址发掘的主要收获》，《浙江省文物考古研究所学刊》（1993 年），第 124 页。

② 钱公麟：《吴江龙南遗址房址初探》，《文物》1990 年第 7 期。

③ 林华东：《浙江通史·史前卷》，第 324—327 页。

二　髹漆工艺

髹漆工艺在现代木器制作中是普遍使用的最后一道工序，其功能和作用主要在于两个方面，一是隔断木材与空气的直接接触，既防水、防潮，减缓木材的腐烂速度，又保湿保色，避免木器过早变色变形，二是"削锯修之迹"（《韩非子·十过篇》），增强木器的光洁度，从触觉和视觉两个方面提升木器的审美品质。经过长期的漆与木结合的工艺实践，江南先民逐步认识到了髹漆工艺的这些功能，并使该工艺不断得到改进和完善，在世界各原始民族中保持着领先地位。

在河姆渡第三文化层中发掘到的木质漆碗标本 T231③：30（图8-1）是迄今为止发现的最古老的木漆碗，"敛口，呈椭圆瓜棱状，有圈足。器壁外均有薄薄一层朱红色涂料（剥落较甚），微有光泽"①。据有关方面鉴定，该木漆碗系用整块木料砍削、挖凿、打磨后涂漆而成，整体造型朴野，工艺不精，表明河姆渡人只是初步认识到了木漆结合的性能。马家浜文化遗存中也发现少量木漆器，如半圆筒形木器标本 T8501④：41，"器表涂成黑色，上端有火烧痕迹"②，显示马家浜人具有通过髹漆方式保护和利用木器的意识和初级技术。

图8-1　漆碗　采自《河姆渡》下册彩版五七

① 河姆渡遗址考古队：《浙江河姆渡遗址第二期发掘的主要收获》，《文物》1980年第5期。

② 嘉兴市文化局：《马家浜文化》，第151页。

　　良渚文化时期，木器制作技术和髹漆工艺都有了很大提升，良渚人以楝树、青冈、麻栎树、松树、糙叶树、榉木、栗树、黄檀、桑树、水黄棉、杨桐、杉树、黄檗、栾树、栲树、无患子等 20 种左右的树木为原材料，制作了的觚、盘、豆、筒形器、木桨、木舀、木锹、木槌、木箕、木屐、木陀螺、木球、木器盖、大木墩、方孔梭形器、木构件等 10 多种木器或木配件。其中已发现的漆木器有漆觚、漆盘、漆豆、漆筒形器等，漆木器不仅种类多，而且数量大，仅卞家山一处遗址即出土了 77 件良渚文化漆木器。其中良渚文化漆绘器盖标本 G2②B：10（图 8－2）呈椭圆形，边缘内卷，"盖面髹暗红色朱漆，暗红漆面上局部刷黑漆地，黑漆地上再以鲜艳的朱漆描绘变形鸟纹"[1]。从精湛的工艺水平和复杂的鸟纹图案判断，该漆绘器盖属于高档木器的配件。大量彩色漆木器的出现表明漆绘技术在良渚文化时期已经成为一种相当成熟和流行的木器装饰与保护技术。

图 8－2　漆绘器盖　采自《卞家山》下册彩版二六七

　　良渚木胎漆器上漆的质感、漆对木胎的浸透性以及漆器上的图案设计水平与后来春秋战国时期中原地区的漆木器相比并无明显技术上的差距。不过，良渚漆木器与同时期中原地区的漆木器在审美风格上明显不同。有考古学者指出，"中国最早的木胎漆器发现于跨湖桥文化和河姆渡文化。在崧泽文化中发现有在黑陶表面施漆的现象。良渚文化的漆器开始走向成熟，红与黑相间的图案设计与艺术表达是良渚

---

① 浙江省文物考古研究所：《卞家山——良渚遗址群考古报告之六》上册，第 319 页。

文化漆器的主要风格，且这种对红黑艺术风格的崇尚一直延续到汉代"①。反山遗址出土的良渚文化嵌玉漆杯 M12：1②（图 8 - 3，1）是良渚漆木器中的精品，最具良渚漆木器的风格特点。该嵌玉漆杯的髹漆过程大致是先在木胎上刷一层黑漆作为底色，再在上面画红色图案，最后根据图案特点在关键位置镶嵌玉片。该嵌玉漆杯做工极为精致，呈现出与众不同的高贵与奢华气质。良渚木器的髹漆工艺在制作程序上并非完全相同，也有先施红漆再在红漆底上画黑彩图案的。还有更复杂的情况，如卞家山出土的良渚文化漆木觚残片标本 Gl②：237（图 8 - 3，2），为 4 块残片拼合而成的一条纵向觚片，该觚片"全身涂抹朱漆，两组凸棱区域再覆盖黑漆，然后在凸棱间的黑地上用朱漆描绘纹饰。纹样有边线，里面为云雷纹填直线纹"③。漆觚是良渚文化考古史上新确认的器种，但其造型竟一蹴而就成为经典，并为后世漆觚确立了规范。此外，其他类型的漆木器，如盘、豆、筒形器等上面的漆绘情况也都表明，红色和黑色是良渚漆木器上流行的用漆颜色，二者的搭配组合是良渚漆木器独特的色彩风格。

1　　　　　　　　　　　　　　　2

图 8 - 3　嵌玉漆杯　采自《良渚古城综合研究报告》图 2 - 22、2 - 23

良渚文化漆木器的绝大部分都发现于良渚古城河的生活堆积中、城南的卞家山遗址中以及反山、瑶山的贵族墓葬中，而在其他遗址中

---

① 浙江省文物考古研究所：《良渚古城综合研究报告》，第 44 页。
② 浙江省文物考古研究所：《良渚古城综合研究报告》，第 45 页。
③ 浙江省文物考古研究所：《卞家山——良渚遗址群考古报告之六》上册，第 316 页。

很少见到，再结合其精致的做工和高档用料来看，漆木器应是良渚社会是十分珍贵的奢侈品，局限于贵族阶层使用，也是贵族用以炫耀自己身份地位的重要器具。从整个人类审美文化史的角度看，良渚人的木胎漆绘艺术称得上整个史前时代人类所能够创造出来的最为绚丽多彩的艺术形式之一。

第二节　情趣与意志

快乐与享受是现代美学着力区分的两个概念，德国美学家盖格尔认为两者的主要区别在于三个方面：快乐是一种情感态度，享受是一种情感反应；快乐是主动的，享受是被动的；快乐源于客体的价值，享受源于客体激发的自我感觉。① 做出这种区别的主要目的是从理论上区分审美经验与日常生活经验，如果一种经验确定为快乐的经验，那么它就是审美经验，如果它纯粹是一种享受，那么它就不是审美经验而只是日常生活经验。然而，现实要比理论复杂得多，现实经验往往是多种感觉的融合，特别是在原始时代缺乏社会分工或社会分工并不充分的条件下，先民的实践活动更具综合性，对其活动的性质尤其难以作出判断，这也成为现代美学界对史前人类实践是不是审美的产生认识分歧甚至分道扬镳的根本原因之一。新石器时代的江南先民将木头制成了碗、匙、杯、筒等日常生活用具，这可以说是为了"享受"制作的，然而其中相当一部分都经过精心设计和制作，有的还被施以髹漆，这样的木器无论是从视觉、触觉效果还是从产品的技术性保护上看，都取得了让人满意的效果，这是否可以说是让人获得了"快乐"呢？有一些木器纯粹是为了"快乐"而设计制作的，如木鱼、木陀螺等，那么在这些木器的制作和消费过程中人们获得的是否就一定是审美经验呢？这些问题不可能有让所有人都满意的答案，因为在原始人那里，快乐与享受完全纠缠在一起，几乎无从分辨。但可以肯定，原始人制作这些木器的首要动机是现实需要，需要激发起先民创作的兴

① ［德］莫里茨·盖格尔：《艺术的意味》，艾彦译，华夏出版社1999年版，第80—82页。

趣，为了让制作过程快乐和让使用者快乐地享受产品，制作者竭尽所能，让这些产品不仅好用，而且好看，甚至通过形式设计或增加纹饰等方式赋予这些产品某种"艺术意志"①，以便让使用者获得精神上的满足。总之，从新石器时代江南先民制作竹木器的种类和品质等方面综合来看，实际需要和快乐地享受是制作这些产品的根本动力，而产品所蕴含的情趣和意志往往是能否让使用者实现快乐享受的先决条件。

一　兴趣与才能

格罗塞通过对农耕民族与狩猎民族艺术特点的对比发现，狩猎民族在造型艺术上的才能要远远高过农耕民族，并认为这主要是由于长期的狩猎实践培养了狩猎民族明察秋毫的观察能力和巧妙手艺。② 不过，由于农耕民族与狩猎民族的划分并非绝对的，特别是在史前时代，许多原始聚落都过着农耕与狩猎并存的生活，比如新石器时代早期的江南聚落社会就属于这种情况，这些原始聚落的先民兴趣广泛，在造型艺术方面的才能完全逊色于纯粹的狩猎民族。

河姆渡文化是一种渔猎、采集与农耕并存的混合型文化，稻耕农业是河姆渡人重要的生业之一，农具制作是河姆渡人必不可少的劳动内容，同时也是河姆渡人表现劳动热情和审美兴趣的方式。如河姆渡木槌状器标本T36④：18（图8-4，1）"柄部有竖线和斜线组成的刻划花纹图案"③。河姆渡木棒标本T33④：71（图8-4，2）"柄部长方形，并有横斜刻划线条组成的花纹图案"④。这两件木器都是河姆渡人的劳动工具，形式虽然简单，制作工艺也无法与后世的木器相比，但是那些略显单调的刻划花纹却表明河姆渡人设计和制作这些劳动工具时态度是十分认真的，他们总是努力把劳动工具制作得好看一点，也就是说，河姆渡人并不仅仅是把工具当成工具，把劳动当成劳动，而往往是以娱乐的和审美的态度制作工具和对待劳动。审美态度，按德国美学家盖格尔的说法，是一切创作者"进入到存在的自我

---

① ［德］莫里茨·盖格尔：《艺术的意味》，艾彦译，华夏出版社1999年版，第200页。
② ［德］格罗塞：《艺术的起源》，蔡慕晖译，商务印书馆1998年版，第148页。
③ 浙江省文物管理委员会：《河姆渡遗址第一期发掘报告》，《考古学报》1978年第1期。
④ 浙江省文物管理委员会：《河姆渡遗址第一期发掘报告》。

中去"① 的先决条件。据此来看，河姆渡人在劳动中表现出来的审美态度是绝不应该被忽视的，因为这审美态度是河姆渡人使自己的劳动成为自由劳动的重要条件，是自由地呈现自我的审美实践的开始。

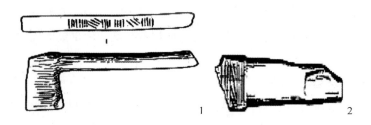

图 8-4　木槌状器　采自《河姆渡》上册图八九、八五

河姆渡人受条件和能力所限在制作一些复杂的劳动工具时不得不将其主要精力放在如何使其形式更适合效能发挥上，因而可能会较少考虑形式美观问题，但是，形式是否美观并非完全由主观意图决定，事实证明，如果一种形式设计和制作能够最大限度地发挥其作为特定器具的功能，那么它的形式就是合理的和恰到好处的，因而一般来说也是美的。如河姆渡木拖舟标本 T4⑨：28，器身上面平整，"头端凿挖成凸榫钩，背面微圆弧，十分光滑，尾部变薄上翘"②，整体造型颇适合在水田中拖运。又如河姆渡木耜捉手标本 T244③：18（图 8-5），"用同块木料制成，镂雕三角形捉手"③。在这些劳动工具上没有发现任何专门制作的纹饰，说明制作者一门心思要把这种产品制作得好用，但是，制作者在设计和制作木耜捉手和木拖舟凸榫钩的过程中，为了使器具部件能够发挥最大效力，认真细致、竭尽所能，在相当程度上反映了当时河姆渡人的劳动智慧和能力，从而成为河姆渡人本质力量对象化的重要形式，并且就其作为器具部件而言堪称完美。

① ［德］莫里茨·盖格尔：《艺术的意味》，第 243 页。

② 浙江省文物考古研究所、厦门大学历史系：《浙江余姚市鲻山遗址发掘简报》，《考古》2001 年第 10 期。

③ 河姆渡遗址考古队：《浙江河姆渡遗址第二期发掘的主要收获》，《文物》1980 年第 5 期。

图 8 - 5　木耜捉手　采自《河姆渡》下册彩版五七

　　鱼从来都是江南鱼米之乡百姓的主食之一，新石器时代的江南先民尤其把捕鱼当作获取食物的重要途径，长期的捕鱼经验和以鱼为食的生活习惯使江南先民对鱼的特征有着特别敏锐和精准的感觉，对鱼有特殊的兴趣和感情。因此，在古老的鱼米之乡，鱼不仅被烹饪成美味，而且被以陶塑、纹饰和木雕等方式生动地塑造出来，成为江南新石器文化中常见的艺术形象。河姆渡圆雕木鱼标本 T231④：309（图8 - 6）是其中的佼佼者，该木鱼雕形似一条游动的亚洲鲤，"周身阴刻大小不等的圆窝纹"①，鱼头、鱼鳃、鱼鳍和鱼尾清晰可辨，结构比例匀称恰当，大小圆窝纹分别代表鱼鳞和鲤鱼游动时吐出的气泡，表明作者具有丰富的捕鱼经验，对鲤鱼在水中游动时的姿态非常熟悉，而且具有制作木雕鱼的娴熟技术、强烈兴趣和杰出表现力。该木雕鱼从创作心态、技术手段和产品特点等各个方面让后人见识了

图 8 - 6　圆雕木鱼　采自《河姆渡》上册图九五

---

　　①　河姆渡遗址考古队：《浙江河姆渡遗址第二期发掘的主要收获》，《文物》1980 年第 5 期。

河姆渡人纯审美的劳动创造，这不仅证明河姆渡先民有审美的态度，而且证明审美态度即使在原始时代也可以是十分纯粹的。

快乐是人类生存的需要，也是人们生活追求的重要目标，新石器时代的江南先民在安排自己生产与生活的时候当然不会没有相关考虑。不过，与人类普遍的追求快乐的方式一样，江南先民追求快乐的方式并不是任意的，而是受到各种社会条件的限制，其中生产力水平、生产方式和生产关系是最终起决定作用的条件。首先，自由劳动是人们收获快乐的基本方式，因此，江南先民制造石器、玉器、陶器、木器、房屋和进行稻作农业的过程，甚至建造祭坛、陵墓的过程，都可能让他们感到快乐，不过，这种快乐的多少最终是由先民在这种劳动中享有自由的多少决定的。其次，江南原始聚落社会中也出现了一些相对单纯的娱乐活动。这种娱乐活动的品质和多寡取决于整个社会生产力的发达程度，因为"活动和享受，无论就其内容或就其存在方式来说，都是社会的活动和社会的享受"[1]。原始时代低下的劳动效率决定了原始人类不可能有很多样式的纯娱乐活动。从新石器时代江南聚落社会木器和竹器的生产情况来看，绝大多数产品依然是工具类器物，如"木桨为划船工具，木舌、木锹、木槌为生产工具，木箕、木屉为生活工具"[2]，只有少数几种器具如木陀螺、竹哨等是较为纯粹的娱乐工具，说明当时先民的娱乐方式少而简单，单纯的娱乐活动在整个社会生活中的占比不大。

马家浜文化遗址出土了 26 件木陀螺形器，均由长度不等的树木段制成，一般长为 4—10 厘米，两头削出尖锥状。如木陀螺形器标本 T8503⑤：65（图 8 - 7），"剖面略呈扁圆形。长 4.6 厘米，最大径 2.5 厘米"[3]。马家浜木陀螺形器的具体用途目前尚不明确，可能是某种纺织工具的配件，也可能是木插销或木楔，作为木陀螺祖形的可能性也不能排除，从目前发掘到的木陀螺形器标本来看，尚不适合用作陀螺玩具。但是，无论这种木陀螺形器在马家浜人那里用作什么，都可以肯定它对真正木陀螺的发明有十分重要的影响。

---

① 马克思：《1844 年经济学哲学手稿》，第 79 页。
② 浙江省文物考古研究所：《卞家山——良渚遗址群考古报告之六》上册，第 314 页。
③ 嘉兴市文化局：《马家浜文化》，第 151 页。

图 8 - 7　木陀螺形器　采自《马家浜文化》第 147 页

良渚先民拥有了更多自由劳动和文化娱乐时间，玩陀螺也成为沿太湖地区的一种大众娱乐活动，木陀螺样式很多，但基本形式已经固定下来。良渚木陀螺的用材有多种，如栗、黄檀、榉、松、蕈树、水黄棉、杨桐、糙叶树等，这些木材在良渚文化区域内都不难找到。绝大部分良渚木陀螺的制作都取用芯材，只有少数采用边材，表明良渚人对于木陀螺的材质要求十分清楚，制作经验丰富。卞家山遗址出土的 28 件良渚文化木陀螺基本形状都是上部呈圆柱形，下部为圆锥形，与现代木陀螺形状相同，"器身以素面为主，也见有一道或两道凹旋纹的装饰。除个别通体磨光，大部分陀螺留有明显的斧凿痕迹"[1]。木陀螺上雕刻凹旋纹除了起装饰作用外还能起平衡作用，陀螺体积越大，制作时整体的平衡比例越难把握，因此在主体制作完成后通过刻划纹饰来调整平衡性就成为一种技术与艺术的整合，也是对制作者制作技术能力与综合素质的一次考验。良渚木陀螺大小相差悬殊，有的细长，有的粗矮，"最大的 GI② : 189 直径 6.6—6.9 厘米，长 9.4 厘米；最小的 GI ② : 169 直径只有 1.6—2.1 厘米，长仅 3.4 厘米"[2]。良渚木陀螺的多样变化表明，儿童、少年和成年人等各个年龄阶段的人都可以参与也都在参与玩陀螺这项娱乐活动。像标本 GI② : 189（图 8 - 8）这样的大陀螺，一般儿童是玩不转的，只有青壮年男子才能玩出一些花样来。像木陀螺标本 GI② :

---

[1]　浙江省文物考古研究所：《卞家山——良渚遗址群考古报告之六》上册，第 325 页。
[2]　浙江省文物考古研究所：《卞家山——良渚遗址群考古报告之六》上册，第 325 页。

169 这样的微型陀螺可能只是用来观赏把玩的。

图 8-8　木陀螺　采自《卞家山》下册彩版二七三

正如马克思指出的那样，劳动不仅创造了人，也创造了人作为人的快乐，劳动不仅是人的快乐的根源，而且自由劳动本身和劳动的积极成果都是令人快乐的。在原始时代，人类的基本快乐和审美享受更是突出地表现在劳动上，它们中的绝大部分都是在劳动过程或劳动成果中产生和得以完成的，即使那些纯粹的娱乐活动，它们所凭借的工具、媒介等也都和劳动有着深刻的内在联系。

二　艺术意志

与渔猎生活有关的器具制作是河姆渡先民的必要劳动，同时在长期的渔猎器具制作过程中也培育和发展了他们的相关兴趣，以至于河姆渡人对于渔猎生产所需要的木器制作既提出了渔猎劳动本身需要的"标准化"要求，也为表现个人的兴趣和展现个人才能打开了机遇之门。如河姆渡木雕鱼形器柄标本 T231④：303（图 8-9），"呈'T'字形，系用同块木料制作。捉手雕刻成鱼形，柄部阴刻弦纹和斜线纹相间图案"[1]。该木器柄原本属于一只木浆，在柄端雕刻一条木鱼并

---

[1]　河姆渡遗址考古队：《浙江河姆渡遗址第二期发掘的主要收获》，《文物》1980 年第 5 期。

不会增加或改善木浆的物理效能，但是制作者却不惜花费功夫将其雕刻得惟妙惟肖，可见作者在设计和雕刻该木浆时有着怎样强烈的"艺术意志"，主人在使用这只木浆划船捕鱼时又是怎样惬意和快乐。在马家浜文化遗存中也有经过特别装潢的木浆，如马家浜木浆标本T8502⑤：53（图8-10），"手柄略弯曲，柄端渐宽，中间镂出三角形小孔，柄部近端处刻弦纹两周"①。该木浆手柄细长，加工精细，灵巧实用，柄端特意雕刻成鸟首状，表现了马家浜人在长期渔猎劳动过程中与鸟结下的浓浓情缘，同时也表明马家浜人和河姆渡人一样在木器制作方面拥有类似的艺术意志。

图8-9　木雕鱼形器　采自《浙江通史·史前卷》图3-19

图8-10　木浆　采自《马家浜文化》第147页

---

① 嘉兴市文化局：《马家浜文化》，第151页。

　　榫卯技术成熟后，江南先民不仅将其应用于房屋架构，而且还应用于房屋装潢方面。在河姆渡文化遗存中发现一些刻花木构件，"为大型而扁平的木板构件，正面上下，两端雕刻有以直线和三角形构成的几何图案，其上下均带有扁薄的榫头，显属干栏式建筑上的装饰构件"①。其中河姆渡刻花木构件标本 YM（4）：203"阴刻变体叶纹图案"②。目前尚不明确这些刻花木构件在干栏式建筑上的具体位置，不过，既然这些木构件经过了刻花装饰就不会被置于隐蔽处，同时这种大型木构件还可以起一定的承重作用，所以它们被安装在门廊中横梁与立柱交汇处的可能性较大，类似于后世木构建筑上常见的"牛腿"。在河姆渡文化遗存中，有一些用不同材料制成的用途不明的"蝶形器"，其中木质蝶形器可能是建筑装饰品。如河姆渡木质蝶形器标本 T17④：37（图8－11，1），"左右对称，正面两翼端各有一圆涡，背面两翼上端各有一横向突脊，脊上有钻孔"③。河姆渡文化木质蝶形器标本 T17④：91（图8－11，2）造型与众不同，"两翼不对称，一翼较长，翼端呈鸟首形"④，推测在实际使用时是成对出现的。这些木蝶形器体型差别不大，宽20—30厘米，高10—15厘米，正面中部有一道纵向突脊，在没有金属钉的时代利用突脊与卡槽进行衔接应是固定悬挂物的常用方法。如果这种木蝶形器果真是用于房屋装潢，那么房屋两个边墙与房顶交接处应是其所在的位置，将木蝶形器固定在这个位置可以使房屋给人以凌空欲飞之感，类似于后世房屋的飞檐。从观念性上看，在房屋边缘装饰蝶形或鸟形器，应该与河姆渡文化鸟崇拜风俗和桑蚕养殖业有一定关系，鸟代表吉祥，蝶代表财富，在房屋装潢时置入这两种元素有保佑主人富贵吉祥的神巫意味。

　　总之，新石器时代的江南地区气候温热湿润，树木种类繁多，生长茂盛，竹木资源极为丰富，江南先民在制作生产工具与生活器具时可以随地取材，所以以竹木为原材料的农业生产工具和生活器具在江南聚落社会的全部器具中占比较大，不仅数量众多，品种和形式也颇

---

①　林华东：《浙江通史·史前卷》，第155页。
②　浙江省文物考古研究所：《河姆渡——新石器时代遗址考古发掘报告》上册，第22页。
③　浙江省文物管理委员会：《河姆渡遗址第一期发掘报告》，《考古学报》1978年第1期。
④　浙江省文物管理委员会：《河姆渡遗址第一期发掘报告》。

图 8 - 11　木蝶形器　采自《河姆渡》图版一〇、九三、九四

齐全。在长期制作和使用这些器具的过程中，先民对待它们的情感态度也变得复杂起来，从最基本的功利态度和效益追求中衍生出了强弱程度不一的审美态度和艺术意志，特别是在那些装饰性木器上，先民有更多机会表现自己的个性、兴趣和才能，使这些产品在精致耐用的基础上展现出强烈的艺术气质。

第九章　身体：生殖、礼仪与文明

　　史前人类对身体的关注集中在性和力两个方面。首先，史前人类的聚落组织与黑猩猩群的结构更为接近，黑猩猩群奉行的是强者为王的森林法则，只有身体最强壮的雄性黑猩猩才能成为黑猩猩群的首领，因为只有身体强壮、性格强悍的黑猩猩才能承担起冲锋陷阵抵御猛兽和其他黑猩猩群侵袭的重任。出于类似的原因，每一个原始聚落都需要体魄强健的领导者。其次，一个原始聚落的繁衍能力对于聚落的命运至关重要，无论是从人的性感本能还是从聚落繁衍的社会理性方面看，强健而性感十足的身体结构都是异性乃至聚落全体极为看重的。

　　新石器时代早期的江南聚落社会对人的身体关注已超越了纯天然的无装饰状态，随着制造工具的进步和制造能力的增强，先民创作了多种多样的身体装饰产品和符号，这些产品和符号一开始只是致力于突出身体的性与力，那些表现性与力的产品和文化符号在聚落中受到了充分重视。后来，随着经济和生产力的进一步发展，聚落生活内容日渐丰富和多样化，人体装饰和符号表现也日益复杂，审美品质越来越高，最后发展成为了有特色的身体文明。如格罗塞所言，"人体的原始装饰的审美光荣，大部分是自然的赐予；但艺术在这上面所占的意义也是相当的大。就是野蛮的民族也并不是纯任自然地使用它们的装饰品，而是根据审美态度加过一番功夫使它们有更高的艺术价值。"① 不过，性与力始终是驱动各种身体装饰的根本动力，也是激发人们进行身体想象的根本动力，只是当人们有能力摆脱眼前的困境

---

　　① ［德］格罗塞：《艺术的起源》，第77页。

从而更多地为未来着想时，才会为性与力想象和虚构出可以自由表现的理想情景。这些想象和虚构出来的情景要转化为现实是需要条件的，这些条件有些是通过人的努力可以满足的，它们或将成为道德理想的基础，但是也有一些是依靠人的努力不可能满足的，于是需要求助于神明。神明的本质不过是对超人力量的想象和对人类文明的幻想。神明不等于文明，但是，在史前时代，很多时候正是神明指引着先民努力和奋斗的方向。

第一节　生殖、性爱与神明

生命是生活展开的首要前提和根据，一切生活的喜怒哀乐都有赖于生命的存在，而生命的存在又是以性爱和生殖为条件的。关于性爱与生殖在人生中的地位，叔本华曾经这样评论道："除生命外，它是所有的冲动中力量最强大、活动最旺盛的；它占据人类黄金时代（青年期）一半的思想和精力；它也是人们努力一生的终极目标"[①]。在生存环境恶劣的史前时代，大量繁衍是原始民族增加生存概率和抵抗族群灭绝的最重要方式，所以性爱与生殖意志必然成为高于个人意志的种族生存意志。这一点就连神明也必须明白，因为一切为原始人类所敬奉的神明首先是种族利益的守护神，必须对种族繁衍有坚定的承诺，否则它们将不配被奉为神明，甚至被当作毫无意义和价值的东西抛弃掉。这种人、神和自然的统一性在一切原始民族文化中都表现得鲜明而单纯，在江南先民人创造的史前文明中也是如此。

一　生殖力的张扬

新石器时代江南先民制作的容器如陶罐、陶盉、陶鬶等多呈葫芦形，原因是葫芦在原始人类的心目中天生就是用来作容器的。民族学相关研究表明，凡是在远古时期生长葫芦的地区，定居在那里的原始民族都对葫芦情有独钟，因为在发明和使用陶器之前，葫芦是最理想的天然

---

① ［德］叔本华：《性爱的形而上学》，载任立、潘宇编《叔本华文集·生命与意志》，华龄出版社1997年版，第427页。

容器。不仅如此，葫芦和瓜果的容器特性及其容易生长、繁殖快的自然属性还被先民以"物体在某种神秘的交感下可以隔空相互作用"①这样的巫术"交感"思维或比兴思维方式联系于人类的生殖能力。如诗云："绵绵瓜瓞，民之初生。"（《诗经·大雅·绵》）意在说明初民社会就像正逢其时的葫芦和瓜果藤一样，朝气蓬勃，繁殖能力极其强大。

以葫芦和瓜果隐喻生殖母体，并通过塑造类似于葫芦和瓜果的器物形象来象征女性生殖力的现象在河姆渡文化中就存在了。如河姆渡袋足盉（也称异形鬶）标本 T18（1）：8（图9–1），"小敞口，扁鼓腹，前有两袋，后有半弓形落地把手，右侧安管状嘴"②。该袋足盉标本虽然残缺严重，但仍可以看出下部两个袋足就像两个葫芦，与成年女性的大腿和臀部结构十分相似，用来象征母体和女性生殖力的意向相当明确。在后来的江南新石器文化中，袋足盉上的葫芦形足由两个变成了三个，葫芦形足更像袋形足。如马桥文化袋足盉标本 H107：9③（图9–2）即为三足盉。这种三足陶盉在我国其他地区的新石器文化中也不罕见，如龙山文化陶鬶标本采：8（图9–3），"把手上接颈部、下接一袋足上"④。由于两足变三足的缘故，这些袋足陶盉与女性生殖力的联系似乎远淡了一些，但绝非踪迹全无，这与其他性隐喻艺术的发展趋势是一致的。

图9–1　袋足盉　采自《河姆渡》下册彩版六九

---

① ［英］弗雷泽：《金枝》，耿丽译，重庆出版社2017年版，第10页。

② 浙江省文物考古研究所：《河姆渡——新石器时代遗址考古发掘报告》上册，第344页。

③ 浙江省文物考古研究所、湖州市博物馆：《钱山漾——第三、四次发掘报告》（上），文物出版社2014年版，第372页。

④ 中国社会科学院考古研究所、山东省文物考古研究所、山东临朐旺古生物化石博物馆：《临朐西朱封——山东龙山文化墓葬的发掘与研究》，第231页。

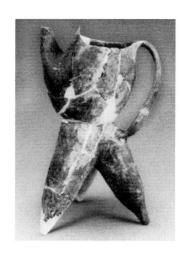

图 9 - 2　袋足盉　采自《钱山漾》下册彩版八五，4

图 9 - 3　陶鬶　采自《临朐西朱封》图版六九，2

　　除了葫芦、瓜果外，努力从大自然获得智慧的江南先民还以蛙这种繁殖能力极强的水生动物来隐喻母性和女性生殖力。研究表明，一般蛙的窝卵数都在 1000 个以上，有些种类的蛙的窝卵数可以达到 8000 个。江南先民不可能有如此精确的生物学数据，但是这并不妨碍先民凭经验和直觉认知和掌握蛙繁殖力强的自然特性，并依据巫术"交感"思维将蛙尊为神明，不惜以珍贵的高档玉石为原料创作各种蛙的形象，以之作为女性的身体饰品，以求佩带这种饰品的女性像蛙一样繁衍众多后代。对此前文已有分析，此处不再赘述。

在长江中游的大溪文化残陶片上曾发现一些圆窝状纹，考古学者认为是蛙卵纹①（图9－5）。同时，在良渚文化残陶片标本 G2②B：44（图9－6）口沿下面也发现了类似的圆窝状纹，只是排列方式与大溪蛙卵纹略有不同，考古学者将其定义为"梅花纹"②。综合各方面因素判断，这两种圆窝状纹皆为蛙卵纹，表明这两个新石器文化曾经发生了较为密切的交流，并都拥有和保持着蛙崇拜的习俗。

图9－5　蛙卵纹　采自《澧县城头山》第359页

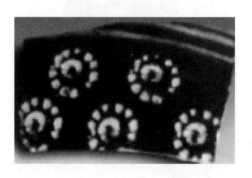

图9－6　"梅花纹"　采自《卞家山》下册彩版二八一

---

① 湖南省文物考古研究所：《澧县城头山——新石器时代遗址发掘报告》，第359页。
② 浙江省文物考古研究所：《卞家山——良渚遗址群考古报告之六》上册，第350页。

作为人类生殖力的重要组成部分，男性生殖力自然不应也不会被忽视。在马家浜文化陶器中有一捏塑人像标本 T114（二）：18（图 9 - 7），"全形为一人体立像。泥质灰红陶，色泽不匀。残长 6.5 厘米。胸腹鼓出，背部内凹，两短腿微屈，稍向两侧分开。上肢已残缺，两腿间塑有形态夸张的锥形男性生殖器"①，尽管只是一个没有头部的捏塑人像，也是足以让人惊喜的发现。马家浜人以自然主义的态度再现自己的身体，使后人有机会看到了马家浜人心目中的男子汉形象，并且从该陶塑对男性器官的夸张表现中感受到了面对性问题时马家浜人的坦然心态与开放意识。

图 9 - 7　捏塑人像　采自《浙江通史·史前卷》图 2 - 5

良渚先民对男性生殖力的表现具有多面性和多样性。如前所述，良渚玉锥是一种玉礼器，但是可能同时也是被用来象征男性生殖力的，如瑶山南列良渚文化墓 M10 中的成组锥形器标本 M10：5（图 9 - 8）可能被用来象征和祝愿墓主人家族男丁兴旺。有的锥形器上雕刻有龙纹、神人纹或神兽纹，如瑶山遗址出土的良渚文化锥形器标本 M9：7（图 9 - 10），"长条方柱形。上端锥尖，下端有小突榫，并对钻小孔。整器被弦纹带分成等长的上下两部分，上端光素，下端琢刻简化神兽

---

① 嘉兴市文化局：《马家浜文化》，第 68 页。

纹"①。这进一步表明玉锥形器良渚先民用以象征男性生殖力的神礼器，将此类玉器随葬墓中，目的在于祝愿墓主人生殖力强大，在神明保佑下多子多福，家族永远兴旺发达。

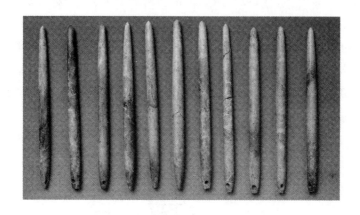

图9-8　锥形器束　采自《良渚古城综合研究报告》图2-17

图9-9　锥形器　采自《瑶山》图一四五

　　男人的性别特征当然不限于生殖器，它还被整体性地比拟为代表

---

① 浙江省文物考古研究所：《瑶山——良渚遗址群考古报告之一》，第117页。

阳刚之美的龙，这是整个史前文明向着多元化和符号化发展的结果，对此前文已有说明，这里想强调的是，性别符号是社会文明中的基本符号，在纷纭复杂的社会符号中，性别符号始终都是本源性的，是众多符号的祖型。在文明时代，生存条件的改善使生殖行为在人类的整体生存中下降为普通事件，生殖器官的暴露，哪怕只是一种模仿或再现形式，也足以让人感到羞耻甚至不道德，因此，除了医学上的人体结构图外，几乎所有的文化形式都试图将人的生殖器官遮蔽起来，关乎性行为的内容绝大多数采用了含蓄的隐喻或象征表现手法。但是，毋庸置疑，在后世令人眼花缭乱的文明符号创造中，涉及性爱与生殖力的身体符号始终都不会缺席，因为这是人类审美实践和文明进步的最原始、最持久、最强大的自然动力，离开了它或与它相冲突，一切有关身体的审美都会"象一幅没有依凭的图画一般"① 虚幻缥缈。

二 今生情与来世缘

人与人之间的关系首先是一种以男女关系为基础的自然关系，然后才有了各种衍生的社会关系。对此，周易有明确表述："乾，天也，故称乎父；坤，地也，故称乎母。"（《周易·说卦传》）周易认为，男女夫妇之间的关系如同乾与坤之间的关系一样，是一种自然的、必然的关系，是一切其他社会关系的基础和前提。马克思曾多次强调，"人对人的直接的、自然的、必然的关系是男人对妇女的关系"②，"社会是人同自然界的完成了的本质的统一"③。历史也反复证明，人对生活的激情与热情，对生命的热爱从根本上都不能脱离男女之爱，因此表现性爱就成为各个时代艺术的母题，即使是在遥远的原始时代也不例外。

凌家滩龙凤璜87M9：17、18（2件1组）是新石器时代江南文化中见到的一件用以象征男女关系和性爱的优秀作品。有学者认为，该龙凤璜是我国目前发现的最早的合符，是当时凌家滩地区分别崇拜

---

① 叔本华：《性爱的形而上学》，载任立、潘宇编《叔本华文集·生命与意志》，第427页。
② 马克思：《1844年经济学——哲学手稿》，第77页。
③ 马克思：《1844年经济学——哲学手稿》，第79页。

凤和龙的两个部族之间结盟或联姻的信物或象征物①。但是，如果该龙凤璜是个人器物，那么它的功能就可能只是用以象征男女情爱和祝愿婚姻幸福。卞家山遗址出土的良渚文化陶罐底部残片标本 Gl②：75（图 9 - 10，1）上有一刻划图，"正看像棵树，倒看像'祖'"②，该刻划图从形状上看像男性生殖器。在另一陶罐底部残片标本 T4⑩：134（图 9 - 10，2）上也有一刻划图，考古学者称其为"竖条加双圈形刻符"③，认为其线条混沌模糊是刻划工具磨损较钝，因而不得不多次加刻所致。这很可能是一种误读，因为形状上看，该刻划图更可能象征女性生殖器。推测这两件陶罐底部残片原属于一对阴阳罐，是为赠送给一对新婚夫妻而专门制作的，不过，也不能排除它们是良渚人祭祀生殖神时使用的神礼器或巫术图符。

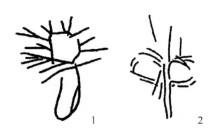

图 9 - 10　陶器刻划图　采自《卞家山》上册图 9 - 125

　　新石器时代的江南先民相信世界总是在轮回，人生也是如此，所以先民不仅看重今生的情爱，也重视来世的情缘。马家浜文化时期，骨器上的刻划符号已经相当丰富复杂，在一些出土的骨镞、骨钺和不知用途的骨板上，可以看到各种包含圆圈、棱形、回字形和蛇形线等图形的刻划纹饰或符号，这些刻划纹饰或符号大部分尚不明确其具体含义，但可以看出，它们一方面提升了这些器物或豪华或庄严的艺术气质，另一方面也营造出些许神秘氛围，象征性地表

①　安徽省文物考古研究所编：《凌家滩玉器》，文物出版社 2000 年版，第 135 页。
②　浙江省文物考古研究所：《卞家山——良渚遗址群考古报告之六》上册，第 403 页。
③　浙江省文物考古研究所：《卞家山——良渚遗址群考古报告之六》上册，第 401 页。

现某种神秘意义。如金坛三星村遗址出土的 1 组 4 件马家浜文化板状刻纹骨器标本 M636：5-8①（图9-11），均利用大型哺乳动物的骨壁打磨、抛光而成。骨片正、背面均刻有同心圆纹，以及由凹点组成的弧线和直线，布局规整、均衡、严谨，"经拼对组合，发现各片纹样之间存在密切联系"②。这四件板状刻纹骨器可以两两组合，其中一组之凹点组成的弧线正好配成一个椭圆，凹点弧线内两组同心圆的圆心接近于椭圆的焦点，由此推测这些板状刻纹骨片上的纹饰表述了某种几何概念或时空观念。考古学者认为，板状刻纹骨片制作精良，所刻花纹繁缛而又有一定规律，从一个侧面反映了当时人们抽象思维的能力③。但是，该组骨片也可能是神礼器，上面的刻划纹是神巫符号。其中第 1 组（图9-11，1）上部的三个圆近似于人的面部抽象，两两相对或是象征男女之间的亲密和合关系，而且这 4 件骨片都发现于一具青年女性尸体的左胸部，所以该组骨片很可能是神礼器，用来为英年早逝或芳华顿歇的年轻人祈求来世爱情。凹点弧线接近圆的第 1 组单个形状如鸟，身上的圆圈和凹点如同鸟身上的花纹，这不禁使人联想到河姆渡文化残陶片上的神鹰，如果二者之间确实存在联系，那么，就可以基本确定该组板状刻纹骨片是马家浜人用来表现太阳崇拜、轮回观念和祈祷爱情的一种神礼器或巫师用来作法的道具。

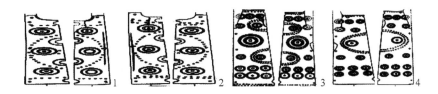

图9-11　板状刻纹骨器　采自《马家浜文化》第 206 页

① 江苏省三星村联合考合队：《江苏金坛三星村新石器时代遗址》，《文物》2004 年第 2 期。
② 江苏省三星村联合考合队：《江苏金坛三星村新石器时代遗址》。
③ 江苏省三星村联合考合队：《江苏金坛三星村新石器时代遗址》。

总的来看，新石器时代的江南先民尊重人的生命，重视关系族类繁衍的性爱表达，对幸福生活充满期待，对于来生往往能以卓越的诗性智慧构想出浪漫的愿景，相信通过一些特殊的方式或得到神的保佑与许诺就可以永享生命的欢乐。江南先民如此的存在观、生活态度与生命意识是后世江南地区巫风不衰的重要文化与心理根源，也是后世佛教在江南地区兴盛的文化心理沃土。

第二节　自由、礼仪与文明

身体是生命的载体，人的身体是人之所以为人的第一根据，人类的全部文化都与其独特的身体结构有着必然的深刻的联系，身体文化更是最直接地反映了人类对自己身体的基本认知、要求与期待。史前文明显示，自从人类开始关注自己身体的那一刻起，就开始建立起一种充满矛盾的身体文化，一方面，原始人类幻想着突破身体的限制获得更多更大的自由，另一方面他们又一步一步地建立起一套身体行为规范，通过这套规范剥夺了许多人身自由，增强了对人的身体行为的控制。新石器时代江南聚落社会的身体文化即呈现为这种矛盾中发展的态势，一方面，先民希望自己的身体上能够长出羽翼，像鸟儿一样在蓝天自由翱翔，或像猛兽一样拥有强壮的体魄，可以笑傲江湖或称霸山林，最好同时也拥有鱼儿的鳞甲，能够如鱼儿一样享受在水中自由游动的快乐。另一方面，男人希望自己金相玉质、风度翩翩，女人希望自己有姣好的容貌和雍容华贵的装饰，能够生育众多子女，享受家族的尊敬。从本质上说，每一种身体装饰都是对身体的束缚，史前人类创建的各种身体装饰品产业和建立的日益严谨复杂的礼仪与身体装饰规范更是一个巨大的限制生命自由的牢笼。从这个意义上说，人类的身体文化从一开始就陷入了文明礼仪与生命自由的悖论中。

一　无厌之欲与儒雅之姿

新石器时代晚期的江南聚落社会出现了严重的贫富分化，聚落成员之间地位不平等是普遍现象，这种高低贵贱的身份差异势必要求有文化上的充分表达，包括创造出区分人的身份地位的文化符号，制定出体现人的等级差异的行为礼仪，并培育出与之契合的有关人的身体行为的审美观念等。这种等级化与礼仪化的身体文化在当时的墓葬形式、随葬器物、用具种类和品质、纹饰符号、人体雕塑等各个方面都有所体现，不过，最能体现当时身体文化特点和发展状况的还是玉器。玉器的质料、造型和镌刻于其上的文化符号等都具有把人的性别、身份和地位区分开来的功能，不同地位层级的人为了使自己的社会身份得到确认和彰显，使自己来世的幸福得到保证，会不惜代价地用各种玉饰来装饰自己的身体。

江南先民对自己身体与容貌的自觉关注不晚于河姆渡文化与马家浜文化时期，不过，这种早期关注是粗线条的，如前文所指出的那样，重点在于健康、力量和性特征，而对于五官是否端正，容貌是否姣好则缺乏明确要求和概念。以陶塑为媒介对人体进行再现的现象始见于河姆渡文化，其中两个人头塑像反映了河姆渡艺术家对人的头部和容貌结构的"知觉概念"①。河姆渡第三文化层的陶塑人头像标本T235③：42（图9－12，1）用手捏制而成，"颧骨突出，额前突，张嘴，尖下巴"②，从五官结构看，该人头像塑造的简直就是现代人眼中的丑男形象。河姆渡第二文化层的陶塑人头像标本T30②：8（图9－12，2）比第三文化层的人头陶塑制作精致，"长圆形，前额突出，高颧骨，眼、嘴以细线勾画，形象逼真"③，相比于后者，前者五官要周正得多。二者的共同之处是面部颧骨都很突出，由于艺术家的特长在于"不仅能够得到丰富的经验，而且有能力通过某种特定的媒介去捕捉和体现这些经验的本质和意义，从而把它们变成一种可触知的东西"④，而且同时代的艺术家一般都会表现出基本一致的"知觉概念"，所以有理由相信河姆渡人有着比现代人更突出的颧骨、更强悍的个性和更强烈的自由意志。河

---

① ［美］阿恩海姆：《艺术与视知觉》，第228页。
② 河姆渡遗址考古队：《浙江河姆渡遗址第二期发掘的主要收获》，《文物》1980年第5期。
③ 浙江省文物管理委员会：《河姆渡遗址第一期发掘报告》，《考古学报》1978年第1期。
④ ［美］阿恩海姆：《艺术与视知觉》，第228页。

姆渡的艺术家也制作了整体的人体塑像，如手工捏制的河姆渡人体陶塑标本 T31③：12，"平面呈细长的椭圆形，颧骨突出，眼鼻用阴刻线条勾划，手法简练"①，但人体轮廓并不清晰，说明河姆渡艺术家对于人类肢体的"知觉概念"远不如头部那样清晰完善。在与河姆渡文化隔江相对的马家浜文化中，艺术家对人类肢体结构的把握能力明显要强一些，这在前文述及的马家浜人体陶塑标本 T114（二）：18 上表现得十分清楚。

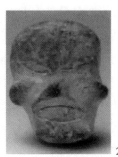

图 9-12　陶塑人头像　采自《河姆渡》图版一四四、彩版六一

在马家浜遗址出土的一件残缺陶器把上有一完整的马家浜文化人面雕塑，"双圈圆眼，连若干放射状睫毛，粗鼻上翘，张口呈吼叫状"②（图 9-13）。考古学者认为，该人面雕塑是良渚文化神人兽面纹（也称饕餮纹）、商代兽面纹的祖型。河姆渡和马家浜陶塑人头像、人面雕塑和人体陶塑表明，那些以现代人体审美标准看来是丑陋的容貌对于新石器时代前期的先民来说却可能是美的，因为它们体现了力量、欲望与自由意志。也就是说，新石器时代的江南先民真正看重的是人的身体器官的强大功能和它支持的饕餮之欲，与后世重视协调、标致的容貌观截然不同。

① 浙江省文物管理委员会：《河姆渡遗址第一期发掘报告》。
② 嘉兴市文化局：《马家浜文化》，第 31 页。

图 9 - 13　人面雕塑　采自《马家浜文化》第 31 页

用玉石制作的人体雕像——凌家滩玉人是迄今所知新石器时代人体写实的极品，尽管它们不能代表当时所有社会成员的形象，但却不失为一种让后人了解当时上流社会成员礼仪行为和身体形象特征的难得的范型。通过对凌家滩玉人与河姆渡、马家浜人体塑像的比较会发现，凌家滩先民的身体审美观发生了质的变化。凌家滩文化墓葬 87M1 出土了 3 件站姿玉人，"双臂弯曲，十指伸开放置于胸前上部，似宗教仪式的礼节"①，玉人面部表情都呈现出参与仪式的严肃感，但又神态各异。其中玉人标本 87M1：1（图 9 - 14，1）"雕琢长方脸，浓眉大眼，蒜头鼻，大嘴，唇上饰八字胡，双耳坠孔显示戴有耳环，双臂各戴 6 件玉镯，双脚并拢，脚趾清晰。头戴方格形尖顶冠，冠后刻有四道横线似冠后的披饰，背后刻一对钻隧孔，并琢磨出后背肩凸出骨架，雕琢刀法非常细腻，展现了人体形态"②。玉人标本 87M1：2（图 9 - 14，2）显得清秀端庄，且"嘴上唇没有胡须，双臂各戴 5 件玉镯，冠后饰 6 道横线，可能冠饰略为复杂，腰带比 87M1：1 多 2 条斜纹，显示 8 条斜纹，人体瘦小苗条，脚也显得小"③。玉人标本 87M1：3（图 9 - 14，3）与玉人标本 87M1：1 相似，"不同的是颈处略高还多一条横线，似表示戴有项饰。冠后有一条横线，横线上有 3 道砣琢磨弧线，弧线的顶端琢磨得最深，弧两端

---

① 安徽省文物考古研究所：《凌家滩——田野考古发掘报告之一》，第 40 页。
② 安徽省文物考古研究所：《凌家滩——田野考古发掘报告之一》，第 40 页。
③ 安徽省文物考古研究所：《凌家滩——田野考古发掘报告之一》，第 40 页。

最浅"[1]。考古学者认为，1号和3号玉人为男性形象，2号玉人为女性形象。[2] 墓葬98M29也出土有3件玉人，但全部是腿部短，臀部肥大，呈坐姿，其中玉人标本98M29：14、16"上唇留有短胡，短须似经修理"[3]，代表的是当时贵族男子在正式场合的规范坐姿。

图9-14　玉人　采自《凌家滩》彩版一二、二〇〇

凌家滩玉人向后世传递了丰富的审美文化信息：首先，凌家滩先民非常注重行为礼仪，人们在祭祀或重要社会活动场合会衣冠整齐，坐有坐态，站有站姿，表情庄重。结合凌家滩玉冠形饰来看，当时的男士在比较正式的场合会戴礼帽，礼帽上有羽毛类装饰。其次，日常状态下凌家滩先民也注重个人形象修饰。比如男人会使用玉刀一类修面工具修刮胡须。类似玉人的胡须造型直到3000年后才重新出现在成都三星堆文化青铜人面上，这也显示了凌家滩人体装饰文化较高的史前文明程度。再次，纺织品已经成为凌家滩先民重要的身体饰品。"玉人冠上方格纹和腰带表明当时已具备了编织技术，并能织出经纬纵横的方格和斜条纹"[4]，这种纺织或编织技术在当时是十分先进的，

---

[1] 安徽省文物考古研究所：《凌家滩——田野考古发掘报告之一》，第40页。
[2] 安徽省文物考古研究所：《凌家滩——田野考古发掘报告之一》，第40页。
[3] 安徽省文物考古研究所：《凌家滩——田野考古发掘报告之一》，第259页。
[4] 安徽省文物考古研究所：《凌家滩——田野考古发掘报告之一》，第40页。

普通人会以能够佩带这类饰品而感到自豪。最后，玉人本身既是一个艺术形象，也是一个供聚落社会成员效仿的楷模。玉人被凌家滩先民佩带于身，用以装饰、自励和向聚落贤达表示敬意，说明凌家滩先民已经建立起一套系统的礼仪文化。

二　通体装饰与文明想象

人的身体装饰与一般器具装饰或装潢有质的不同，人的身体是有思想和灵魂的，因而对身体的装饰不仅要考虑高矮胖瘦这些"器"的特征，还要考虑气质、爱好、观念和愿望，以及"种种迷惘的灵魂观念和巫术崇拜"[1] 等心灵性需求和性别上的差异。人类对身体的装饰始于何时恐怕已无法考证，不过，从文化发展逻辑上看，原始人对身体的装饰一开始应该是偶然的、简单的、完全个人化的和局部的，之后逐步成为必需的、复杂的、社会性的和通体的。

衣物是人类装饰身体的基本方式，对于原始人来说衣物装饰并非源于性别差异而产生的羞耻感，这一点可以从河姆渡与马家浜人体陶塑皆呈裸体状得到佐证，人类学家对世界多个原始土著民族身体装饰的考察也表明，无论是固定的劙痕、刺纹、穿鼻、穿唇、穿耳等，还是活动的缨、索、带、环和坠子等，这些身体装饰的实际意义主要有两个：吸引异性和使敌人害怕。新石器时代的江南先民基本上没有对于身体的羞耻感，在温热的天气条件下，将缝制起来的兽皮穿戴于身更不可能只是为了保暖或遮羞，而必然是一种对身体的装饰，就是说"这许多的装饰显然不是要掩藏些什么而是要表彰些什么"[2]，这要"表彰"的东西越是在文明的高级形式中越复杂，但多数情况下都与吸引异性有关，吸引异性是身体装饰最原始也最确定的意义。

通常认为，女性要比男性注重装饰，然而考古学者和人类学家得出的研究结论是事实并非总是如此。一般来说，男性还是女性更需要装饰，这取决于谁是真正的求爱者，在原始部落中，由于求爱者往往

---

① 江西省政协文史和学习委员会、万年县政协：《人类陶冶与稻作文明起源地——世界级考古洞穴万年仙人洞与吊桶环》，第131页。

② ［德］格罗塞：《艺术的起源》，第72页。

是男性，在求爱的条件中装饰又十分重要，所以男性往往要忍受更多的痛苦和花费精力完成纹身或留下劙痕，以把自己装饰成一个勇敢的和有魅力的男人。但是，在更高级的文明中，当女性成为事实上的求爱者的时候，女性会比男性更注重装饰。不过，这种差别和变化只是相对的，在原始民族中，普遍的情况是无论男女都是需要装饰的。

大量骨笄（又名骨簪）的发现表明仙人洞女性特别重视头发装饰，"她们往往将头发盘结束起，骨笄拴住。为了使其不易脱落，几乎所有的骨笄上都刻划上一道道的浅凹槽。"[1] 河姆渡骨笄与仙人洞骨笄形状大致相同。如河姆渡骨笄标本 T33（4）：62（图 9 – 15，1），"近后端微鼓出，横断面呈高球面形。器表刻弦纹间以二组 X 纹的图案，组间又饰弦纹与斜向编织纹组成的图案一组"[2]。河姆渡骨笄标本 T242（4A）：298（图 9 – 15，2），器形短小，只有 7.4 厘米，是普通骨笄长度的一半，"顶端雕磨成椭圆形

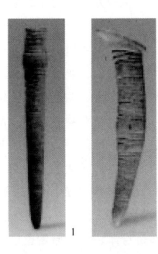

图 9 – 15　骨笄　采自《河姆渡》下册彩版三四

---

① 江西省政协文史和学习委员会、万年县政协：《人类陶冶与稻作文明起源地——世界级考古洞穴万年仙人洞与吊桶环》，第 132 页。
② 浙江省文物考古研究所：《河姆渡——新石器时代遗址考古发掘报告》上册，第 117 页。

斜面，通体饰弦纹"①。这两个河姆渡骨笄做工精致，且上面都有纹饰。骨簪在马家浜文化骨器中占比较大，且大部分都制作考究。从形状上看，马家浜骨簪有的"宽扁且薄，弯曲成弧形，器表磨光。簪首扁宽，正、背面有对称的刻纹，为同心圆纹，以及由凹点连成的几何纹"②。有的骨簪由簪帽和簪体两部分组成，即使很小的簪帽也进行了修饰刻划。如马家浜骨簪标本 M834∶4-2（图9-16），"簪帽正、背面均刻有菱形点线纹和圆圈纹"③。有的骨簪由象牙制作，洁白、光滑又锐利，非常漂亮。在凌家滩文化遗存中还见到了玉簪，如凌家滩玉簪标本 87M4∶36（图9-17），"透闪石，白色泛绿。琢磨精细。长椭圆形，前端呈粗扁圆三角形，后端呈细扁圆形，有一对钻圆孔"④，这是发簪在材料和制作方式上的双重突破，也是发簪家族的一次重要扩展。用骨笄或骨簪装饰头发这种审美活动从新石器时代流传下来，直到今天依然有很多女性在用簪来固定和装饰头发，只是今天制作簪的材料和方式几乎每天都在更新变化。

图9-16　骨簪　采自《马家浜文化》第200页

---

① 浙江省文物考古研究所：《河姆渡——新石器时代遗址考古发掘报告》上册，第118页。
② 嘉兴市文化局：《马家浜文化》，第201页。
③ 嘉兴市文化局：《马家浜文化》，第201—202页。
④ 安徽省文物考古研究所：《凌家滩——田野考古发掘报告之一》，第56页。

图9-17 玉簪 采自《凌家滩》彩版三○

颈前装饰对于女性来说是极为重要的，恰当的颈前装饰能凸显女性的温柔与优雅。从考古学者对仙人洞女性的想象性头颈复原图（图9-18）可以看出，"原始人的装饰时尚突出表现在颈前的装饰物上，仙人洞人已知用动物犬齿刻槽系绳串成项链，或用小蚌壳磨制穿洞系成圈链，佩于颈前、胸前突显其原始之美"①。在发明玉器之前，骨牙、蚌壳等都是女性装饰颈前区的重要饰品。

图9-18 仙人洞女性头颈想象性复原图 采自《人类陶冶与
稻作文明起源地》第133页

---

① 江西省政协文史和学习委员会、万年县政协：《人类陶冶与稻作文明起源地——世界级考古洞穴万年仙人洞与吊桶环》，第133页。

马家浜文化遗存中已经发现相当数量可用于颈前也可用于耳际装饰的小型饰品。如罗家角遗址出土了4件分别用骨、角、牙磨制的马家浜文化坠饰，其中坠饰标本T115（三）：22（图9-19，1）"利用小的角料磨制，一端粗，另一端略细，在近两端处各磨出凹槽一周，长6.4厘米"[1]。坠饰标本T114（四）：43（图9-19，2）"利用鳄鱼牙制成，中空，在近根部的内侧占有小圆孔一个，长3.3厘米"[2]。这些马家浜坠饰小巧玲珑，佩带于女性耳际或胸前可将其婀娜身姿衬托得更加妩媚动人。

图9-19　坠饰　采自《马家浜文化》第49页、75页

新石器时代中期以后，随着治玉技术的进步，玉器成为江南先民身体装饰的主角。这一时期先民的颈前玉饰主要有：（1）成串的玉管、玉珠等玉挂饰。如良渚玉珠串标本M7：136（图9-20）"由170件单件组成"[3]。良渚玉管串标本M23：26（图9-21，2）由22个玉管组成。这些玉管、玉珠串饰气质奢华、大气，且寓意丰富。（2）玉饰组合。如良渚玉璜标本M11：83[4]上雕刻有尖突，玉璜标本M11：84[5]（图9-21，1）上面透雕神蛙图案，两件玉璜搭配着两串品质同样精良的玉管，在良渚文化墓葬中一人挂两套玉饰组合的情况极为少见，可能是情侣套饰，有为墓主人祈祷来世良缘的用意。

（3）独立的小型玉坠饰。凌家滩文化时期，玉坠饰的式样和品种已相当丰富，品质也很优秀。有的玉坠饰呈立体几何形，如凌家滩玉

① 嘉兴市文化局：《马家浜文化》，第55页。
② 嘉兴市文化局：《马家浜文化》，第55页。
③ 浙江省文物考古研究所：《瑶山——良渚遗址群考古报告之一》，第95页。
④ 浙江省文物考古研究所：《良渚古城综合研究报告》，第40页。
⑤ 浙江省文物考古研究所：《良渚古城综合研究报告》，第40页。

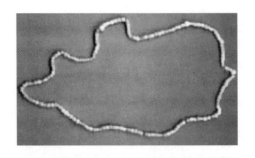

图 9 - 20　玉珠串　采自《瑶山》彩图 248

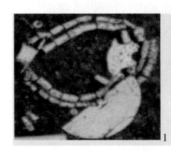

图 9 - 21　王管串和玉饰组合　采自《良渚古城综合研究报告》
图 2 - 18、图 5 - 25

坠饰标本 87T1109③：9（图 9 - 22，1），呈"立体三角形"①。凌家
滩玉坠饰标本 87M9：6（图 9 - 22，2）"平面呈三角形"②。凌家滩
玉坠饰标本 87M9：21（图 9 - 22，3）"近似立体三角形"③。这些坠
饰高度 2 厘米上下，宽度在 3—4 厘米之间，厚度 1 厘米左右，上面
的钻孔直径只有 0.3—0.4 厘米。良渚玉挂饰标本 M28：6（图9 - 23）
是一件不规则形挂饰④，此外还发现一些圆弧形、不规则长方形等形
状的良渚玉挂饰，可能是工匠因材制宜的作品。这些小型玉坠饰从一
个方面显示了江南先民对于玉料的珍惜和对于几何形状的兴趣。

---

① 安徽省文物考古研究所：《凌家滩——田野考古发掘报告之一》，第 27 页。
② 安徽省文物考古研究所：《凌家滩——田野考古发掘报告之一》，第 101 页。
③ 安徽省文物考古研究所：《凌家滩——田野考古发掘报告之一》，第 101 页。
④ 浙江省文物考古研究所：《庙前——良渚遗址群考古报告之四》，第 72 页。

图9-22　几何形玉坠　采自《凌家滩》彩版八、七五、七六

图9-23　玉挂饰　采自《庙前》图版二四

有些小坠饰是仿生型的。如凌家滩玉坠饰标本98M16：4（图9-24），"呈灯笼形"①，整体造型从侧面看颇似一只鸟。又如庙前遗址出土的两件良渚文化鼠形挂饰，"侧视，尖嘴，弓背，酷似鼠"②，其中玉

图9-24　玉坠饰　采自《凌家滩》彩版一五七

① 安徽省文物考古研究所：《凌家滩——田野考古发掘报告之一》，第197页。
② 浙江省文物考古研究所：《庙前——良渚遗址群考古报告之四》，第70页。

鼠挂饰标本 M30：3（图 9 – 25）发现于墓主人左腿附近，应为墓主人生前佩挂于胸前之物，由于某种特殊原因在墓中发生了位移。

有些小型玉坠饰是仿器物型的，如凌家滩圭形玉饰标本 98M29：5（图 9 – 26，1），"近似圭形，一端呈箭头状，一端小方形柄"[1]。还有的小型玉坠饰是仿自然物的，如凌家滩牙形玉饰标本 98M18：4（图 9 – 26，2）呈"半月牙形"[2]。总之，凡是当时在先民生活视野中可能接触到的形状，不管是有生命的还是无生命的，不管是动物还是植物，几乎都会在玉坠饰中找到相应的模仿形式，显示了江南先民强烈的模仿兴趣，表现了先民通过模仿接纳天地万物的胸怀。

图 9 – 25　玉鼠挂饰　采自《庙前》图版二二

图 9 – 26　圭形玉饰和牙形玉饰　采自《凌家滩》彩版二〇四、一六一

---

[1]　安徽省文物考古研究所：《凌家滩——田野考古发掘报告之一》，第 252 页。
[2]　安徽省文物考古研究所：《凌家滩——田野考古发掘报告之一》，第 204 页。

有些良渚小型玉坠饰颇具良渚文化特色。如良渚橄榄形小玉坠标本 M11：24（图 9 - 27，1），"一端圆尖，另一端有 1 个小突榫，上对钻小孔"①，做工十分专业。良渚玉坠饰标本 M7：56（图 9 - 27，2）十分别致，"垂囊形圆柱体，顶端有圆突榫，其上对钻小孔；底端圆尖。中部饰一周凹弦纹，将器表分成上下两部分。上部素面，下部用浅浮雕琢出 2 只眼睛和 2 个鼻子，并以阴线刻饰"②，浅浮雕造型为简化神兽纹，表明该玉坠为神礼器，其主人可能是男性巫师。良渚玉坠标本 M54：2（图 9 - 28）"粗大圆润，制作精良"③，材料为米黄色玉髓。该玉坠出土的墓坑主人为一儿童，随葬品仅 2 件，除 1 件陶杯外便是这个玉坠，表明这玉坠为墓主人生前随身佩带之物，从玉坠质量判断，墓主人出身于贵族，因为平民出身的孩子，如此小的年龄一般不会有专门墓葬且享有如此高品质的随葬品。

玉带钩是贵族使用的腰间饰品，主要见于良渚文化遗存中。如反山遗址出土的良渚文化玉带钩标本 M20：125④（图 9 - 29），玉质优

1　　　　　2

图 9 - 27　玉坠　采自《瑶山》彩图 510、223

---

① 浙江省文物考古研究所：《瑶山——良渚遗址群考古报告之一》，第 161 页。
② 浙江省文物考古研究所：《瑶山——良渚遗址群考古报告之一》，第 88 页。
③ 浙江省文物考古研究所：《卞家山——良渚遗址群考古报告之六》上册，第 107 页。
④ 浙江省文物考古研究所：《良渚古城综合研究报告》，第 44 页。

图 9 - 28　玉坠　采自《卞家山》彩版九五

图 9 - 29　玉带钩　采自《良渚古城综合研究报告》图 2 - 21

良，制作难度相当高，需要精准切割、镂空、钻孔和打磨等多道工序，一般平民根本受用不起，而且这种玉带钩事实上并不适合日常使用，应是贵族显摆身份与地位的奢侈品或腰间装饰品。

　　人如何定义自己和装饰自己的身体，这不仅取决于人的实际生存状态和历史，还涉及人对未来的期待以及任何可能的自我想象。浩瀚的星空、光辉灿烂的太阳和自由翱翔的飞鸟对于原始人类来说神秘而令人向往，它们在江南先民为未来设计的生活中占据了重要地位，并深刻地影响了先民的身体装饰方式和对神明的想象。如良渚三叉形玉器标本 M7：26（图 9 - 30）上的"神徽"，兽面居中，神人处于两翼，与"琮王"上神人居中的结构全然不同，"左右两叉均刻侧面相向的神人头像，神人头戴羽冠，方形脸庞，单圈眼，嘴内阴线刻上下两排整齐的牙齿。中叉上端饰五组直向羽状纹，表示羽冠，以此象征正面神人像；下端阴线刻兽面纹，有象征性的圆眼、狮鼻和獠牙。这是神人和兽面的另一种组合形式"①。经过一番装饰打扮的神人可以自由飞翔，彩色羽毛和它千变万化的姿态增添了神人的英妙风度，不仅如此，饕餮猛兽也尽在神人掌控之中。这不仅使人想到《山海经·大荒西经》所云："有玄丹之山。有五色之鸟，人面有发。"从某种意义上说，原始人心中的神就是经过特别装饰的人，是原始人关于人的身体的想象和理想。

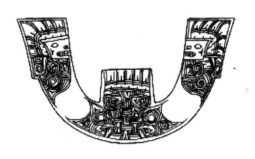

图 9 - 30　三叉形玉器　采自《瑶山》图九一

总的来看，新石器时代的江南先民是非常注重身体装饰的，从头部的玉梳背、象牙簪、水晶耳珰到胸前的鳄鱼牙、玉串饰，再到腰间的玉带钩和脚部的脚环，几乎身体的每一个部位，江南先民都发明了专门的装饰品，从而建立了一种与先民礼仪行为和精神意识相适应的身体装饰文化，这种装饰文化起源于先民对自由、文明与美的渴望，但最终却成为其自由生活的一种约束和限制，这就是生

---

① 浙江省文物考古研究所：《瑶山——良渚遗址群考古报告之一》，第 76 页。

活和历史的辩证法。也许将来，为了自由和平等，人类会放弃现在仍在流行的绝大部分装饰，但是，如格罗塞所言，"如果还有两性区别，恐怕总还要有人体装饰"[1]，只是不同时代的人们对性和文明的想象不同，关于性和文明的理想不同，因而对身体的装饰也将有所不同。

---

① ［德］格罗塞：《艺术的起源》，第83页。

第十章　乐舞、编织的节奏与柔情

　　音乐、唱歌与舞蹈以及三者交织在一起的娱乐活动从来都是人类审美生活的重要内容，是保持人类精神振奋和健康的重要方式，还十分有助于激发人类在各个领域的创造力。音乐对于娱乐方式贫乏的远古人类来说尤为重要和必要，因为"音乐是一种具体化和场景化的活动，是具体行为与它发生背景的产物"[1]，音乐在原始人太过平静寂寞的生活中激起了涟漪，有力地促进了原始人语言、思维、行为方式和信仰的发展变化。因而研究原始时代的音乐艺术对于全面了解原始人的审美实践具有非凡意义，但是，原始时代的乐器一般是由生物或植物材料制成的，极易腐朽，能够留存下来的数量极少，种类也不齐全。原始人类的歌唱与舞蹈是即时性的身体表演活动，更难以留下直接的考古学证据，这就使得研究和了解新石器时代江南先民的音乐、唱歌和舞蹈活动成为极其困难的事情。

　　江南先民的编织活动既是一种生产活动也是一种与舞蹈、音乐一样强调节奏感的艺术创造活动，相对而言，它比音乐与舞蹈给后人留下了更多可以考评和研究的材料，可以在一定程度上弥补音乐、舞蹈考古材料严重不足造成的缺环和缺憾。编织是以竹、麻、芦苇等作为基本材料制作器具的生产活动，同时也是人类最早的审美实践活动之一。自由的编织劳动是心与手的舞蹈，它不仅使先民的双手变得更为灵巧，而且培育和增强了先民的节奏感，还启发先民刻划出了各种编织纹，美学意义不容忽视。不过，由于编织材料同样易朽，因此对新

---

　　① ［英］科林·伦福儒、保罗·巴恩：《考古学：理论、方法与实践》，陈淳译，上海古籍出版社 2015 年版，第 398 页。

・375・

石器时代江南先民编织能力、产品质量和技术水平等各方面情况的研究和掌握也是步履维艰。

第一节　与神共舞

考古学者在法国和西班牙北部以及东欧地区发现了世界上最早的旧石器时代的骨笛，"被广泛认可的音乐行为最早的直接证据来自德国阿克河谷（Achvalley）的旧石器时代晚期遗址，是许多骨头和象牙制作的笛子。其中最古老的笛子出自与奥瑞纳技术相伴的背景，年代超过36000年，与晚期智人最早抵达欧洲这片地区的时间非常接近"①。旧石器时代欧洲地区的绝大部分骨笛是用大型鸟骨如秃鹫、鹰、大雁和天鹅骨骼制成的，但是，目前所知最古老的产自德国盖森克罗斯特勒的一件骨笛却是用猛犸象牙制作的（图10–1为德国盖森克罗斯特勒出土的几件笛子之一，该标本用天鹅翼骨制成②），因此考古学家认为选择猛犸象牙制作笛子明显有某种特殊原因，它可能表明"音乐舞蹈的起源与尼安德特人相伴"③，而尼安德特人的生活环境和生活方式则对音乐与舞蹈的起源起着关键作用。

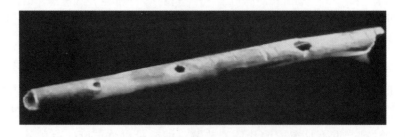

图10–1　骨笛　采自《考古学：理论、方法与实践》第399页

在中国，河南省贾湖遗址同一墓中出土的两件形制相似的骨笛系

---

① ［英］科林·伦福儒、保罗·巴恩：《考古学：理论、方法与实践》，第399页。
② ［英］科林·伦福儒、保罗·巴恩：《考古学：理论、方法与实践》，第399页。
③ ［英］科林·伦福儒、保罗·巴恩：《考古学：理论、方法与实践》，第396页。

用鹤类尺骨管精磨而成的竖笛，上有 7 孔，且在第六孔与第七孔之间还有一小孔，经测音可以发两变音，应为调整第七孔发音而钻的调音孔，是后世竖笛的祖形。这两件贾湖骨笛的形成时间距今约 9000 年，据测音研究为雌雄笛，是迄今为止中国考古发现的最古老的乐器。那么，在中国江南地区，先民们首先制作了什么样的乐器，其乐舞实践又是从什么时候开始的呢？这至今仍然是一个因考古资料匮乏而让学术界极为困惑的问题。

一　骨笛悠扬

1973 年和 1977 年河姆渡遗址两次发掘共收获带孔骨管 164 件，[①]长期以来一直被考古学界认为是原始乐器，并据此名之为河姆渡骨哨或骨笛，但是，也有学者通过细致观察和深入研究，认为这些带孔骨管并非乐器，而是一种编织或纺织工具[②]。在河姆渡遗址第四、第三文化层出土的带孔骨管 48 件，皆是 "用鸟禽类的肢骨中段制成，长 6—10 厘米不等"[③]（图 10 - 2），中间掏空，器身呈肢骨原生态弧曲，在凸弧一侧刻有圆孔或椭圆孔，其中 35 件在一侧的两端各刻一圆孔，也有 3 孔和 4 孔的，5 孔和 6 孔的各有一件。孔多的骨管与现代笛子更接近，用作乐器的可能性更大，但是，即使倾向于将这些带孔骨管视为骨笛的赵松庭也认为，"河姆渡出土的一百多根哨与笛之中，只有一根是横开 6 孔吹孔在管端的。笛长约 10 厘米，中指般粗细，手指无法按住 6 个音孔，因为距离太近。只能说，这是横笛的雏形"[④]。实际上，绝大多数河姆渡带孔骨管虽然可以吹出一些简单乐音，但是其对称均衡的开孔位置并不符合横笛或竖笛的开孔原理，如果这些带孔骨管真的是用作乐器，那么经过长期实践，河姆渡人总会摸索出一些开孔与发音的规律，并制作出相当一部分符合横笛或竖笛开孔原理的产品，不可能像我们今天看到的那样，几乎没有一件带孔骨管是真正适合吹奏的。

---

① 浙江省文物考古研究所：《河姆渡——新石器时代遗址考古发掘报告》上册，第 97 页。
② 李永加：《河姆渡遗址出土 "骨哨" 研究》，《东南文化》2012 年第 4 期。
③ 浙江省文物管理委员会：《河姆渡遗址第一期发掘报告》，《考古学报》1978 年第 1 期。
④ 赵松庭：《一种古老而新颖的民族乐器—— "同管双笛"》，《乐器》1992 年第 4 期。

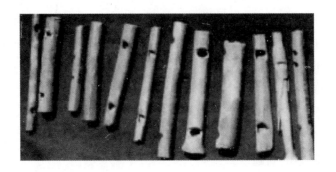

图10-2　带孔骨管　采自《河姆渡文化初探》彩版二

不过，即使排除绝大部分带孔骨管作为乐器的可能性也不足以否定河姆渡人有自己的乐舞活动。首先，在这些带孔骨管中，有少数做工精致，也无用作纺织工具的痕迹，用作骨哨的可能性很大。如河姆渡带孔骨管标本T242（4A）：231（图10-3，1），"在两端各刻满'八'字形纹图案。长10.5、直径1厘米"①。该带孔骨管经过精雕细刻，与一般制作粗糙的用作纺织工具的带孔骨管截然不同，应是主人经常摩挲于手的骨哨。其次，在这些带孔骨管中，有一件十分特别，即河姆渡带孔骨管标本T31④：54（图10-3，2），骨管上有一孔，骨腔内插有一根肢骨②，这根肢骨实际上是一根拉杆，通过上下拉动配合吹气能发出悦耳的音调，基本可以确定这是一件河姆渡人用来吹奏的骨哨。在后世，人们用木头、石头、竹、芦苇、陶、金属等等各种材料制作了与此骨哨发音原理相同的玩具哨，流行大江南北，"每逢春夏时令，杭州市上还能常见农村来的艺人兜售着一种供小孩玩的竹哨，系由小竹管做成，也带有吹孔和音孔，哨腔中插入上端绑棉球的铅丝拉杆，吹奏时来回抽动着拉杆，可以发出各种鸟鸣声和音调，善吹者还可吹奏出较为复杂的优美曲调"③。固然，确定一件骨哨的存在与确定河姆渡人的乐舞行为并不能画等号，骨哨究竟是用来诱捕

① 浙江省文物考古研究所：《河姆渡——新石器时代遗址考古发掘报告》上册，第100页。

② 浙江省文物管理委员会：《河姆渡遗址第一期发掘报告》，《考古学报》1978年第1期。

③ 林华东：《河姆渡文化初探》，第247—248页。

猎物的工具还是用来吹奏的儿童玩具，还是一种比较正式的乐器，或者三者兼具，这尚待进一步考证。

图 10 - 3　带孔骨管　采自《河姆渡》下册彩版二九

不管是哪一种情况，都可以说明河姆渡人已经能够运用骨哨一类工具表现一定节奏的声音变化，并运用这种声音变化来捕猎和愉悦自己。抛开捕猎不说，从娱乐角度看，这些由专门器具或者说原始乐器形成的音量、音高和节奏变化一开始可能源于对大自然中鸟鸣、风声和雨声等音响模仿，通过这种模仿河姆渡先民享受到了一种与大自然应和的快乐。如果这种原始乐器达到一定数量，并且河姆渡先民以比较正式的方式运用于集体活动，那么那种载歌载舞的场景的出现就是自然而然的了。

在马家浜文化中，有关乐器的可供考证的材料与河姆渡文化基本相当。罗家角遗址出土了一件马家浜文化骨管残段标本 T135③：15（图 10 - 4，1），"管壁薄，表面磨光，一端有缺口，表面中段刻有不规则的斜向梯格纹"[1]。因为只是残段，骨管的具体用途难以判断，从其形状与纹饰特征看，可能原来是骨笛的一部分。还有 1 件采集到的马家浜文化带孔骨管，"长 11 厘米，孔径 1.5—1.8 厘米"[2]（图 10 - 4，2），只在上端有一钻孔，整体粗细均匀，打磨光滑，两端刻划凹弦线、梯格纹和斜格纹，制作极为用心，与河姆渡遗址第四文化层出土的河姆渡文化骨管标本 T19④：65 相似，"鹿角制，中空，表面磨光，一侧有方孔，中部饰短线纹、锥点纹。长 4.9、直径 1.7 厘米"[3]，如此精致的制作用作骨哨的可能性要远大于用作纺织工具的可能性。

---

① 嘉兴市文化局：《马家浜文化》，第 55 页。
② 嘉兴市文化局：《马家浜文化》，第 71 页。
③ 浙江省文物管理委员会：《河姆渡遗址第一期发掘报告》，《考古学报》1978 年第 1 期。

图10-4　骨管　采自《马家浜文化》第72页、71页

总之，河姆渡文化和马家浜文化骨哨与骨笛传达出了比较明确的文化信息，即河姆渡与马家浜先民具备对简单管乐器制作和演奏的粗浅技能，这些乐器可以单独演奏，也可以相互配合进行合奏。因此，有理由相信，新石器时代中早期的江南先民已经走进了声乐世界，先民用原始乐器演奏的声乐是大江南的美妙回声，是江南先民庆祝丰收、祈福于神灵和表达情感的重要方式，也是江南先民冲破蒙昧走向文明生活的重要途径。

二　怡神之舞

舞蹈是不是新石器时代江南先民审美生活的重要内容？对于这个问题，虽然目前尚找不到任何有力的证据，但是答案却是明确的。因为从河姆渡文化开始江南地区就巫风频吹了，而"歌舞在几乎所有庆祝下雨、出生、再生、割礼、婚姻、丧葬的仪式或一切普通祭仪中都占据中心地位"[①]，英国学者恩古吉描述的是非洲土著民族的情况，但原始民族在这方面有着太多的相似性，歌舞、歌谣也是新石器时代江南先民举行各种巫术仪式活动时必不可少的内容，甚至可以说就是各种巫术仪式的组成部分。

在河姆渡第四文化层出土了2件鸭蛋形陶器，其一为河姆渡鸭蛋形陶器标本T23④：46，中空，一端有一小吹孔，按李纯一的说法，"最原始的埙，只有吹孔而无音孔"[②]，由此判断这两件鸭蛋形陶器为河姆渡陶埙。使用有吹孔而无音孔的陶埙说明河姆渡人对音

---

① ［英］恩古吉·瓦蒂翁：《非洲文学的语言政治》，转引自埃伦·迪萨纳亚克《审美的人》，第102页。

② 李纯一：《原始时代和商代的陶埙》，《考古学报》1964年第1期。

阶和调式的把握还远不够成熟，但是，以这种陶埙发出的声音来配合和强化舞蹈中的简单节奏却是没有问题的。在河姆渡第四文化层出土的7件木筒，长度（或高度）30—40厘米，直径10—12厘米，"形似一段中空的毛竹筒，系用整段木材加工制成，内外都错磨得十分光洁。有的内壁凿一周浅槽，塞以圆木饼。有的外壁缠绕蒐藤"①。关于此类木筒的功用，林华东认为，"可能是制作陶器用的转盘（陶车前身）构件——套筒，或者是某种复合工具转轴上的构件"②，但此说似不合常理，因为如果只是一种专门与泥巴打交道的生产工具，完全没有必要在外壁施以髹漆，以使其"金黄闪光，绚丽夺目"③。吴玉贤认为，这些木筒就是原始的"箫"，是河姆渡人为增强舞蹈的节奏感和欢乐气氛而使用的一种打击乐器④。《前汉·律历志》云："黄帝使泠纶取竹之解谷，制十二箫以听凤之鸣，为律本。"吴玉贤的说法更为合理，也与古文献记述相贴近。如果事实如此，那么就等于为"箫"的形成，甚至为"律本"的发现找到了远早于黄帝的起源。至于林华东所说没有发现打击痕迹，可能有一些特殊原因，比如制成时间不久，使用时间不长等，因为如果相搭配的打击器较细小，那么没有较长的使用时间和较大的使用频率是不会留下明显打击痕迹的。不过，也不能完全排除其作为"容器、滴漏或箭箙"⑤的可能性。

在良渚高级墓葬中出现了多种看上去有些"过度"或"过分"的身体玉饰。如福泉山出土的2串玉项饰标本M74：87（图10-5，1）和M101：4⑥（图10-5，2），均由腰鼓形珠、椭圆形珠、圆球形牛鼻孔珠、圆管、圆柱锥形器等多种小件玉器组合而成，玉项饰标本M101：4上还配有一件冠形器。这么复杂奢华的玉项饰显然并

---

① 浙江省文物管理委员会：《河姆渡遗址第一期发掘报告》，《考古学报》1978年第1期。
② 林华东：《河姆渡文化初探》，第250页。
③ 浙江省文物管理委员会：《河姆渡遗址第一期发掘报告》。
④ 吴玉贤：《谈河姆渡木筒的用途》，《浙江省文物考古所学刊》（1981年），文物出版社1981年版。
⑤ 林华东：《河姆渡文化初探》，第249页。
⑥ 上海市文物管理委员会：《福泉山——新石器时代遗址发掘报告》，第93页。

不适合日常佩带，所以考古学者推测为挂在神像上的饰件。然而，从其在墓葬中正好处于墓主人项部的位置来看，应该属于戴在项上的饰品，只不过与普通饰品时常随身佩带不同，这种玉项饰只有在重要巫术活动中或者重要的聚落祭祀仪式上才会佩带。这些长短不一、形状各异的玉器组合在一起，在巫术活动中伴随主人翩翩起舞会发出有节奏的声音，起到激发人的情感和彰显神的在场的作用。在瑶山遗址出土的良渚文化 11 号墓葬中，有 4 件玉镯叠压在墓主人右手臂位置。在 10 号墓葬中，有 11 件一组的平行分布的锥形器位于墓主人胸部位置。诸如此类的重复聚集的装饰形式在良渚文化大墓中屡见不鲜，它们除了显示墓主人生前富有、高贵和地位显赫外，还表明墓主人生前是高级巫师，经常会佩带这些玉饰在重要礼仪活动中跳舞，目的是利用这些组合型玉饰来增强舞蹈节奏感、烘托神圣气氛，这些组合型玉饰因此可以定义为一种在祭祀等重大礼仪活动中发挥助兴作用的准乐器。

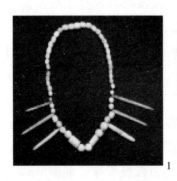

图 10 - 5　玉项饰　采自《福泉山》彩版三三

格罗塞指出："原始的舞蹈才真是原始的审美感情的最直率、最完美，却又最有力的表现。"[①] 因此，凡是可以激发原始民族快乐与神圣感的活动都可能会伴以舞蹈。舞蹈"就是创造和组织一个由

---

① ［德］格罗塞：《艺术的起源》，第 156 页。

各种虚幻的力量构成的王国"①，通过旋转、绕圈、滑动、跳跃和平衡呈现的虚幻的力与先民幻想出来的神在这里不谋而合，或者说舞蹈为神与虚幻的力建立了一种共同的隐喻，这种隐喻便是舞蹈的意义。舞蹈表现的虚幻的力本质上都是肉体生命的基本节奏，所以各原始民族的舞蹈形式会惊人地相似，甚至可以相互交换。据此分析，良渚人的许多看似"过分"的玉饰其实与后世巫师虚张声势的打扮一样，都是为了更有效地把人的情感与想象引向一个虚幻的世界或神的世界，所以，推测这些组合型玉饰是墓主人生前舞蹈时佩带的，也是专门为舞蹈配备的，而且，只有从这个角度去认识和理解，才能从那些年代久远的玉饰上感受到良渚先民曾经激情四射的生命活力、协调的节奏感和对神明的无限忠诚。

第二节　编织纹的意味

人类的编织兴趣即使不是与生俱来的也是最原始的兴趣和爱好之一，因此能够促使编织技术进步的因素中必然包含了人类这种近乎本能的兴趣。从审美角度看，编织活动及其产品都能让人真切地感受到那种永恒的生命的本质——"永不停息的变化，或者持续不断的进程"②，这正如一切真正的艺术让人享受到的那种美好感觉一样，所以很多人会乐此不疲。除此之外，生活中经常要用到编织物也是促使人们不辞辛苦地去进行编织劳动和改进编织技术的重要原因。比如，修房建屋时需要运用编织技术固定屋顶茅草、搭建墙体架构等，制作苇席、箩筐等生活用具时更离不开编织技术。在编织实践中，产品的实际功能决定着编织技术的特点，同时编织形式也有自身的技术要求和变化规律，编织技术、方法、形式与功能之间会相互制约，但更多的是良性互动。

纺织技术是编织技术的升级和飞跃，一般来说，纺织劳动比编织劳动需要更复杂的技术和流程，因而纺织艺术也往往能够比编织艺术

---

① ［美］苏珊·朗格：《情感与形式》，第213页。
② ［美］苏珊·朗格：《情感与形式》，第8页。

更好地发挥人的想象力和创造力，从而使纺织艺术作品拥有更高的审美价值。前文提到，有学者从发音效果等方面否定了河姆渡带孔骨管作为乐器的可能性，并根据这些骨管口沿及孔的磨损特征肯定了其在纺织过程中用于并线和编织的功能，认为河姆渡带孔骨管"是反映史前人类的纺织活动从编织向纺织过渡的实物资料，说明距今 7000 年前很可能采用一种用管式绞经编织方法生产狭长带状纺织品"①。如果这一结论符合事实，那么对于研究江南地区纺织技术的起源问题而言无疑是令人鼓舞的，同时这对于从美学角度研究大量出现在新石器时代江南文化器具上的各种编织纹也具有不可忽视的意义。

一　指尖经纬

太湖南岸的吴兴、绍兴一带自古以来盛产竹子，《尔雅·释地》云："东南之美者，有会稽之竹箭焉。"竹箭指箭属小竹，适宜于编织。除了竹箭，江南地区还盛产芦苇，同样是编织多种器具的好材料，遍地的竹箭和芦苇为新石器时代江南地区编织业的发展提供了丰富的自然资源。竹编器与苇编器可以应用于原始人类日常生活的方方面面，从捕鱼到蒸煮食物，从房屋建筑到家具，到处可以见到它们的身影。因此，竹编和苇编技术一经发明就再也没有湮没过，并且在一代又一代的传承与创新中走向成熟和完善，成为江南文化的重要组成部分。

河姆渡人已经掌握了苇编与竹编技术，能够编制出细密均匀的苇席、竹席一类产品。河姆渡第一期文化的芦苇编织物出土时仍呈橙黄色，其中芦苇编织标本 T233（4A）：105（图 10-6）"苇条劈取基本均匀，呈八经八纬编结成片状"②。河姆渡第二期文化苇编标本 T223 则采用了"二经二纬的编织法"③，虽为残片，也可看出材料加工充分，与第一期文化芦苇编织标本相比编织手法和技术更为细腻和娴熟，显示了两个不同文化时期苇编技术水平的差距。

---

① 李永加：《河姆渡遗址出土"骨哨"研究》，《东南文化》2012 年第 4 期。
② 浙江省文物考古研究所：《河姆渡——新石器时代遗址考古发掘报告》上册，第 154 页。
③ 河姆渡遗址考古队：《浙江河姆渡遗址第二期发掘的主要收获》，《文物》1980 年第 5 期。

图 10 - 6　芦苇编织标本　采自《河姆渡》上册彩版三八

良渚文化时期，江南地区的苇编与竹编技术不仅先进，而且普及，生产的产品种类十分丰富。卞家山遗址出土了 7 件良渚文化竹编器，"2 件为戒指形的环形器，1 件为簸箕形器，1 件为陶罐外的护罩，3 件为席子、篮子一类的残片"[1]，其中戒指形环形器标本 T4'12：106[2]（图 10 - 7，1）外径 1.8—3、内径 1.2—2.75、高 1.3 厘米，如此小巧的圆柱竹编器看不到有什么实际用途，可能是良渚人别出心裁制作的竹编戒指。良渚圈足罐竹编护罩标本 Gl②：120（图 10 - 7，2）"经线细密，纬线匀疏"[3]。增加竹编护罩后陶罐会更坚固，外观上也增添了几分优雅，在当时大部分陶罐都不使用护罩的情况下，这个使用竹编护罩的陶罐就显得很特殊，可能是主人的心爱之物。

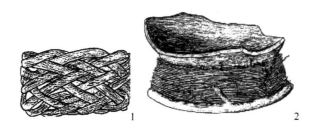

图 10 - 7　竹编器　采自《卞家山》上册图 9 - 100

①　浙江省文物考古研究所：《卞家山——良渚遗址群考古报告之六》上册，第 329 页。
②　浙江省文物考古研究所：《卞家山——良渚遗址群考古报告之六》上册，第 330 页。
③　浙江省文物考古研究所：《卞家山——良渚遗址群考古报告之六》上册，第 330 页。

　　良渚先民大量使用了竹席和竹篱笆，使房室内外到处散发出竹的清香，弥漫着竹的韵味。如良渚竹席残片标本 G1② : 250（图 10 - 8），"竹篾纵横交错编织"①，经过脱水处理后，竹篾发出自然光泽。钱山漾文化时期，江南地区的竹编技术更加成熟，编织手法不仅精细，而且有多样，具体说来，主要竹编手法有：（1）"团簸"和"簸箕"编织法。即用均匀细薄的篾条，紧密编织出一经一纬的人字纹圆面，四周用圆形或椭圆形硬框加固，可以作扬器、晒器和养蚕工具。（2）蓬盖、门扉等大型竹编器具组合编织法。即用较粗的篾条紧密编织成二经二纬或多经多纬的人字纹，最后组合成所需要的大型竹编。（3）梅花眼编织法。即"由三组稀朗、均匀的平行篾片交织而成"② 类似于梅花形的花纹。因为遗存物太少，尚不明确此种编织物的用途。（4）菱形花格编织法。即以稠密的平行纬线和疏朗交叉的经篾进行编织。（5）密纬疏经十字纹编织法。即经篾都用篾片，相互之间以疏朗形态作单线或双线展开，纬篾则以篾丝或篾片繁密编织，根据需要可制成箩、篓、篮等多种竹编器。（6）竹绳编织法。比较简单，即用三股篾片拧成所需长度的竹绳。钱山漾人运用上述各种编织方法将竹篾编织成捕鱼用的"倒梢"；坐卧或建筑上用的竹席；农业（包括养蚕）和日常生活中用的篓、篮、箪、谷箩、刀箭、簸箕等。钱山漾人创造了一个令人眼花缭乱的竹编世界，也创造了一个融会了各种竹编技法的艺术世界。

图 10 - 8　竹席残片　采自《卞家山》上册图 9 - 100

---

① 浙江省文物考古研究所：《卞家山——良渚遗址群考古报告之六》上册，第 330 页。
② 浙江省文物管理委具会：《吴兴钱山漾遗址第一、二次发掘报告》，《考古学报》1960 年第 2 期。

　　麻绳在江南地区的出现与苇编、竹编一样早，大约在新石器文化中早期。河姆渡文化第一期出土的绳子就是麻绳，"出土时有的残留于骨耜方銎之中，有的穿于陶器的器耳之中，也有在陶釜等炊器内。用细长纤维先搓成小股，再用2—3股合搓成绳子，粗细不一"[①]。其中较粗的麻绳标本 T216（4A）：34[②] 直径2厘米，细的麻绳标本 T233（4A）：140[③]（图10-9）直径只有2毫米。这些麻绳标本的存在说明麻绳是河姆渡人必需的生产与生活用品，而且，河姆渡人可以轻而易举地拧编出他们需要的各种麻绳。河姆渡人的编绳技术在后世得到了传承，如庙前遗址出土的良渚文化麻绳标本 Gl：74（图10-10）"由两小股麻绳交互搓成。总长约74厘米，直径约1.1厘米"[④]，该麻绳标本编织手法与河姆渡麻绳相似，不过该麻绳标本已断为六截，且目前尚没有发现类似的良渚文化麻绳遗存，所以对良渚人编织麻绳的技术水平尚难以做出准确判断，结合良渚文化整体发展水平看，良渚先民的麻绳编织技术应该远远超过了河姆渡先民。

图10-9　麻绳　采自《河姆渡》上册图九七

图10-10　麻绳　采自《庙前》图二三五

---

　　① 浙江省文物考古研究所：《河姆渡——新石器时代遗址考古发掘报告》上册，第154页。

　　② 浙江省文物考古研究所：《河姆渡——新石器时代遗址考古发掘报告》上册，第154页。

　　③ 浙江省文物考古研究所：《河姆渡——新石器时代遗址考古发掘报告》上册，第154页。

　　④ 浙江省文物考古研究所：《庙前——良渚遗址群考古报告之四》，第325页。

钱山漾文化时期，江南地区的编织业非常兴旺，苇编、竹编、麻编和草编应有尽有，技术水平超过了过去的各个时代。钱山漾遗址出土了许多钱山漾文化时期的麻布片，"其密度与经纬撚迴方向互有不同，约与现在的细麻布相当"①，细麻布在今天是十分普通的纺织物，但在五千年前绝对是既实用又美观的纺织精品。钱山漾遗址出土的钱山漾文化竹绳显示了钱山漾人在制绳技术上的革新能力，粗略地看，钱山漾竹绳与细麻绳、麻绳结的编织相似，但仔细观察会发现它们之间是有明确区别的，钱山漾竹绳是用三股篾片拧成，而一般细麻绳、麻绳结都是二股合成的。另外，钱山漾遗址还发现了编织非常工细的钱山漾文化草帽外圈，显示了精湛的草编技术，相信该草帽整体上看一定也很漂亮。

二 意味隽永

在一些河姆渡文化器具上可以看到清晰的编织纹。如河姆渡骨匕标本 T211④：164，"中有突脊，阴刻编织纹图案"②，上面阴刻编织纹可能意在标明该骨匕的用途，即在竹编、苇编等各种编织劳动中用于打理编织材料。同时，这些编织纹与其他类型的器具纹饰一样也起装饰作用。原始器具纹饰产生的主要原因不外乎三个方面：一是由制作工具或制作方式留下的自然痕迹或印记；二是为了增加或增强器具的实用功能而专门添加上去的；三是为了巫术目的或使产品好看而特意制作的。因此，要正确解读原始器具上的纹饰，这三个方面原因都要考虑到，对于新石器时代江南文化器具上编织纹的解读也是如此。

新石器时代早期江南地区陶器上的纹饰以篮纹和绳纹（包括交错绳纹）最多，这种纹饰的出现与制作陶器过程中使用的起固定作用的麻绳和竹编网有直接关系，一开始这些纹饰只是生产过程中留下的制作印记，后来有一天被爱美的有心人特意当作一种纹饰样式通过拍印、按压等方式制作在了陶器上。陶器上的方格纹和弦断纹也是起源于制作工具竹编和麻绳，这种纹饰在新石器时代的江南和中原文化陶

---

① 浙江省文物管理委员会：《吴兴钱山漾遗址第一、二次发掘报告》，《考古学报》1960 年第 2 期。

② 河姆渡遗址考古队：《浙江河姆渡遗址第二期发掘的主要收获》，《文物》1980 年第 5 期。

器上都是常见的，说明当时两个考古文化区系的先民制作陶器的技术和工具基本相同。比如郑州牛砦遗址发掘的一件较完整的龙山文化陶罐 C13T1：4，"腹的上部全饰大方格纹，下部方格纹被磨去"①。方格纹在江南新石器文化早期陶器上很少见到，直到钱山漾文化时期才在陶罐上较多地出现，不过，这些方格纹与龙山文化陶罐上的方格纹并不完全相同。龙山文化陶罐上的方格纹较大且规范，钱山漾一期文化陶罐腹片上的方格纹则是写意性的，略似方格，实际上并非规范的方格。如在钱山漾文化泥质黑陶罐腹片标本 F3：13（图 10-11）上，"小方格呈弧角方形甚至近圆形"②，其他有小方格四角略弧的，也有小方格呈斜向的。相比较而言，钱山漾文化陶罐上的方格纹似少一些约束而多一点轻灵。

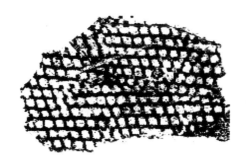

图 10-11　方格纹　采自《钱山漾》上册图 4-2-2

条纹和弦纹在新石器文化中早期的江南陶器上并不流行，或许是受到了龙山文化陶器上条纹和弦纹的影响，钱山漾一期文化陶器上开始流行弦断纹，包括弦断绳纹和弦断篮纹两种，多见于大型陶器上，如"泥质陶大口罐或夹砂陶瓮腹部"③。由于大型陶器主要用作储藏

① 河南省文化局文物工作队：《郑州牛砦龙山文化遗址发掘报告》，《考古学报》1958年第 4 期。
② 浙江省文物考古研究所、湖州市博物馆：《钱山漾第三、四次发掘报告》上册，第 149 页。
③ 浙江省文物考古研究所、湖州市博物馆：《钱山漾第三、四次发掘报告》上册，第 146 页。

器，观赏价值不大，还由于大型陶器施加纹饰有一定难度，所以上面的纹饰一般表现手法不精，线条粗细不匀，弦纹疏密不均，有时纹路还略显凌乱。如钱山漾泥质红陶大口罐腹片标本 T0901⑥C：128（图10-12）上的"篮纹较粗，略显凌乱"①，这些篮纹有可能不是专门制作的，而只是使用竹编工具在外部固定泥胎时留下的痕迹。

图10-12　篮纹　采自《钱山漾》图4-2-1

　　江南地区新石器文化编织纹特点的形成受到了该文化区系传统编织技术与编织风格直接而有力的影响。比如崧泽文化陶罐标本M59：2（图10-13），"肩部沿下有十二个小孔，三孔为一组，对称排列，腹上部压划竹编纹。中部有一周锯齿形堆纹，平底附外撇的矮圈足，有盖，作复盘形，捉手作圈足形"②。该陶罐肩部沿下的一圈十二个小孔形成上边际，中部的一周锯齿形堆纹形成下边际，中间压划竹编纹，给人以严谨、整齐和雍容的感觉。该竹编纹很可能是当时江南地区流行的密纬疏经十字纹编织法编出竹编纹理的再现形式。

　　潜山薛家岗文化刻纹陶片标本 T25④：29（图10-14）上的刻划编织纹与崧泽文化陶器上的缠索纹和竹编纹有明显的渊源关系，其核心图案是编织纹，外围"饰以连续的三角形填斜线刻划纹，其下饰

　　① 浙江省文物考古研究所、湖州市博物馆：《钱山漾第三、四次发掘报告》上册，第147页。
　　② 上海市文物保管委员会：《崧泽——新石器时代遗址发掘报告》，第64页。

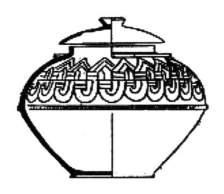

图 10 – 13　编织纹　采自《崧泽》图四八

复杂的刻划纹"①。该编织纹使人联想到凌家滩文化陶纺轮上的中国结纹。在凌家滩陶纺轮标本 98M19：16（图 10 – 15）上，"一面饰'井'字八角星纹或称为太阳纹，中间画一椭圆形；另面饰中国结纹，四角刻画叶脉纹"②。该中国结纹四角刻画的叶脉纹代表植物的叶子，表示编织材料原本是生命力旺盛的植物，同时也象征从中间向四方扩散的活力，与薛家岗刻纹陶片标本 T25④：29 上的竹编纹相似，只是编织手法略有不同。薛家岗文化受凌家滩文化影响巨大，所以薛家岗陶片上的竹编纹有可能由凌家滩中华结纹演化而成。不过，如李约瑟所言："尽管我们往往倾向于认为每一件事物只有一个来源，可是我们不能排除在不同地方出现独立而相似的思路的可能性。"③ 薛家岗与凌家滩两个考古文化所发生的地区都盛产竹子，竹编业也都比较发达，所以两种竹编纹完全可能是各自独立生成的。

　　总之，新石器时代的江南先民在长达数千年的植物编织实践中发明创造了多种编织方法，编织出了众多纹样和花样，包括中国结纹的多种祖形，从这种编织纹技术手法和纹样的变化中不仅可以发现其发展变化规律，还可以发现江南先民从编织实践中悟出了团结才有力

① 安徽省文物考古研究所：《潜山薛家岗》，第 337 页。
② 安徽省文物考古研究所：《凌家滩——田野考古发掘报告之一》，第 209 页。
③ ［英］李约瑟：《中国科学技术史》第 1 卷第 2 分册，科学出版社 1975 年版，第 331 页。

量、同心才能兴旺的道理。之后通过代代传承和演变，人们终于编织出了现代中国结纹，并以之寄寓中华民族团结同心的人文精神。

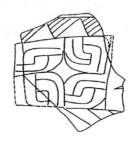

图 10 - 14　刻划编织纹　采自《潜山薛家岗》图

图 10 - 15　中国结纹　采自《凌家滩》图一六二三六五

第三节　丝织柔情

关于我国蚕业与丝织生产的起源，大多数学者认为是多源头的。如李宾泓认为，在新石器时代，中国长江中下游和华北地区的生态环境都适合种桑养蚕，结合"嫘祖始蚕"传说发生的多地域性和各种有关史料来看，中国的蚕业与丝织生产起源应当是多元的。① 但是，无论从生态环境还是从后来的丝织生产实践看，江南太湖地区都拥有桑蚕养殖与丝织生产的最优良环境。

从生活实际看，丝绸长期以来一直是江南百姓制作服饰的理想材料，因为江南地区气候暖湿，丝织品既能以其柔软、轻暖抵御短期的阴冷天

———————

① 李宾泓：《我国蚕桑丝织业探源》，《地理研究》1989 年第 2 期。

气，也能以其轻薄、细腻和飘逸在山清水秀、风和日丽的江南滋养和衬托人的高贵、优雅和文明。在各个文明时代，丝织品都是江南百姓，特别是贵族阶层所青睐的高档消费品。丝绸在我国许多地区都有生产，但是，在气候寒冷的地区，丝绸很少有机会展示其独特风采，漂亮的丝绸远没有厚实的皮草和棉衣更能满足人们御寒的需要，而生活需要从来都是推动发明创造和技术进步的主要动力，因此太湖地区的丝绸不仅在中国而且在全世界都是最早的，也是最好的，这取决于多方面的客观因素，尤其是地理环境造成的先民日常生活的刚性需求。可以说，从新石器时代起，江南先民就通过丝绸为世界创造了一种柔软、细腻、飘逸和高贵的文明风范，直到今天人们依然能够在对江南丝绸的摩挲中感受到来自远古的浪漫柔情。

一 蚕业初兴

家蚕养殖和丝织技术起源于中国，如夏鼐所言，"我国是世界上最早饲养家蚕和织造丝绸的国家，并且在一个相当长的时期内是唯一的这样一个国家"[①]，学术界对此没有异议。但是，对于家蚕养殖和丝织技术起源的确切地域和历史时期，学术界的看法分歧还是比较大的。李超德认为[②]，丝绸生产的起源就像古文明的起源一样很可能是多源的，但以黄河流域和长江流域为集中地，而早期发展当以黄河流域为先。魏东则持相反观点[③]，认为以黄河流域为养蚕起源地这一传统观点的证据存有不少缺环，古动植物遗存也证明黄河流域不可能是养蚕业的发源地。关于蚕业起源依据一般有三种，一是神话传说，二是文献资料记载和说明，三是考古发掘提供的物证。神话传说中影响最大的是"嫘祖始蚕"说，此说首见于西汉刘安所著《蚕经》："黄帝元妃西陵氏始蚕，盖黄帝作衣裳，因此始也"。后来文献多承此说。如唐人赵蕤题《嫘祖圣地》碑文称："嫘祖首创种桑养蚕之法，抽丝编绢之术，谏净黄帝，旨定农桑，法制衣裳，兴嫁娶，尚礼仪，架宫

---

① 夏鼐：《我国古代蚕、桑、丝、绸的历史》，《考古》1972年第2期。

② 李超德：《试论我国丝绸生产的起源和早期发展》，《苏州大学学报》（工科版）1986年第4期。

③ 魏东：《略论中国养蚕业起源于长江三角洲》，《中国农史》1983年第1期。

室，奠国基，统一中原，弼政之功，殁世不忘。是以尊为先蚕。"传说嫘祖西陵氏嫁给轩辕后去树林中捡拾柴草，被蛛网蒙住脸，不知何物，跑到水边一照，感觉很好看，便开始研究用蜘蛛网装饰，后来发现蚕吐出的丝比蛛丝还要结实，便把野蚕家养，并掌握了缫丝技术。如果"嫘祖始蚕"说成立，那么嫘祖的出生地就可能是丝织业的发源地。关于嫘祖的出生地西陵，有多种说法，如河南之开封、荥阳、西平；湖北之宜昌、远安、黄冈、浠水；四川之盐亭、茂县、乐山；山西之夏县；山东之费县和浙江之钱山漾等，可谓"众说纷纭难悉数"（董蠡舟《南浔蚕桑乐府·赛神》）。

就文献资料记载和说明而言，部分学者认为"嫘祖始蚕"说并不成立。如周匡明认为，祭祀蚕神的记载最早见于两片甲骨卜辞，其一曰："口口口，大口口口十宰，五宰，蚕示三宰·八月"，其二曰："贞元示五牛，蚕示三牛。十三月"[①]。"元示"指祭祀殷人的老祖宗上甲微，"蚕示"指祭祀蚕神，"蚕示"虽然没有"元示"规格高，但文中把二者并举，说明殷人对蚕神是非常敬重的。但是，这里并没有表明蚕神就是"嫘祖"。"嫘祖始蚕"说最流行的是宋元时期，但这一时期的蚕神并非"嫘祖"一个，而是包括"天驷星""菀窳妇人""寓氏公主""马头娘""天姑"和"蚕母"等诸神。直到元人王桢所著《农书》中画的蚕神群像中，"黄帝元妃西陵氏始蚕"才被列为首位，但这只不过是秦汉以来儒家宣扬华族正统思想的一种体现。

考古发掘提供的物证是最有说服力的，目前已经有多种考古证据可以间接证明新石器时代的太湖与钱塘江流域是桑蚕业的起源地。首先，河姆渡与马家浜人创作的蚕纹是一种不可忽视的间接证据。河姆渡遗址第二期发掘时获得一牙雕小盅标本 T244③：71（图 10－16），也说是一器盖帽[②]，"平面呈椭圆形，制作精细。中空作长方形。圆底。口沿处钻有对称的二个小圆孔，孔壁有洁晰可见的罗纹。外壁雕刻编织纹和蚕纹图案一圈"[③]。有学者认为，该牙雕小盅可能是某种高

---

① 转引自周匡明：《养蚕起源问题的研究》，《农业考古》1982 年第 1 期。
② 刘军、姚仲源：《中国河姆渡文化》，第 132 页。
③ 河姆渡遗址考古队：《浙江河姆渡遗址第二期发掘的主要收获》，《文物》1980 年第 5 期。

级器具的端饰，小盅上边的蚕纹是"我国最早的蚕纹图像"①。从该牙雕小盅 4.8 厘米的口径和 2.4 厘米的高度与精细的制作工艺来看，用作祭祀蚕神的神礼器或神礼器配件的可能性很大。在马家浜文化陶器上也发现了蚕纹，如马家浜白陶豆残片标本 T103（一）：10②（图 10 - 17）上有捺印深而清晰的多个蚕纹。白陶豆在马家浜文化陶器中品级很高，主要供贵族日常使用，或用作神礼器。蚕纹出现在这样的陶器上，说明蚕蛹在马家浜人的心目中占有重要地位。这或许意味着河姆渡与马家浜两个文化水平相当、时空接近的新石器文化几乎同时进入了家蚕养殖时代。但是，也不能排除蚕纹像鸟纹一样只是表达了钱塘江两岸先民共同的自然崇拜的心理，而与家蚕养殖或丝织无关。

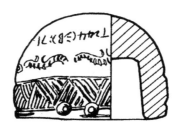

图 10 - 16　蚕纹　采自《河姆渡》上册图一九四

图 10 - 17　蚕纹　采自《马家浜文化》第 76 页

凌家滩玉蚕蛹标本 98M29：9（图 10 - 18）将蚕蛹的二维形象升

---

① 林华东：《浙江通史·史前卷》，第 153 页。
② 嘉兴市文化局：《马家浜文化》，第 76 页。

级成了三维立体形象，"一端小圆形，一端大圆形。周身琢磨 15 道小凹凸弦纹"[①]。该玉蚕蛹标本由高品质的鸡骨白透闪石精制而成，这些虽不足以证明凌家滩人建立了家蚕养殖业，但至少可以说明江南先民长期保持着对蚕蛹的审美关注和塑造蚕蛹艺术形象的兴趣。

图 10 - 18　玉蚕蛹　采自《凌家滩》彩版二〇四

　　"蝶形器"或许是解开河姆渡人与家蚕养殖关系秘密的一把钥匙。河姆渡遗址和田螺山遗址出土的十多件河姆渡文化蝶形器，分别由石质、骨质和木质等不同材质制成，其共同特征是"外形似蝴蝶，两翼展开，上端较平，下缘圆弧，正面微微弧凸，错磨平整光滑，背面中部有二道平行的纵向突脊，两脊之间形成一道上端不通的凹槽，脊上部往往有钻孔，两翼上端亦常有横脊或钻孔"[②]。目前尚不明确这些蝶形器的具体用途，不过，器物本身也传递出一些相对明确的信息：第一，蝶形器结构和形状相似，有一个共同的模仿对象——蝴蝶。第二，蝶形器的用途与自身材料和重量有关。经比较发现，石质蝶形器

---

①　安徽省文物考古研究所：《凌家滩——田野考古发掘报告之一》，第 252 页。
②　浙江省博物馆等：《河姆渡遗址第一期发掘报告》，《考古学报》1978 年第 1 期。

重量大而体型较小，木质蝶形器重量轻而体型大。如石质蝶形器标本 T28④：41①（图 10 - 19）长 11.38 厘米，但木质蝶形器标本 T17（4）：37 竟长达 23 厘米。这一现象说明与蝶形器配套使用的器具承重能力有限，对蝶形器的重量要求苛刻，但对蝶形器的大小没有具体限制。第三，大多数河姆渡蝶形器琢磨精致，正面雕刻精细的花纹和流畅的图案，说明河姆渡人也是把这些蝶形器当作一种神礼器、装饰品或艺术作品来看待的。

图 10 - 19　石质蝶形器　采自《河姆渡》下册彩版二四

江南先民塑造的蚕蛹形象，从二维图像升级为三维雕塑，又创作了蝶形器，这很难不让人产生破茧成蝶的联想，如果那些蚕蛹形象表达的是先民对"蚕宝宝"的亲和、喜爱和期待等被升华了感情，表现的是先民对驯化野蚕这一伟大功绩的高度肯定，那么，蝶形器就是缫丝成功、丝绢纯净漂亮等多种愿望和期待的象征物。当然，从证据的性质上看，这还只能说仅仅够得上支持一种关于蚕业兴起的"朦胧预感"，要得出江南先民建立了家蚕养殖业这样的确切结论，还需要大量考古方面的直接证据。

① 浙江省博物馆等：《河姆渡遗址第一期发掘报告》，《考古学报》1978 年第 1 期。

二 丝绸缠绵

家蚕养殖和丝绢生产在新石器时代不仅是关系到江南先民生存的经济事业，而且是深刻地影响着江南先民精神气质的重要审美实践，从设计和制作飘逸、优雅的丝衣、丝被到在陶器上镌刻生动形象的蚕纹、蚕画，再到虚构和讲述有关蚕与丝的故事，可以说，自从发明了养蚕和丝织技术，建立了"蚕——丝——绸"生产链，江南先民围绕养蚕和丝织生产实践展开的审美和艺术创造就可谓日新月异了。

河姆渡遗址出土的系列疑似丝织工具的器具表明河姆渡人可能掌握了丝织技术。这些器具包括：（1）木卷布棍。如标本 T231④：204，"小圆木棒两端削成四方形状，并在同一水平方向削有斜向缺口"①；（2）骨机刀。如标本 T223④：147，"横断面呈月牙形，一端穿有二个小圆孔，一孔已残。磨制光滑"②；（3）木经轴。如标本 T222④：153，"作齿状。可能是固定经纱的工具"③。此外还有 130多件陶纺轮、160 多件带孔骨管，等等。这些器具目前还不能完全断定为丝织工具，但是，河姆渡蚕纹、蝶形器等越来越多的有关出土文物都使其作为丝织工具的可能性一步一步地增大增强了。

反山遗址 23 号墓出土了 3 对共 6 件良渚文化玉饰，其中玉饰标本 M23：151 – 152 和 M23：155 – 156 为青玉质，标本 M23：153 – 154 为黄玉质，均做工精细。6 件玉饰出土时相叠而放，两两对称，中间嵌插的木杆已经朽烂，发掘报告认为整器属于纺织工具，"似分别是卷布轴、机刀、分经器"④。赵丰认为，这些玉饰和木杆组成的器具属于一种原始的、纯靠手工挑织的织机部件。⑤ 如果这些推断正确，就说明良渚人拥有了虽然效率不高，但比河姆渡人更先进的丝织机械。

---

① 河姆渡遗址考古队：《浙江河姆渡遗址第二期发掘的主要收获》，《文物》1980 年第 5 期。

② 河姆渡遗址考古队：《浙江河姆渡遗址第二期发掘的主要收获》。

③ 河姆渡遗址考古队：《浙江河姆渡遗址第二期发掘的主要收获》。

④ 浙江省文物考古研究所反山考古队：《浙江余杭反山良渚墓地发掘简报》，《文物》1988 年第 1 期。

⑤ 赵丰：《良渚织机的复原》，《东南文化》1992 年第 2 期。

真正能够以实物形态的丝织产品证明家蚕养殖技术和缫丝纺织技术被史前人类熟练掌握的，到目前为止，只有 1958 年在钱山漾遗址第二次发掘时发现的一些保存在一个竹筐里的丝织品遗存，包括"绢片、丝带、丝线等"①。这些遗物先后被送到浙江省纺织科学研究所和浙江丝绸工学院进行了鉴定。鉴定结果认为②，绸片为平纹组织，表面细致、平整、光洁、丝缕平直。绸片可清晰看到交织的经纬丝线由几十根茧丝并合成一股丝线。经纬丝线平均直径为 167 微米，丝线至少由 20 多根茧丝并合而成。茧丝直径平均为 15.6 微米，最细 12.6 微米，最粗 19.3 微米。绸片经纬丝线都未看到有捻度，是直接用长茧丝借助丝胶的黏着力并合成丝。绸片经密为 134 根/英寸，纬密为 122 根/英寸。丝带长度已无法测定，最宽部分为 5.85 毫米，最细部分为 4.44 毫米，用四根捻丝捻合成一缕丝线，捻向为"Z"形，直径 433 微米，再由丝线辫结成带。将股丝中的单丝分离出来，测得单丝直径平均为 14.7 微米，最粗 22.6 微米，最细为 10.1 微米，和上述绸片单丝直径接近。推测丝带是贯穿在平纹织物中间。丝线捻向为"S"形，平均直径为 460 微米，与丝带中的丝线直径相近。用针轻剔成单丝，测得其平均直径为 16 微米，与上述绸片中茧丝的平均直径也很相近。简而言之，实验鉴定证实出土的钱山漾文化丝织物中包括桑蚕丝和由桑蚕丝原料织成的绢片。

1972 年，中国科学院考古研究所 C^{14} 测定钱山漾遗址第四文化层出土的稻谷年代距今 5260 ± 135 年到 4510 ± 100 年，这也大致上是出土的钱山漾文化丝织物产生的时间。由此推断，在距今 5000 年左右，长江三角洲地区的先民已经熟练掌握了家蚕养殖与丝织生产技术，能够生产出多种丝绸产品。在钱山漾残绢片发现之前，中国的纺织工艺最早追溯到了殷代，学术界认为殷代"已经会织出斜纹、花纹等比较复杂的纹样"③。按常识推断，特别是考虑到原始时代技术更新发展的滞缓性，丝织技术会有一个漫长的发展过程，这个发展过程的前一

---

① 浙江省文物管理委具会：《吴兴钱山漾遗址第一、二次发掘报告》，《考古学报》1960 年第 2 期。
② 徐辉等：《对钱山漾出土丝织品的验证》，《丝绸》1981 年第 3 期。
③ 王若愚：《纺织的来历》，《人民画报》1962 年第 2 期。

站，周匡明认为就是钱山漾文化，钱山漾残绢片表明"比殷代早一千四、五百年的钱山漾人已经掌握了织造平纹绢丝织物的技巧"①。

　　钱山漾竹筐里的绢片、丝带和丝线让世界真正看到了江南先民在新石器时代创造的伟大丝织成就。湖州市博物馆的潘林荣说："发现丝绸文物的史前遗址有多处，但经过检测能确认为人工饲养家蚕丝织物的，全球目前最早的遗址还是钱山漾遗址。"② 为什么这些绢片、丝带和丝线会存放在一个竹筐里？有人作了这样一种富有情趣的想象："4200 年前初春的一个清晨，现今江南地区的某个部落，首领的妻妾相继从屋子里走出。她们不约而同地带着丝质的绢布，挎着精心编织的竹篮，里面放着三足陶器，到池塘边打水洗漱。谁一不小心打落了姐妹的竹篮？连同篮子里的丝绢和陶器都沉到了池底。"③ 也许事实与此相差甚远，它们可能是为贵族小姐准备的一部分嫁妆，也可能是一组贵族老妇的随葬品，或者是几件要赠送亲朋好友的礼品。尽管已经无法还原曾经发生在这些丝绢上的故事，但有一点是可以肯定的，即丝绢在钱山漾社会虽然珍贵却不罕见，因为今人决不会如此幸运，竟然有机会看到钱山漾人少有的几份丝绢中的一份。丝绢是钱山漾人甚至是河姆渡人、崧泽人、凌家滩人和良渚人的奢侈品，丝绢裁成的各种服饰让富贵者富态十足，让天生丽质者尽显风流，丝绸飘柔，成为一种不会过时的"时尚"。三国时期德清的"永安丝"、大唐时代的吴绫、明清之际"白、净、圆、韧"的辑里湖丝等，不断创造出江南丝绸柔软飘逸的新风范，而且也只有在江南丝绸的缠绵里，才会演绎出那种"日照新妆水底明，风飘香袂空中举"（李白《采莲曲》）的人体形象的精彩与理想。

---

① 周匡明：《钱山漾残绢片出土的启示》，《文物》1980 年第 1 期。
② 赵珊：《丝绸源出"钱山漾"远古先民也"时尚"》，《人民周刊》2016 年第 11 期。
③ 赵珊：《丝绸源出"钱山漾"远古先民也"时尚"》。

参考书目

1. 北京大学考古文博学院、江西省文物考古研究所：《仙人洞与吊桶环》，文物出版社 2014 年版。

2. 江西省政协文史和学习委员会、万年县政协：《人类陶冶与稻作文明起源地——世界级考古洞穴万年仙人洞与吊桶环》，江西美术出版社 2010 年版。

3. 浙江省文物考古研究所、萧山博物馆：《跨湖桥——浦阳江流域考古报告之一》，文物出版社 2004 年版。

4. 浙江省文物考古研究所、浦江博物馆：《浦江上山——浦阳江流域考古报告之三》，文物出版社 2016 年版。

5. 浙江省文物考古研究所：《河姆渡——新石器时代遗址考古发掘报告》（上、下册），文物出版社 2003 年版。

6. 上海市文物保管委员会：《崧泽——新石器时代遗址发掘报告》，文物出版社 1987 年版。

7. 安徽省文物考古研究所：《凌家滩——田野考古发掘报告之一》，文物出版社 2006 年版。

8. 安徽省文物考古研究所：《潜山薛家岗》，文物出版社 2004 年版。

9. 浙江省文物考古研究所：《瑶山——良渚遗址群考古报告之一》，文物出版社 2003 年版。

10. 浙江省文物考古研究所：《反山——良渚遗址群考古报告之二》（上、下册），文物出版社 2005 年版。

11. 浙江省文物考古研究所：《良渚遗址群——良渚遗址群考古报告之三》，文物出版社 2005 年版。

12. 浙江省文物考古研究所：《庙前——良渚遗址群考古报告之四》，

文物出版社 2005 年版。

13. 浙江省文物考古研究所：《文家山——良渚遗址群考古报告之五》，文物出版社 2011 年版。

14. 浙江省文物考古研究所：《卞家山——良渚遗址群考古报告之六》（上、下册），文物出版社 2014 年版。

15. 浙江省文物考古研究所：《良渚古城综合研究报告——良渚遗址群考古报告之七》，文物出版社 2019 年版。

16. 上海市文物管理委员会：《福泉山——新石器时代遗址发掘报告》，文物出版社 2000 年版。

17. 浙江省文物考古研究所、湖州市博物馆：《钱山漾第三、四次发掘报告》（上、下册），文物出版社 2014 年版。

18. 单先进等：《澧县城头山——新石器时代遗址发掘报告》，文物出版社 2007 年版。

19. 湖南省文物考古研究所、国际日本文化研究中心：《澧县城头山：中日合作澧阳平原环境考古与有关综合研究》，文物出版社 2007 年版。

20. 龙虬庄遗址考古队：《龙虬庄——江淮东部新石器时代遗址发掘报告》，科学出版社 1999 年版。

21. 中国社会科学院考古研究所、山东省文物考古研究院、山东临朐山旺古生物化石博物馆：《临朐西朱封——山东龙山文化墓葬的发掘与研究》，文物出版社 2018 年版。

22. 施加农：《跨湖桥文化》，文物出版社 2018 年版。

23. 林华东：《浙江通史·史前卷》，浙江人民出版社 2005 年版。

24. 林华东：《河姆渡文化初探》，浙江人民出版社 1992 年版。

25. 林华东：《良渚文化研究》，浙江教育出版社 1998 年版。

26. 刘军、姚仲源：《中国河姆渡文化》，浙江人民出版社 1993 年版。

27. 嘉兴市文化局：《马家浜文化》，浙江摄影出版社 2004 年版。

28. 安徽省文物考古研究所编：《凌家滩玉器》，文物出版社 2000 年版。

29. 徐湖平主编：《东方文明之光》，海南国际新闻出版中心 1996 年版。

30. 叶舒宪编：《神话——原型批评》，陕西师范大学出版社 1987 年版。

31. 张忠培、徐光冀：《玉魂国魄——中国古代玉器与传统文化学术讨论会文集（三）》，北京燕山出版社 2008 年版。

32. 户晓辉：《地母之歌》，上海文化出版社 2001 年版。

33. 王荔：《良渚审美文化研究》，同济大学出版社 2001 年版。

34. 严文明：《长江文明的曙光》，湖北教育出版社 2004 年版。

35. 河姆渡遗址博物馆：《河姆渡文化精粹》，文物出版社 2002 年版。

36. 李步嘉校释：《越绝书》，中华书局 2013 年版。

37. 朱志荣：《夏商周美学思想研究》，人民出版社 2009 年版。

38. 陈望衡：《文明前的"文明"：中华史前审美意识研究》，人民出版社 2017 年版。

39. 马昌仪选编：《中国神话学百年文论选》上、下册，陕西师范大学出版总社有限公司，2013 年版。

40. 夏勇、朱雪菲：《图画与符号》，浙江大学出版社 2019 年版。

41. 梁丽君：《纹饰的秘密》，杭州出版社 2013 年版。

42. 张之恒：《长江下游新石器时代文化》，湖北教育出版社 2004 年版。

43. 张之恒：《中国旧石器时代考古》，南京大学出版社 2003 年版。

44. 张之恒：《中国新石器时代考古》，南京大学出版社 1988 年版。

45. 苏秉琦：《中国远古时代》，上海人民出版社 2014 年版。

46. 苏秉琦：《中国文明起源新探》，辽宁人民出版社 2009 年版。

47. 蒋书庆：《破译天书》，上海文化出版社 2001 年版。

48. 薛凤旋：《中国城市文明史》，三联书店（香港）有限公司 2020 年版。

49. 叶舒宪：《中国神话哲学》，中国社会科学出版社 1992 年版。

50. 朱存明：《丑与怪》，生活·读书·新知三联书店 2018 年版。

51. 王幼平：《更新世环境与中国南方旧石器文化发展》，北京大学出版社 1997 年版。

52. 霍锟、李宏：《贾湖骨笛》，大象出版社 2017 年版。

53. 闻人军：《考工记译注》，上海古籍出版社 1993 年版。

54. 施雅风、孔昭宸主编：《中国全新世大暖期气候与环境》，海洋出版社 1992 年版。

55. ［英］科林·伦福儒、保罗·巴恩：《考古学：理论、方法与实践》，陈淳译，上海古籍出版社 2015 年版。

56. ［美］阿恩海姆：《艺术与视知觉》，滕守尧、朱疆源译，中国社会科学出版社 1984 年版。

57. ［美］阿恩海姆：《视觉思维》，滕守尧译，光明日报出版社 1986 年版。

58. ［美］埃伦·迪萨纳亚克：《审美的人》，户晓辉译，商务印书馆 2004 年版。

59. ［匈］乔治·卢卡契：《审美特性》，徐恒醇译，中国社会科学院出版社 1986 年版。

60. ［德］马克思：《1844 年经济学哲学手稿》，人民出版社 2014 年版。

61. ［德］格罗塞：《艺术的起源》，蔡慕晖译，商务印书馆 1998 年版。

62. ［德］莫里茨·盖格尔：《艺术的意味》，艾彦译，华夏出版社 1999 年版。

63. ［德］卡西尔：《人论》，甘阳译，上海译文出版社 1985 年版。

64. ［苏］柯斯文：《原始文化史纲》，张锡彤译，人民出版社 1955 年版。

65. ［苏］列·谢·瓦西里耶夫：《中国文明的起源问题》，赫镇华等译，文物出版社 1989 年版。

66. ［英］弗雷译：《金枝》，耿丽译，重庆出版社 2017 年版。